躁動的帝國

從清帝國的普世主義，到中國的民族主義，

一部 250 年的中國對外關係史

Restless Empire

China and the World since 1750

文安立——著　林添貴——譯　Odd Arne Westad

For
Michael & Paula Hunt

好評推薦

歷史如何可以是開始去弄懂中國的方式，《躁動的帝國》給出了絕佳的範例。

——英國《衛報》二〇一二最佳歷史書

文安立一開始就破解神話，強烈反對一個觀念：中國一直以來是個內觀的、對外封閉的社會。文安立在論及冷戰時期時特別精準，用令人佩服的論說指出中國與東亞周邊的關係，如毛澤東如何為他的意識形態「小兄弟」（如金日成和胡志明）補充的養分，這種臍帶關係不是共展主義式的，而是儒家式的。文安立尖銳且明確地指出中國變成全球領導之前的諸多障礙。

——英國《星期日電訊》（Sunday Telegraph）

《躁動的帝國》是一本迷人的書，並且讀起來令人愉悅。一方面它提供了一種現代中國行為準則的歷史解讀框架，它也富於生動有趣的細節和觀察。書裡面佳句不斷，也充滿歷史宏偉敘述，文安立也對中國幾個特定的歷史插曲提供了具有論點的重新評價。《躁動的帝國》另一個有趣的角度是它強調出在中國遭遇到帝國主義時那種倍受衝擊的曖昧性。文安立把近來中國的最新發展放在了一個有趣的歷史視野之中，關於現代，焦急的讀者可能會因此更想要知道這整個歷史告訴了我們什麼。

——英國《金融時報》（Financial Times）

本書帶有一種對觀點進行修正的嘗試，離開政治管理者或政治家的大部頭研究，而是進到傳教士、生意人、苦力、革命者和學者的歷史之中。《躁動的帝國》是一本個人化的、充滿軼事趣聞的，以及人性導向的歷史著作，用長達兩百五十年的歷史，去處理過去中國普遍帶有威脅這樣的一個問題上。文安立是最首要的絕佳說故事之人，一個最具資格的好歷史學家。

本書深具人心。

——美國《匹茲堡郵報》（Pittsburgh Post-Gazette）

瞭解中國與世界在文化、商業與外交上的關係是重要的，這本書因此非常有用。對中國來說，它一定比其他國家都更能認識到它的過去就是去理解它的現在與未來的關鍵。文安立從其他論著、個人軼事和一手研究的各種材料中建立他的敘事，但帶有一種讓人容易親近的書寫風格。《躁動的帝國》是一般大眾去閱讀大歷史的範例之書。

——美國《信使郵報》（Charleston Post & Courier）

精彩的一本書……作者非常客氣地撼動了往常對中國的錯誤觀念，這些觀念曾被許多亞洲或西方前輩學者所多次炮製。他呈現的外國人在中國的故事，不是充滿壞心眼的帝國主義的單調記錄，而是更為豐富且重要的歷史敘述。《躁動的帝國》的卓越與傑出，在於當大家都在強調中國與日本或西方接觸時的威脅論時，文安立呈現了這些接觸為中國帶來了多少的啟發和驚奇，多麼關鍵地讓中國的心思對外開放。

——潘文（John Pomfret）／《華盛頓郵報》外交記者

文安立的明確論點非常有用，一方面是在歷史脈絡中他的見解，一方面是他的學術貢獻。至今在現代的學術論文之中，難以發現有其他作品能比《躁動的帝國》在這樣大的歷史時間長度下可以去取代歷來持有「西方衝擊中國」觀點的論文。

——美國《公益》雜誌（Commonwealth）

一部對中國對外關係史的精微詮釋。無論是學生想要理解中國近代史，或是有人對中國在世界事務上的角色如何壯大起來感到興趣，這都是一本的重要讀物。文安立的能力就是在於他能用透澈解釋一個複雜的主題，讓這本書作出最好的介紹。

——美國《圖書館雜誌》（Library Journal）

一個堂堂呈現中國在歷史上與外部世界之「精神分裂」關係的故事，一個深具人心的宏大記錄。對中國政治史和經濟發展乃至於中國在國際社會的位置等議題感到興趣的人，文安立提供了讀者瞥見布幔後面有什麼的大好機會。

——美國《書目》（Booklist, starred review）

一本對中國與世界如何經常暴力相遇的重要解說。

——美國《科克斯書評》（Kirkus Reviews）

一部機敏而且簡潔的現代中國研究，主題的涵蓋面強調的是混雜的身份與外國影響，而非國族主義和中國中心論。本書給予中國研究這個令西方感到混淆不清的國家一道新鮮的面目。文安立善於將大量且複雜的歷史壓縮到穩健的敘述之中，讓讀者更能了解中國在國際事務上崛起的中心地位。

——美國《出版者周刊》（Publishers Weekly）

一本透徹且動人的書。這是一本最足以呈現中國的過去和未來如何糾結在一起的完美研究。

——英國《文學評論》（Literary Review）

一本適時出現的新書。文安立帶著我們以快速但卻踏實的腳步飛馳在中國與外部世界關係（尤其是英國為首的外力侵略）的焦土之上。文安立在這一片氾濫的中國書單之中，生產出了具娛樂性、內容充沛的和有用的作品。

——加拿大《溫哥華太陽報》（Vancouver Sun）

《躁動的帝國》充滿著細節，是對中國在世界如何尋找定位的優雅沉思，並且回答一個基本的問題：「什麼是中國？」文安立巨擘般地連結中國十九世紀的衰落、二十世紀對現代的躁動實驗，和在今日讓人眼花撩亂的重新崛起，這是一部博學的歷史。

——韓國《環球亞洲》（Global Asia）

文安立的《躁動的帝國》敘事周詳縝密、視野宏闊明快。對於二五〇年來中國變幻莫測的外交關係，它提供了極好的介紹。

——史景遷《追尋現代中國》作者

《躁動的帝國》是一本關於從十八世紀帝國鼎盛期到現今的中國的外交關係的權威性著作。任何一個想要知道中國在未來世界中將扮演什麼角色的人都可以從本書得到答案。

——斯蒂芬・普拉特（Stephen R. Platt），《太平天國之秋》作者

這是一本中國為何總是與其他國家暴力相向的基本導覽之書。

——馮客（Frank Dikotter），《毛澤東的大饑荒》作者

本書乃一位漢學傑出學者所著，帶來了透視複雜歷史議題的明晰與洞見。

——張戎《毛澤東：鮮為人知的故事》作者

瞭解中國是當今面對世界時最重要的任務，文安立寫出了一本的確相當傑出的書，他在書中的任務是呈現一個非常核心的構成要件：一七五〇年以來的中國與世界。非常易讀而且處處具有洞見，充滿著良好的知覺與公允的判斷，任何人都可以期待歷史的解釋是徹底而明白的，這本書值得被廣為閱讀和留傳。

——馬丁・賈克（Martin Jacques），《當中國統治世界》作者

從一七九九年乾隆之死到一九九七年鄧小平之死，相隔一九八年，中國經歷了後半期的清朝，中華民國的北洋政府和南京政府，毛澤東、鄧小平代表的共產黨政權，卻始終沒有建立一個現代與理性的國際關係，經常貶抑別的國家，甚至對別國的犯錯幸災樂禍，缺少真正的大國風範。《躁動的帝國》解釋了原因所在：滿清後期、南京政府後期主宰中國的是一群高官和資本家，如今的中國則是和政權及與西方有特殊關係的既得利益集團，是他們阻礙中國實現政治制度的現代化。所以，「唯有擴大政治討論及參與政府，才能克服當前中國外交政策的不足。」

——朱嘉明 經濟學家

目次

有些中國人喜歡說中國的歷史治亂相乘：幾千年來，中國從光輝燦爛走到衰頹，然後又復興。他們相信今天我們正處於復興階段的開端：中國將在未來愈來愈成為中心、愈來愈強大。他們非常引以為傲，現在中國在許多領域都蒸蒸日上，走向世界強權大國。不論我們要從哪個角度看歷史，從十八世紀以來，即本書故事開始以來，已有一個根本改變：今天沒有人預期過去會回來，至少不會以從前同樣的形式回來。

十九世紀上半葉，中國多數的外交事務及內政都正逢改變的時機。在歐洲和北美洲，科技大革新有助於創立強大的軍事力量——就武力而言，西方國家因之勝過其他任何國家。十九世紀初期，歐洲人幾乎花了一個世代的時間，在法國大革命之後的戰爭中把歐洲搞得天翻地覆。當這些戰爭一停止，中國和日本就被西方列強放在希望打開門戶做生意的對象名單上。

十九世紀末葉，西方貿易商、傳教士和官員開始在中國定居，中國本土慢慢成為洋人薈萃之地。清廷搖擺於接納這些新來者、支持他們，或抗拒這些外國勢力之間。在地方層級上，華、洋人士互動，時而合作、時而衝突，但總是因彼此習慣和觀點有異而陷於困惑。

民國時期，各方對中國政治前途十分關切，中國人比以往有更大自由去探索世界。雖然列強政府有繁瑣的旅行限制，學生和工人湧向海外。他們很多人帶著對中國前途不同的新構想回國。對於關心國事及中國與其他國家競爭的中國人而言，清廷覆亡後的時期是一切解體、極端危險的時期。但是對於喜歡國家不再控制、才得享有多元混雜的人而言，這是一個令人興奮的時期。

愈來愈多的中國城市青年，還有他們在中國農村及國外的響應者，普遍認為中國是代表中華民族的國家。它的天然、合法疆界即是大清帝國的疆界。它的敵人就是不肯承認中國平等地位的外國，尤其是這個處心積慮想從中國割走大片領土的日本。他們認為，中國必須團結起來抗日。自從一六三〇年代和一六四〇年代滿清入關作戰以來，這場第一次在中國本土與異族交戰的大戰，徹底改變了中國的地貌。

滿清雖是個失敗的國家，卻逐步允許其人民與世界互動；而中共則企圖把人民關在家裡，不准他們旅行或和外國接觸，除非是共產國家，但即使接觸的是共產國家，也要受到嚴格控制。上一世紀以來所小心謹慎、逐漸和外在世界建立的關係大多被切斷，代表這些關係的人不是被

國安於自命，願意就行政、管理、金融、生產、技術和教育等方面面向先進國家學習的國家。但是它十分忐忑，不知如何應付阿富汗和伊拉克等地方的混亂。

結　論——現代性｜MODERNITIES……四二九

中國正在發展它獨具一格的現代性，既與北美、歐洲和日本的經驗結合，卻又另有風味，只因為它源自非常獨特的中國淵源。中國人喜歡提醒我們，中國有悠久的歷史，源遠流長，有時候反而壞事，成為知覺上的障礙，害得無法有效處理當今的事物。即使我們應該尊重中國對過去的執著，也不應被它所嚇倒。中國今天最重要的方面是，它要如何接受全球在十九世紀及二十世紀發生的一系列變化，使它成為今天中國的一部分。

註　釋——……四八一

譯名對照表……四九一

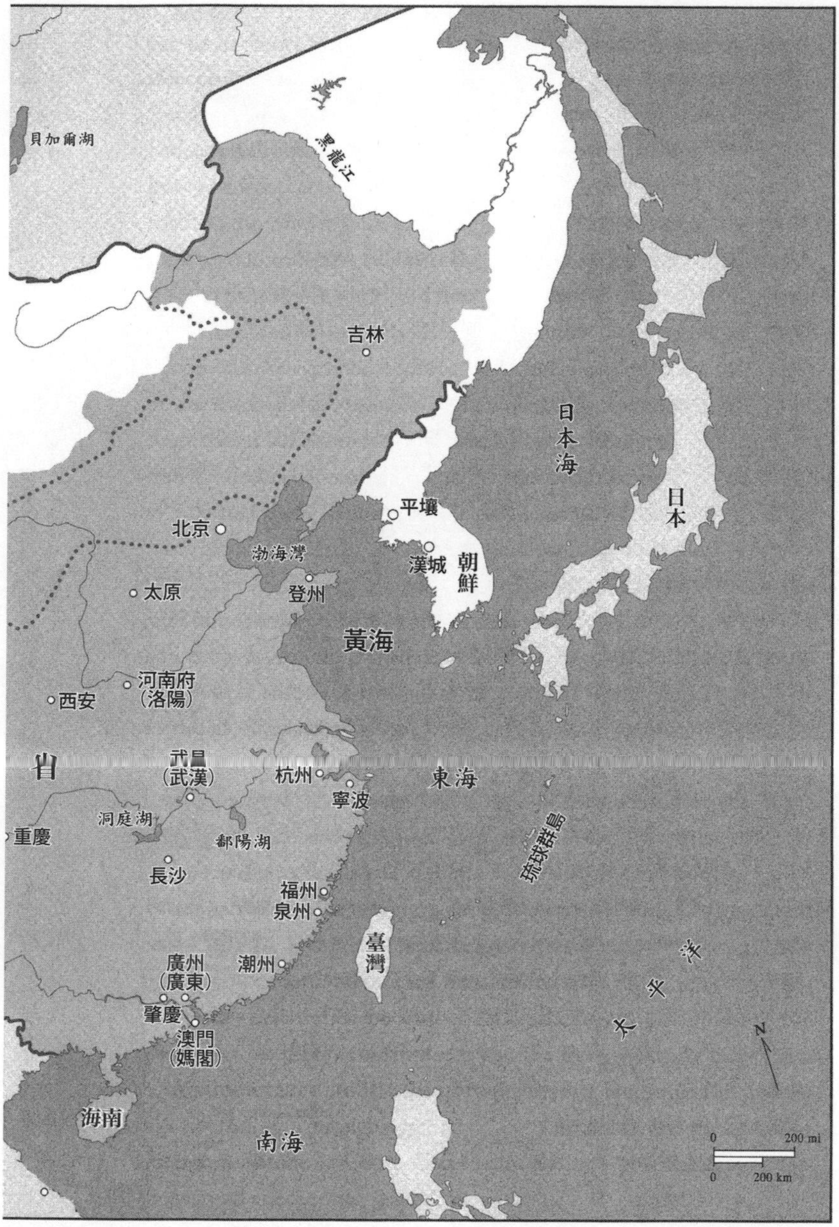

貝加爾湖
黑龍江
吉林
日本海
日本
平壤
北京
渤海灣
漢城
朝鮮
太原
登州
黃海
河南府
(洛陽)
西安
武昌
(武漢)
杭州
東海
寧波
洞庭湖
重慶
鄱陽湖
琉球群島
長沙
福州
泉州
臺灣
廣州
(廣東)
潮州
太平洋
肇慶
澳門
(媽閣)
N
海南
南海
0 200 mi
0 200 km

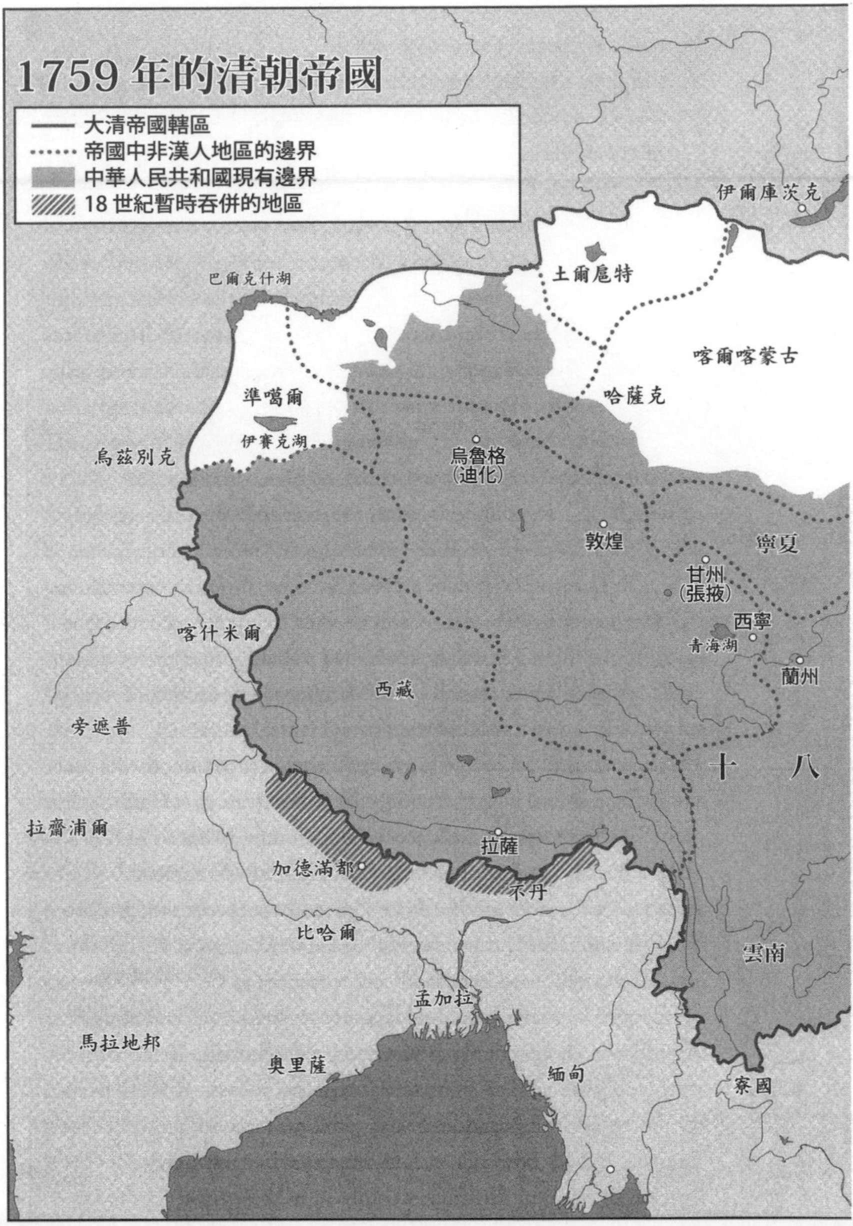
1759 年的清朝帝國
大清帝國轄區
帝國中非漢人地區的邊界
中華人民共和國現有邊界
18 世紀暫時吞併的地區
伊爾庫茨克
土爾扈特
巴爾克什湖
喀爾喀蒙古
準噶爾
哈薩克
伊賽克湖
烏茲別克
烏魯格
(迪化)
敦煌
寧夏
甘州
(張掖)
西寧
青海湖
蘭州
喀什米爾
西藏
旁遮普
十
八
拉齋浦爾
拉薩
加德滿都
不丹
比哈爾
雲南
孟加拉
馬拉地邦
奧里薩
緬甸
寮國

有些中國人喜歡說中國的歷史治亂相乘：

幾千年來，中國從光輝燦爛走到衰頹，然後又復興。

他們相信今天我們正處於復興階段的開端：

中國將在未來愈來愈成為中心、愈來愈強大。

他們非常引以為傲，現在中國在許多領域都蒸蒸日上，走向世界強權大國。

不論我們要從哪個角度看歷史，

從十八世紀以來，即本書故事開始以來，已有一個根本改變：

今天沒有人預期過去會回來，至少不會以從前同樣的形式回來。

緒論

帝國

EMPIRE

二十一世紀開始之際，中國正愈加朝全球事務的中心移動。身為全球人口最多、面積也名列前茅的國家，即使它在歷史上也曾有罕見地衰弱、分裂或貧窮的時期，但中國仍一向受到各方矚目。今天，許多中國人和外國人相信中國已走出相當無力的時期，集聚了不尋常的國際力量。經常有人預測，二十年之內它將超越美國，成為全世界最大的經濟體。中國社會科學院預估，屆時中國將是世界科技重鎮，它將消除其十五億多人口的貧窮，並提升他們的壽命期至八十歲。[1] 同時，但也有人，尤其是鄰近國家，深怕中國將加強軍事力量以逼迫他人服從它的意志。

然而，即使中國經濟在過去三十年飛升，從歷史上可顯示出，中國要通向未來可能不會像若干專家認為的那麼平順。共產黨統治時期，以及中國更深層的歷史（在帝國與專制統治者之下數百年的傑出發展）都留下了極深的歷史裂隙，未來的領導人必須小心謹慎才能達成他們的政治、經濟和社會目標。在今天狂熱追求進步的表面底下，有些暗流和斷層可能把中國帶離我們目前追求的方向。這些其他道路對中國及世界而言或許是正面，或許是負面，誰也不敢斷言。但是鑒於中國在國際事務上已經取得的重要地位，我們姑且不談不利的那一面。

這些因素有些要歸結到今天的中華人民共和國，有些則與它無關。中國和許多鄰國的關係、和美國的關係，乃至於中國人民的信念和世界觀、中國組織其國家和社會事務的方式，以及它的經濟和資源需求，在在攸關我們了解它的軌跡。但是，中國和世界的邊界線並非一直清晰可見。在內與外之間的交會處，存在著一些中國心理地圖上最為重要的部分：即國界、僑居外國人口、種族、貿易和思想交流等。談到大國時，當你湊近一瞧，其邊界線往往模糊不清。當內與外的分界線淡化，剩下的中國就是跨國的、甚至全球性質的中國。

如果說邊境的分界線是模糊的，那麼時間的劃分恐怕更加模糊。往日鮮明地鐫刻在中國的精神地圖上，決定了它今天絕大多數的作法。因此歷史對中國人看待世界的方式，其影響遠比我所知的其他文明來得更直接。今天，這些東西很少是機械式的——中國人未必會拿過去的事件和目前的事件做鮮明的對比。例如，在當今世代，很少有中國人在省思目前國際局勢時，會去想到戰國時期（西元前四七五年至二二一年）的事件。但是他們有關正義、行為準則、看待中國與世界的關係這一類觀念，卻是在好幾百年前就已形成。雖然我們不可能依據這個過去預測中國的未來，但我們卻必須了解它們，看待將來時至少有些指引。

本書試圖對中國過去兩百五十年的對外關係，提供簡明的綜覽，但是開頭時，先簡略談談更久遠的過去之遺緒，或許有助於我們的了解。我們首先必須處理一個「大哉問」：我們在這裡討論的「中國」，在歷史地理和文化上，究竟指涉的是什麼？坦白講，我愈是研究中國，定義就愈加難以捉摸。過去兩千年，它是個帝國，不是個國家，而且是個非常開放、邊界非常不固定的帝國。它的居民，直到近年，都是以他們所屬的文化做界定，不是以外表長相或祖先做界定。能讀、能寫中文字（但未必要能說朝廷流行的官話）是這個文化的關鍵——不論他們是外國人、奴隸、農民、女性或被征服的部落，能通中文即在「內部」，不通中文即在「外部」，或至多在邊陲。

或許由於他們的文化菁英主義，國家一直是中國人最關切的重心。哈佛大學歷史學者史華慈（Benjamin Schwartz）正確地提醒我們，別把當代中國的一切都認為源自過去。他說：「中國文化最顯著的一項特色，或許就是政治秩序被視為中心、份量極重。」[2] 認同國家，並儘可能地為之效勞，是中國人兩千年來的圭臬。即使不斷企圖躲避國家機器的人（不論是十世紀的佛教徒，或是二十世紀的無政府主義者）也必須與政治秩序對抗。走遍全世界，你都看不到這樣井然的秩序，包括俄羅斯或中國的亞洲鄰國；前者有一套自己的尊崇國家的思維，後者則全都接受一部分中國人的國家觀念。

中國發源於黃河流域，起先有許多小邦，集體自稱「中國」。漢朝有個大一統的帝國，國祚從西元前二〇六年至西元二二六年，大約相當於西方的羅馬帝國時期。中國的核心部分一向面朝東方，望向黃海，即使一千至一千兩百年前的唐、宋朝把長江以南的廣大地區完全納入版圖後，也沒有改變其核心。我總是用一幅凹凸起伏的地圖向學生解說中國如何從設在東部的首都看待帝國本身。西陲是高山和沙漠。西南最富庶的省份四川，也只能從東邊通過狹窄的山隘進入。南方非常遙遠，必須跨越大川、穿梭河谷。北方則有數不清的敵人，即使帝國擴張到北方，也仍會威脅到中國內部的強大族裔團體。所以，除了少數例外，權力中心留在東方，許多朝代都把首都設在黃河附近。十四世紀以降，政治中心就在東北方的北京和長江之畔的南京之間移動。本質上，中國背倚歐亞大陸的中部，這個方向對中國的對外關係有極大的影響。

以上就是一般對中國的概述，不過我個人認為：中國是一種文化、一個國家、一個地理核心，環繞著它，長久以來認同、疆界和宗旨定義常有改變和調整。的確，中國的概念之所以能綿延長久，原因之一或許就是它的不定形和具有爭議性。每一代都掙扎著要把他們自己這一代人的意義賦予它、以及它在世界的地位，同時又要從之前的歷史中去汲取意義。過去兩百五十年，深刻的歷史遺緒（國家、儒家文化、地理）皆出現在界定及賦予中國人方向感的重要名詞之爭。3

正義的概念即是一個重要詞語。它是影響漢朝初年以來中國政策的關鍵儒家思想。在大哲孔子（西元前五五一年至前四七九年）以及和他時代相當的希臘哲學家柏拉圖心目中，正義即是家庭之內、國家之內以及國家之間適當、和諧的關係。根據儒家傳統，統治者的誠信比任何形式的程序正義更重要。孔子說：「為政以德，譬如北辰，居其所而眾星拱之。」[4]今天的中國人認為過去兩百年外界對中國不義，這股委屈一直是中國國際事務的主軸。

規則和儀式是中國許多思想系統（不僅限於儒家思想）中重要的部分。這些規則是由中國菁英為自己所制訂，用以規範在他們底下的人。這些概念大部分清楚地界定出階層，也訂出社會各階層成員相互的責任與義務。十九世紀世界大變化之際，許多中國人覺得，他們被迫要進去的以西方為首的國際新社會，其紊亂大於規律。追尋國際事務的通則因而成為中國外交政策的主幹，即使中國和其他國家一樣，很容易接受對他們有利的規矩，而不願接受不利於己的規則。

一種自居中央的意識也是中國人思維極重要的成分。中國的鄰國自古以來接受中國文化的成分，也確立了中國一向居於中心的宇宙哲學。伴隨著中國在東亞居於最重要角色的信念，出現一種責任意識：中國是東亞區域不可或缺的大國。由於這個原因，有些中國人發現自己很難了解另一種不同的世界觀。這裡頭有些諷刺，中國歷史上大部分時候都能開放接受外來思想，而不放棄中國思想可以絕對普天下適用的意識。出自一個人自我中心信念的氣量褊狹、不知寬容，於是在它歷史上最最重要的時刻妨礙著中國的外交事務。

在思考中國外交政策的過去、現在和未來時，千萬記住正義、規則和中心意識這三個重要概念。但是，這三個概念只是廣義的偏見，不是具體的規定。雖然中國的書面傳統可以有助我們了解這些關切，但是，若是以為研讀《孫子兵法》（西元前六世紀的一本重要著作）就可以更明白中國在今天的戰爭或衝突中會怎麼做，是非常牽強的見解。[5] 今天的中國人，不論他們背景如何，絕對不會靠研讀古籍來訂定個人優先目標、或者國家和國際事務的優先目標；這和今天的歐、美人士不會先研讀柏拉圖或亞理斯多德才做決定，是一模一樣的。但長久發展出來並經過試驗過的社會、文化概念，一定會影響他們的關切，並且有助於人民覺得自己的國家應當如何作為。

中國現代外交關係史始於清朝（一六四四年至一九一二年）。清朝是中國歷史上最強盛的朝代。到了一七五〇年，它已粉碎在其北方邊境所有小國家的政治與軍事獨立，把它們併入日益擴大的中國版圖。它根據中國的條件以及中國的優越感，規範它和其他鄰國（北起俄羅斯帝國、南迄東南亞以及喜馬拉雅山區各王國）的關係。到了十八世紀中葉，大清帝國已在東亞建立一個唯我獨尊的世界。

大清帝國令人難以置信的故事要上溯到十七世紀初　當時關外一批豪強開始佔領屬於明朝（自西元一三六八年起開始統治中國）的部分領土。侵略者宣示的目標是征服全國，恢復在失德的明朝皇帝統治下已然淪喪的儒家禮教。征服者大軍的領導人來自一個通古斯族部落，過去名稱女真，現在自稱滿洲。他們勢力往南擴張，許多蒙古人、朝鮮人和漢人，以及東北的小部落紛紛前來歸順。一六三六年，滿洲人建國，國號清。一六四四年，清軍攻克中國首都北京，開始綏靖全國。明朝最後一個王族一六六二年兵敗，在緬甸被擒、處決。

清朝公布的目標是要依據儒家經書所訂的古代智慧治理。他們宣稱明朝失敗是因為統治者鬆懈、軟弱，一連好幾代失去方向感。現在，滿洲人雖是外族入主中原，卻要重振中國的偉大。但是和高唱傳統與價值的許多政治領導人一樣，清朝皇帝的話隱瞞了一個事實：他們想依自身形象重新打造中國，使它成為偉大的多文化國家。他們的組織相當現代，不同於原先存在的架構，強調協調運用經濟、技術和意識型態資源。他們依靠軍隊打天下，其軍隊與鄂圖曼帝國、俄羅斯帝國或甚至奧匈帝國的部隊的相似之處，還大過與明朝部隊的相似之處。他們依賴快速移動的騎兵、火器和大砲，以及綿密的後勤作業。他們意圖建立一個超級大國，讓所有不同族裔和信仰背景的人都找到順服聽命的位置。[6]

儘管意識型態和軍事力量強大，若非康熙和乾隆兩位聖明天子長期在位，清朝或許也不會那麼成功。康熙一六六一年登基，一七二二年才駕崩。他的孫子乾隆則從一七三六年至一七九六年，足足在位六十年。[7] 祖孫兩人統治中國超過一百二十年，把大清的統治鞏固到活在一六五〇年代的人所無法想像的地步。他們也把個人特質貫注他們創造的帝國中。康熙機智、活潑，對外在世界充滿好奇心，但強力保護他的權力以及滿人的權力。乾隆則有教養、勤奮，但是沒有他祖父聰明，因此在民政及政治事務的理論上相較有些空疏。但是兩人都了解他們統治的人民以及周遭世界，熟諳駕馭一個複雜的區域所需要的外交和軍事工具。

到了乾隆十四年（一七五〇年），大清帝國已經鞏固了全中國的統治，並把帝國政府擴張到中亞、西藏和蒙古。滿洲皇帝和前人不一樣，對於帝國的對外關係訂出規範，使本區域從朝鮮到緬甸諸小國全都明確承認中國和大清的霸主地位。國內方面，帝國承平，經濟擴張，農業尤其發達（同時中國也有相當蓬勃的製造業，其中又以瓷器和絲織品出口最有名）。水利和交通都有良好的開發，市場開始興起，所交易的商品從土地到工具都有。它是一個愈來愈專業化的社會，個人和家族之間的書面契約和協議扮演重要的角色。8

國家的影響在各行各業都可感受到，有點像大革命之前法國君主的絕對王權，大清希望控制臣民每一方面的生活、以及規範那些他們未能直接控制的人。和歐洲君王一樣，大清在許多方面也有敗績，但是他們建立的意識型態模式倒是由國家堅守到二十世紀清室傾覆為止。國家的無所不在和帝國擴張大夢有密切關係。乾隆相信清朝的統治應該澤被四方，文化先進到足以理解中國原則的人都應該運用它們。這種普世主義超越其他一切，在十八世紀末期驅動帝國在其邊疆進行耗費不貲的軍事遠征。因為用兵邊疆的舉措，最終在十九世紀初造成國庫空虛。

歷史學家直到今天仍說大清中國褊狹、內觀。但是當時在區域內和康熙、乾隆對抗的人，絕對不會說他們是內觀。清朝持續對外擴張，除了康熙在一六八三年征服台灣之外，他們的重心擺在陸上邊境。到了一七五〇年，乾隆的外交事務大體上以三個區域為主：中亞方面，重點是擴張；亞洲海岸，重點是貿易和朝貢；俄羅斯，重點是外交。所有這些陣線的政策都經協調到讓大清皇帝有時間全力統治中國，同時消滅邊界上那些北京認為有能力威脅其統治的敵人。清朝本身以武力奪取中國，它要防止任何新的競爭者依樣畫葫蘆。

清朝勢力進入中亞是一個激烈衝突、乃至種族屠殺的戲劇化故事。十八世紀初，準噶爾是由蒙古人領導的一個強大汗國，掌有中亞西部至蒙古心臟地帶、並及於西藏邊界的廣大土地，其面積大約相當於現代的印度。它斷斷續續與清朝交戰七十多年。一七五〇年代，乾隆發動他所謂的「徹底解決」準噶爾問題的戰爭。在戰場上擊敗準噶爾人之後，他下令清軍追緝準噶爾菁英，一律殺無赦，成為十八世紀種族屠殺的一樁標準事例。接下來，他把準噶爾東部大部分地區及其南方一些小汗國併入中國，建立乾隆非常自豪的一個新行省，命名為「新疆」。[9]

沿著亞洲海岸線，清朝同樣強勢，但不那麼殘暴。中國南方和東方的一些國家對北京的皇帝全維持某種形式的朝貢關係。（唯一例外是日本。清朝認為它是朝貢國，但事實上完全管不了它。）從朝鮮到尼泊爾各國都依據某種形式的儀式表示恭順，譬如定期向皇帝上貢，與中國保持動態的關係。[10]不過，所有這些關係性質都不一樣，並沒有像一些歷史學家所謂的全面的「朝貢制度」。其實它比較像是以中國為中心的制度，中國文化是這些亞洲周邊國家許多菁英團體自我認同的重心，中國一直是他們思想行為的重要參考（很像今天美國在歐洲人心目中的地位）。但是朝貢國大多善於運用關係為自己爭取好處。小國家經常訴諸皇帝的宗主權，替本身取得貿易特權（有時候把貿易化裝為進貢），或取得中國協助本國之權力鬥爭。

直到英國人和法國人在十九世紀抵達之前，俄羅斯是中國唯一的帝國鄰邦。儘管清朝決定尊重北方俄羅斯的領土，但雙方仍是非常不對等的關係。距離和整體力量並非有利於俄羅斯人，因此他們很小心不去招惹清朝。康熙二十八年（一六八九年）的尼布楚條約從今天蒙古邊境往東劃出一條邊界線。中國依據條約轄有整個黑龍江流域和今天俄羅斯的濱海省（包括庫頁島）。尼布楚條約有助於維持和平，並允許沿邊境進行特許的貿易。清朝放棄他們認為冰天雪地的北方荒原，放手向西擴張。中俄尼布楚條約是中國和歐洲列強簽訂的第一份條約，讓清朝見識到歐洲的外交作法。康熙皇帝從兩位高級外交顧問那裡——法國耶穌會教士張誠（Jean Francois Gerbillon）、葡萄牙耶穌會教士徐日升（Tomas Pereira）——學習良多。11

除了俄羅斯和亞洲東部諸國，一七五〇年，世界其他地區與中國在安全領域的關係，遠不及文化知識方面的關係來得重要。康熙曾在皇廷接見亞洲島國代表、印度人、阿拉伯人和波斯人，命令底下學者要對這些外邦異域的知識擴大了解。有一段時間，康熙與來自歐洲的耶穌會神甫，如張誠、徐日升等時相過從，他們呈給他有關天文學、軍事事務、建築和繪畫的種種最新發現。康熙很小心提防不讓他們或穆斯林、佛教僧侶有任何可能危害清朝政府霸業的傳教活動。教宗克雷芒十一世（Pope Clement XI）發布一道愚蠢的敕令，禁止中國教徒參加清朝的國家儀式之後，康熙在一七二一年下令禁止基督教傳教，可是耶穌會留在中國直到一七七三年清廷取締耶穌會。但仍有些傳教士留在中國，例如，乾隆的翻譯官錢德明（Jean Amiot）一七九三年在北京去世，只比乾隆去世的時間早了六年。

一七五〇年的清朝在亞洲的地位已經登峰造極。乾隆皇帝喜歡誇耀帝國不畏外敵入侵，農業供應亦已自給自足。它和亞洲大陸國家互動的形式由北京決定，雖然皇廷不能越俎代庖，替其他國家決定政策，但透過外交、教育或文化，它經常對他們有決定性的影響力。大清首都被公認是東亞區域的中心，吸引各方人士前來，關於思想、品味和流行的重要判斷當然是由北京散發出去。甚且，它的菁英堅信大清政治制度是治理帝國唯一的合理方式，可做為亞洲、乃至全世國各國的楷模。

北京西北郊的圓明園完成於一七五〇年，是清廷國力鼎盛、威震寰宇的偉大象徵。乾隆御批興建這座林園，以展示他的美學知識和帝國威力。圓明園面積是北京市區皇室居住的紫禁城的五倍大，有意攬天下之勝於一園，有如十八世紀的世界博覽會。圓明園內亭台樓閣林立，有來自不同朝代的中式建物，以及來自中國內地、朝鮮和東南亞的建築和園景。但是最讓中國遊客驚艷的是在園後方的建築物，它由來自米蘭的畫家、建築師郎世寧（Giuseppe Castiglione）設計成義大利巴洛克風格。主建物取名「海晏堂」，俯瞰中央噴泉，皇帝蒐藏的歐洲藝術品，包括他最喜愛的法國鐘，都放置在這裡。

直到一八六〇年（第二次）鴉片戰爭英軍侵入北京，大肆掠奪與破壞之前，圓明園象徵大清的驕矜自負和其首都的中心地位。一百二十年之後，我以學生身份首次來到這個中國首都時，圓明園舊址除了入口處散布一些反帝國主義招牌（「打倒帝國主義及其走狗！」），以及幾塊窮農民的菜園之外，空空盪盪。對我而言，這是下午散步的好地方，也是避開眾多閒人會女朋友的幽靜地點。但是有些本地人不肯進去，因為裡頭有太多寧可忘掉的歷史幽魂。

寫作本書的念頭起於二〇〇六年，有一天我在圓明園舊址散步之時。我在圓明園舊址對面的北京大學開課，講授中國與世界關係。動筆之後，這本書花了相當長時間才完成（該讀的材料浩瀚如海，更慘的是，由於二〇〇〇年代各方對中國的興趣大增，似乎每六個月材料就倍增。推動我堅持不懈的原因是：我需要提供給學生及其他讀者關於中國對外關係方面的知識上的修正），不僅要談到衝突與民族主義，也要強調文化轉變及中西合璧的認同；要同等對待傳教士和外交官、生意人和革命家、工人和老闆。傳統有關中國國際事務的歷史，直到近幾年，大多集中在各種形式的國與國之關係。雖然討論政府如何發展外交政策並沒有不好，但是這樣的敘事不能讓我們了解國際與國內之間關係如何演進、或是不同群組的人如何互動的全貌。它們太狹隘地集中在國家的中心功能（行政管理、交通、戰爭）因此建立的建構與解構的印象，並不契合大多數人如何看待他們本身和國際或外國互動的情況。

中國的史書編纂如此偏重國家，挑戰我要寫一本不一樣的書，從清朝傾覆談到人民共和國建政時，不會只側重國家復興。同時我也要解釋為什麼長期以來對許多中國人來講，國家是如此的重要——有國家的時候比起沒有的時候更容易抱怨。但是我不想要讀者相信，國家衰弱和力量是中國現代國際事務史上唯一重要的軸線。

我在本書不只討論外交和戰爭，我試圖帶領讀者更深入中國的國際歷史。本書處理的歷史是從上到下、社會不同群組活生生的經驗。當它專注於國家時（國家強大時期，本書自然會提到國家）是為了要綜覽中國菁英如何看待自己的角色、以及外在世界的角色。本書固然沒有全盤假設有個單一因素驅動中國與世界的互動，卻強調中國在現代的快速改變，以及中國吸收改變的獨特能力；也主張中國有能力融合中外或至少折衷社會認同，以及它偏愛把別的地方建立的世界觀內化為中國的東西。這些要點並未推動歷史，但它們是有助益的指向，點出我要往哪個方向走，以解釋歷史。

本書的中心是中國在十九世紀和二十世紀蛻變的故事。現在已是中國人把生活和實踐轉

化為全球現代化參與者的時候了。擁抱新事物的中國人（若有機會擁抱的話）人數一向遠超過不擁抱新事物的人。中國人出國旅行、唸書和定居，以便了解向他們敞開大門的新世界，從中汲取益處。從時間和重要性來講，他們和國際接觸的經驗非常像歐洲農民（例如我的祖父母們）進入資本主義市場的新世界。市場很嚴酷，同時又很興奮。它含有機會與危險、吸引力與驚恐，愈來愈讓地理上、心理上都遠離它的人也逃脫不了和它的關係。中國過去兩百五十年的國際史，就是它與資本主義現代化接觸的故事，也是中國人如何打造現代化、同時如何受現代化影響的故事。

破壞和暴力也在這個故事扮演重要角色。圓明園的歷史顯示，西方軍隊在十九世紀和二十世紀初期侵入中國，所到之處造成極大破壞。[12] 但是就破壞和暴力而言，真正的災難起自二十世紀中葉，日本人進攻中國掀起大戰，特別就中國農民來講，恐怖一直持續到一九七〇年代中期。

就許多中國人而言，戰爭和毛澤東主義結合成為完美風暴（perfect storm）。戰爭證實外在世界仇恨中國，毛澤東的共產主義證實除了資本主義和外國影響，還有別的方法可以追求現代化。沒有前者，後者不會如此旺盛。但實際狀況是，中國在血腥的一九四〇年代把路線定向現代史上最大的悲劇：毛澤東時代的大屠殺、恐怖和自招羞辱，在這段期間兩千萬人喪生，還有不計其數的人也毀了一生。這些大多是中國人對其他中國人犯下的罪行，其傷天害理的地步使得中國絕多數人依然寧可避而不談。這些犯罪的中國人受到共產黨想抄捷徑搞現代化的想法所牽引，而這種想法也在二十世紀的其他地方造成重大破壞。

當毛澤東主義在一九七〇年代隨著毛澤東一起死亡之後，中國開始蜿蜒曲折走回國際資本主義現代化的道路，而這是過去一個世代的領導人繞道不走的路。中國有些歷史學家說，因為有毛派分子在過去數十年的大破壞，今天建設新中國的工作變得容易多了：毛澤東殺死了舊中國，卻在無意間留下一塊空白，得以寫下市場發展的律令。我可不敢如此肯定。一九七〇年代的中國有許多不同的方向可以走——從柬埔寨式的種族屠殺，到類似台灣的民主發展。市場發展的可能性已經在那裡，不是因為中國共產黨的大破壞所造就，而是早在共產黨企圖摧毀它們之前，中國早已有很長一段時候實驗市場整合。這些根源是本書故事的主幹，不只因為它們對現狀十分重要，也因為它們影響中國在十九、二十世紀的進程。

——

過去影響現在。今天的中國被其現代蛻變、及內外壓力造成的轉變所影響。因此歷史是了解今天中國的外交關係最根本的基礎。在我們這個世代，有些人用中國多苦多難的過去當做它專制威權，或偶爾在國際上販賣力量的藉口。其實不應該如此。中國血腥的二十世紀，其實中國人對自身造成的傷害遠大過列強造成的傷害、而且傷害還會持續一段時候。中國可以接下這段不光彩的過去，往兩個不同的方向擇一前進。一個選項是，它可以在國力大盛下，行徑愈來愈有侵略性，就像中國國勢衰弱時遭到列強侵凌，現在終於可以一報還一報。但是如此外顯的敵意很有可能是內部持續衰弱的跡象，一個和過去掙扎、卻走不出歷史困境的中國，因此隱含著不穩定。另一個選項是，中國依據它本身的價值和過去的教訓，與別的國家尋求合作。這樣的中國很可能是國內穩定，因為它可以把注意力集中在和平的政治改革，因此得到更大的正當性，有個更活潑的政府。唯有時間可以告訴我們中國將朝哪個方向走，但不論它往哪裡走，走過之處，歷史將留下痕跡。

有些中國人喜歡說中國的歷史治亂相乘：幾千年來，中國從光輝燦爛走到衰頹，然後又復興。他們相信今天我們正處於復興階段的開端：中國將在未來愈來愈成為中心、愈來愈強大。他們非常引以為傲，現在中國在許多領域都蒸蒸日上，走向世界強權大國。不論我們要從哪個角度看歷史，從十八世紀以來，即本書故事開始以來，已有一個根本改變：今天沒有人預期過去會回來，至少不會以從前同樣的形式回來。現代的環境是望向未來大過回首過去；中國人也一樣，即使那些相信歷史發展循環論的人也不例外。中國與世界的未來關係或許形式上似乎恢復過去的樣貌，其實它的內容將不容置疑是全新的。

十九世紀上半葉，中國多數的外交事務及內政都正逢改變的時機。

在歐洲和北美洲，科技大革新有助於創立強大的軍事力量——

就武力而言，西方國家因之勝過其他任何國家。

十九世紀初期，歐洲人幾乎花了一個世代的時間，

在法國大革命之後的戰爭中把歐洲搞得天翻地覆。

當這些戰爭一停止，中國和日本就被西方列強放在希望打開門戶做生意的對象名單上。

第一章

蛻變

METAMORPHOSIS

十九世紀上半葉，中國展開一系列將徹底改變這個國家的轉化。雖然這些改變有些有其國內根源，但大部分仍與它和西方的新接觸有關。但是這股演進的關係並非單純是西方衝擊、中國反應的議題。就中國而言，這是個複雜的轉變期，新作法依照既有的中國模式形成。清廷承受國內、國外紛至沓來的壓力之際，家庭和個人從事活動（如貿易、求學、宗教事務）而因此出國或至少在國內接觸到外國人或外來思想的機會大增。中國在十九世紀的故事因此不只是有關帝國主義和破壞的故事，也是綜合來自國內外情勢變遷的新生事物之故事。大清帝國危機交乘而至、左支右絀，某些混合現象卻益加興盛。

中國國家地位的下降對它在十九世紀的蛻變至為重要。清廷和西方國家軍事接觸頻頻失利、蒙羞，只是這個故事的一部分，但是它和乾隆皇帝一七九九年去世之後朝廷地位陷入困難也有重要的歷史關聯。滿洲企圖控制國家及其鄰國的方式，從前沒有任何統治者試過，到了十九世紀初，他們已嘗到帝國過度擴張的苦頭：國庫枯竭、軍隊厭倦海外用兵、人民在愈來愈乏效率的警察國家下也已疲憊。清廷面對改變中的社會框架，必須要有堅強的皇帝，並大幅修訂政策，才能克服新環境構成的挑戰。西方對中國的攻擊，以一八三九年的鴉片戰爭為開端，意味大清帝國改革的時間已經比起世紀初始之時大多數人所預期的，更加少了。清廷依舊需在國內及國外力保地位不墜；即使國內、外大敵聯手對付它，它仍不易被擊倒。中國政治危機逐步浮現，皇室學到許多如何維繫權力及把新思想化為對己有利之道。但是，國家已經無法像十八世紀那樣控制知識。它必須面對逐漸在全國散播開來的資訊革命及政策執行上的變革。這種思想上、行為上的革命是新形式的中國現代化的初期突破，創造出和外在世界的持續互動。

一八〇〇年（嘉慶四年）接觸到外國人的中國人，大多會把這些外國人當做是大清皇朝的另一群臣民。帝國幅員遼闊，包含不同膚色、不同語言和不同信仰的人民。雖然其實質邊界不是界定得很清晰，但中國的政治力量涵蓋了從朝鮮半島到中亞天山山脈、從西伯利亞的貝加爾湖到緬甸沿海的大半個亞洲。緊鄰著此一帝國控制圈之外的重要環狀地帶則是朝貢國。這些國家全以某種形式接受大清皇帝的宗主權，但大多管理自己的事。清帝在朝鮮半島擁有直接的政治影響力。遙遠的泰國和尼泊爾，雖然仍堅守朝貢關係，但比較只是禮儀性質。但是，大清帝國的權力已漸失去力道。越南是正式向中國朝貢的國家，清廷近年來因在越南長期內戰中選錯邊支持，而失去在越南大部分的影響力。

一八〇〇年在南方邊境的情況是中國及其鄰國關係起伏跌宕的典型。一方面，清廷普遍被中外人士視為在這麼廣大疆域中政治及文化的中心。另一方面，在某一朝貢國家內部的權力競爭中，中國皇帝都能夠輕易地插手介入。但是，到了十八世紀末，清朝的某些遠征行動已沒有以往那麼成功：一七六〇年代，乾隆皇帝試圖介入緬甸，想把它留在中國勢力範圍內。遠征無效，且代價高昂（中國至少死了七萬名士卒），而緬甸人仍保持獨立。一七八〇年代與剛統一不久的越南爆發一場戰爭，也一樣災情慘重（兩百年後另一場中越交戰，中方也沒討到便宜）：中國企圖影響越南內戰的結果，卻因規劃不當而失利，損失了數千人。雖然越南國王旋即上表請罪，強調越南仍希望能向北京的清廷朝貢。可是，滿清的聲望已經大受傷害。

某些歷史學者認為中國在十八世紀末期處理其區域霸權欲振乏力，是國內衰弱的結果。這一類的論據大部分經不起歷史檢驗，就好像兩百年之後美國在越南折兵損將，很難用國內衰退所致去解釋一樣。如果不是因為清廷缺乏政治目標，又犯了戰略愚蠢，那麼中國在這些交戰一定會贏。一八〇〇年之前，中國國內的確出現困難，但它們沒有對中國的外交事務造成重大影響。外交政策力量衰退的主要原因是決策軟弱，乾隆皇帝年事已高、思想封閉，在決定外交政策的一小撮人當中留下真空。和所有威權政治制度一樣，清朝的強盛取決於一小撮的統治菁英。

乾隆皇帝一七九六年遜位時，已在位六十年；但這位太上皇當時毫無放棄權力的意願。他之所以遜位只是因為事功偉大的祖父康熙皇帝在位六一一年，做為後輩的他不敢踰越而已。乾隆雖已衰老，仍掌握住一切大權，直到一七九九年以八十八歲高齡辭世。乾隆一生篤信以軍事方式解決中國許多邊境問題。起先，他的戰役大多成功。他聲稱自己這麼做只是為了確保中國邊境安全，而非要擴張帝國（他可能也是如此相信），到了一七五〇年代，他已經控制大部分中亞，並派出部隊駐防通往印度的山隘、強迫尼泊爾接受中國的宗主國地位。在帝國之內，他把西藏和蒙古，以及豐饒的四川省，更緊密納入北京控制下。但是，軍事遠征耗費驚人，皇帝本身身體也吃不消。到了一七六〇年代末期，乾隆皇已經失去交易、妥協的天分，在過去這經常使他可以宣稱遠征勝利。他變得愈來愈僵硬並日益脫離清廷之外的世界，使得自己再也不像從前那樣英明果斷。

乾隆的兒孫嘉慶和道光，在位期間分別是一七九六年至一八二〇年，以及一八二〇年至一八五〇年。他們都是沒有能力的領導人，沒有大清皇朝開國君主的機智。嘉慶是乾隆的第十五個兒子，為人誠實、方正，在三十九歲時登基。他是父親的第三位選擇（前兩位世子全早於父親去世）。嘉慶當家初期努力處理前朝留下來的兩大問題：朝廷官員的貪瀆、以及若干臣民的宗教狂熱。他肅貪成就不大，但已掙得若干民心，不過個人權力因而降低。他想要抑制宗教狂熱，成績更差，尤其是全力彈壓在華中地區貧民圈從者甚眾的佛教教派白蓮教，更是焦頭爛額。它使得國庫空虛，拖了八年之久，直到一八〇四年才由先皇的將領以老方法（結合遷走民眾、集中住進受保護村莊、並動用民團剿逆）取得成果。

嘉慶最後敉平白蓮教。但後人批評他，一開頭誇大白蓮教的重要性，後來它坐大、已開始威脅到大清統治的大型叛亂時，又處置無方。白蓮教之亂被許多人視為清朝由盛轉衰的關鍵。他的父親能舌燦蓮花，把最無意義的干預都說成是重大事功，嘉慶卻連勝利都沒辦法說成勝利；他的個人聲望大跌。一八〇三年，有個暴民在街上攻擊他；一八一三年有一群陰謀分子企圖攻打紫禁城。一八二〇年嘉慶暴薨（據說，在前往夏宮途中被雷殛而亡），有位廷臣形容這是大行皇帝最驚天動地之舉。

嘉慶的統治使得皇帝地位下跌，帝位不受重視的情況拖累到他兒子道光皇帝三十年的統治。道光有心作為、卻意志軟弱，又體弱多病，常因最新讀到的奏摺內容而突然改變政策。隨著年事日長，他愈來愈受朝廷有力派系之挾持。他的叔伯、兄弟、嬪妃、大臣和太監，各組派系，相互爭奪權力。皇帝本身不時求助於偉大先祖（如祖父乾隆、玄祖父康熙）的作法，以及既有的禮法制度。可是，大清開國君主能夠作出創新（不過卻把創新包裝為恢復偉大傳統），道光想恢復中國光榮歷史的努力卻徒勞無功，眼睜睜看著帝國陷入混亂。

歷史學者對中國在十九世紀經濟、社會頻現困難，發展出若干解釋。現在，這些解釋卻很少能經得起有根有據的檢驗。有些解釋指向人口過度成長、資源耗竭、天生的技術落後，以及缺少市場機制。所有這些觀點都有個問題，它們在近年來可找到的證據中得不到太多的支持。例如，新研究顯示，十八世紀的中國，農業生產力與世界任何主要地區相比，毫不遜色。中國最有生產力的地區（長江下游流域）農村生活水平，在同時期約相當於歐洲最有生產力的地區（英國）。以人口成長而言，中國的生育率和歐洲相比，似乎還有增加，經濟發達的地區，人口增加最多。雖然經濟成長和人口成長對資源的供應構成壓力，但中國的生態情況並沒有比歐洲糟糕，某些地方甚至還更好。部分原因是交通運輸有效、又廉價。農人及工匠掌握的技術已先進到足以維持高度生產力（以全球比較而論），以及農業及工藝品的高水平產出。

十九世紀初，中國經濟穩定，但不是蓬勃發展。它的生產力已進入高原期，唯有技術改造才能再超越。只要國內政治保持相當穩定、避免大型戰爭，貧窮就不太可能大幅增加。歐洲在一七五〇年和一八五〇年之間也發生石破天驚的巨變：政治紛擾；國與國之間交戰；廉價能源唾手可得，加上來自美洲的資源，有利於新科技取代舊科技；展開了整合型資本主義市場的擴張。換句話說，歐洲（尤其是英國）才是例外，中國不是例外。

發生在十九世紀中國的災難，只有少數是經濟或社會的問題，幾乎沒有一項來自帝國發展所內建（built-in）的弱點。反之，它們是治理不當、外人侵略、戰爭和叛亂的產品。十九世紀中國國內經濟有兩個主要趨勢需要注意，我們或許才能了解它們對外交事務的影響。第一是國家裂解下，邊陲的相對改善。第二是富有的沿海地區之貿易形式從中國內地省份轉為國外，主要（但不僅限）是東南亞。當然，這兩個趨勢都和政治事件有密切關聯。但是它們一起創造出一個在十九世紀中葉及末葉的中國，比起一個世紀之前更不平等、更不統合。國家組織的交通運輸消失，對於山東到華北、長江中游到華南各河川的經濟陣線區域造成不利，從前的中國人在十八世紀會從這些地區把大量的原物料開採來供應經濟中心之用。同時，對外貿易的增加打敗某些地區；例如，東南亞進口的米取代湖南的米，供給沿海及長江流域口岸之需。

十九世紀中國整體經濟模式即是經濟學家所謂的不均衡成長。某些部分的經濟快速成長，其他部分則停滯或甚至消失。地理位置決定了命運，富裕的沿海地區即使因為戰爭的影響、暫時受挫，卻變得益加富裕，而貧窮地區及邊陲至少相對而言，益加貧窮，尤其經不起武裝衝突及隨之而來的社會失序之衝擊。

不均衡成長是十九世紀中國經濟發展的主要因素，但更加重要的因素仍是西方進入中國，把中國分為兩半。一八四〇年代及一八五〇年代，外資在中國國內建立資本主義據點，是中國經濟發展的關鍵。固然要再過一個世紀，外國產品及生產方式才及於大多數中國人，固然中國的經濟截至今天幾乎仍以農業為主，與外國人及地的接觸開啟的不只是產品、工作場域和消費的深刻改造，還影響到中國人對其經濟的思維。

這種深刻的改變不只發生在中國國內；它也發生在出洋在外的中國人身上。中國有史以來其人民就有外出尋覓貿易、冒險或替自己及家人改善生活的機會。和其他民族一樣，人性的好奇和追求利得的心理，使有些人甘冒大風險，探索及定居到陌生的國家。就中國人而言，第一波大移民潮發生在十五世紀末期，與東南亞的貿易勃興有關。中國人最早在越南、柬埔寨、菲律賓、爪哇、馬來亞和泰國的居住地都是商業性質，遵循連結中國及其南方鄰國的貿易路線。儘管中國政府祭出種種規定，阻止對外貿易和移民（清朝初期未經官方允許出國旅行，可處斬首之刑），但仍有足夠的吸引力道讓愈來愈多的人想要出國。清廷在十八世紀中葉放寬出國限制之後，第二波移民潮在東南亞各地到處建立大型唐人街。

往後一百年，直到十九世紀中葉，至少有一百萬人離開華南，企圖在帝國快速可到達之外的地方安置下來。相較於歐洲人大量外移的人口，這個數字根本不大，但是對於中國及移入國家已經有極大影響。在大部分情況下，新移民前往已有一小群中國人的地方，而且經常試圖尋找有同鄉、同宗親人的地方——這一點和其他地方的移民並沒兩樣。泰國和爪哇有些地方新移民人數竟多過本地人。幾乎立刻出現和本地人通婚的現象，許多中國家庭直到今天仍慎終追遠，謹記他們的華人認同。他們形成強大的社會及生意網絡，貫串起中國老家與他們移民之地的關係。

人口外移的模式在一八五〇年之後、即清朝國勢日衰之下，出現變化。由於與外國人的新接觸，加上移民管制消失，中國人開始為了新的目的出國、前往新的國家。除了大批人移民到東南亞之外，一八五〇年至一八七五年之間的新目的地包括夏威夷、美國和加拿大（以上佔中國外移人口的百分之十七）、古巴（佔百分之十一）和秘魯（佔百分之九）。出國者經常是和外國公司簽約受雇，前往農場或礦場打工。大多數情況下，比起早期移民，生活困苦多了。但是，國內的日子更苦，使得許多人願意冒險移居外國——至少暫時如此。

十八、十九世紀中國外移人口大多來自華南，尤其是沿海的廣東、福建兩省。人口從這些地區外移，創造出在中國這些區域之內建立西方據點的效應，透過它們，華南沿海地區的人更快速和擴張中的世界經濟連上線。移民以貿易商、工人及消費者的角色在本國對此一經濟效勞。他們也照應新的貿易路線，利用他們對當地的了解替自己在外國貿易商和殖民者之間搶到通常並不穩定的一個角色。到了十九世紀末葉，整個東亞、乃至美洲若干地區，全靠中國勞工和貿易商提供黏膠把本地及貿易經濟連結起來。這些僑外社群將在中國的對外事務、有時亦對中國本身的歷史，扮演決定性的角色。他們建立起全球化的中國（西方人和中國人經常都有人對此皺眉頭、感到不以為然），而扮演中間人的關鍵角色，在相互陌生的世界之間傳輸思想和作法。

—

出洋的中國人進入一個種族及社會團體相互衝突、文化殊異、治理方式紊亂的複雜世界，但是就認同及代表性而言，中國的情況也一樣十分複雜。我們現在曉得，住在中國核心及周圍地區的中國人已在過去五千年以許多不同方式界定他們本身的種族。這群人今天愈來愈自視為「漢人」，中國政府認為其國內人口高達百分之九十二為漢人（佔全球人口近百分之二十），發源自今天中國中北部地區，大多是黃河流域，從西元前兩百年左右起的漢朝，成為一大塊地區文化上的主導群體。自從漢朝起，其文化散播到今天中國的其他地區，尤其是華南及華西。某些散播是透過征服而發生，某些是同化的結果，更有些（尤其是大漢帝國裂解後）是非自願的從核心地區人口外移。華南的漢化相當大程度是北方人避難到南方的結果，他們因漢朝覆亡、北方諸邦又分裂而南移。到了一八〇〇年，這種文化和種族的統一過程十分先進（雖然在中國某些地方，今天仍在持續進行當中）。[1]

就大清帝國而言，種族是個棘手問題。帝室本身源自非漢族（屬於滿洲族），必要時也喜愛誇耀自己的「另類」。大清帝室這群內圈人士的團結有相當程度要靠它與受它統治的浩瀚如洋之漢人有所區分而維持。但是，大清也是帝國，在其轄境有形形色色的團體，它找出一套複雜的方式治理不同的族群。某些族群是依據語言文化而界定，譬如滿、蒙、藏族或華南五花八門的族群（苗〔中南半島稱為Hmong〕、擺夷、傣等）。有些則以宗教不同界定：文化上已漢化的穆斯林（中國人稱為回族）、喇嘛派佛教徒的哈薩克人，以及在雲南、廣西、貴州或台灣的各種宗教教派。滿清皇帝大多努力學習，擴大對這些族群的認識（如他們的語文和宗教），但即使認真如乾隆，也必須承認他有時候也分不清哈薩克人和突厥人，因此未能依據清朝定下的規矩對待他們。

界定殊不容易。即使已被界定為數量上最大人口的族群之菁英（那些具備中國書寫文化、儒家社會組織和與中國本土有祖先關係的人士）在十九世紀初也很難界定「漢人」的確切定義。由於中國沒有類似歐洲正在慢慢發展的民族的概念，「我們」、「我們的土地」這類字詞指的是一個人的村莊、宗教或省份，而不是指國家；但在歐亞大陸愈往西去，即使是農民也會深知其民族和國家這件事。

中國的核心文化並不排斥別人。想要擔任帝國官職的根本條件是通過科舉考試，而直到十九世紀末期，科舉考試依然相當公開。各個族群的菁英可以讓最優秀的子弟應試，只要他們願意接受中華文化即可，他們的信仰與種族並無礙於科考功名。帝國故作「率土之濱莫非王臣」之狀。但在大多數人而言，俗諺說：「天高皇帝遠。」他們固然接受帝國的正當性，但主要的認同對象是地方或親族。

這個時期，對於何謂中國人這個問題，沒有簡單的答案。大多數人具有多重認同。從書面證詞看，在一天之內，一個人很可能自認為有點中國人，可是更多地自認為是四川人或廣東人；他也是帝國的僕人（或誓不共戴天的敵人）。認同和效忠很像全中國各地鄉下寺廟的種種信仰。神明很多，崇拜方式也有很多，但最接近於你的是祖先和家鄉的英雄，象徵你的故土和家園。如果說在帝國的核心，認同很複雜，到了邊陲，它們又變了。人們可能在今天十分中國人，可是次日又不然，純視中國給予他什麼樣的機會和保護而定。

因此，在中國人眼裡，誰是外國人？答案當然是看你問了誰而定。對於大多數住在中國核心區域或出身核心區域的人而言，外國人指的是文化上沒認同中國的人（即使「文化中國」的定義本身就有高度爭議。缺乏現代的民族主義，又活在有時候自豪是異族的朝代下，狹義的「內」「外」定義對於十八、十九世紀的中國人並不是件好事。可是，清朝從前朝繼承了中國人通常稱之為「華夷觀」的價值系統）意即在文化上「中華優，異族劣」。數百年來這種世界觀影響中國人看待其他民族及其行為。

明朝和清朝時期，中國人看待外國人受到兩大因素影響：一是從國外旅行回來的中國人，一是來中國定居的外國人。來自前者，有了一些對外國風土人物的書面記載。這些書籍記載大多是屢經轉述的故事，而且和在歐洲刊印、尤其是十八世紀刊印的書冊一樣，它們評論中國的頻率，並不亞於對其他認知淺薄議題的評論頻率。大體上，它們呈現的帝國是位於三個同心圓的中央。緊貼在核心之外的就是中國外圍的民族和國家——受中國殖民及中國文化影響的國家。第二圈包含的是在中華文化之外，但至少偶爾仍向皇帝進貢的國家。第三圈包括與中國及其文化沒有關係的國家，不熟悉的民族，只有極少數關於他們的文獻存在。或許一點也不足奇，愈是遠離核心者被認為最奇異、最野蠻。有許多故事描繪他們信仰狂暴、性變態、吃人等等。「外夷」有體臭、穿著不得體、相貌怪異。有時候，這些「野人」像禽獸大過像人類。對於這種人，清廷相信過去的說法：「聽任他們在外面，別邀他們進來，不要治理或教化他們，也不要承認他們的國家。」2

中國對地理世界的認識在十八世紀大幅上升。雖然自十二世紀以來，亞洲的地理已經繪成地圖，而且至少從十六世紀末以來已經有一系列完整的歐洲人繪製之世界地圖，但是直到乾隆時期，中國學者才開始把更準確的歐洲位置及其相貌納入他們的著作。更新的地圖含有對歐洲國家更多的資訊，有些資訊還十分準確。然而直到一八〇〇年代中期的皇室地圖，仍以中國與之有互動的世界為中心——十大卷的皇清職貢圖（一七六一年）是最好的例子。一七九四年，地理學者莊廷_印了一幅卷軸，不僅對歐洲地理有正確的描述，還討論當地國家及它們之間的關係。莊的作品是精妙的文化折衷作品，把中國置於地球中心，又讚揚西方的地圖是世界歷史進程的工具，使所有的人都能來皇廷致敬。3 和西方無殊，在帝制中國繪製地圖不僅只是地理上的精確詮釋，還和效忠、文化和權力有關。

在十八世紀及十九世紀初期，中國對外國人的印象揉和了透過亞洲陸地接壤國已知的既有印象，以及從新近的海上邊陲得到的印象。和歐洲人與外在世界人民接觸時並無二致，何謂文明、何謂野蠻行為的定義是透過和歐洲的「外夷」來往已建立的判斷來看待。我們很明顯看到中國人把早先從蒙古人或哈薩克人身上看到的特徵，又出現在荷蘭人或瑞典人身上。就和愛爾蘭人給人的既定形象經常由英國作家轉移給美洲或非洲土著原住民一樣，中國人對已知世界的固定印象也移轉到新來的外國人身上。中國的世界變大之後，它的人種學者試圖以可以理解、但又略嫌陳舊的思維習慣去解釋它。對歐洲人稍有進一步了解後，他們被認定是新種「野人」。他們是中國的「另類」——這些遠方夷狄是中國「西方學」的標的：很有趣，是因為他們不同於中國人；有威脅，是因為他們乃是化外之民。

——

歐洲各國當中，中國第一個有常態外交關係的國家是俄羅斯。的確，我們可以說，中國第一個外交關係（接近西方定義的外交關係）發生於和另一個從北方向東亞推進的擴張中的國家之接觸。清朝初年，向俄羅斯沙皇有某種形式效忠的獵人和商人已經出現在中國邊境。康熙已在進行掌控全部中亞東部的大規模行動（到他孫子乾隆才大功告成）。他對西方有相當的認識，也擔心俄羅斯的力量，決定以和從前不同的方式來綏服這群新蠻族。

一六八九年，康熙不顧許多廷臣的建議，和俄羅斯簽署尼布楚條約——這是中國所簽，第一個類似歐洲國與國之間的條約。透過此一條約，他不僅承認一位外國君主（沙皇）對他沒有朝貢關係，也同意（至少是原則上同意）兩國沿阿穆爾河（譯按：中國人稱黑龍江）劃定國界。大清皇帝當中最偉大的康熙是個務實的人：在他採取行動粉碎西域的蒙古人、準噶爾人時，俄羅斯保持中立是極為重要的關鍵。以類似今天上海合作組織（二十一世紀中、蘇合作對付中亞穆斯林「恐怖分子」）的方式，康熙及其繼承人要讓俄羅斯人在貿易及領土上得到滿足，它才會在清朝殖民從喀什噶爾（Kashgar，南疆第一大城，也是中國最西端的城市）到烏蘭巴托（Ulaanbaatar，譯按：國民政府時代稱庫倫，今蒙古人民共和國首都）這塊地區時，願意袖手旁觀。從中、俄兩大帝國的角度看，它是相當成功的一筆大交易——當然在一七五〇年代已被殺得族人盡滅的準噶爾人，是不會認同這個看法的。

從十七世紀末葉到十九世紀中葉，中國和俄羅斯（東亞和北亞兩大帝國）設法不只避免戰爭，至少還有某個限度的合作。一七二七年，他們簽署恰克圖條約（Kiakhta Treaty），重新確認原先協議的規定：北京接受每三年兩百名俄羅斯商人進京，同時也允許邊境通商（到了十八世紀末葉和十九世紀初，已變得愈來愈民間性質）。通商的經濟重要性並不是微不足道，對俄羅斯而言尤其如此。到十八世紀末，它的對外貿易有百分之十發生在中、俄邊界。直到十九世紀末，貿易優勢在中方這一邊：俄羅斯人賣毛皮（貂皮、老虎皮和狼皮，在中國價值相當高），中國則出口製成品：絲和陶瓷，後來又擴大到棉花和家具。沙皇的將領亞歷山大．索伏洛夫（Alexander Suvorov）率兵和拿破崙作戰，亮出來的軍旗即是由中國生絲製作。[4]

清廷在國內試圖把它和俄羅斯的關係解釋成朝貢，但其實它非常明顯地不同於中國和其他任何國家的來往。外交上，通常只要故意相信，彼此就可以走很長遠的路：中國第一個「外交」關係相當穩定，是因為雙方看到各自有利的部分。沙皇的顧問們認為，中國人長久下來將會和俄羅斯人結盟，以防堵歐洲其他大國。清廷權貴曉得，不讓俄羅斯人作梗，中國即可進行它在中亞屬地之殖民。雖然中方從貿易中得到較大利益，俄羅斯人則得到他們珍貴的產品，但中、俄貿易擴張並未導致日後我們看到的廣州與西方貿易所產生的政治問題。同樣的，東正教教士在北京是為一小撮俄羅斯僑民服務，不在曉諭中國人改變宗教信仰。和一個世紀前的耶穌會教士一樣，他們是文化的詮釋人、不是靈魂的蒐集人。因此之故，兩個帝國之間的關係保持相當的互不衝突，直到十九世紀中葉，滿清（業已因國內戰爭及中、英戰爭元氣大傷）才又成為新一輪俄羅斯帝國主義的受害人。

——

到了一八〇〇年，中國早已是貿易帝國。雖然絕大部分貿易發生在其國境之內或是與其毗鄰國家之間，距離十分遙遠、通訊相當困難，但陸上及水上交通與西方相比則高明不少。國家控制及監管所有形式的貿易，並於緊急事故或天然災害時提供給養給老百姓，但不同形式的民營或半民營貿易已散布帝國各地，且得到稅賦優惠或根本不理會繳稅規定。朝廷對商貿持嗤之以鼻的態度，因此也不重視課徵商業稅。當市場在全國各地蓬勃發展起來後，民間金融體系和繁複的經紀作業也發達起來。

即使在對外貿易的領域，十九世紀初期的清朝也將控制權逐漸讓給民間。中國之所以堅持各國實質朝貢，是因為這麼做，其統治者才得以透過展示外國奢侈品炫耀他們的富麗堂皇。皇帝們公開宣稱中國完全自給自足，可是他們還是喜愛穿上西伯利亞來的毛皮或是握著東南亞來的樂器被繪入圖象。

實際上，十八世紀中葉起，清朝逐漸開放廣泛的對外貿易，大約可分為三大區塊。第一是依據朝貢關係：例如，泰國的商業沿著原本經由廣東口岸獻禮給皇帝的海路發達起來。一七二〇年代，清朝廢止禁止中國人從事海上外貿活動的命令後，大部分的海上運輸起自廣東和福建，或是東南亞的華僑社區。到了十九世紀初，朝貢的概念已經很務實地與貿易混合在一起。試圖壟斷對外貿易的泰國國王，受惠於來自中國的絲、茶和銅。中國商人則因轉售進口來的泰國乾貨和米而發財。

另兩個貿易區塊涉及到與歐洲列強打交道。恰克圖制度打開並規範與俄羅斯的沿邊貿易，從十七世紀末葉起就十分穩定。第三個區塊則相當麻煩：到了十八世紀中葉，皇帝試圖參考和俄羅斯、以及朝貢國家貿易的辦法，以有彈性的制度組織起歐洲商人的海上貿易。號稱廣州制度的這套辦法，以廣州做為唯一開放和西方船隻貿易的口岸。外國人（其中大部分屬於英國東印度公司）只能在每年十月至三月的貿易季節來廣州，在經過葡萄牙人據有的澳門時要先取得中國的許可證，然後泊靠於廣州市南方的黃埔。他們在黃埔可和有執照的中國商人接觸。中方這一頭，貿易由廣東省海關總監管理，這個職位由皇帝欽派。他負責發執照給地方商人，在每一艘外國船隻准許出境前向他們收取稅款及費用：換句話說，中國生意人負責他們有來往的每一艘船之行為。

十八世紀末，廣州貿易開始大幅成長，一個重要原因是英國人愈來愈喜歡中國茶。東印度公司替英國殖民管理印度，英國組織的亞洲貿易開始把部分華南地區與新興的世界市場整合起來：南亞的產品（如棉花）透過廣州進口，而英國船隻把茶葉、陶瓷和絲帶回歐洲。中國商人和中間人愈加富有，更重要的是，他們能夠建立本身的貿易連結，從珠江三角洲沿著海岸擴大，進入到中國的河流內陸區域及他們已有商業關係的東南亞各地。現代世界逐漸形成，有些中國人已在其中找到他們的位置。而清廷對外貿持重商主義的作法，發現透過廣州制度賺到的稅收太豐富，只要帝國的主權不受威脅，就捨不得取締它們。

乾隆垂危之際，慨歎自己未能找到年輕登基以來即想尋求的平衡外交關係。他所繼承的是一個在禮儀和體制上已經規範、井然有序的制度，這個制度可以合理地處理十八世紀中國的狀況。但是到了他主政晚期，這個老帝國看到世界正在改變，要處理這些變化，乾隆及其繼承人被兩個不同的方向拉扯：一是躲進清廷處理外夷的既定作法；另一是開放出新形式的互動關係。就務實的貿易而言，中國選擇了改變——雖然非常緩慢、謹慎。而就外交而言，它則在意識型態框架內找尋新方式，以及維持歷來處理外夷事務的高高在上和傲慢強悍作風之間徘徊游移。

——

到了十九世紀開端，中國處理對外事務要有大刀闊斧改變的時間已經愈來愈緊迫。一七九三年，也就是即將吞噬未來二十年歐洲的戰爭爆發之時，英國政府派出第一個正式代表到中國，要求建立貿易和外交關係。愛爾蘭裔的馬戛爾尼（George Macartney）在加勒比海和印度服務後被英王封爵（日後出任駐南非總督）。他的代表團因被當做是在乾隆八十大壽之際前來朝貢而獲准進入皇帝在熱河的夏宮。乾隆及其廷臣對新使相當好奇，允許他們繞過正常的朝廷禮儀，直接覲見皇帝。可是，馬戛爾尼勛爵炫耀天文儀卻犯了大忌——中方認為此舉鹵莽無禮。然後英方又惹禍，要求在禮儀上再讓步，包括毫無先例的第二次覲見皇帝。

這一切都發生在代表團有機會向中方提出方案之前。當馬戛爾尼要求清朝官員全面降低貿易限制、並且准許英國人長住北京及沿海某一口岸時，乾隆已經失去耐心、聽不進去。

馬戛爾尼代表團只是一個先兆。一八一六年，拿破崙戰爭已經結束，英國又派特使來華。一八一六年阿美士德勛爵（Lord Amherst）率領的代表團比起馬戛爾尼代表團更加失敗，但是引起嘉慶皇帝的顧問關切英國對華南有何企圖。他們擔心外國人的商業沒有節制地從沿海散布到內地。他們也擔心外國傳教士來華人數大增。到了一八二〇年嘉慶駕崩時，他們更已關切英國可能在沿海進攻中國。對於安全產生顧慮，原因之一是一八一二年的英美戰爭蔓延到中國海域，英國人強登中國外海的美國船隻進行檢查。皇帝認為，「兩個小國家在海外有小爭執，天朝可以不必理會」。但是如果他們把戰爭帶到中國，「我們不僅應該摧毀他們的軍艦，也應該中止他們的貿易」。[5]

儘管十九世紀初，中國對外貿與列強的關係愈來愈關心，它還是希望保持某種貿易制度。因為外貿利潤極大，捨不得放棄。一八一八年，嘉慶皇帝下詔：「對遵守我方規定的外夷，我們寬宏對待；對違反我方規定的外夷，要展現我們的力量……我們不應輕啟戰爭。但也不應示弱，反而鼓勵他們犯法。」[6]他兒子道光皇帝的廷臣也遵循同樣的策略。當商務在一八二〇年代及一八三〇年代增加時，中國並未發展一個外交機關處理新狀況；禮部尚書所轄「會同四邑館」（Common Residence of Tributary Envoys）和「理藩院」（軍機處底下特設機關）等舊機關，無法勝任工作。朝廷最需要取得有關列強的正確情資，可是這項工作卻因道光時期派系持續鬥爭，愈做愈差。同時，對所有涉外事務採取強硬路線，成為向思想偏狹的皇帝爭取影響力的一種方法，特別是許多廷臣愈來愈關切外國人進口到中國的某些產品。

道光及其廷臣最關心的是鴉片。中國和其他國家一樣，自古以來即有各種不同的麻醉藥品，從明朝初期起，主要從東南亞以貿易或朝貢方式進口的鴉片，成為許多菁英分子趨之若鶩的上選鎮定劑或止痛劑。十九世紀初，做為藥物使用，鴉片流行起來（可能是因為易於買到、流行和富裕的關係）當局也愈來愈關心它的影響。官員聲稱用藥人變得懶惰、頹廢，認為鴉片流行會動搖國本。嘉慶皇帝一八一三年即抱怨說，「過去只有城市惡棍私底下吸食鴉片。但是今天，侍從、守衛和官員，他們全吸起鴉片。」7

一八一〇年代後半期，北京開始尋找更有效的方法落實皇帝一七九六年即宣示的全面禁止鴉片進口的命令。8 可是，北京政府關心鴉片的後果之際，也是走私此一禁藥成為英國東印度公司的中心對華策略之時。經過兩個世代的對華貿易逆差，東印度公司終於碰上一種產品，不僅在中國暢銷，而且英屬印度還可大量供貨。就英國而言，對華貿易突然變得有利可圖，且規模重要。印度已是英國殖民地，但倫敦當局許多人懷疑成本效益究竟划不划算，現在它可透過政府壟斷鴉片生產產生收入。同時，民間投資者也因在中國銷售鴉片而大發利市，尤其是東印度公司的貿易壟斷權在一八三三年廢止之後。一八二〇年代，鴉片進口增為三倍多。北京發現為了支付鴉片，大量銀元外流，擔心會出現通貨膨脹和國家貧窮。

道光皇帝一八二〇年因父親遭雷殛亡故而登基，他強烈主張禁絕鴉片，這可能是他年輕時曾試吸過鴉片及其他毒品的緣故。進入執政第二個十年，他的緝毒作戰已經成為反貪瀆政策之重心，而皇帝對此政策顯得有點優柔寡斷。少數廷臣建議把鴉片合法化（宣布反毒成功，然後對進口商、生產者及消費者課徵重稅），但皇帝及大部分廷臣不同意。他們擔心進口鴉片是外國計劃弱化中國及宰制中國的陰謀。和基督教信仰一樣，毒品會把人民的注意力從效忠皇帝、報效大清轉移走。

在鴉片問題上猶豫多年之後，道光決定正本清源，從進口點下手。一八三八年他派欽差大臣到廣州，賦與他消滅鴉片走私的含糊命令。但是，朝廷選派的林則徐卻是認真將事的人——這位前任兩湖總督曾經非常擔心鴉片在他轄區的影響。一八三九年三月，林則徐一到達廣州，立刻從中國人這一方下手，逮捕一千七百名走私鴉片的中國人。接下來，他試圖說服外國人（大多是英國人和美國人）以固定價格把庫存鴉片換成茶葉。外商拒絕，林則徐派兵進入西方人居住區，沒收所有的鴉片，在城外銷毀。一千兩百多噸鴉片被攙上石灰和鹽，倒進珠江。林則徐要求在騷亂中打傷、打死中國警察的外國人要交給中國官方處置，且全體外國人要切結今後絕不再走私鴉片。英國當局拒絕，命令所有外國商人撤出廣州。他們希望以禁運傷害中國、多過傷害英國帝國自身。

林則徐不向禁運屈服，北京朝廷也不退讓。林則徐修函給英國女王維多利亞訴之以理。他寫：「假如任何國家臣民來到英國做生意，他一定會被要求遵守英國的法令，這不也應該適用在我天朝嗎？現在，大清帝國已有既定法律，任何中國人販售鴉片，可處以死刑……請你們想一想：如果不是你們外國人帶來鴉片，我們中國人怎麼會去轉售它們？」9 英方的答覆顧左右而言他。對他們來講，中、英衝突不能放在走私毒品此一不榮譽的題目上。照英國外務大臣巴麥尊勛爵（Lord Palmerston）的說法，事關國家榮譽、貿易機會……以及最重要的是：哪一個帝國的規定應該最為優先。

通稱鴉片戰爭的中、英戰爭於一八三九年三月爆發，不是因為中國人攻擊外商運貨，而是因為清廷當局企圖保護願意突破英國禁運的外國船隻。當林則徐把遵守禁運政策的商人趕出廣州時，他們躲到位於珠江口、葡萄牙人控制的港口澳門。但是澳門當局不敢收容他們太久，大部分商人及其眷屬遂移到附近的香港島。英國商人很氣英國政府要求他們撤出廣州這項看似造成財務損失的策略，要求對仍與中國貿易的人採取嚴厲措施。一八三九年十一月，英國軍艦企圖擋下英國帆船「皇家薩克森號」，它把流放罪犯載到澳洲後，回程第一站把爪哇的米送到廣州。中國水師出動保護它，英艦開火！擊沉中方四艘船。這場衝突永久改變了中國的對外事務。

中、英雙方都不願爆發全面戰爭。但是倫敦當局深信它需要保護英國的原則和利益，北京則相信必須遏抑英國。英國政府在下議院裡遭到在野黨攻擊，必須提出支持自由貿易、保護商業的答覆，又不被視為直接支持鴉片生意。巴麥尊勛爵把用兵力執行禁運做為其政策重點。他和同僚們相信英國現在已是全球大國，實力足以逼落後民族。英國在亞丁、新加坡、印度和斯里蘭卡已有海軍基地，可以派遣軍艦進入東亞，途中補給都不是問題。雖然不敢肯定大英帝國陸軍的作戰能力，但巴麥尊勛爵一點都不懷疑英國艦隊的優勢，即使在遙遠國度交戰、又無岸上支援，也有信心戰勝。

一八四〇年初間歇進行的談判，證明是和聾子對話。談判失敗，英國人在夏天包圍廣州，並北上佔領沿海省份福建和浙江若干關鍵城市。十二個月之內，外國船隻控制了長江口以及大運河南端，還有長江三角洲幾個小鎮（其中包括後來的上海）。在中國本土的激烈戰役，讓道光皇帝擔心起京畿安危，而派清廷精銳的滿洲部隊投入作戰。但是它們阻擋不了英國利用其艦隊控制帝國核心的經濟命脈，而華南的混亂也逐日上升。一八四二年，道光籲求和平，主要是擔心再纏鬥下去，國內恐有不測，包括大清存亡都有問題。

大清帝國首次吃了敗仗，原因是對手的海軍火力、機動力和組織都佔優勢。中國部隊由於人數佔優勢，在幾次陸戰都能守住。但是，吃水淺的英國蒸氣船如「復仇女神號」（Nemesis）有準確的大砲，粉碎了海上和岸上的抵抗。大清主力部隊英勇奮戰，且頗有紀律。可是，地方部隊則比較不願替他們覺得已陷入麻煩的政權作戰。[10]英國艦隊技術明顯十分優越。這是中國人前所未見的戰爭形式。可是，儘管他們有明顯的作戰能力，清朝大多數觀察家認為英國船隻無異海盜船，或者用今天的話說，形同恐怖分子。清廷認為，他們雖強大，但不可能逗留太久。

至少就短期而言，道光君臣對英國船隻在中國水域的未來，看得沒有錯。英國從來沒有打算征服很大一塊中國，倫敦的惠格黨政府一聽到北京願意就戰爭開打的原則有所退讓，樂得接受和平。英國和中國在一八四二年簽署南京條約。根據條約規定，清廷同意開放廣州及上海之間五個口岸做為外國人和中國人直接通商地點。香港島永久割讓給英國。中國同意付兩千一百萬銀元，賠償被趕出廣州的英國商人的損失。次年，雙方又簽訂一項條約，英國在華所有臣民得到全面「治外法權」——亦即完全不受中國法令管轄。

中、英這些條約給予清朝一個機會重新思考、整理它對帝國防務及本身人民的作法。華北及京畿裡的許多官員沒有目擊英國的作戰，寧可對事態視若無睹、不聞不問。可是，華南的人，不論支持清政府或其敵人，都不能好整以暇。

一八四二年不僅是中國政府兩百年來首次輸掉戰爭，還是一百五十年來華南首次遭到兵災。在社會及種族混雜的人民當中，反抗滿清正統的殘餘勢力仍然存在，很快就爆發危機。華南部分地區，尤其是廣東和廣西邊陲，有種邊疆意識——有太多不同族群團體、有太多衝突、對抗和仇怨。皇帝一向遠在天邊。現在，鴉片戰爭打了，他不僅遙不可及、而且還被打敗。有關外夷力量強大、帝國缺陷多端的故事、形象和謠言滿天飛。

華南人民態度丕變，將對帝國命運產生特殊衝擊。但是，清廷第一次打敗仗的影響卻遍及全國。官員及知識分子開始質疑清廷有力量的信念。了解情勢的人一發覺帝國已輸掉戰爭那一刻起（儘管北京有一套非常精緻、持久的公關，否認有任何損失），許多漢人就開始與清廷保持距離。打了敗仗，滿洲人突然被想起來，他們不也是奪走漢人皇位的異族嗎？全國各地紛傳老百姓是如何英勇抵抗英國人，而滿洲人則聞風而逃（外國資料來源的說法與此幾乎完全相反）。戰時一再被打敗，滿洲人成為他們所建立的帝國式微的代罪羔羊，許多漢人突然發現他們對清廷的許多作法不能苟同。

一八四二年戰敗之後，中國的城市開始面對洋人日益增多的現象。許多接觸到西方人的菁英分子認為，洋人出現就是羞恥的現象。福州學者／官員林昌彝在一八四〇年代末期發現老家的對面，住了英國代表。他在日記中寫下：

我書房東北方有座亭子，它面朝烏石山的集翠寺，該寺是一群餓鷹①藏身之處。牠們在寺裡築巢而居。每次一見到它，不由就產生厭惡之感。我第一個直覺就是抓起強弩，射死牠們。可是，我又能如何？只能浩嘆。為了自我安慰，我畫了一幅畫，題為〈射鷹驅狼圖〉。我把書房也取名〈射鷹樓〉②。11

英國力量出現在中國沿海，不僅激生中國人抗英的意志，也創造出對西方的興趣。引據雙方參與戰事人士的第一手資料，中國在一八四〇年代出現若干較以前深入討論歐洲事務的出版品。一八四四年，在廣州追隨過林則徐的魏源，刊印《海國圖志》，發表若干林則徐討論外國人的材料。（一八四二年，林則徐因啟動戰爭之過，被朝廷貶謫到新疆。）魏源也首開風氣，倡議帝國採用西方現代軍事技術練兵，以防守海域。一八五〇年代，第一批科學文章的翻譯開始出現，大多在上海和香港，通常由傳教士和合作者出版。

雖然傳教士對中國的對外關係及認識有很重大的影響，但改信基督教的人卻很少。清廷在十九世紀初期即認為外國人會威脅到中國，它試圖壓制傳教活動。但是，朝廷的努力大多無效。一八二〇年代和一八三〇年代在英國和美國出現的基督新教覺醒，加上貿易大增，代表許多基督教傳教士能在帝國周邊活動。第一本完整的中文聖經一八二二年在英屬印度出版，後來三十年又陸續出現其他版本。即使鴉片戰爭之後傳教活動擴張，改信基督教的人仍然很少，不過已經大到足以令中國官員不安。有位大臣就說：「最無知愚昧的人才需要上教堂。他們因貧窮及需要紓解苦惱而去。」12

——

然而，真正對既有秩序起威脅的，不是來自傳教士的宣教，而是中國本身產生的好戰的新式宗教。華南有個懷才不遇的年輕人洪秀全，一八一四年出生在廣州北方一個村莊，接近今天廣州亮眼的新國際機場的附近。但即使在一八〇〇年代初期，洪秀全的家鄉也接觸到外頭的世界：它是個移民的社會，居民分為說廣東話及客家話這兩個族群，透過它接壤的港口和國際貿易和外部世界取得聯結。

洪秀全自幼聰慧，族人相當看重他。他帶著家人的希望，在一八三六年到城裡參加科舉考試。洪秀全一試未過，次年再考，又未成功。回到故鄉的洪秀全傷心欲絕、病倒。養病期間，在我們可能稱為精神沮喪的情況下，他讀起在廣州街頭從一位美國新教傳教士接來的聖經經文，它召喚人們皈依上帝、強調宗教的道德性。接下來五年，洪秀全在客家鄰里間將自己重塑為宗教領導，至少他自認如此，儘管鄉親之間大多認為他為家族蒙羞。一八四三年，中國在鴉片戰爭失敗後，廣東陷入混亂，洪秀全自稱是上帝之子、耶穌基督的弟弟。他前往廣西為他的天父爭取信徒。和過去兩千年許多神秘教派的創始人一樣，洪秀全是不平衡的時代下的一個不平衡的人物；他和他的福音吸引窮人、心懷恐懼又家無恆產的人，把他們組成一支塵世王國很難敉平的大軍。

滿清當局好幾次試圖逮捕他不果。到了一八五〇年他揭竿起義，動員兩萬名男女組建天兵，開始在華南圍攻城市。次年，他宣布成立太平天國。太平天國有兩個目標：一是驅逐滿

① 編按：諧音英
② 編按：諧音射英

洲韃虜，一是以洪秀全及天兄耶穌為一切權威的源頭。結果是一場長達十三年的戰爭，死者至少兩千萬人，華南、華中和華東大部分地區淪為廢墟。

洪秀全的教義是以修正主義版本的聖經為依據，他本人是主角。滿洲人是惡魔，應該被驅逐或殺掉。漢人應該借鏡洪秀全的聖經，依據本身傳統重新組建社會。太平天國叛軍認為，天國結合了海外的外國兄弟組建普世的基督徒國家後，天下即將太平。這一觀念在艱困時期為他們贏得許多信徒，其贏得人心並不是因為它的宗教內涵或因為它保證撥亂反正。然而，他們宣揚的社會層面卻使自己得不到地方菁英的信任，後者在一八五〇年代末期開始與清廷合作，力抗太平天國。

駐華西方人士心目中，洪秀全是個麻煩製造者和褻瀆上帝者。[13]他的太平之亂阻礙了千盼萬盼的貿易之擴張，列強及許多公司樂於協助清廷對付他——至少為了豐厚的報酬，樂於效命。清廷在華東得到一支傭兵部隊之助，它的領導人先是美國人佛瑞德里克．湯生．華爾（Frederick Townsend Ward），後來是英國人查爾斯．戈登（Charles Gordon）〔戈登日後在蘇丹遭馬蒂（Mahdi）族軍隊斬首而亡〕。就歐洲各國政府（尤其是英國）而言，大清帝國積弱不振，但透過大家接受的條約和國際貿易綁在一起，勝過一個凶狠、狂熱的教派，即使它以基督教聖經做號召。

洪秀全的觀點愈來愈極端，太平天國的一些小先知們也開始爭權奪利，此時華中地區的地方菁英終於號召足夠的支持，於一八六四年摧毀了這個運動。在清廷敗給英國之後冒出來的其來他叛亂團體，也在一八六〇年代及一八七〇年代初期逐漸被打敗。大清帝國付出慘痛代價，華中及華東地區的捻亂、雲南和新疆的回亂，以及華南各地大小叛亂，逐漸被敉平或逼迫退入山區或野外，其中部分殘餘勢力存活下來，未來將打出其他旗幟作戰。

西方帶頭把貿易在十九世紀初擴大到中國，導致中國及大英帝國之間的衝突。清廷因此大為衰落。有些中國人因中央權力式微而獲利，也有些人因重大服務消失而蒙受苦難。但是在滿清困難重重的同時，中國國內經濟及社會蛻變開始出現。蛻變大多由下而起，它源自於十八世紀中國社會的力量和活潑，以及西方在十九世紀的叩關而至。如果不是因為當時發生劇烈的戰爭，這些改變的過程就不會那麼痛苦。由於戰爭及戰後的悽慘把中國社會撕裂，使它十分衰弱，經受不了經濟被剝削、社會大動盪。

十九世紀上半葉，中國多數的外交事務及內政，都正逢改變的時機。在歐洲和北美洲，科技大革新有助於創立強大的軍事力量——就武力而言，西方國家因之勝過其他任何國家。十九世紀初期，歐洲人幾乎花了一個世代的時間，在法國大革命之後的戰爭中把歐洲搞得天翻地覆。當這些戰爭一停止，中國和日本就被西方列強放在希望打開門戶做生意的對象名單上。中國和日本社會的某些部門其實也已準備好和西方公司在印度洋及西太平洋建立的貿易網連結。在中國（尤其是華南）有一小群人十分了解亞洲其他地方發生的變化，並希望從中獲利。

清廷能在十九世紀中葉克服太平天國及其他叛亂，這個事實對於了解中國在往後幾十年的國際事務，具有極大意義。顯示清廷它還很有活力。就許多漢人而言，帝國代表穩定和確定，即使他們不喜歡滿洲人。結合「自強」（大部分意即西化），以及訴諸傳統及「漢化」，這是清廷在敉平各項叛亂後提出的對策，它對許多人頗有吸引力，這並不是因為若干新倡議是由非滿洲人的軍事英雄提出。即使清廷趨向式微，但一般老百姓之怕朝廷，猶勝過怕叛黨及外夷的結合；滿清人受到威脅時所呈現出來的殘暴，在過去兩百多年已在中國一再表現出來。

—

一八五六年，清廷最為衰弱之時，太平軍正向北進軍，西方列強選擇持續和中國交戰，以便強迫中國在貿易上更加讓步。清廷抗拒，英、法聯軍在華北口岸登陸，向北京推進。聯軍起先失利，但一八六〇年得到增援。清廷的蒙古騎兵在北京西郊八里橋固守，它被當頭對衝的法國砲兵摧毀。清軍傷亡約五千人，但西方聯軍損失亦相當可觀。雙方戰俘統統被殺，另有大批中國百姓擋住聯軍前進，也被殺無赦。[14]

佔領北京之後，英、法聯軍將領決定燒毀乾隆皇帝在大清盛世所興建的圓明園。數百座皇室建築物（亭台樓閣、寺廟、圖書館）全部付之一炬，大火延燒好幾天，士兵及軍官亦大肆搜刮戰利品。有個法國士兵寫下：「我為眼前看到的這一切嚇得目瞪口呆，突然間，《一千零一夜》變成我絕對可以相信的事。我在兩天之內走過價值超過三千萬元的絲綢、珠寶、陶瓷、銅器、雕塑！我不認為從羅馬被蠻族洗劫以來，我們見過類似的狀況。」[15]

十九世紀末葉，西方貿易商、傳教士和官員開始在中國定居，
中國本土慢慢成為洋人薈萃之地。
清廷搖擺於接納這些新來者、支持他們，或抗拒這些外國勢力之間。
在地方層級上，華、洋人士互動，時而合作、時而衝突，
但總是因彼此習慣和觀點有異而陷於困惑。

第二章

帝國主義

IMPERIALISMS

清廷在一八三九年至一八四二年的鴉片戰爭被英國擊敗之後，長達三個世代，帝國主義及其他國家的侵犯界定了中國與外部世界關係的框架。對某些中國人來講，海外關係所創造的經濟和社會秩序，提供了他們新機會從事貿易、旅行和社會進步。我們將會看到，在西方帝國結構內運作的許多網絡（商業及其他網絡）源自中國人，且由中國人營運。然而，在儒家菁英看來，外夷帝國進到東亞則令人絕望。西方人瞧不起中國傳統、攻擊中國國家十分可怕，且令人感到羞辱。固然又要經過一百年（直到二十世紀結束時）和西方接觸所創造的價值、產品和交流方式，才深入到中國農村，但當時其實思想和政治改造的舞台已經底定，而且這是第六世紀佛教革命、十七世紀清朝入主中原以來中國所未曾有的現象。新戲劇的第一幕就是大清帝國與其帝國對手（現在已進入到中國領土的中心地帶）之間的對峙。

中國與外夷帝國在十九世紀中葉對峙的敗果絕非必然。我們有理由相信，若非帝國面對內部挑戰，它有可能自行備足更長久時間去對付外來挑戰。情況是，內部大叛亂把清廷搞得焦頭爛額、陷入最低點，而外夷帝國注意到它的衰頹。許多西方人預測中國政府將因內部叛亂或外來壓力而即刻垮台。鄂圖曼帝國的命運經常被人拿來做比擬，意即一部分領土逐漸脫離出去，直到最後只剩下一小塊核心。

但是，一八七〇年代和一八八〇年代，清廷卻頗有中興之勢。彷彿是帝國內部菁英認真檢視他們的文化，決定出來捍衛它。他們的自強運動根據的理念是「中學為體、西學為用」。中學指的是儒家思想，西學尤其側重軍事和科技。中國可以利用西方的武器和科技強化國防，又不失其靈魂：中國文化仍將是帝國的中流砥柱。我們很難說是否自強運動拯救了中國，不再遭受帝國主義新一波殺戮——很可能是西方滿意已達成的目標，乃在大叛亂結束後暫時停止。但是，我們不用置疑，可以說李鴻章及其他改革派發展的政策，把清廷暫時從國內敵人之手中拯救出來，給予它新活力。同治皇帝一八六一年以五歲沖齡登基。某些驕傲的滿洲人遂稱這個時期的第一階段為「同治中興」。他們希望他能像推動日本劃時代改革的明治天皇一樣受後人尊崇。

但是，同治畢竟不是明治天皇。或者說，如果他是明治天皇，他也沒有太多機會表現——他在一八七五年十九歲時就駕崩。此後大清帝國再也沒有出現成年人皇帝：同治的繼承人光緒登基時只有四歲；光緒的繼承人宣統（即末代皇帝溥儀）登基時更只有兩歲。躲在背後垂簾聽政的是同治的母親慈禧太后，一個剛愎自用的強硬保守派。和皇室大多數人一樣，慈禧厭惡西方的影響，她愈是了解西方（她對西方的確有相當程度的認識），就愈不喜歡它。她和清廷偏向儘可能降低向外國學習所帶來的衝擊。慈禧認為採納西方方法（即使只是自衛之需）表示拋棄掉構成中國精髓的文化，其後果肯定是災難。

把清廷的困境放在亞洲其他地方十九世紀的發展脈絡下觀察，可以看得最清楚。西方人固然經常遵循亞洲人建立的路線和作法，但他們已經成為本區域商務和貿易的中心：他們的公司和貨幣取得最高優勢。在馬來亞世界（今天的馬來西亞和印尼），英國及荷蘭努力擴大勢力。法國則佔領印支半島。美國也接管菲律賓。西方強迫日本開放邊境，接受貿易和西方影響力才過一個世代，日本已經躍升為帝國主義大國。

同時，英國仍是在中國最大的列強。它控制住開發貿易的關鍵基地和據點（新加坡、香港和相當程度的上海）使得其優勢固若金湯。可是，英國控制的是結構，中國人卻供應基礎架構——東亞貿易的這些據點全是華人的城市，由華人的網絡所營運，但受英國當局所管理。

西方固然打進中國，但中國人本身也以旅行者和移民的身份，開始走向世界。十九世紀末期，中國、西方之間不僅出現了戰爭，也出現了外交、科技、貿易上種種重大接觸。它也是中國走向全球的年代，移民及旅行大幅上升。中國的旅行家、寄居者、移民走遍全球，逐漸開始直接去觀察這個世界。這群僑居在外的中國人提出新問題：所謂中國究竟是什麼？「華人」和「外夷」有何區別？因此，本章大部分篇幅探討各種流動性和混雜性，以及新網絡、社群和體制的創立，它們將會修正以各種不同方式、不同目的所界定的中國人及非中國人之間的關係。

—

一八五〇年代和一八六〇年代的大叛亂，提供西方列強再逼迫中國政府讓步的機會。但是，即使大清國運似乎已到了最低點，清室王公仍不願在王權上有所讓步，至少不能正式退讓。反之，北京在執行原本就是被迫接受的一八四二年協定時，也推三阻四。因此，英國在一八五七年再次發動對華軍事行動。表面上，他們是報復中方部隊強登香港船隻「亞羅號」（the Arrow），實質上是要從衰頹的滿洲政府榨取更多的好處。當年年底，額爾金勛爵（Lord Elgin）率領的英軍，以及讓—巴蒂斯特．葛羅（Jean-Baptiste Gros）率領的法軍，只遭遇輕微抵抗，就攻下廣州。中方倒楣的總督葉名琛被俘，並被送到加爾各答，關押兩年後絕食而死。他很不公平地被廣東人貼上「六不」標籤：不談、不守、不戰；不死、不降、不逃。

聯軍由廣州北上，清廷著慌，派出特使，特使同意擴大在華外國人的權利。包括：在北京設立使館，外國人可在全國各地旅行、不受限制，並且開放長江准許外國人船隻航行。中國談判代表也接受中方應支付巨額賠款。但是當英國使節在一八五九年堅持英軍進駐北京時，中方猶豫，戰事又恢復。這一次清廷有比較周全的準備，或許是因為它為了對付太平天國，已經動員起來之故。英軍企圖攻向北京，遭到擊退，四艘砲艇被摧毀。但是一八六〇年夏天，將近兩萬名英、法聯軍在華北登陸。面對清軍（這次大多是蒙古及滿洲部隊）堅強抵抗，歐洲砲兵取得勝利，聯軍直撲北京。一進北京，他們劫掠全城（刻意破壞）把夏宮幾乎燒為平地。一八六〇年洗劫中國首都是十九世紀最大的劫掠行為，搶走的寶物迄今仍是西方許多博物館的珍貴蒐藏品。

在英國擊敗滿清，鞏固它在中國的貿易優勢之際，俄羅斯也把勢力伸進外蒙古及太平洋沿岸。一八五八年，在太平天國危機的緊要關頭、中國又和英法聯軍交戰之際，俄羅斯向北京提出要求。它得以強迫中國重訂邊界，把法國和義大利面積加總起來的一大塊土地，移交由俄羅斯控制。對於清廷而言，俄羅斯的新擴張至少和英國同樣構成巨大威脅，因為它來自陸地，有潛力沿著中亞到朝鮮的四千英里邊界包圍中國。因此，當俄羅斯一八六〇年代試圖在新疆扶植穆斯林獨立時，清廷反撲，召集了可謂它最後一次大規模軍事行動，於一八七八年以擊潰獨立運動團體達到最高潮，暫時挫敗了俄羅斯在當地的勢力。

華南方面，清廷又碰上亟思擴張的法蘭西帝國，它企圖染指中國在印支半島的朝貢國家。一八七四年，法國宣稱在越南全境擁有控制的勢力（清廷無力反對），在北越活動的當地華人叛亂組織立即與法國人發生衝突。巴黎於一八八三年正式佔有整個越南，清軍從北方進入越南。接下來發生混戰，法軍在台灣及福建沿海登陸，摧毀中國大多數新建的艦隊。但是鑒於歐洲政治的緊張，法國必須很小心，不能被看做是挑戰其他列強在中國的地位——它最冒犯不起的是英國。把清軍趕出越南之後，法軍司令止圖進入廣西省，但清軍在一八八五年反攻，把法軍趕回河內。吃敗仗在法國政壇掀起大風暴，迫使總理朱爾・費里（Jules Ferry）政府辭職。即使進一步軍事行動的威脅導致北京把印支半島的控制讓給法國，但東京（Tonkin）和新疆戰役，也告訴中國人及列強：即使國力已弱，然而對任何敵人而言，滿清仍是不可輕侮的勁敵。

——

中國受殖民的經驗是在香港形成。即使上海從十九世紀末起在貿易和工業方面日益重要，但中、歐社會混同的模式卻是在珠江口這個大港口形成。香港不僅是補給站，也是避難所。它促進英國在整個華南的貿易，同時就人口而言，也成為華人的城市，吸引來自全中國各地的人：難民、異議人士、創業家和做發財夢的人，無不紛紛來奔。一八六〇年英國又吞併海灣對面的幾個中國村落後，香港人口逾十二萬人，其中只有三千人不是華人。

和英國所有的殖民城市一樣，香港基本上管理良善、但其城市邊緣有點老舊，貪瀆、壓榨盛行。這個城市建立在極大的矛盾和虛偽之上。外國傳教士向中國人宣揚美德，外國商人則拚命要他們沉溺於鴉片煙癮。英國人言必稱法律與秩序，卻以赤裸裸的武力搶奪這塊土地。中國人為了躲開在他們周遭隨時會崩垮的環境，來到香港尋找機會，可是卻憤憤不平於在這個種族、階層歧視的社會被當做二等公民。隨著時間推移，他們建立自己的組織，和其

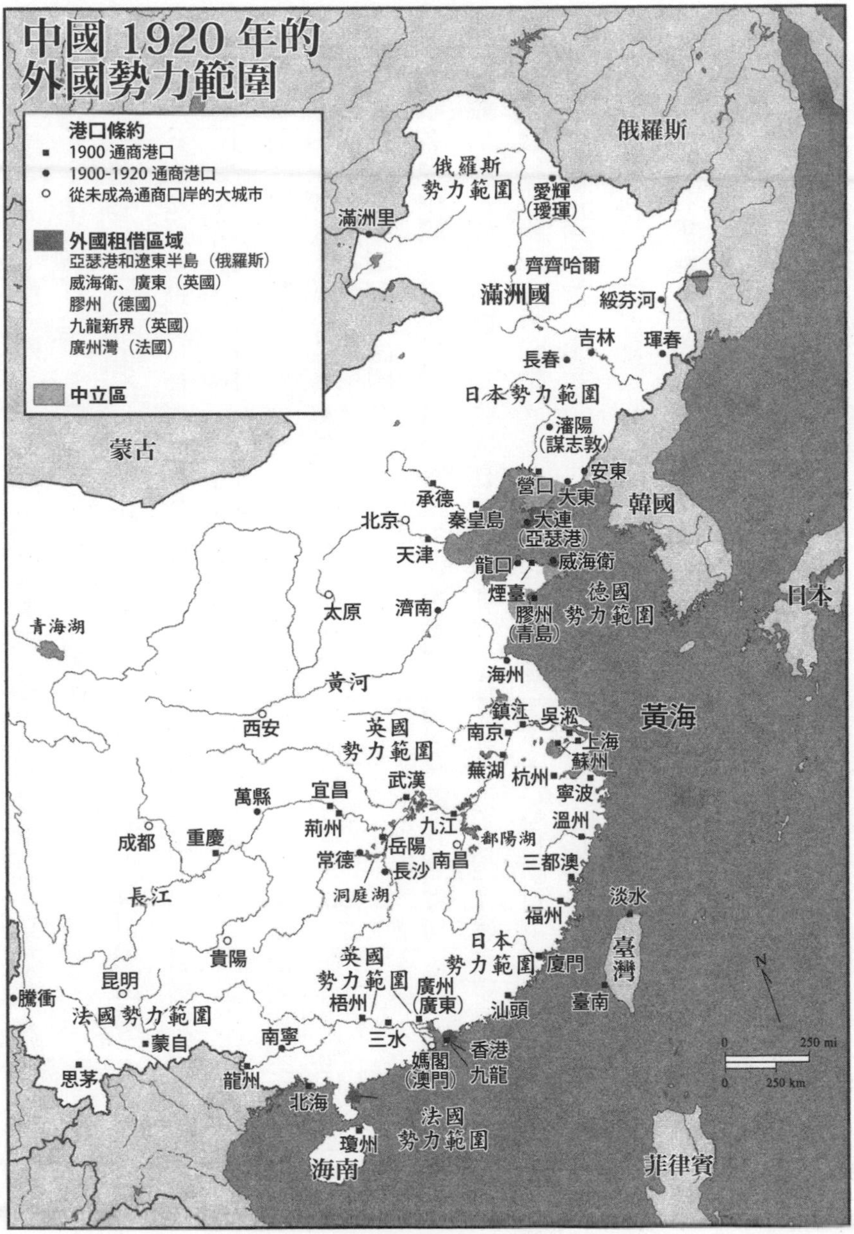
中國 1920 年的
外國勢力範圍
港口條約
1900 通商港口
1900-1920 通商港口
從未成為通商口岸的大城市
外國租借區域
亞瑟港和遼東半島（俄羅斯）
威海衛、廣東（英國）
膠州（德國）
九龍新界（英國）
廣州灣（法國）
中立區
俄羅斯
俄羅斯
勢力範圍
愛輝
(璦琿)
滿洲里
齊齊哈爾
滿洲國
綏芬河
吉林
琿春
長春
日本勢力範圍
瀋陽
(謀志敦)
蒙古
營口
安東
大東
韓國
承德
秦皇島
大連
(亞瑟港)
北京
天津
龍口
威海衛
煙臺
德國
勢力範圍
膠州
(青島)
日本
太原
濟南
青海湖
海州
黃河
黃海
鎮江
吳淞
西安
英國
勢力範圍
南京
上海
蘇州
蕪湖
杭州
寧波
武漢
宜昌
萬縣
溫州
九江
荊州
成都
重慶
岳陽
鄱陽湖
常德
南昌
長沙
三都澳
洞庭湖
長江
淡水
福州
日本
勢力範圍
臺灣
貴陽
英國
勢力範圍
廈門
昆明
廣州
(廣東)
騰衝
梧州
臺南
法國勢力範圍
汕頭
南寧
三水
香港
蒙自
媽閣
(澳門)
九龍
思茅
龍州
北海
法國
勢力範圍
瓊州
海南
菲律賓
N
0
250 mi
0
250 km

他地方的中國僑民沒有兩樣——可是，香港人從來沒有離開自己的國家。

大型貿易商社是外國人在香港商業活動的中心。這些商社，例如怡和洋行（Jardine Matheson）、太古洋行（Butterfield & Swire）、和記洋行（Hutchison）等，有許多是一八三四年東印度公司解散後，由英國在印度的生意衍生出來，在中國許多條約口岸建立生意。然而，他們的影響力在香港最盛，不僅操縱經濟，實質上也操縱政治，這也是殖民地得以存在的原因。一開始，這些商社就是國際組織，由英國商人主持（至於怡和洋行而言，則是蘇格蘭人主持），但工作人員有中國人、印度人、歐洲人和美國人。到了十九世紀末，他們是華人和洋人之間主要的溝通者，不僅在香港如此，在全中國也都是。他們也愈來愈控制中國的金融體系。

吸引各地中國人前來的不僅是香港的經濟機會，還有它的教育機會。一開始，這些大多與經濟收穫的可能性有關。和中國社會其他地方一樣，私立學校由家庭和組織提供經費，但在一八五〇年代和一八六〇年代，非華人的教會和外國人的教育團體也成立學校。從一八七〇年代開始，香港出現政府出資辦的初等教育制度，後來逐漸擴大到招收華人學生。剛開始，這些學校全都強調中國古籍、聖經研讀和一些英文，從十九世紀末起，它們也開科學課程。一八八一年，香港成立一所師範學校、一八八七年出現醫學院，一九一〇年設立大學。對許多中國家長來說，他們願意進入香港，且對其經濟有所貢獻的主因在於，子女在殖民地容易受到教育。

香港是英國在華南擴張的一個方便據點。但是，它的經濟角色（在它存在的頭一個世紀）比起從十九世紀末各次戰爭後在全國各地從大清帝國搶來的租界差太多。第一次世界大戰之前條約口岸制度最盛的時期，中國共有四十八個所謂條約口岸，外國人有權利居住、經商、享有治外法權。在重要的條約口岸，有租界或租借地，幾乎完全接受外國人管轄，它們本身的行政管理通常只聽命於領事。這個錯綜複雜的壓榨制度在中國境內製造出了迷你版的非正式帝國。租界幾乎全是透過敲詐勒索取得：西方列強大多在中國水域留駐砲艇，如果提出的條件沒得到滿足，就絕不猶豫地砲轟中國城市。但是，對中國和中國人而言，某些租界變得和對外國居民同樣重要（有時甚至更加重要）。租界雖然原本是不平等、且有壓迫性質，但它們卻把西方法治觀念引進中國，企圖在大清帝國之內管理多元民族，使得國際法全球化。

關於租界對中國政治經濟所扮演的角色，中國人及外國人都有不少充滿胡說八道的評論。租界不但沒有成為一個井井有條到能使中國心悅誠服的模範，所謂的條約口岸制度在十九世紀末、二十世紀初是個大而無當、混亂拼湊且經常不成功的鬆散存在。大部分的條約口岸及租界根本沒有促進商業。譬如，天津的義大利租界是基於歐洲列強的國家面子而成立，其實和中國毫無通商關係；有些租界，其居民幾乎全是中國人，因為洋商覺得和中國僕人、情人和生意夥伴住在西方司法管轄區之外更加舒適。真正重要的租界是上海、天津、廣州和武漢的大塊租界，另外，德國人和俄羅斯人分別在青島和哈爾濱也有租借地。這些城市的不同地區，不論是中國人控制、還是外國人控制，從經濟上、文化上和政治上都對創造現代中國有所貢獻。由於它們複雜的治理制度和社會互動，它們提供空間讓當代中國社會的流動性和混同性得以誕生。

上海的三大區塊——公共租界、法租界和華人區——是租界城市的典型，中國的現代化大多起始於此。從一個已經興旺的港口開始，新上海在第一次世界大戰以前已經發展成為人口一百三十萬的城市。外國人總數從未超過四萬人，其中少數人治理公共租界和法租界，可是這兩塊租界實質上還是華人的城市，全上海人口約三分之一住在公共租界、十分之一住在法租界。上海在貿易方面的重要性數百年來都很明顯。它位於長江口、中國海岸線中央位置，主要的茶葉和絲織品生產地就在附近。但是從十九世紀末起，上海之有別於其他城市是因為它是中國首要工業重鎮。進到中國的外國人投資有一半以上投注在上海，它也是中國經濟開始整合外國科技、產品和品味的地方。

頭五十年的租界生活就是外國人主導一切，但中國人連結起貿易路線、提供補給、提供了愈來愈多的人力受雇於工廠。當清廷努力想打進國際體制，讓人接受它是獨立的國家、並且拚命試圖挑撥離間想佔中國便宜的國家之際，中國沿海及大河的若干城市出現新形式的社會。在這些社會中，構想及作法都快速發展，並逐漸散布到中國各地，其內容包羅萬象，如街燈、公司股票、水管、宗教信仰、造船廠及學校。商業方面，外國人和中國人打從開頭就掛鉤。在日常生活方面，雙方透過互動及觀察，逐漸創造出許多新生事物。

就在外國人來到中國城市挖一塊租界之際，其他人也到城市中國忙著找一塊立身之地。從十九世紀中葉到二十世紀初期，因為清廷對搬遷到城市的限制放寬，以及經濟機會大增，許多中國城市面積擴大一倍。中、外經濟、產品和學識的遇合是清朝末年城市化的主要原因之一。但是，官方限制放鬆也扮演相當角色，尤其是商業、組織和學習的成長，使得城市更

有吸引力。來到城市的手輕人，不論住在外國人或中國人管轄地區，都為自己創造了新的身份，可以是工人、貿易商、小店主或知識分子，假如清廷主權從未受損，且對那些未列管城市仍充滿疑慮的話，這一切都是不可能開放給他們的。

一百年前來到上海、武漢或天津的新住民，幾乎無法想像所碰上的變化是如此壯觀。不僅是寬敞的街道、火車、電車、電報、電影院、舞廳等等令人興奮（有些人則是驚駭），穿著的方式（裙子、洋裝、西服取代了長袍）；居住的方式（單獨住、而非一家人老少同堂），都很新鮮、不可思議。外國人出現在面前當然很有趣，新形式的城市景色、氣息光怪陸離，也令人興奮。街上賣的新產品，從鏡子到肥皂、從腳踏車到照相機、從婦人穿的緊身衣到手電筒，也很有意思。有些產品悄悄進到古老的生活去，譬如鏡子可貼在門廊上鎮邪驅魔。新產品更經常在受到激賞之下，被本地製造商抄襲，稍做更動，以符本地市場和品味。

商人在城市中國的角色從十五世紀末就日益上升，但是到了十九世紀末，中國被納入世界經濟之後，他們的角色有了新意義。「買辦」（在和洋人貿易時，擔任雙邊文化中介的中國人）成為經濟變革的重要角色，他們成為西方公司的談判代表、商務助理、或到內地採購的前鋒。挺諷刺的是，固然是他們的文化技能（尤其是語文能力）使他們佔了優勢，但買辦卻成為城市新經濟理性的代表，從而累積資金、擁有資產，這才是其地位的象徵。儒家講究的榮譽、誠信和社會關係，固然和經濟收穫同等重要，卻慢慢低落下去，與之相應的是，學者、甚至朝廷命官的地位也日趨降低。[1]

十九世紀末、二十世紀初的中國城市，無論對新居民還是舊居民而言，都是一片混亂之地。清廷這個入關後曾以都市規劃能力自豪的政權開始失去了對城市的控制，新形式的權威出現，它們有時候建立在長久以來即已存在的先例上面。城市中國出現「會館」（同鄉會），它代表並協助來自特定地區、省分或區域的工人，在上海、天津和武漢等地方控制了其追隨者居住的華人社區，這裡只說他們老家的方言、也賣故鄉的家常菜。很重要的是，它們也和出洋在外的同鄉保持聯繫。可是，同鄉會固然勢力龐大，但也一直都和同業公會、勞工組織、以及各種秘密社團（從反清團體到黑道幫派都有）競爭效忠者。新的都會中國，由於複雜的關係跨越時空，很難界定，因此是很難駕馭的地方。2

—

一八三二年，蘇格蘭裔商船醫生威廉・賈汀（William Jardine）因從事鴉片生意賺了點錢，夥同同鄉詹姆斯・馬迪生（James Matheson）成立了可謂十九世紀中國最重要的外國公司——怡和洋行。怡和洋行的主要基地是香港和上海，分支機構遍及中國境內，以及中、日、東南亞之間，甚至東亞和歐洲之間的貿易路線上。從許多方面來講，它是設在中國的第一家跨國公司，它的混血結構被其他許多洋行仿效。它的董事會成員全是外國人，但是公司的中國買辦做為媒介，連結起中國的主要製造商和零售者，他們實質上提供了公司業務所需的許多資金。怡和洋行的代理人大多是歐洲人，遍及沿海及內河主要口岸，這些代理人有他們自己的中國商人網絡，靠這些網絡做生意。類似怡和洋行這樣的公司當然主要是為外國投資人提供最大利益而存在，從事鴉片貿易即是一個例證。它的結構綜合了中國及歐洲色彩，同時，在任何蘇格蘭人踏足中國之前，若沒有數以千計的中國人早已經建立的市場和貿易路線，它也不可能有如此業務規模。

歐洲人的洋行打入原已存在的中國人網絡，即是和東南亞及在東南亞的貿易。在很多情況下，這些洋行根本就是硬擠進華人僑商已經建立了好幾個世代的貿易結構。新來的洋行提供額外的資金，以及和歐洲更堅強的關係。一八五〇年至一九一四年間歐洲人忙著殖民東南亞時，華人已經透過提供小貿易商和低階管理人，把各殖民屬地結合起來。新加坡雖在英國治理之下，成為區域貿易中心，卻是東南亞的一座華人城市。中國生意人在巴達維亞（今之雅加達）和西貢（今之胡志明市），為荷蘭及法國殖民當局、為設置在本地的洋行、為向外營業的中國各公司，提供重要服務。雖然東南亞的菁英和歐洲人都擔心中國的勢力和競爭，但他們已愈來愈依賴中國人協助建立的擴大中的市場。例如，在英屬馬來亞，一八七〇年代以從事中藥生意起家的余仁生（Yu Ren Sheng）公司，就已經把馬來半島和華南的的銀行業務、食品生意及契約勞工連結起來。

西方新式的銀行設在上海和香港，也打進舊式的中國融資和投資模式，組成金融的大連結。各種不同機構之間的連結非常緊密，貸款和票券由大銀行移到小銀行、到新式中國銀行、到舊式中國銀行。在十九世紀受到銀行各式各樣活動影響的中國人，人數愈來愈多——即使他們不住在城市裡。銀行當然也連結到大小洋行。例如，怡和洋行福州分行買辦代表最大的外資銀行滙豐銀行出售股票。滙豐銀行一八六五年在香港利用租來的辦公室創業，資本額港幣五百萬元。到了一八八〇年代，它是中國最大的銀行，分行及代理人分布全國各地。它是香港政府的銀行，也在中國、日本、馬來亞和新加坡代理英國政府帳戶。它在香港和泰國發行鈔券。更重要的是，它也是中國政府的銀行，從一八七四年至一九二〇年代管理中國的公共借貸，並藉此替銀行股東賺取相當的利潤。

二十世紀中國陷入長期戰爭和革命，類似匯豐銀行這樣的大型外商銀行，是從資本主義擴張中發了財的中國人所喜愛的銀行。固然在中國的所有外商銀行於一九一一年大清帝國垮台後，更易有風險，但西方金融機構和中國資金之間的羅曼史仍很牢固。匯豐銀行上海總行經理艾文・喀麥農（Ewen Cameron）在一八九〇年誇稱：「過去二十五年，本行在上海與中國人有極大的生意往來，我應該說至少也有數億兩（中國貨幣單位）進出吧，我們從來沒碰過欠債不還的老中。」[3]

直到二十世紀初，外商介入中國的工業才開始追上外商參與貿易的腳步。原因之一是，直到一八九〇年代，外國人不准在中國領土投資生產製造業。另一個原因是中國堅持反對引進西方的商業法；要到一九〇四年，中國人才接受有限公司的概念。[4] 中國第一批工業企業源自既有的公司，它們大多是工藝品公司。一八七〇年代，滿清政府和各省政府在自強運動中開始借重民間公司，打出「官督商辦」的口號。許多企業成立起來——例如，招商局（成立於一八七二年）、江南製造局（一八六五年）、上海棉布廠（一八七八年）以及開平煤礦（一八七七年）——全以西方科技為基礎。但是，即使有些新公司努力研究、製造洋機器，它們還是很難和西方的航運和進口競爭。從十九、二十世紀之交起，外國人投資急遽擴大，先進入礦業、再及於食品、能源和紡織業，上海成為最大的製造中心。這些企業大多快速成長，獲利豐厚。

中國一向農民過剩，有許多人願意進入城市工作，但是在剛誕生的工業工作的人，不論是受雇於外國人或中國人，他們的工作環境都十分惡劣。工時長，生活環境髒，相對於城市的生活費用而言，他們的工資低。生病或懷孕的工人會被辭退，兒童被雇來從事最髒、最危險的工作。從二十世紀初起，愈來愈多女工進到城市，尤其大多受雇於紡織廠，可是她們經常遭到上司的性剝削；而且也覺得必須把大部分工資存下來寄回老家給雙親。雖然許多中國人不是出於自由意志當勞工，而是因為家人或族人替他們做主，但還是有人因為可脫離家庭控制而進城工作。和工業化初期的許多國家一樣，中國的工廠生活艱苦、危險，可是城市的新鮮感打破務農的單調，讓渴望打破過去道德教條束縛的人，懷抱可以掙得豐富報酬的憧憬。

—

許多中國人最先碰到的外國人是傳教士。在大清帝國於十九世紀中葉被迫打開門戶的情況下，基督教會在條約口岸紛紛冒出來，傳教士也開始走入全國各地。儘管中國官方和民間都排斥，但透過基督教會卻出現許多文化和教育的交流。教育和科學，而非宗教，成為傳教事業最重要的領域。不過，基督信仰仍對中國社會某些部分產生深刻影響；透過這些接觸，出現許多宗教的混合和文化的交流。

十九世紀中國的社會、經濟紊亂固然提供沃土，可以引進新的形而上的信仰，可是，基督教因伴隨著洋人入侵而來，故抵銷了傳教士宣揚教義的效力。雖然許多人佩服華、洋基督徒的勇氣和犧牲，但有更多人厭惡外國政府為了宣揚基督教而提出的種種要求。當法國宣布要做為所有在中國的天主教徒的保護人，或是當英國及德國為了基督徒遭到攻擊而展開報復時，基督教義能展現的善意全毀了。認為基督徒只不過是另一個西方團體，旨在摧毀中國既有的秩序，這股意識也傷害了傳教事業。在許多村莊，當基督徒不肯捐錢辦民俗節慶或維修村內寺廟時，就會爆發爭端，甚至暴力相向。有些地方 傳出教堂遭人胡亂塗鴉之後，往往接著就發生寺廟或神聖碑牌被損毀的事件。儒生出身的官員對基督徒的態度仍然十分負面。山西有個基督徒因為不肯攤付一年一度的中國節慶戲班演出費用，發生鬥毆，告到縣府衙門去。縣令問他，你是哪國人士呀？他答說，他是大清臣民。縣令當場痛斥：

> 如果你是大清臣民，為什麼跟著洋鬼子信那邪教？你不依村子的攤派支付演戲的錢而被打，竟然還敢告到官府來？你當然應該繳錢。如果你不繳，你就不准住在大清國土，你必須住到外國去。5

婦人和少數民族是基督教傳教士早早就下功夫的兩個族群——這一點和日後的共產黨一樣。即令她們在某些區域和宗族（尤其是華南）的地位可以更強大，婦女在十九世紀的中國仍是最大的受壓迫群體。她們缺乏男人的權利，要遵守三從四德，聽父親、兄弟、丈夫，甚至兒子的話。對於某些最受欺壓的婦女而言，基督教強調自由選擇和個人拯救，是一條出路，可是代價往往是與家庭、甚至社區決裂。某些少數民族，如華南的苗人或台灣的原住民，也有相當高比例信仰基督教。太平天國之亂結束後，客家人加入如瑞士-德國巴塞爾教會（Swiss-German Basel Mission）的地方教會俾便自衛，以防非客家人的報復。鄧氏家族即是這樣做的一支客家人——其中出了一個日後共產中國的重要領導人鄧小平。

中國從十六世紀起和基督教接觸，主要是透過歐洲的天主教會，但十九世紀來華傳教士大多是英國或美國的新教徒。他們是受到美國的宗教大覺醒運動（the Great Awakening）和英國的福音復活所啟發的青年男女。這些傳教士當中有些最有影響力者，志在宣揚西方教育理念，大過拯救靈魂。羅伯・馬禮遜（Robert Morrison）受倫敦傳道會（London Missionary Society）派來中國，於一八三〇年代開始發行中文書。裨治文（Elijah Bridgeman）由美國公理宗海外傳道部（American Board of Commissioners for Foreign Missions，又稱「美國公理會差會」）派到中國，以英文及中文在廣州發行雜誌。傳教士和大多數洋人軍官、外交官和貿易商不一樣，他們經常學懂中文，因此可在中、外之間擔任翻譯。有些人退休後，還在西方大學裡擔任研究中國的重要職位。蘇格蘭人理雅各（James Leggs）先在香港傳教，後來成為牛津大學第一位中文教授，並且翻譯許多著名的儒學古籍。

很少社會像滿清中國如此重視教育的價值。相較於世界各國，基礎識字率相當高。約三分之一到二分之一的男性，以及十分之一的女性能夠閱讀。大城市有許多學校，但入學競爭激烈。絕大多數中國人都曉得，通往成功之路就是讀書識字、精通古籍、通過科舉考試。一個家庭若是有人做官、當學者，就會有優勢，但是每個世代總有少許窮家子弟能夠通過科考，得到他們先人不敢想像的功名地位。也無怪乎整個宗族會集資辦學，教育他們的子弟，冀望他們有朝一日能夠出人頭地。[6]

十九世紀末發生變化的不是教育的重要性，而是它的內容和組織。除了至少從宋朝就存在的那種書院之外，中國現在也有傳教士團體以及私人所辦的學校；後者通常由中國人開辦，除了四書五經，也側重科學。女子學校也開始盛行，尤其是一九〇〇年之後。曾國藩、李鴻章等人一八六〇年代發起的自強運動，中心思想就是中學為體、西學為用。一八七〇年代及一八八〇年代，教授西學的新式學堂紛紛出現，通常就在清廷為了國防需要新蓋的造船廠和軍火製造局附近。不過，直到二十世紀，大多數中國人仍繼續進入以研讀四書五經、修心養性為主的學校，這裡只是偶爾教些西方科學、地理或語文。少數早早就修習儒學以外課程的學生，日後做為兩種非常不同的文化之間的築橋者，對中國的未來起了極大的作用。

到了一八七〇年代，愈來愈多中國人出洋留學。根據留學先鋒（例如，容閎一八五四年畢業於耶魯大學，是第一個正式取得美國大學學位的中國人）所傳授的新知識，政府和個別家庭開始送年輕人前往美國和歐洲，後來也到日本。曾國藩是政府推動的「中國留美幼童計劃」（Chinese Educational Mission）之主要人物，從一八七二年起選派一百二十名幼童到美國留學。政府也設立同樣的留學團，前往德國、英國與法國。和一百多年之後，即一九八〇年代和一九九〇年代新一波留學潮一樣，有些留學生出洋後就留下來，但有些今人稱之為「海歸派」的留學生學成歸國，以醫生、教師、造船師、軍官和鐵路及礦場工程師的身份為國家做出貢獻。

十九世紀末留學生最著名的例證即是孫逸仙（孫中山），在一九一一年被推舉為中華民國第一任大總統。孫逸仙在一八七九年十三歲時離開廣州，前往夏威夷，投靠在當地經商有成的哥哥。孫逸仙在檀香山受教育，他上學的學校隔了一百年出了個校友歐巴馬。孫逸仙後來回香港習醫，成為香港新式醫學院第一批畢業生之一。

一八七〇年代赴美留學童生還有一個範例，就是唐紹儀。唐紹儀曾就讀紐約哥倫比亞大學，回國後在滿清政府交通部任職，後轉任外交官和巡撫。滿清覆亡，他擔任國務總理、財政總長，也是孫逸仙和蔣介石的重要顧問。一九三八年他試圖與日本人談判，遭人暗殺身亡。

另一位容尚謙進入哈特福公共學校，他回國後加入清軍，官拜上尉，在中法戰爭和中日戰爭都負過傷。容氏後來出任鐵路局局長，一九五四年在上海才去世，享有高齡。唐紹儀、容尚謙和其他中國前輩留學生對中國有極大影響，服務歷三個不同政府。

到了二十世紀初，中國的教育提供一片沃土給本國人及外國人之間互動。從其他語文譯成中文的書刊增多，擴大了學習非中國知識的影響力。租界中的學校和大學招收愈來愈多的中國學生，中國城市中由外國人主持之大學，如燕京大學（北京大學的前身）、廣州基督書院（一九一六年改為嶺南大學）等也招收愈來愈多的中國學生。清華大學一九一一年在北京成立，原本是留美預備學校，專收即將赴美讀書的公費生。新的學生族群特別努力爭取這些機會；到了一九〇五年，全國有一萬名中國女性進入新教徒的教會學校唸書。[7] 透過學校和大學，不同文化交流，發揮對日後領導中國的學生之影響，形塑了二十世紀的中國。一九〇五年，滿清政府宣布停止科舉取士，中國的教育已經變成今天我們所看到的揉合儒家灌輸價值和經驗研究之混合體。[8] 最後一次全國科考（一九〇二年在開封舉行的恩科），其題目即象徵此一融和：

第一部分：
管子（西元前七二五年至六四五年）的軍事政策
漢文帝（西元前一七九年至一五六年）的南越政策
帝國的法律
官員的評估程序

劉光祖（西元一一四二年至一二二二年）穩定南宋朝的方案

第二部分：

西方對出洋留學的壓力

日本教育機構採用西方模式

各國金融政策

警察與法律

財富與國力的工業基礎[9]

十九世紀期間，中國人對自然及人體的看法，慢慢因西方科學及醫學的影響，開始改變。雖然不是單向交流，外國人的觀念在一九〇〇年已經以史無前例的方式，充斥在中國人對宇宙及人在其中之地位的觀念中。或許中國與世界之間的接觸，沒有任何東西比這更重要。中國有它自己數千年歷史悠久的科學與醫學傳統。當中國和西方的互動增加時，中國的醫生與科學家開始擁抱從婦科醫學到天文學等領域的新知識，使他們對生命及其實質條件的了解大為改觀。到了二十世紀初，中國的知識分子已加入歐洲人、美國人及其他亞洲人的行列，採用同樣的方法和標準，同樣著迷地追求科學的真相。

由於對全球知識的許多重大突破，發生在中國與西方擴大接觸之同時，中國人幾乎一開始就介入科學做為單一領域之研究。有一個好實例即是公共衛生。英軍一八六〇年佔領天津時，由於擔心營區附近壕溝的死水會產生「瘴癘之氣」，他們把它填滿了。在此過程中，他們意外切斷天津的排水系統，造成全市大淹水和疫疾。[10]幾位年輕的英國軍醫開始思考到，中國人保持城市乾淨的方式，或許不是對付傳染病最好的方法。保持衛生習慣的好處，大約在歐洲與中國同時被發現，由於歐洲和中國醫生的共同努力，中國日益增長的城市消除掉了若干最迫切的健康危機。

和其他領域的知識一樣，傳教士是把西方醫學和科學引介給中國人的關鍵。一八三八年，美國人伯駕（Peter Parker）在廣州成立「醫學傳教會」（Medical Missionary Society），教導中國學生最新的西方醫學治療方法。英國傳教士合信（Benjamin Hobson）出版西方重要科學作品的中譯本。合信和中國翻譯者、數學家李善蘭等人合作，推出《天文略論》（一八四九年）、生理學（一八五一年）、外科學（一八五七年）和內科學（一八五八年）等書籍。雖然渴望新知識，但中國的醫生和科學家卻也不太願意拋棄舊東西，並對西方部分外科學及藥理學保持合理的懷疑，直到二十世紀。無錫聰明的光學家／化學家徐壽（Xu Shou）在一八五〇年代常就西方化學啟發做實驗，即經常主張中、西醫學應整合。中國人在西方機構（不論是在中國或國外）受訓練的人數日益增多，西方研究科學的方法也開始建立主導地位。

只有一小群中國人接觸到外國知識的譯本或梗概，因此一般百姓認知的改變就更加緩慢。某些外國人及中國人在十九世紀最後那三十年開始發行普及科學的雜誌，其中最重要的人物是英國傳教士傅蘭雅（John Fryer）。傅氏曾任職於江南製造局，一八七〇年代中期設立了上海格致書院（Shanghai Polytechnic）。他的《格致匯編》（Chinese Scientific and Technical Magazine），發行到科學圈以外的讀者群。[11]從雜誌的讀者投書可以看到一般人愈來愈察覺有新的解釋：一八八〇年有位青州讀者指出，「中國古書說，天上的彩虹……是太陽和雨長時間交媾所引起的天地不當之『氣』：這是不該交媾者之交媾……請問科學家如何解讀它？」[12]但是，即使在教課時，老習慣還是根深柢固。作家郭沫若提到，十九、二十世紀之交，他有位科學老師把一個句子中的「天然景象」讀錯，讀成「天龍乍現」，這一來科學課竟然大談天龍在空中旋繞。[13]

中國歷史上，其人民和其他任何民族一樣，也有豐富的旅行經驗，但比起以往，過去兩百年旅行的人數更多、前往的地方也更多。新一波突破始於十九世紀，由於外國的影響、新形式的運輸方式和國家的衰弱這些因素加總起來，創造出特別有利出國探險的氣候。從利用這些機會的大多數人（貿易商、勞工和各種外移人口）中，我們找不到太多有關他們經驗的書面記載。至少和西方人士寫下的中國旅遊見聞比較，中國菁英旅行者寫下的報導，也大多沒受到重視。中國人所看到的歐洲、美洲、西亞和非洲，有太多異國風味、文化偏見、臆測揣度和誤解，這一點和外國人看中國，犯同樣的毛病。不帶疑慮旅行，透過個人經驗及透過寫作，都可增加知識，但是中、外皆然，知識要在特殊的文化脈絡中去傳遞，它必須透過旅行者之眼去詮釋看到的印象。

王韜是中國第一批偉大的旅行作家之一。他在一八二八年出生於蘇州附近，這位學識淵博的學者在太平天國之亂期間得罪清廷，避走香港。他在香港結識脾氣古怪的蘇格蘭傳教士理雅各，理雅各已在從事中國古典經籍譯為英文的工作。一八六七年，理雅各邀王韜到蘇格蘭一遊，王韜欣然前往，途經新加坡、斯里蘭卡、檳榔嶼、亞丁、開羅，到達馬賽。他在巴黎、倫敦暢遊數星期後才到蘇格蘭的道樂市（Dollar）安頓下來，住了兩年。這時候正是英國工業化如火如荼進行的時候。王韜和理雅各合作，翻譯了《詩經》、《易經》和《禮記》。清廷准許他回國後，王韜到過日本，把旅遊見聞一一寫下，出版成書。

第一批前往北美洲的中國旅行者，比起前往歐洲的旅行者，對於所見所聞更加困惑。若是歐、美都去過的人，恐怕還更加迷惑。伍廷芳是中國最早派到華府的公使之一。他觀察到：「英國人和美國人關係密切，他們有許多共同的地方，也有許多不同的地方，最明顯的差異莫過於他們的行為舉止。」[14]美國的民主政治讓訪客困惑：許多人問，經濟事務講究極端的個人主義，行政事務上怎麼做到集體決策呢？十九世紀中葉美國的語言多樣化，工業化的北方城市既髒又亂，因為種族、社會、政治議題對立，使許多中國訪客認為它需要和諧與穩定。但是在此同時，科技的先進、尤其是鐵路和蒸汽船，令人無盡佩服。滿洲訪客志剛於一八六八年觀察到：「火車輕、穩定，比列子御風而行還快。它造得有如木屋……兩邊都有成排的窗子，有三層玻璃、布幔和木檽，以防風雨雷電和黑暗。」[15]坐上「風火輪」使得志剛有興趣進一步研究，送回中國有關鐵路是如何興建的詳盡報告。

許多中國旅行者起先認為西方對中國意圖不善，中國的價值和規範被西方搞得天翻地覆。少數訪者寫說，除此之外，別無其他可能，因為畢竟歐、美是和中國天南地北不同的國家。有些人則企圖從中國歷史中尋求對於西方的解釋，想找出中國歷史上有哪個時期的組織與觀點，與他們今天在西方之所見吻合，並且也臆測外國人是否從中國源遠流長的發展之哪一個時期得到啟發。中國人最介意的莫過於洋人的缺乏孝道，以及採取行動時重實質、輕道義。劉錫鴻一八七六年訪問倫敦時嘆說：「問題不在我們歷朝皇帝宰相沒有西方人聰明，而是他們沒有人開天闢地努力與大自然競爭，以求自富。我們高瞻遠矚的祖先也關心未來，但不像英國人只會全力爭奪利益。」[16]

除了對洋人語文、食物、風俗和衛生感到困惑之外，中國旅行者一直不明白西方帝國人民為何只重物質進步、不重道德增進。前往西方考察的中國人報告（困惑大於震驚）西洋的政治制度、婦女的角色、種族的階層意識。他們擔心，在和這些差異如此大、又如此強盛的西方國家打交道時，中國要如何生存。觀察美國及若干歐洲國家持續工業化的情況，中國旅行者經常評論新技術的破壞面。即使西方的產品吸引他們、西方工業的力量和生產力令他們駭然，但他們更震撼的是汙染、地貌的變化，以及觀念態度、方法和生活方式的改變。許多人到了外國，選擇留下來，因為他們覺得在外國比在中國，他們及家人可以過更好的生活；因為他們擔心中國面對西方的命運堪憂；也因為他們反對滿清政府。但是，在多數選擇回國的人身上，中國和西方已改變了他們的世界觀——中國不再是世界的中心，道德、習慣和品味的裁判官，世界已經成為更大、更平等的地方，必須讓人有更多的選擇，中國人可以有許多不同的信仰、政治觀點和國家效忠。

——

在東亞以中國為中心的世界秩序，花了很長一段時間才斷了氣。到了一八七〇年代，新帝國主義體制已經十分清楚，即使最反對新生事物的人也曉得時代變了。注意到中國內部的變化，以及清廷勢力的衰退，有時候是透過朝覲代表團到北京的近距離觀察（東南亞國家則到廣州），朝貢國家逐漸轉向西方列強稱雄的新世界。即使文化上、地理上和中國最近的國家（越南、琉球和朝鮮）也體會到他們的國際事務已踏進新時代。像緬甸和泰國等再遠一點的國家，他們和清廷關係的正式終結，是在朝覲團已經結束之後。大清世界中心的終止就和它的開始一樣出於偶然，不過，中國仍試圖在禮儀的正式框架裡來解釋此一新發展。

我們在下一章將會看到，朝鮮脫離以中國為中心的體制，其方式最具破壞性。琉球群島（從九州往南迤邐到台灣的一個鐮刀形群島）則又是另一個例子。琉球國王一方面向清朝朝貢，一方面又聽命於日本南方的薩摩藩領主，將近三百年之久。到了一八七〇年代，中國在琉球的地位下滑，琉球維持實質獨立的機會也消失。日本在一八七〇年雖然持續和中國談判這個議題，但它在一八七二年宣布對琉球群島單獨擁有主權，於一八七五年派兵進駐，一八七九年兼併整個琉球，廢掉琉球國王，把它改為日本沖繩府。中國訴請美、英調停，不果。琉球喪失獨立，預示著來日紛爭必不可免。

更遠的泰國方面，其領導人也發覺中國在東南亞的至高地位正在快速消失。泰國朝覲團一八五三年抵達廣州時，很少數泰國人或中國人會懷疑，這將是泰國王室最後一次正式向大清稱臣進貢。泰王負責對華事務的大臣（他本人具有華人血統）於一八六〇年代中期以一封帶著歉意的書函向廣州的總督解釋曼谷在其後的觀點：

> 暹邏與北京一向友好，每當朝貢到期，暹邏一定記得，不會傷害維持已久的友誼。然而，（一八五三年）……暹邏（特使）……遭盜匪攻擊，搶走皇帝回贈給暹邏王

> 室的禮物。（一八五六年）免年季節風時……即是向中國朝貢之時，得知亂黨比以往更加猖獗，因此得免朝貢。（一八六〇年）……朝貢之期又至。這次獲悉廣州市正與英國交戰，總督本人並不在城裡。暹邏若遣使，無人可以接見。（一八六二年）……獲悉英、法聯軍深入到北京，北京陷入大戰之中。17

到了一八七〇年代，泰國人曉得舊時光已不會回來。他們開始改組現在已被英、法控制的航線上之對華朝貢貿易（原本就是貿易成分大過朝貢）。一八八二年，曼谷片面宣布正式結束向清廷稱臣的關係。

鑒於帝國主義列強利用國際法的概念來合理化他們對清廷的欺壓，中國人沒有理由相信他們會被以西方大國為基礎的制度所完全接納。但是，中國領導人幾乎打從首度遭到西方攻擊時，就顯示頗有興趣了解國際法。有些重要文獻，如愛默立希·瓦德（Emerich Vattel）一七五八年的《國際公法》（Law of Nations），於一八四〇年代，即第一次中英戰爭後譯為中文。在一八五〇年代末洋人入侵之後，更顯示中國需要了解西方列強宣稱他們外交關係所依據的原則。長老會牧師威廉·馬丁（William Martin）一八六四年將美國外交官亨利·惠頓（Henry Wheaton）一八三六年所發表的論文《國際法要素》（Elements of International Law）譯為中文。儘管惠頓的觀點狹隘（和瓦德的普世主義不同，惠頓認為國際法純是基督文明的產品），清廷軍機處卻認為它很有用。他們上書皇帝：

> 臣等比較這本論西洋法律的書，發覺它不完全吻合中國制度。但其中有些章節仍有用

處……臣等慎防引用這種書，已諭知（馬丁）中國有自己的法律和體制，不宜參酌外國書籍。可是，馬丁指出，雖然《大清律例》已在外國翻譯，但中國從未企圖恫嚇外國遵循它。所以，不會只因一本書（被譯成中文），中國就會被迫遵守其習俗。[18]

到了一八九〇年代，有些中國領導人已看到或許可用國際法來保護帝國的利益。曾經代表清廷多次參加國際談判的李鴻章（一八九五年中日戰爭之後，他還要進行更多的談判）說：「國際法屬於全球所有國家。如果他們遵守它，大家相安無事；如果他們不理它，大家一定有麻煩。」[19] 某些學者宣稱國際法有如春秋、戰國時期發展出來的原則。當時中國諸侯蠡起，孔夫子對它們頗有評論。但是這些比較並未讓中國外交官準備好，可為國家利益交涉。早期的這些翻譯，文字並未精確表述，它們經常用的是中國人談論人倫關係使用的概念，因此未能掌握住法律的特性及它對權力的屈從。

儘管清廷有個很差勁的遣派使節出國之制度，以及對鄰近國家有豐富的了解，但它並沒想要在國外派常駐代表。與十七世紀以來的歐洲不同，大清帝國並不承認其他國家的平等地位（即使在理論上），因而必須與他們長久地交涉。因此，它沒有需要派出歐洲式的外交官。經歷西方的干預和十九世紀中葉的大叛變之後，清廷必須調整、接受歐洲的傳統，雖然並不是心甘情願。道光皇帝的六貝勒恭親王，是慈禧太后一八六〇年代掌握大權的關鍵人物。他向朝廷力挺派使節出國的重要性：

我認為近年來，外國已經相當了解中國，可是中國對外在世界所知依然有限。差別在於外國在中國派駐外交使節，中國完全沒有駐外使節。這一來造成外國駐華外交官蔑視我們的規矩，行為不當，我們只能規勸他們。我們既不能限制他們的行為，就必須另外設法。這種情形令我一直擔心不已。[20]

幹練、但經常不夠果決的恭親王也是一八六一年成立「總理各國事務衙門」（俗稱「總理衙門」，中國第一個外交部）背後的主要力量之一。雖然一開始被視為帝國官僚體系中一個臨時的、第二層的機關，但總理衙門很快就成為朝廷、各省、軍方和外國人之間的主要協調者。它又成立「同文館」，這是培訓未來外交官外語及西學的一所學校，後來也成為翻譯及出版從物理學到國際事務等許多外文書籍的中心。

和總理衙門一樣，海關總稅務司也是中、西合作的一個單位。它由外國人擔任稅務人員，且經常被列強用來在戰爭或衝突之後向中國收取賠款的機關。不過它也進行翻譯工作、舉辦社會及統計調查，協助創辦中國的郵局系統。之前它被當做是洋人加置於中國的機關，但在清朝末年演化成為政府收入的重要來源，及訓練中國官員的重要機關。中國人對海關觀感大改，要歸功於愛爾蘭出生的總稅務司赫德（Robert Hart），他一八六一年出任，久居斯職到一九〇七年。在漫長的任職期間，從北愛爾蘭波塔當（Portadown）出身的這位年輕人，成為清廷信賴的外國人。他底下的稅務人員來自二十幾個不同的國家。他們因監視租界的港口（也經常巡守重要內河及沿海地區口岸），惹得中方不悅，但赫德成為洋人為大清效勞的典範人物。

到了一九〇〇年，清廷開始派遣駐外使節。它先於一八七七年在倫敦、柏林和東京設立使館，一八七八年又在莫斯科和華府設館。使館人員來自同文館培訓的外交官和其他朝廷官員。某些使館表現稱職，有些則形同尸位素餐。朝廷雖然氣憤有些外館浪費公帑、資訊傳遞不良，但也發現使節中有許多幹練之才。譬如，第一任駐倫敦公使郭松燾（也是清末重要政治人物），協助組織清廷對付太平天國之亂。曾紀澤是在大叛亂之後主掌中國政局的曾國藩之子。曾紀澤接郭松燾的棒子駐節倫敦，後來轉任巴黎和莫斯科。曾紀澤也在一八八〇年代初期擔任中國首席外交「救援」（troubleshooter），與俄羅斯談判聖彼得堡條約。像曾紀澤這樣的外交官在北京有一定的份量，因為他們不僅據實回報西方列強的實力，還能以儒家之道處理世界事務。曾紀澤在日記中寫出他對倫敦的觀察：

我們視今天之西方，不免遙想當年之中國；而視今天之中國，又不免思想西方之未來。有朝一日我們一定會回到事物之本質，不看機巧和繁複，只看單純。因為物質資源有限，不足以應付全球各國之需。21

十九世紀末葉，西方貿易商、傳教士和官員開始在中國定居，中國本土慢慢成為洋人薈萃之地。清廷搖擺於接納這些新來者、支持他們，或抗拒這些外國勢力之間。在地方層級上，華洋人士互動，時而合作、時而衝突，但總是因彼此習慣和觀點有異而陷於困惑。到了一九〇〇年，中、西品味及技術的混合在城市中的出現，進一步把中國分解為兩大塊：一是廣大的農村地區，外國人幾乎根本不存在；一是正在發展嶄新社會的城市列島。新中國是國際的，在東南亞和美洲有據點，同時中國國內有人兼具中、西習俗。但它對自己沒有信心，一方面認為是西方帝國主義創造出來的東西，一方面又衷心希望能「師夷之長」，透過外國方法、資金和機械，拯救中國。進入二十世紀之後，新舊之間的矛盾、城鄉之間的衝突（兩者都因外國人出現而加劇）儼然有把中國分裂之虞。

列強勢力一方面挫弱清廷，另一方面卻在十九世紀末葉協助它對付敵人而保住大清命脈。許多觀察家認為這是完美的壓榨關係：西方列強利用滿清的衰弱，從中搾取特權，又支持它，不讓它全然垮掉，以搾取更多的東西。但實際情況則更為複雜，不是三言兩語可講清楚、說明白。清廷也逐漸懂得如何在列強之間運作，爭取有利，絕非單純地成為外國利益的工具。朝廷領導人也盼望有一天中國可以強大到足以面對外來者。同時，漢人菁英也善於利用清廷，在公共事務中循私圖利，謀取個人好處。在這種政治、經濟競爭激烈的氣氛中，外國人得到了絕大多數的好處，但絕未全部。

同時，外國觀念和思想席捲中國，支撐住想為國家為自己找到出路的人。和西方的情況一樣，革命思想經常集中在科學和社會之間的關係，認為達爾文的進化論也影響人類事務。一八七五年出生的麥孟華反映了歐、美社會達爾文派的觀點：

> 揆諸地球所有文明的發展，沒有一件事不是由鬥爭做出發。中國從來沒有存在於鬥爭時期，中國人民從來沒有過鬥爭思想。因此，難怪中國不能夠發達起來。然而，今天，（中國人民）正在與其他人鬥爭。二十世紀毫無疑問是中國人發展的機會，也是這個古老文明可以復興的時刻。22

中、日兩國在整個二十世紀結為宿敵。

不過，衝突之前雙方也有過合作、相互佩服和交流。

儘管兩國交惡，發生戰爭和佔領，但某些的這類接觸仍然存在。

直到第一次世界大戰結束，中國許多改革派人士認為，

從日本學到的科學、技術、政治和國際事務的知識，

比起直接來自西方的東西，更適合指導中國。

第三章

中國與日本

JAPAN

沒有任何一個議題可以比對日關係能更加界定中國在二十世紀初的對外關係。相較於中國，日本是個小國家，土地面積只有中國的二十五分之一。事實上，地球與月亮也大約是這個比例。兩國在互動時，也曾以地球與月亮比擬雙方的關係。日本一直必須處理這個巨大鄰國的地心吸力。雖然日本從未屬於中國直接控制範圍，然而中國的文化、思想、書法和宗教卻影響日本超過一千年之久。十七世紀日本的陽明學學者熊澤蕃山（Kumazawa Banzan）稱中國是「中華之地」，是「東夷、南蠻、西戎、北狄等子女的父親，好比大山是諸河之子的父親」。[1] 但是，中國也受到它這顆文化衛星的影響。

十九世紀中葉起，中國視日本為啟發來源，並或許可以結盟一起面對西方。然而，一八八〇年代中期起，清廷開始認為這個東方島國是敵人、是威脅。一八九四至一八九五年，兩國為爭雄東亞，打了一場破壞極大的流血戰爭，造成清代中國首度在軍事上失利、敗給這另一個區域大國。朝鮮和台灣成為日本的保護國（最後成為殖民地），而中國在本地區丟人現眼。清朝一亡，許多日本人認為中國既混亂，又不穩定。他們認為這個巨大的鄰國將會吸引西方更多勢力進入，因此試圖基於貿易、安全和意識型態的理由，擴張日本的力量。在日本菁英眼裡，日本有讓中國文明的職責，就好像歐洲列強認為他們對非洲及南亞責無旁貸一樣。

德川幕府時代（一六〇三年至一八六八年），日本實行鎖國政策，限制國民與外在世界

的接觸，但是它和中國的貿易卻從來未曾完全停止。這個時期許多知識分子，無論是在江戶的大將軍幕府，還是京都的天皇內廷，皆尊重中國是東亞儒家世界的中心，這一點和朝鮮或越南人士的看法差別不大。但是從十八世紀末期起，日本人的思想慢慢開始往更本土的方向前進，把本國居民的自然、節儉與勤勞，拿來和中國人的反常、懶惰和狡詐比較。十九世紀中葉滿清頻頻敗給西方、又相繼出現大叛變之後，這股新的、負面的態度，化成日本批評中國的洪流。從世界中心到淪為許多國家當中之一，中國現在成為日本絕不願淪落成的可怕典範：一個分裂、貶降的國家、一個「虛有其表的帝國」、一個棄兒。愈來愈多日本人觀察到，由於他們和中國人長相相似，他們隔洋鄰居的窘困也使他們被人看衰。拯救中國脫離汙穢和惡名聲，成為二十世紀上半葉日本人的種族責任。

直到一九二〇年代，中國人對日本的看法也大有不同。自從日本這個東夷自動切斷了與帝國中心的互動，認為日本蠢不可及、且又奸詐背信的觀點使然，中國對日本的看法在十九世紀中葉開始迅速變化。現在，來自中國的造訪者們大談特談在明治時代願意採納西方知識與科技的日本菁英。有些中國人認為，日本背棄了正確的、孔夫子的世界觀；許多人評論這個社會瘋了，工廠和造船所像汙點般出現在日本純潔的國土上。但另外一些中國人，尤其是那些渴望見到中國更加西化的人士，則把日本當做是亞洲社會中改造為更強大、更美好的國家楷模。當全中國都在關切日本透過戰爭和衝突使國力日增之時，這些中國人佩服這個東瀛鄰國的成就，希望有為者亦若是。這種雙重性質的關係界定了中、日兩國在十九世紀末、二十世紀初的關係，也逐漸演化成雙方的恩怨情仇。

十九世紀末，中國和日本都經歷一段號稱「維新」的政治變革。日本的明治維新實則是革命，並永久地改變了它的經濟、社會和政治面貌。在德川幕府治下（它和清朝一樣，自十七世紀就主政），日本是個走向自給自主的孤立社會。但是，從一八六〇年代起，它發動深刻的改造，在一個世代之內，把自己從國際上無足輕重的地位提升到區域大國之境。日本的改變以恢復明治天皇親政的姿態出現，但是德川幕府一八六八年垮台之後當權的一群強人，希望將國家帶往新方向，以回應來自西方日增的威脅和國內社會的動盪。明治維新和中國的同治中興不一樣，兩者雖面臨許多相同的問題，但明治維新卻由一群刻意要捨棄過去、以拯救日本的領導人所推動。明治菁英深怕日本會遭到外國控制以及國內的動盪，所以決心打造一個向外看、工業化、軍事化、重視安全的新日本。

我們很難誇大日本在一八六〇年代和一八七〇年代改革的深度，因此也就很難責備中國領導人看不見改革可能的後果。透過政府倡導、民眾熱切擁護，日本外貌煥然一新：從髮型和衣著到書籍、交通、土地所有權、教育和軍事事務，無不銳意求新求變。一八八〇年代初期，日本更進一步制訂新憲法，實行議會制。外交事務方面，明治時期日本的主要目標是廢除在維新之前的十年間西方國家所強加在它身上的不平等條約。但是，明治領導人認為要這麼做，日本必須更加全面地參與亞洲大陸事務，顯示它可以與其鄰國進行新形式的外交。明治寡頭一方面建立全新的、中央調度的、西式訓練的海陸軍，一方面開始蒐集資訊，了解如何才能重新安排東亞的國際事務，以加強日本爭取和西方列強平起平坐的機會。

明治維新復興了日本，中國的同治中興卻只是海市蜃樓。同治朝的政治人物（慈禧太后已是關鍵人物）深知政權所面臨的危險，也藉由擊敗太平天國和其他叛亂，開始重建國家機器，展現他們的生存技能。他們固然在政治上十分分歧、彼此深刻猜忌、改革的腳步太猶豫，未能達成大清力量的全面恢復，但是就尋求中、西混合而言（我們前文已述）大致上已做到。一八七〇年代，中、外領導人物都有一種感覺，認為中國將會找出一條獨特的路向前走。同治朝的主要領導人，如恭親王和李鴻章，認為新儒家的自強運動可以救中國。所謂自強即是利用西方科技以保護、保存儒家中國。現代化的口號就是「中學為體、西學為用」。中學的儒家核心依然有效。儒家學者馮桂芬就說：「我們必須向夷人學習的只有船堅砲利。」

從一八七〇年起，直到十九世紀結束，一直都是中國頭號政治、外交領袖的李鴻章同意馮桂芬船堅砲利的看法。他說，沒有軍事現代化，中國將永遠受制於列強。一八二三年出生於安徽農村的李鴻章，一八四七年通過殿試，在敉平太平天國及捻亂時立下戰功。他出任直隸總督（下轄河北、河南、北京、天津）之後，李鴻章領導起一個宏大計劃，引領朝廷輸入西方技術，俾便建立兵工廠和造船廠。和二十世紀的蔣介石一樣，李鴻章的主要希望是，中國直到強大到足以自衛之前，能夠不陷入戰爭。

日本是李鴻章在朝廷鞏固其權力時所必須面對的第一個外交問題。儘管本身曾被西方國家強迫簽訂不平等條約，明治菁英很快就企圖把同樣的不公不義加諸中國身上。清廷與日本提出一個在治外法權上平等互惠的草約。一八七〇年，雙方談判進行中，李鴻章提到：

> 日本不是中國藩屬，它和朝鮮、琉球和安南（越南）完全不同。它有先徵求任何西方國家支持，就來要求貿易通商，以顯示它的獨立和善意。如果這次中國拒絕它，它的友好善意將會丟失，甚而可能尋求西方代表自己介入，屆時中國很難再次峻拒。由於地理毗鄰，心生不滿的日本甚至可能比西方國家更麻煩。因此，基於中國的利

> 益，允宜友好、平等對待日本，派遣欽差赴日本，俾可照料當地國人，注意日本政府舉動，培養兩國和諧關係。[3]

但是，規範兩國往來的條約並不能使日本滿足。日本領導人覺得西方列強正在奪取東亞其他地方，以孤立日本。一八七三年，日本派一個新的赴華代表團，由年輕的明治菁英副島種臣（Soejima Taneomi）率領。副島聲稱日本有權派兵懲罰在台灣攻打日本船隻的人，試圖藉此擴大日本在中國沿海的地位。總理衙門不智地選擇敷衍問題，聲稱台灣島民有生番、熟番之分，後者才受中國管轄，攻擊日本船隻者是生番， 生番係我化外之民，問罪與否，聽憑貴國辦理。」日本的反應卻充滿了恐懼：

> 如果列強以生番殺人名義佔領番人地區，如果這些番人地區成為類似法屬印支、澳門、香港或從阿穆爾河直抵我國北疆的俄羅斯的勢力範圍，我們將在南疆面對威脅，這些勢力將威脅到我們在南疆的島嶼。[4]

一八七四年，日本利用中國這句主權含糊的說詞，派兵征台（譯按：中國稱牡丹社事件，日本稱征台之役）。這是日本新式海軍與陸軍第一次出境作戰。戰役本身一團糟（日軍死於台灣瘟疫的人數是殺死的台灣人之十倍以上），日軍很快就撤退。但是，這件事突出一個重點：如果日本一意孤行，它就可以在中國沿海用兵，並且不虞中國介入。這個教訓成為數十年後才到來的一個惡兆。

中、日兩國在整個二十世紀結為宿敵。不過，衝突之前雙方也有過合作、相互佩服和交流。儘管兩國交惡，發生戰爭和佔領，但某些的這類接觸仍然存在。直到第一次世界大戰結束，中國許多改革派人士認為，從日本學到的科學、技術、政治和國際事務的知識，比起直接來自西方的東西，更適合指導中國。某些情況下，這種「日本教訓」是誤解：中國觀察家以為某些知識源自日本，只是因為它從日本進口到中國，而日本的傳播者也一口咬定是他們的創見（事實上，日本是拾人牙慧。譬如說，取材自一兩年前出版的德國雜誌）。有時候中國人之所以希望相信新事物源自日本，是因為這比較容易說服別人，說它們已在另一個儒家社會裡採用過。但事實是，傳自日本的東西通常是源於西方的法律、體制和科技，只是經過了日本人出於本身目的的試行。

明治及大正時期（一九一二年至一九二六年）的日本，各種思想風起雲湧，來自全世界的訪客被日本的活力所震撼，大談東京興起的各式各樣的辯論和爭議，以及政府又是如何堅定不移、不惜捨棄長久以來的規則而來推動改革。日本給人的印象（不只限於其他亞洲人心目中），是一個改革的大實驗室，他們的國家可從日本汲取靈感或對之心生畏懼——端賴你希望往哪個方向走而定。就某些中國人來講，日本的快速轉型也是他們想走的路線，是他們取代清廷的改革遲滯不前的另一個積極選項。中國的貿易商（仗著西方列強的治外法權保護，在日本沿海城市營運）、訪客、學生，以及愈來愈多的政治難民，向母國回報日本改造的速度和成績。

從日本傳進中國的思想，大多與科學有關，這類傳播幾乎以生產線的方式源源不絕而來。日本的書籍、論文、小冊、雜誌及期刊文章，譯為中文，與從西方文字譯來的文本一同參考，也逐漸和出洋留學、或向在華洋人學習的人用中文寫下的文章對照。日文文章對晚清科學家特別有價值，因為和東瀛同僚一樣，他們也在尋找實際運用化學、物理學、生物學和醫學的新知識。不過，其他思想也被引進：譬如，明治時期討論的主題之一，即公民及個人權利的概念，也透過日文作品在中國引起討論。盧梭的作品是一八七〇年代在日本被最先被譯為中文的[5]，其後有許多作品陸續被翻譯，馬克思等十九世紀若干德國哲學家的作品也在其列。我們稍後將會看到，透過日本傳進來的政治思想將對二十世紀中國產生決定性的影響。

有一個領域，日本人的心得對中國影響甚大，那就是透過國際法，中國人了解它本身在世界的地位。研究東亞問題的日本及西方學者有個結論，認為中國缺乏可靠的法律制度，因此不太可能在國際事務上成為夥伴。有些中國菁英也認同這個看法，政府遂進行好幾項大計劃，大量翻譯國際公法和國際私法的文本。中國有關國際私法的主要文本幾乎全部來自東京大學法學部主任山田三良（Yamada Saburo）——日本佔領朝鮮期間，山田也曾出任漢城的京城帝國大學（Keijo University）校長。山田翻譯用的字詞成為中文術語，迄今仍在使用。儘管兩國外交關係齟齬，但在一個領域又一個領域裡，日本人採用的概念則進入了中文世界。奇怪的是，兩國的衝突，卻使日本社會和文化對許多中國人顯得更有吸引力。我們稍後將要看到，在一八九四年至一八九五年的戰爭之後，中國人才真正開始了解現代日本。世紀之交中國最主要的改革派人物梁啟超，甚至熱切接受他在一八九八年的日本流亡生活：

我在日本……已經過了好幾個月艱困日子，學日文……讀日文書。眼前盡是以前從未讀過之書，腦中全是以前從未有過的想法。彷彿困居暗室之後重見天日，彷彿乾燥的喉嚨得嘗美酒。我是如此快樂，不敢藏私，因此我要向國人呼喚：渴望新知識的人，請跟我一起學日文。[6]

但是，亞洲其他國家又是如何看到權力移轉到日本呢？文化上、政治上和組織上，朝鮮是本區域內一個以中國為中心之國際制度中的關鍵國家。就自我認同而言，它比任何其他獨立國家都更接近中國。它的儒家學者協助創造共同的知識議題。他們以中文書寫，認為自己的國家與中華帝國有密切聯結，但仍然和它有所區別。朝鮮菁英長久以來擔任中國和日本之間的橋梁，思想通過它，自由地流通。漢字於西元四世紀經由朝鮮傳到日本，佛教在兩個世紀之後同樣經由朝鮮東傳，紙張、印刷術、絲織和陶瓷製作方法亦隨之進入日本。十九世紀中葉，世界丕變，思想的流通反方向而行，但朝鮮人不願放棄他們把中國置於中央的觀點。許多儒家學者籲請政府不要違背成規，把日本和中國等量齊觀。一八八一年一份陳情書講出他們對朝鮮傳統地位的看法，以及變更它的危險：

我們和中國的關係處於朝貢地位。兩百年來，我們進貢……維持屬國的信念。如果我們要接受與日本正式來往，使用「天皇」或「帝國」等敬語，假設中國前來質疑，試問我們要如何解釋？[7]

朝鮮自一八六四年起由興宣大院君李昰應（Yi Haeung）代表猶在沖齡的兒子高宗主政。大院君認為朝鮮日益受到西方列強及日本的威脅，企圖集中權力，俾能抵抗外來壓力。他力抗一八六六年法國的登陸、一八七一年美國的叩關，但是在一八七三年，兒子高宗成年親政之後，則罷黜了父親。高宗希望和洋人談判，北京也鼓勵他這麼做，因為北京希望從中操縱，既可被西方人認為自己協助朝鮮開放通商門戶，又可保住自己對朝鮮宗主國的正式地位。這一幕和今天中國及北朝鮮的關係沒有太大不同。

日本的明治菁英則有不同的想法。打從東京政治變革一開始，領導人就擔心西方列強主宰朝鮮，從而扼殺日本的新實驗。他們獲悉俄羅斯向朝鮮的北方邊界推進時，心裡特別焦慮。強硬派人士如西鄉隆盛（Saigo Takamori）——他日後不服從明治天皇之令，舉兵稱亂，受到懲處——於一八七三年建議：日本應進軍並佔領朝鮮，藉此切斷外國競爭，報復朝鮮對天皇的不敬，此舉並可善用數千名流浪、失業的武士。西鄉隆盛的提議未被採用，但日本增加力道，意欲取得朝鮮的資源和市場。一八七五年九月，日本軍艦雲陽號（Unyo）駛往江華島（Ganghwa），這是一座可通往漢城的小島，位居韓江入海口。朝鮮人砲轟雲陽號，日本人反擊，陸戰隊登岸，大肆破壞，殺死若干朝鮮人。這是日本首次動用新練的皇軍海軍部隊。後來，日本政府堅持仿照日本與中國被迫和西方列強所簽的條約之模式，與朝鮮簽署了西式條約。一八七六年的江華島條約雖未賦與日本治外法權，它卻開放朝鮮對外通商。最重要的是，該條約視朝鮮為獨立國家，無視於朝鮮和中國的朝貢關係。

和中國、日本一樣，一八八〇年代也是朝鮮政治動盪的十年。一方面傳統菁英力圖保住政權，至少維持與中國的某些聯結，一方面又出現一股改革派勢力（譯按：開化黨），他們和中國的改革派也同樣受到日本的啟發。對於那些反對從基礎改變的人士而言，日本現在是敵人。其中一人寫說：「很顯然，日本人和西方人是一丘之貉。當他們聲稱他們是日本人、不是西方人時，我們怎麼能相信他們？」但是就改革派而言——例如兩度前往東京考察的、有奇魅吸引力的年輕民族主義者金玉均（Kim Ok-gyun）——日本是朝鮮爭取強大、獨立過程中必要的盟國。中國決定增強本身地位，派兵進駐漢城之後兩年，改革派企圖發動軍事政變。金玉均希望趁中國忙著與法國交戰，不遑兼顧朝鮮局勢，爭取到日本公使承諾協助。但是，暗殺政府要員的計劃失敗，中國部隊及朝鮮政府軍力抗叛黨。經過三天激戰，叛黨逃往仁川港，登上一艘日本船前往橫濱。（譯按：此即「甲申政變」事件。）當下，中、朝同盟似乎平安了。8

鑒於自己和西方列強已經有搞不完的麻煩，清廷認為無必要因朝鮮而和日本交惡。北京採取了雙管齊下的策略。挾傳統派和中國駐軍戰勝叛黨之勢，它增加在漢城的駐軍人數，並派出最幹練的將領之一袁世凱出任駐朝鮮欽差大臣。出身河南的這位二十六歲「能將」，曾經兩次參加鄉試，不曾中舉，才選擇從軍。他現在形同中國駐朝鮮總督，搬進皇宮居住，有時就睡在高宗御寢隔壁。袁世凱在朝鮮駐節十二年，仕途順利，日後成為中國共和後的總統，還差一點做了皇帝。他在朝鮮的任務不僅是照料中國的利益、支持搖搖欲墜的朝鮮王室；他還要確保在政變失敗後，朝鮮和日本人妥當和解，俾能避免朝鮮政治日後的國際化。

但袁世凱並未能在朝鮮開創更穩定的局勢。漢城和東京在一八八五年成功交涉了一項協定：朝鮮國王為一年前戰事中造成日方的財產損失向日本道歉，並允許日本在朝鮮首都派駐一小支部隊。為此朝鮮半島的局勢，中國和日本直接談判並簽署的條約破壞了袁世凱的大部分工作。中、日天津專約的條文旨在承諾兩國不干預朝鮮的政策，大幅限制兩國駐軍人數。實質上，天津專約傷害了中國宗主國的地位，又沒有提供太多激勵，讓朝鮮人願與兩大強鄰合作。往後十年，朝鮮政治變得愈來愈派系鬥爭，而且日本模式愈來愈受改革派欣賞，中國駐朝鮮代表的角色就日益艱難了。

到了一八九〇年代初，朝鮮社會四分五裂。在南部，有一個結合各家之說的新宗教「東學黨」興起而挑戰當局。東學黨號召朝鮮人民在國家多難之秋起來反抗外國勢力。東學黨的一份文宣小冊說：「人民是國家的根。根若枯萎，國家就衰弱……我們不能坐視國家滅亡。」[9] 東學黨（大多是來自全國最窮地區的農民）把朝鮮人界定為一個與眾不同的、明確的民族，並串連漢城內部的一股新趨勢。在這股新趨勢中，有些官員不僅希望改革國家，也強調朝鮮有別於中、日兩國的身份認同。中、日兩國，乃至漢城王室的傳統派，都把這一新興的朝鮮民族主義視為威脅。一八九四年，東學黨走上京城街頭遊行，高宗向中國求助，盼能撲滅他眼中的這場叛變。在北京主持中國外交的李鴻章同意，並依天津專約照會日本。日本的回應是，以保僑名義也派兵前往朝鮮。一八九四年六月，中、日爆發戰爭的危機，隨時可以一觸即發。

起先，東京和北京都努力避免全面衝突。日本派出的七千名部隊登陸後，日方試圖說服中國成立共同委員會，監督朝鮮政府的改革。北京不肯。清廷許多官員覺得中國為了朝鮮局勢，對日本已經委曲求全夠了。他們相信，經過二十年的自強運動，中國已夠強大到足可擊敗「東夷」。這股好戰態度受到一八八〇年代末、一八九〇年代初在朝廷崛起的「清流黨」勢力的支持。清流黨認為中國本身的改革已經足夠了，中學為體即可棄之不用。他們認為在國內或朝貢事務上和列強妥協，是中國以禮義換來夷狄習俗，等於中國文明淪喪。清流黨不斷籲請慈禧太后停止李鴻章及其他溫和改革派提出的計劃。慈禧太后本人則深怕年輕的光緒皇帝會被說服、支持激進改革，並迫她交出大權，遂不時支持保守派的主張——包括一八九四年和戰之議。

李鴻章的難處在於，北京清流黨主戰，日本又利用駐軍控制漢城，可是他不能請西方列強直接支持。朝鮮國王高宗於七月底拒絕日本人提出的政府改革方案，日軍闖進王宮，劫持王后及其子女，並利用新局勢，讓年邁的大院君復出掌政。大院君宣布朝鮮獨立，並向中國宣戰。李鴻章向英國包租汽輪「高陞號」（Gaosheng），企圖載運援軍到朝鮮；不料高陞號卻在一八九四年七月二十五日被日本海軍擊沉，九百五十名中國官兵溺死。戰爭已無可避免。

一八九四至九五年間的中日戰爭，是中國新練的西式陸軍和海軍首度投入戰爭。它也是中、日雙方三百年來第一次交戰，從此雙方結仇，界定了往後一百年的外交關係。[10]但是，奇怪的是，中日之戰本身和戰後二十年，彷彿是中日關係上兩個風馬牛不相及的時期：中國和日本或許打了一場激烈戰爭，可是許多中國人欽佩日本成功打造新國家、新軍隊的心理，並未因中國戰敗而消退。反而，中國的犧牲經常被怪到清朝身上，認為它沒有能力效法日本楷模。某些中國人認為，日本模式因其戰勝得到反證：在儒家世界不應發生、也不會發生的事（弟弟以幼犯上、打了哥哥）竟然發生了。它是中國國勢衰弱十分明顯的證據。從朝鮮到緬甸各地人民都曉得，這場戰爭重新界定東亞地區的權力，顛覆了既有的世界秩序。

一開始，日本並沒有必勝的把握。中國部隊在朝鮮扼守重要據點，中國的海軍規模約為日本的兩倍。東京的文武領導人都擔心成敗結果，他們的策略目標是必須給清軍決定性的一擊，迫使它接受日本的作戰目標——從朝鮮剷除中國的勢力。他們擔心，作戰拖久了，會對中國有利，因為日本的資源和人力不足，不利打持久戰。在朝鮮南部兩軍首次陸戰，日軍佔上風，但日本領導人擔心北方的發展，因為清軍在北方更強大。其實他們最為關切的是海戰的勝負。

一八九四年九月，日軍在仁川登陸，有如麥克阿瑟將軍五十六年之後的作法一樣。同樣的，也和日後的韓戰一樣，中國部隊全力防禦北方，把六部分部隊集結在平壤附近（位於首都漢城北方一百二十英里）。中國部隊人數佔優勢，包括若干帝國配備及訓練最優秀的西式新軍，還有使用大刀、長劍的傳統滿洲騎兵助陣。戰事於十一月十五日開始，中方的組織、後勤與火力全都輸給敵人。中方的防守協調極差，很快就缺乏彈藥（部分是因為中方各單位武器不夠標準化）。滿洲騎兵一波又一波進攻，但被日軍砲兵掃射——日軍軍官在戰火下不禁誇讚老派清兵的英勇。全城被圍，日軍重砲猛轟清軍之下，清軍投降。這一役，清軍有兩千人陣亡，日軍也折損七百人，明治大軍持續往北進軍。

次日，中國的北洋艦隊在中、朝界河鴨綠江口遭遇日本兵艦。在文件上，中國部隊優於日軍。大清海軍（尤其是北洋艦隊）是帝國的驕傲。清廷耗費巨資從國外購買軍艦，設立造船廠維修保養它們。北洋艦隊最大的軍艦是七千五百噸的德製戰鬥艦「定遠號」及「鎮遠號」。它們是世界上火力最強大的軍艦，比美國最大的戰鬥艦「緬因號」還大。但是中國的海軍士兵和日軍相比，訓練差；它們的軍官（包括聘來的西方軍官）比不上日軍軍官嫻熟海軍戰術。兩支艦隊一碰上，中方因訓練不足和戰術差，立刻吃了敗仗。值得一提的是，戰鬥激烈進行中，中方海軍指揮官丁汝昌（原本參加太平軍，但轉而投效清廷）被自己屬下船隻一砲打到他站立的艦橋，身受重傷。四小時交戰下來，中方四艘船被擊沉，其餘全遭嚴重損害。清軍陸軍撤退，北洋艦隊被摧毀，清廷開始尋找脫離戰爭的方法。

東京方面，領導人討論究竟是和談，還是繼續作戰。主戰派勝出，因為他們很容易主張，天賜日本難得的良機，可以建立一個防衛環境，確保國家對付未來西方列強、尤其是俄羅斯的包圍。日軍現在從水、陸兩路進入滿洲，並登陸山東半島和台灣。中國北洋艦隊殘部於一八九五年二月投降，丁汝昌自殺身亡。次月，雙方展開停火談判；清廷禮聘美國前任國務卿約翰．佛斯特（John W. Foster）擔任顧問（他的外孫約翰．佛斯特．杜勒斯〔John Foster Dulles〕日後也出任國務卿，在中國參與的另一場韓戰，扮演重要角色）。依據馬關條約，北京必須承認朝鮮的獨立（接受日本的保護），中國必須賠款大約一億三千三百萬美元（是今天幣值的一百倍以上），並且割讓台灣、澎湖群島以及滿洲的遼東半島給日本，開放長江更多口岸、允許日本人在中國開設工廠。如果不是因為一名刺客企圖暗殺年邁的中國談判代表團團長李鴻章，沒有成功，令日本政府十分丟臉，那麼和解方案對中國恐怕還要更加不利。即使俄羅斯出面斡旋，找來法國和德國支持，逼迫日本最后歸還了遼東半島，這場戰爭也已經鮮明印證了大清帝國的衰頹。

和日本作戰失利，導致中國菁英形成深刻的危機意識。但是問題在於：中國衰弱，大家固然已經有共識，如何去補救，卻莫衷一是。慈禧太后和大部分廷臣認為，中國已拋棄太多的儒家精義，唯有重新找回精神核心，帝國才能恢復世界地位。對於帝國之內及之外人們的不當行為，正確的回應是訴諸公義和理性，因而協助他們了解事物的自然秩序。如果中國堅守儒家原則，隨著時間進展，事情就將得以更正。御史向朝廷上奏說，「我們的問題不在缺乏良好的制度，而在缺乏正直的思想。」[11]

但是，目睹國家受辱的許多中國人卻認為，訴諸傳統原則毫無意義。全國各地湧現要求政府徹底改革的聲音。年輕的知識分子覺得，社會和國家若不徹底改造，中國就要亡了。戰敗消息傳回北京時，正好是各地舉人進京準備參加殿試，他們做出有違進京趕考目的的行動，率先聯名上書籲請改革。三十七歲的廣東人康有為組織起士子，上書抗議馬關條約，呼籲中國政府徹底改革。這場青年知識分子的集體抗議，令清廷不敢忽視，尤其是這項「維新運動」開始在京師內、外設立協會和討論俱樂部，政府深怕結果不可收拾，不敢取締。

康有為自認是依循儒家傳統的改革派，他也向國外（特別是日本）汲取典範，尋求中國要如何透過創新和調適，可以在國際體系內找到受尊敬的地位。康有為一八九八年上奏給光緒皇帝，他說：「調查世界各國，發現維新改革者昌，因循守舊者亡……」

> 我們目前的問題出在死抱舊制度，不知如何改革。在各國競爭的亂世，實行適合太平盛世的方法，不啻酷暑披重裘、駕車過河。這只會使人發高燒或淹死……臣懇請聖上採俄羅斯彼得大帝之宗旨為我人之宗旨、日本明治維新為我人維新之模範。日本維新之時與地並不遙遠，它的宗教和習俗與我人亦大致相似。它的成功即是證明；它的例子容易遵行。[12]

年輕的光緒皇帝雖然長期受慈禧太后和她的廷臣之挾持，但他聽進了維新派的主張，於一八九八年夏天採納康有為的建議。康有為在皇帝支持下，緊鑼密鼓推出新政，不僅改造中央政府，還成立新組織控制軍隊、發展西式教育、改進政府財政。光緒本人也與甲午戰爭之時擔任日本首相的伊藤博文有一番長談。中國一度似乎走向彼得大帝或明治天皇的徹底改革之路。光緒急欲有所建樹，他下達一道上諭：

我們的學者現在沒有堅實、務實的教育；我們的工匠沒有科學的老師；和其他國家一比，我們立刻看到自己有多弱。有人認為我們的軍隊和洋人部隊一樣受良好訓練、有高明領導嗎？或者說，我們可以成功地對抗洋人軍隊嗎？我們必須依據時代需要做變革……我們應該謹記聖賢的教誨，以它們為基礎建立更新、更好的結構。我們必須以現代武器和西式組織取代舊體制；我們必須依據西式軍事教育的方法甄選軍官；我們必須仿效外國，設置小學、中學及大學院校；我們必須廢止八股文章，學習古代知識、現代世界史、對今天國事有正確概念、特別注意五大洲各國的政府和國家體制；我們必須了解他們的藝術和科學。[13]

康有為提議制訂憲法、設立國會，卻是保守派所萬萬不能接受的主張。慈禧太后覺得自己義無反顧，必須出來平息混亂，乃在一八九八年九月發動政變，終結「百日維新」。她的鎮壓十分嚴峻：光緒皇帝本人被軟禁，幽居在紫禁城內一個湖心的小島上（譯按：瀛台）——離中國國家主席劉少奇在文化大革命時期遭軟禁的地點不遠。慈禧太后不僅推翻新政，還處決包括康有為之弟在內的若干維新派人士（譯按：戊戌六君子）。就慈禧太后及守舊派人士而言，一八九八年乃是保護個人權力、保護中國不受內部攻擊（可比外來攻擊更危險）之年。他們認為，維新對帝國無益，採取維新就失去了儒家精神。

連康有為本人都意料不到，他竟能逃過慈禧太后的緝拿，在英國官員協助下躲到香港。他的主要助手梁啟超則搭上日本砲艇，前往東京。康、梁兩人在日本會合後，成立組織，鼓吹中國徹底改革。他們開始把已經譯成日文的大量西方書籍，翻譯成中文。接下來十年，其他流亡人士或前來日本政府設立的教育機構學習的學生，紛紛加入他們。最大的一所學校弘文學院（Kobun Gakuin）於一九〇〇年代以西式課程培養了七千多名中國留學生；其中魯迅日後成為知名作家，陳獨秀則參與創立中國共產黨。光是一九〇五年一年，中國在日留學生超過八千人，有些人進入第一流的新大學研修。法政大學（Hosei University）有一項特別課程，培訓法律及行政人才。還有些人研讀科學、技術、農業或者軍事與戰略，如日後與日本打了八年戰爭的蔣介石。中國和日本的觀念世界及名詞概念愈來愈緊密交織在一起；好幾千個基本名詞從日文進入中文，如「科學」、「法律」、「共和」、「社會主義」等等。（當然，日文本身借用許多漢字。）

新世紀頭十年，在日本及其他地方的中國人最常討論的兩個重要觀念是民族主義和共和主義。中國人對西方的民族概念不熟悉、不放心，大部分寧願相信他們活在一個依據古老原則治理、並以共同文化維繫的帝國。即使康有為也不認為中國人是一個民族；他要的是憲法和代議制，但是他也希望保持帝國。但是，日本人的例子和這個詮釋不符。日本人不是強調他們民族的獨特性，有血緣及傳統連結，使他們團結一致，因而有助於日本成為有效率、積極進取的現代化國家嗎？歐洲人及其新思想家不是強調民族國家在國際關係上的普世適用嗎？年輕的中國學者如章炳麟公開主張推翻滿清，建立一個漢人民族國家：

今天，五百萬滿洲人統治四億多漢人，只因為腐敗的傳統使得漢人既笨、又無知。如果有一天漢人醒過來，滿人就完全無法在此安居，有如奧地利人之於匈牙利、土耳其人之於前東羅馬帝國。人性就是愛自己族人、求取本身利益。14

不像日本的統治朝廷可以被描繪為團結全國，中國的統治朝廷在民族主義者看來則是問題之所在。不過，若是推翻了滿清，應由誰來取代它？最後一個漢人的朝代明朝，它的子裔已難找尋，而且明朝本身不就是在十七世紀失敗，才讓滿清崛起掌權嗎？

中國的共和主義（與有關民主及代議制的新辯論有密切關係）在流亡人士圈中發展，尤其是日本，不過最早提倡它的一位主要人物孫逸仙，第一階段的流亡生活大多是在其他國家度過。和二十世紀初受到激烈辯論的許多觀念一樣，中國人對民主的概念大多混合西方模式和中國古代思想，尤其是有關人民的權利及朝廷的代表性方面。關於中國共和的最早的具體方案有些得自日本知識分子的啟發，他們替中國發聲主張採取他們想要、又不敢在日本要求的政治制度。一九〇五年，幾個中國革命團體在東京合組「同盟會」。由孫逸仙信徒胡漢民起草的宣言，揭示孫逸仙對共和主義的觀念：

絕對君權不適合當今之世，已毋庸再辯。因此在二十世紀提倡新式政府的人，自然就應著眼於消除絕對主義的要素。過去中國接二連三爆發革命，但因為政治制度沒有改造，沒有產生好結果。因此，元朝雖被明朝推翻，但三百年內，漢民族又衰弱。雖然推翻外夷統治、擁立漢人政權，但專制的政府型態並沒改變，令人民大為失望。我們可以推翻滿人，建立我們的國家，因為中國的民族主義和民主思想（現在）已很發達。[15]

固然這一小群革命黨說得沒錯，中國是朝前途不明的政治前進，但是他們對中國民族主義和民主的看法就大謬不然了。同盟會的宣言雖然呼應赫伯特．史賓賽（Herbert Spencer）和約翰．斯圖亞特．彌爾（John Stuart Mill）的思想（透過日本教育家中村正直〔Nakamura Keiu〕和福澤諭吉〔Fukuzawa Yukichi〕的介紹），但它講的是中國的未來，不是中國的現狀。中國人在日本所擷取的有關民族及治理的概念，在大清帝國的傾覆上，只扮演小小角色，特別是帝國本身雖然孱弱，仍擁有相當強大的意識型態和實質武器可以自衛。

日本一八九五年贏得中日甲午戰爭，代表中國不再是東亞國際事務的中心。不過，這並不代表日本已取代了中國的地位。明治菁英擔心的就是，歐洲列強和美國刻意阻止有一個國家獨霸東亞，尤其是不願見到亞洲國家稱雄一方。大多數歐洲國家不了解日本勃興的影響，同樣的，日本人也不了解為什麼所有的歐洲國家會聯手反對它的崛起。由於歐洲人已經控制了世界大部分地區，日本必須鞏固在本身區域內的最高優勢。對留日中國人頗有影響力的日本自由派人士德富蘇峰（Tukutomi Scho）在一八九六年寫說：

遠東國家淪為歐洲列強魚肉，是我國所不能容忍者。東亞陷入混亂困境，是我國所不能容忍者。我們有責任向境外發出文明的光芒，把文明福祉帶給鄰國。我們有責任指導落後國家，使它能夠自治。我們有責任維護東亞和平。人有他的天職，國家也有它的使命。16

二十世紀愈往前走，日本也日益泯除許多亞洲人起先想向日本學習的自由與憲政原則。敬佩日本的中國人也擔心日本奴役朝鮮和佔領台灣。但是鑒於歐洲列強比以前更凶猛競相在中國擴大勢力範圍，在新世紀之初，中國人比較不擔心日本。儘管中、日交戰，中國戰敗，畢竟日本還是撤出它在中國佔領的地區。值得注意的是，日本撤出的港口（遼東半島的旅順和大連，以及山東半島的青島和威海衛）卻被歐洲列強接管（前兩者由俄羅斯租借，後兩者分由德國和英國租借）。俄羅斯的擴張特別讓清廷擔心，因為整個滿洲似乎都快淪入俄羅斯控制了，鐵路線和商業據點從哈爾濱和奉天（瀋陽）向沿線伸展。對清廷皇室而言，這當然不僅是一般的領土，這件事攸關祖先龍興之地的保護。

日本覬覦滿洲的勢力範圍雖然只有十年，但它對俄羅斯的擴張卻和清廷一樣氣憤。清廷無力反抗，東京卻有意志和手段可以反制。為了制衡俄羅斯在東亞的力量，日本領導人和俄羅斯在歐洲的對手英國，簽訂了英日同盟條約，並展開大規模建軍活動。由於日本的主要關切是朝鮮的安全，不是滿洲本身，日本向俄羅斯提議簽訂協定，互相尊重彼此的勢力範圍。沙皇尼古拉二世的政府卻拒絕日方的提議。俄方輕蔑日本人是「猴子」、部隊像「小孩」，沙皇要的是戰爭。[17] 一九〇四年二月八日，日本展開進攻，在宣戰書送達聖彼得堡之前，日本海軍已經重創駐扎於旅順的俄羅斯遠東艦隊。日本援軍在朝鮮登陸後，往北朝滿洲推進。俄羅斯仍在等候從歐洲調來的援軍，日本藉由取得海軍優勢，逼迫俄羅斯陸軍往內陸後撤，實質上已贏得戰爭。佔領旅順之後，日本在一九〇五年初又經過一番激戰，迫使俄軍退出瀋陽；五月間，又在對馬之役（Battle of Tsushima），摧毀經一萬八千英里漫漫長路、剛趕到戰場的俄羅斯波羅的海艦隊。對馬之役，俄羅斯損失八艘軍艦，陣亡士兵逾五千人，日本陣亡只有一百一十六人。俄羅斯因此求和。

對中國而言，日俄戰爭的結果可分兩方面講。俄羅斯進逼中國被阻止，但日本則進來了。朝廷有些官員（也有少許革命黨人）認為這是兩害相權、相對較輕的一個：趕走日本人，要比趕走俄羅斯人會比較容易。但是，日俄戰爭的結果不應該忽視另一個令人沮喪的事實：這場戰爭有時候被人不無誇張地詬稱為「第零次世界大戰」，中國根本沒參戰，它卻在中國的領土上打得不亦樂乎。和會在美國總統老羅斯福號召下，於新罕布夏州朴資茅斯召開，中國也根本沒被邀請參加。朴資茅斯條約把俄羅斯在滿洲的財產，以及庫頁島南部移交給日本。領土的主權仍屬於大清帝國，但戰爭的結果很清楚：日本已成為中國華北及東北的大國。此外，朴資茅斯條約替好戰成性的老羅斯福贏得一九〇六年諾貝爾和平獎，另一個最不相稱的和平獎得主要等到一九七三年才又出現，即季辛吉得獎。

朴資茅斯條約在三個國家都招致各方的不滿意。日本方面，覺得領土的收穫和其軍事勝利並不相符，這股感受造成東京及其他城市發生民族主義者暴動，內閣因之總辭。俄羅斯方面，由於戰敗，促成一九〇五年革命，迫使沙皇放棄無限權力的主張。中國方面，清廷無力保護國家領土，迫使政府接受制訂憲法、召開國會。和第一次世界大戰之後的歐洲一樣，各國政府發現民族主義可以是雙面刃，認為革命是國家弊病解藥的人可以用它來對付執政者。在中國，清廷第一次感到畏懼，擔心他們最大的威脅恐怕不是列強，而是自己的人民。

日本佔領台灣是中國民族主義者抗議清廷的主因。清廷自從十七世紀末即對台灣具有主權，但是在一八九五年台灣割讓給日本之前，其人民從來不曾完全融合進中華帝國。從許多方面看，它是典型的大清邊區，本地和中央的管轄常有扞格，派往台灣的少許官員很快就發現，如果想維持某種程度的和平與穩定，他們最好和當地的強豪大戶合作、採納本地的法律與秩序觀念。十九世紀末，島上的兩百五十萬人主要是祖先來自大陸的漢人，他們大多散居在西岸的鎮集，而內地及多山的東岸則由原住民居住。日本人首次在一八七四年登岸台灣之後，中國政府試圖強化它對本島的控制，開始興建道路及一條鐵路、設立學校、促進貿易和農業。一八九五年清廷把台灣割讓給日本時，島上仕紳成立了「台灣共和國」（全世界第一個華人共和國，也是亞洲第一個共和國）預備訴諸人民主權原則，保持本島為華人所有。但是，在列強政府不聞不問、日本強勢兵力進犯之下，台灣共和國沒幾個月就煙消雲散。

亞洲第一個共和國煙消雲散之後，台灣成為日本第一個殖民地。日本領導人很清楚，西方列強正在密切注意他的一舉一動。最大的問題是：非歐洲的新興國家能否建立一個現代化殖民地，並且成功地經營它？（美國大約也與此同時得到它第一批海外屬地（包括菲律賓〕。）日本國內對此亦意見分歧。有人主張全面同化，讓台灣人從語言、文化上日本化，最後達成政治一體；還有些人則認為種族差異太大，不易弭平，必須和日本分開來治理，另設一套法律、政治制度。殖民化的第一階段，後面這派主張佔上風。殖民官員認為台灣是異國、秩序差的地方，其人口分為三大類：想要回中國大陸的漢人，想效忠日本的漢人，以及原住民。可以設法把這些原住民圍堵起來，使之永久居於弱勢地位，有如美國之對付印第安原住民一樣。

台灣的大多數漢人很快就在新的殖民體系下工作。對某些人來講，日本的佔領代表新的商業機會或農業條件的改善；對幾近全體居民來講，教育、公共衛生及地方行政的新政代表生活水平得到大幅改善，因此相當多數的台灣人歡迎第一次世界大戰之後日本自由派政治領袖推出的融合及同化的新政策。台灣菁英愈來愈多人到日本大學受教育、開始穿和服、援引日本法令保護他們的事業財產（包括他們利用日本治外法權在中國大陸開辦的事業）。從一九二〇年代起，快速擴大的台灣菁英愈來愈多人精通雙語，這一點可以從他們用中文或日文書寫所發展出來的台灣文學得到證明（台灣文學有助於形成他們的認同感）。台灣島上的商業機會和社會、政治安定終於吸引大陸人來台；一九三六年，即中日八年抗戰爆發之前一年，有六萬多名中國人來台灣工作或定居。[18]

當中國與日本一九三七年再度爆發戰爭時，許多台灣人陷入極大的兩難困局。一九二〇年代和一九三〇年代的台灣，已出現一個愈來愈有自信的漢人領導階層。但是這裡面又可分為兩大類型：一派尋求在日本治下的台灣有更大的自主權，一派則希望與大陸再統一。有二十多萬台灣人自願加入日本軍隊，但他們也有許多同胞痛恨東京在戰時推動的強制同化措施，例如把日本的宗教神道移植到台灣，以及要求漢人改姓日本姓氏。[19] 台灣做為一個殖民地，就像香港一樣，其人民可以創造新的身份認同，但是它也有風險，當歷史的力量改變時，這一認同就粉身碎骨。台灣人沒有忘掉自己的漢人根本，在日本崛起中，他們既是受惠者，也是受害人。

——

在大清帝國進入改革維新的最後階段，以及一九一二年共和肇造之後尋求新政治制度的不安定時期，對日關係皆成為二者非常重要的關鍵。日本的崛起代表了東京被各種不同政治色彩的中國領袖視為樣板模範，以及支持的來源。康有為周遭的立憲派希望政治上仿效明治日本，孫逸仙身邊的革命派則欽佩日本的軍事和經濟力量，尋求日本資助其革命。持這些觀點的中國異議團體（以及介於其間的形形色色派別）通常都把總部設在東京，以受惠於當地的許多自由派及日本友人的慷慨捐輸。同一時期，清廷在一九〇一年頒布的行政革新政策也仿效日本作法。一九一〇年左右，我們發現忠於清室的人和他們的對手都以一個世代之前日本明治經驗的口號相互攻訐。前者高喊：「改造國家，尊崇皇室。」後者回敬：「師夷之技，拯救中國。」

一九一〇年，日本憂心列強在東亞的優勢，決定全面兼併朝鮮，納為日本的一個省。此時朝鮮人民族主義正盛，這項決定對日、朝兩個民族的關係造成莫大衝擊。即使平素欽佩日本的朝鮮人也拒絕與新當局合作（至少起初是如此）。東京此時的注意力很快從漢城轉向北京；北京已經出現當年令列強覬覦朝鮮同樣的紊亂和解體現象。日本不能落於人後，趕緊以英國盟友之姿加入第一次世界大戰，以便搶下德國在中國的一切利權。一九一四年十一月，德軍向日本海軍投降，東京在山東半島取得戰略據點。但是日本領導人深怕會重蹈一八九五年和一九〇五年的覆轍，雖然打贏了，卻得不到好處，又被西方列強攔阻。因此，日本在一九一五年一月提出一系列要求，要把中國劃為它專屬的勢力範圍。

日本的「二十一條件」是典型的外交過度貪婪的例子。日本內閣提出一項又一項的要求，以滿足各部會大臣的需求，其結果是中國若全盤接受，實際上即淪為日本的保護國。東京不僅將會全面控制山東；它也將鞏固在滿洲的實力，並延伸它在福建的優勢地位。中國一部分軍隊和警察將受到日本控制。中國將保證不允許其他任何國家在其沿海得到更多租界，也將准許日本在華南各省興建鐵路。消息曝光後，其他列強國家，包括日本的盟友英國，提出抗議；他們不僅對條約的內容抗議，也為日本試圖秘密進行談判而抗議。最後，日本被迫退讓，沒有爭到太多利權。即便如此，他們也是靠著以戰爭威脅衰弱的中國才能獲得此些利權。

「二十一條件」成為中日關係的分水嶺。對於許多中國人而言，它們象徵日本狼子野心，已成為中國獨立的最大威脅；日本之對待中國，與它在兼併朝鮮之前對待朝鮮並無不同。中國各地學生群起向日本抗議，推動抵制日貨。袁世凱政府及其反對者都因為這件事而受傷：袁世凱是因為他提議和日本合作；反對派是因為在這件事上意見分歧、嚴重分裂。孫逸仙也做了一件不符民心的事，他試圖提出比袁世凱北京政府更高的價碼，向日本提議：他若回任大總統，東京則可以有權否決中國的任何外交協定。結果是，中國青年普遍對政治菁英感到失望（不論他們的政治屬性），因為他們對日本太百依百順了。

在美國放棄中立立場之後，及西方列強及中國對日本看法的改變，是中國在一九一七年八月被允許加入第一次世界大戰協約國陣營的一個重要原因。在此之前，中國已派有大量勞工受雇到歐洲前線為盟軍效勞。迄今，這是中國勞工最大量、最集中地被送到另一洲去工作的壯舉。這些勞工把有關歐洲的資訊傳播到中國最遙遠的偏鄉，就此而言，造成極大的影響。許多人回國後，大受歐洲新思想、新知識的啟發。可是，中國加入大戰戰勝國一方，得到的外交報酬卻微不足道：一九一九年凡爾賽和約第一五六條確認日本控制德國原先在中國持有的領域。這項決定引起中國大規模抗議示威，這就是五四運動的背景——愛國青年試圖建立新的全國意識，從而影響了中國在兩次世界大戰之間這段時期的世界觀。

數百年來，中國的滿洲統治者一直嘗試把東北劃為禁地，禁止漢人移入開墾。儘管冬季酷寒，但滿洲是個美麗的大地。它的湖泊、森林和豐富的天然資源一向吸引著有冒險心的漢人；它彷彿是國內的邊區，漢人以為出了關就可以出頭天、過好日子，人們被召喚著前往。十九世紀清廷內憂外患紛至沓來，許多漢人出關前往滿洲，開墾肥沃的農田。但是，並不是只有漢人垂涎東北，俄羅斯和日本先後進來，製造這是無主之地的故事，因此他們可來殖民。一八五〇年代，俄羅斯從中國搶走滿洲東海岸地區，設置俄羅斯太平洋濱海省，建立海參崴市（Vladivostok，意即「東方征服者」）。一九〇五年後，日本控制南滿，俄羅斯則依舊頑強地霸住北滿。兩國簽署一系列秘密協定，劃定彼此在滿洲和蒙古的勢力範圍——蒙古是清

朝領土，北部地區於一九一二年在俄羅斯羽翼下宣布獨立，東南部分則愈來愈受日本影響。中國似乎已失去滿洲及其鄰近領土。

一九一一／一二年革命之後，滿洲的命運成為中國民族主義者、以及出身此一地區領導人的號召重點。對許多中國人而言，中國的利益逐漸被排擠出滿洲，這要比列強佔領其他地區更糟。許多人認為，歐洲列強在沿海的租界仍可收回，因此只是臨時性質。但是，東三省遭到滲透卻無法收復，因為在當地經營的外夷是中國的鄰國。他們的目標是把滿洲從中國手中永遠奪走。全國上下民族主義者一致高呼收復「中國的滿洲」。有些作家甚至宣稱只要問一個人他願不願灑熱血光復東北、維護中國領土完整，就足以測試他是否為中國人。

布爾什維克黨人一九一七年推翻俄羅斯政權、開始建立社會主義國家時，他們片面宣布將把所有俄羅斯部隊撤出中國領土，及廢除一切不平等條約。這些承諾（大體上都被遵守）在中國起了極大效用，許多中國青年轉向蘇維埃共產主義。然而，滿洲內部情勢卻在一九一七年之後由壞轉為更壞。日本夥同西方列強攻打新成立的蘇聯，把它的軍事勢力擴張到整個區域（包括中國）。一九二〇年代，日本和有心入主中原的東北軍閥張作霖結盟，主宰了整個滿洲。

日本控制東三省的初期階段是經濟掛帥。利用本區域龐大的農業潛力（部分是強迫中國農人捨棄他們的土地），日本建立一個出口導向的農業部門，生產加工及未加工的農產品。日本企業也以紡織和家用品為主，發展小型、但愈來愈重要的工業。到了一九二八年，中國全國出口有百分之三十二來自滿洲[20]，整個區域的經濟也愈來愈和日本的國內、國際市場聯結起來。這一年，日本啟動一個過程，要讓東三省和其他部分中國切斷正式關係。駐守滿洲的皇軍軍官認為張作霖從中做梗，便在他的日本製火車車廂底下安裝炸藥，炸死了這位舊盟友，向世人展現有些日本人願意盡其一切能事，緊緊抓住滿洲。東京當局愈來愈控制不了駐外軍人的行動，政府也擔心中國境內民族主義的興起，以及蔣介石衝勁十足的新政府，它也擔心全球不景氣對日本及其發展目標的影響。日本的對策即是盡一切可能保持滿洲做為它的專屬勢力範圍，即使發動戰爭也在所不惜。

短短一個世代之內，中國人心目中的日本已從創建新國家、新社會值得學習效仿的對象，變成對中國生存的重大威脅。一九二〇年代和三〇年代，雙方仍有人主張減緩對峙、增加合作。孫逸仙一九二四年在他最後的一次演講中，聲稱兩國還有共同的血緣、共同的利益而結合在一起：

> 泛亞論企圖解決的問題是什麼？是如何終止亞洲人民的苦難，如何抵抗歐洲列強的侵略。換言之，泛亞論代表亞洲被壓迫的人民——我們擁護一種觀點，即矯正在以力服人的文明中犯下的錯，並追求和平與平等的文明，以及解放所有的種族。今天的日本已經熟悉西方以力服人的文明，但仍保持東方以理服人的文明。現在的問題是，日本是將做西方以力服人文明的老鷹，還是東方力量的高塔。這是日本人民面臨的抉擇。[21]

但是，當日本帝國採取犧牲中國、確保它的大國地位時，倡導中日合作的聲音愈來愈小，合作倡導者也愈來愈被同胞責罵。兩次世界大戰當中發展出來的中國民族主義，深鑄上日本是中國死敵的印象，直到今天，許多中國人仍有這個觀點。十九世紀大家所夢想的中、日相互提攜的新東亞，已經成為過去，新世紀的東亞變成衝突的夢魘；而且這個夢魘在一九三〇年代似乎毫無止境。

情勢走到這一地步，有幾個原因。中、日兩國在十九世紀末掙脫他們的信念和傳統體制，很快地發現彼此之間共同的東西愈來愈少。日本的儒家思想雖然源自中國，但在兩百五十年後的德川幕府時期獨自發展。當舊思想、舊觀念受到壓力時，儒學不再有維繫雙方的力道。一八九〇年代之後的中國社會，令許多日本人怵目驚心 期期以為不可。中國出現許多今人會稱之為「失敗國家」的跡象，它像個無法治理的區域 法紀蕩然、疫病叢生、恐怖主義橫行。日本人和中國人的種族似乎有緊密關係（至少西方人是這麼以為），反而使事態更嚴重：日本必須和中國截然不同才行，到了一九二〇年代，中國社會和日本幾乎是南轅北轍的程度。中國骯髒，日本乾淨、衛生；中國落後，日本進步；中國衰弱，日本強大；中國搖擺不定，日本目標清晰。

日本和中國的民族主義都有部分核心宗旨取材自西方。即令如此，它們的性質還是相當不同。日本發展出一種種族民族主義，有點類似在德國和義大利、或者部分東歐國家看到的新式民族主義。他們把所有的日本人都界定為一個種族，國家建構一個宗教（神道）、一種教育制度和一支軍隊來教導新訊息：所有的日本人是一體的，以血緣和地理結合在一起（即德國人所謂的 Blut und Boden，「血液和土壤」），成為一個民族國家。在中國，則很難去想像這樣一種種族民族主義。中國包羅萬象，不是一群人因某種繼承關係而綁在一起，中國是一種文化，也是一個帝國。中國人花了很長久的時間（直到今天）才開始完全看到自己是一個群體，以他們的居住地、以他們的面貌去界定自己。然而，二十世紀初的中國民族主義（以國家為中心）仍足以威脅別人，特別是日本。日本覬覦中國，就是因為中國在本質上並不是一個足以成立的國家。

對日本而言，和中國的關係也跟害怕中國被外國宰制有關。日本國力在二十世紀初大盛，某些日本菁英認為國家的生存繫於要有自己的帝國，和西方列強一樣，而且不能遭到孤立。就這一派思想（它在一九三〇年代發展成軍國主義）而言，中國是其征服和納入屬下的目標。但是也有些日本人誠懇地認為，東亞合作是對抗西方的屏障，他們相信日本可以協助中國保護自己，並與其東鄰密切合作建立新國家。然而，這兩派人都認為日本不能不介入中國；不論是藉征服手段，還是扮演中國的效仿楷模，日本必須阻止中國成為西方針對日本的屬地。

中國方面，二十世紀初某些菁英在中、日雙邊關係上感覺到中國積弱不振。針對日本做為楷模、協助中國走出困境這一點，有些中國人覺得日本是他們的國家碰上麻煩的根本原因。中國之所以弱，是因為日本強。東京不僅榨取中國的環境條件，還希望中國永遠停滯不

前。基於傳統的刻板概念並加以擴大，某些中國人認為，日本唯有透過摧毀中國才能取代之成為東亞霸主。日本人企圖在中國的土地上建立帝國是那麼明目張膽、那麼違反自然秩序；它才是中國面臨的最大問題。不論時空存在些什麼其他的可能狀況，東亞地區容不下兩個大國。直到今天，對待日本的這種態度仍存在於某些中國人身上，即使這個敵人在第二次世界大戰已經慘敗。

如果說中國的共和是依據某種全民代表、身份認同、文化和宗教的公民政府之實驗，
它或許可能在一段時間後在一個共同框架內出現政治上的成效。
但是，即使是如此，根據舊帝國國境建立一個統一的國家之概念，
恐怕也難以在邊陲地區得到支持，
因為一九一二年政府變動的核心前提是中國的民族主義，
在全民意識裡此一民族主義愈來愈把中華意識局限在漢族之內。

第四章

共和

REPUBLIC

二十世紀初的中國，經歷了一連串的政治騷動，而這些騷動在在影響到它未來所有的涉外事務。一九〇〇年，一大群中國老百姓針對列強勢力的出現，紛紛組織暴力抗議，日後西方稱之為「拳民之亂」（Boxer Rebellion）（不過，其實該稱之為「拳民革命」）。一九一一年，全國各地方的菁英群起反清，一場兵變迫使末代皇帝溥儀（年僅四歲）的母親下詔遜位。依據皇敕，中國成為共和國，不過只有極少數人了解共和的真義（以中國的新詞，進入「民國」了）。新秩序所指的是選舉和代議政治嗎？還是，由最夠格的專家來治理呢？中國已經成熟到可以實行共和了嗎？還是寵信親信、順從上意會再次當道？共和一詞，是代表著人人各自為政？消解中央權力？終止儒教？乃至於瓦解中國嗎？或者是新的當局者可以打造一個新國家，保持漢化，並且成為世界之一員呢？

一九〇〇年至一九二〇年代末期之間，中國陷入政府頻頻更迭、外力不時干預、各省割據自雄的亂象。大清帝國垮台，換上一連串軟弱的中央政府，它慢慢地對華北以外的大部分地區失去控制權。列強（尤其是日本）在中國境內變得比清朝時期的勢力更為強大。各地區的實權人物變成主要的政治人物，經常性地掌控了其區域內的政治和商業。這是一個激烈變化的時期，不僅人民日常生活變了，連中國人看待自己及國家的觀點也與以往有所不同。

要了解中國在這段巨變時期的對外關係，必須掌握兩個事實。首先，在整個時期當中，儘管國內外挑戰嚴峻，中國仍能保存足夠的凝聚力，維繫一個像是中央政府的體制去處理外交事務。這件事十分重要，若不是有個政府還能聲稱代表整個國家，其他國家很容易蠶食鯨吞偏遠的省份。中國今天的國境仍然幾乎與大清帝國晚期一模一樣，這是了不起的一件事，足證國家統一的重要性，即使其所進入的民國時期是它國勢最弱的時期。但我們也還要了解一點：沒有一個列強想要完全吞併中國。即使步步進逼且想要全面控制滿洲的日本，也不希望看到長城以南的中國被列強瓜分佔領，因為東京（相當理性地）認為，瓜分中國只會使西方列強所佔到的便宜，勝過於日本的收穫。西方列強（包括俄羅斯／蘇聯）樂於和地方豪強、派系或政黨打交道：他們一向密切注意其他國家是否佔了便宜，非常樂意與這些最肯讓步的中方當局打交道，因此寧可見到中央政府疲弱，也不願見它被廢棄。西方生意人覺得中國不太統一，會對企業有利，若是全面瓜分中國，則會引爆內、外權力鬥爭，傷害了對華貿易，毫無用處。

二十世紀初另一個事實是：中國社會各部門在能力上有所成長。中國在和西方接觸而備受欺凌達兩個世代之後，終於採取過去早期頗為常見的行動：調和中國方式和外國概念，採用外國技術的同時揉合中式的方法。透過對外來知識的學習，來創造本身的新權威和新概念。到了一九三七年，中國已發展出其經濟的西式部門，對全世界開放。工業、礦業、交通、通訊、財務和金融，在技術、管理和所有權方面，變得愈來愈國際化。雖然這部門只佔依舊以農業為主的中國經濟之一小部分（有人估計，只佔百分之十），它的重要性卻愈發可見。兵工廠、造船廠、工廠和鐵路，都表明某些新生的事物正在發展。新產品、態度和方法遍及全國各地，遠至於那些和中國現代化誕生之地毫不相干的窮鄉僻壤。

二十世紀初，幾乎所有中國人都領悟到他們所居住的世界已然改變。當然他們對這些改變持有很不相同的看法。有些人（例如，許多官員和知識分子）很清楚明白地認為，改變代表著崩潰：原本以大清帝國和中國傳統為中心、秩序井然並且正確的世界，已被推翻。有些人則認為，新世界打開新的機會、新的生活方式，並因此有機會以過去不存在的方式出去旅遊和讀書。然而，對於大多數的中國人而言，他們不識字，又因傳統或合約的原因而與土地有深刻的連帶關係，被改變的不是他們的個人地位，而是村子裡聚合的權力、旅人的原始出身、以及他們被要求效忠的軍隊。這是個一再改變的世界，而改變使人們分裂——有時出於自願、有時乃是被迫。

——

一八九八年十月，一小群農民展開的運動，將在中國和西方的衝撞史上開啟一段暴力的新階段。他們受到老家山東東部早已存在的武術及秘密會黨的吸引，自稱「義和拳」。西方人一般稱之為「拳民」（Boxers）。這群人長久以來捲入地方上一座寺廟權利的衝突，村子裡的基督徒和非基督徒都宣稱擁有它。在拳民看來，他們地方上的問題（西方人侵門踏戶、基督教宣傳福音、水災、乾旱）全都來自一個源頭：中國人甘願不加抵抗，被洋人壓服，其中尤其是接受外來宗教。於是他們夢想打造一個這些不正義的外國模式都被清除乾淨的中國，決心以血和火來解救他們的家鄉和國家。

就中國人和洋人看來，拳民是很奇怪的一群人。他們的紅色頭巾和皮靴，他們對魔術的信念，而且即使在已經有許多秘密會黨及教派存在的社會，他們的祈禱和吶喊及歌唱都仍然引人側目。四川已有瘋和尚、廣東出現基督的姊妹、福建又冒出明朝王室後裔、山西跑出被一再灌輸及吸太多鴉片煙而相信彌勒佛轉世回到人間的佛教徒。清廷為緝拿、處決那些帶頭作亂或挑戰權威的人，已忙得不可開交。但是，拳民和這些團體不一樣。儘管行徑古怪、且經常兇暴，他們似乎直指中國的缺失，給予年輕的底層中國人機會展現他們的愛國和勇敢。山東方面，德國人與日俱增，而且這些人在支持傳教士時，常對本地人粗暴相待。因此，慈禧太后和朝廷的保守派很猶豫是否要取締拳民，至少在他們宣示效忠國家時就不願意動手彈壓他們。

拳民攻擊洋人、西化的中國人，尤其是中國人的基督教徒，他們打破社會秩序，掀起一場戰爭，使得國際間對清廷僅剩的一絲尊敬也蕩然無存。在中國許多地方，尤其是華北，有關義和拳的新聞助長了兩種人之間的衝突：與外在世界有關聯之中國人，以及抗拒此種關聯的另一種人。結果就開啟了暴力的對抗。西方的記述著重在外國傳教士和中國基督徒遭到殺害。但是，鬧了三年的拳民之亂期間，總共死了十二萬多人，其中僅有四分之一左右是基督徒；兩百五十人是洋人。其他的死者都是遭到外國軍隊或是中國軍隊所殺害的非基督徒中國人。一般人的觀點通常都由他觀看的地點所決定。二〇〇〇年梵諦岡為一百一十六名遭拳民殺害的天主教徒舉行封聖儀式時，中國外交部指同樣這批人是「作姦犯科的罪人，他們強暴、搶劫，並且擔當西方帝國主義的代理人」。[2] 有人認為在中國遇害的基督徒是聖徒；也有人（當時及今天都有）覺得他們是違反天然秩序的罪人。[3]

第一批拳民在一九〇〇年春天開始進入北京。清廷在處理義和拳議題上已出現分裂的跡象，這一點和兩年前因為維新議題的分裂，並沒有不同。在某些地區，官員和軍事指揮官取締拳民，或至少試圖維繫基督徒和非基督徒之間的和平，同時亦協助外國人撤退。然而，有些地方的指揮官和官員卻和拳民合作，原因或者是他們認同反基督徒的主張，或是擔心若是他們反抗此一運動熱潮，後果將不堪設想。六月初，清兵和北京的拳民已參加攻打教堂、西式學校和醫院，以及洋人住所。朝廷方面，慈禧太后愈來愈傾向拳民，不過直到外國軍艦攻打中國港口、企圖登陸天津以保護當地受到拳民攻擊的外僑時，她才公開表態支持義和拳。六月二十一日，慈禧太后以失去權力的光緒皇帝名義下詔：「祖先來助，神明呼應，從未有如此普遍忠勇愛國的表示。我等含淚在聖殿宣告開戰。」[4]

中國既已宣告開戰，朝廷下令所有軍隊加入民兵團練和包括義和團在內的武裝團體以保衛帝國。許多軍事指揮官和地方督撫卻抗命不從。南方各省大多宣告，倘若洋人軍隊不進犯，他們就保證保護境內的洋人居民。有些長期擔任清廷官職者，鄙視拳民，辭官退出公職。不過，華北大部分軍隊遵從上令。到了六月底，北京的外交圈及其他洋人被圍困在城裡的使館區。六月十三日，聖母無染原罪堂（The Cathedral of the Immaculate Conception）被大火燒毀，死了不少人；在天主教北堂（Northern Cathedral），有三千多人堅守，抵抗間歇性的攻擊達八個星期。德國公使克林德（Baron Clemens von Ketteler）是個高傲、鹵莽的普魯士軍官，他前往總理衙門，試圖遞交正式抗議書，卻在街上被狙殺於轎子裡。一九〇〇年八月初，北京發生戰事。使館區周遭地區，包括藏書量聞名於世的翰林院，被燒成平地。一萬八千名聯軍一路上和皇家部隊及義和團激戰，從天津攻向北京。沿路鄉鎮皆遭火焚，數萬平民喪生。對於許多新來的聯軍而言，任何中國人，包括婦孺在內，都可能是拳民所喬裝，有關外國傳教士及其家人是如何被殘殺的傳聞繪形繪影，更助長報復的心理。對於外國領導人而言，中國就是最早的「失敗國家」，一九〇〇年八國聯軍即是聯手對付中國的「野蠻」、對付不願堅守有關政府及公共行為之「文明」規範的清廷。

聯軍充滿著報復的心理在八月十四日進入北京。慈禧太后和朝廷逃往西安，北京老百姓也紛紛躲避聯軍的怒火。俄羅斯及法國部隊大肆屠殺中國平民。北京附近一城鎮，有五百名年輕女子及婦人因為被聯軍士兵強暴或害怕遭強暴而自殺。英國記者喬治・林區（George Lynch）目睹佔領經過，寫下：「有些事我不能寫，英國方面大概也不會刊登，它會顯示我們的西方文明只是殘忍的虛飾。」中國首都，包括皇宮，遭到徹底洗劫。聯軍司令官的命令、以及他們部屬的行為在各自國家之內都引起醜聞。日本有家大報嘆息日本皇軍「號稱是要透過文明討論來保護人道和正義。我們國人自從甲午戰爭以來也特別以此為榮……這次洗劫……造成皇軍最大的羞恥，也是日本最大的羞恥。」[5]

儘管聯軍在中國的行為備受批評，幾乎外界所有的人（以及相當數量的中國都市人）把一九〇〇年夏天這場災難怪罪到義和團和清廷頭上。拳匪之亂將中國的地位置於西方領導的國際體系之外，成為被眾人鄙視摒棄的國家，甚至是一九〇〇年以來從蘇丹、阿富汗到朝鮮這一線反殖民統治之邪惡軸心的中心所在。慈禧太后只想拚命握緊大權，召回年邁的李鴻章，談判保住大清國脈和她能回鑾京師。一九〇一年簽訂的辛丑和約（西洋人稱為「拳亂議定書」），事實上使中國遭到八國聯軍的監管：嚴格禁售武器給中國，支持義和團的為首的政府官員處死或流放。防衛京師的碉堡全數拆毀，從京師至海岸一路皆由聯軍駐守。中國國庫所有稅收全用來償付巨額賠款：分期四十年，總額是一九〇〇年中國全年歲入的四倍。清廷成為西方列強和日本政治、經濟利益所挾持的人質。[6]（譯按：八國聯軍為英、美、法、德、俄、奧地利、義大利和日本，約五萬人）。

除了日本，新參加進來榨取中國的兩個大國是美國和德國。由於必須在已由英國打造的制度基礎之內作業，華府和柏林選擇兩條不同的活動路線，它們的方向對中國的影響延伸到二十世紀。美國方面，從一八九〇年起就有一股強烈的疑心，深恐其他國家的帝國野心會阻礙美國企業進入中國市場。《費城新聞報》（Philadelphia Press）宣稱：「未來不能陷入險境……中國有世界四分之一的人口。我國貿易和製造業自由進出（中國），攸關我們的未來。」美國國務卿海約翰（John Hay）一八九九年照會全體列強，揭櫫「門戶開放政策」（Open Door Policy），促請「主張『利益範圍』的各個國家，在其『範圍』內，（美國的）商務與航行應享有完全平等的待遇」。[7] 美國不願建立自己控制、主宰的區域，但仍尋求美國產品及資金可自由進出中國市場。德國在一八七一年才統一成為強大的帝國，它選擇比較傳統的作法，要求中國給它租界，但除了貿易之外，它還想以德國模式將租界現代化。兩名德國傳教士在山東省曹州府巨野縣遭殺害後，德國海軍一八九七年控制了青島港口，到了二十世紀初，它的力量已延伸到山東半島大部分地區，想把它建設成為一個由柏林管理的現代化殖民地。

一八九八年美國與西班牙之戰後，美國已握有古巴和菲律賓，逐漸建立自己的海外帝國。但是它節制自己，沒有試圖從中國瓜分一塊勢力範圍。有一部分是出於意識型態的原因：絕大部分美國人仍堅決厭惡殖民主義（以及它一定會導致的，和非白人交纏在一起）；另一部分是對自身處於弱勢的認識：美國會輸給已在中國建立地位的英國及其他列強。因此，美國最好是宣揚自由貿易的崇高原則，以它做為政策礎石。門戶開放宣言向列強要求，美國有權在其勢力範圍內、甚至在列強設於中國的租界內進行貿易。美國政府亦要求列強支持中國的「領土和行政的完整」。但是，即使列強願意口頭上敷衍美國的立場，他們的對華政策也大多不受門戶開放政策的影響。海約翰向麥金萊（William McKinley）總統說明：「我們的立場有個天生的弱點：我們不想自己佔中國便宜，我們的輿論不會允許我們以軍隊介入去制止別人搶它。何況，我們也沒有軍隊。報上說什麼『我們至高的道德地位賦與我們權力號令全世界』，純屬傻話。」[8]

美國在中國市場的利益消退，但從未消失。門戶開放政策在二十世紀初的戰爭和革命下能夠維繫住，是因為美國決心不被其他大國擠出中國。在日本力量上升的情況下，這份決心使得兩國之間的衝突程度提高了。這是外交無法克服的衝突。儘管兩國簽署了一九一七年的「藍辛—石井協定」（Lansing-Ishii agreement）和一九二一至二二年的華盛頓海軍公約（又稱九國條約），門戶開放依然在意識型態的意義上大於實際狀況。例如，美國堅持有權在滿洲進行貿易及商務活動、以及它在一九二八年之後願意支持國民黨新政府，意味著日本逐步將美國視為其亞洲大陸立場的主要敵人。

對於關心外在世界的美國人而言，中國也成為美國實現改革及現代化心願的首要目標。一八九〇年代美國國內出現強大的改革運動。傳教士、醫療工作者、經濟學家、工程師和生意人，挾著從美國經驗學到的教訓，前往中國。一九一二年中國建立共和之後，有些美國人相信，美國的共和傳統對中國人應該別具意義。但是，對改進的重視態度必須先在中國人思想中生根。美國把它收到的一部分庚子賠款撥做獎學金，供中國學生赴美留學之用。另一部分用來在北京成立一所美國學院（譯按：精確地說，是留美預備學校），後來成為清華大學。（中國共產黨有幾位領導人，如胡錦濤即清華畢業生。）其他的教育機構，大多由教會創辦，也十分興盛。北京的燕京大學由日後出任美國駐華大使的司徒雷登（John Leighton Stuart）主持。燕京取得舊夏宮和新夏宮之間一塊原本是皇室花苑的地建立一所現代大學，而今納入北京大學。美國傳教士和教育家亦協助建立南京大學、上海聖約翰大學，以及廣州的嶺南大學。[9]

許多中國人對美國懷著愛恨交織的心理。愛的是美國的理想和援助，恨的是美國的種族歧視及移民法的重重限制。中國老百姓無法了解，歐洲殖民者都已經控制整個大陸了，美國怎麼還不肯讓中國移民進入其領土。一九〇五年，中國及國外華人發動抵制美國貨，想要逼美國改變政策、並逼清廷強硬起來、反對美國的排華移民法。抵制運動並未能夠使得美國改變作法，或讓北京願意接納其建議，因而許多人更看清美國的種族歧視和清廷的無能。他們發覺，所謂門戶開放是單向開放。中國開門迎接美國資金進來，美國卻閉門不納中國人民入境。這種醒悟導致對美國不再迷戀，在往後好幾個世代還頻頻引起迴響。

德國是比較晚進入中國爭取勢力範圍的大國。它企圖仿製英國和法國已有的作法。然而，山東的德國企業卻和英、法有重大不同。它強調中國的改善和現代化。這一點倒是與美國的理想主義很相似。就德國人而言，傳教士深入民間和帝國擴張乃是攜手並進的事情。柏林政府垂涎青島做為海軍基地已有好幾年，德國基督教會傳教活動（它們存在於山東，造成義和拳的興起）是以帝國擴張為主旨在規劃。他們所設立的殖民地也有心成為模範殖民地，每一方面都打算做得比其他列強好。德國駐山東總督一九〇五年向柏林報告：「我們在這個現代人文化生活最重要地區的此一殖民地，面對的任務就是教育……必須以德國知識和德國精神，在相當大程度上影響其精神與性格，能做為感召全省的工具……」[10]

從開頭到一九一四年由英國的盟友日本接管，青島租界及附近的膠州灣都由德國海軍管治。它的目標是保護柏林在東亞的利益，透過大型計劃，興建教育機構、醫院設施和傳教站，來鞏固德國在本地區的勢力。和大部分的殖民地一樣，德國在山東的計劃既討本地人之喜、也惹本地人之怨。中國菁英對德國的效率和組織相當佩服，希望學習這些優點。中華民國的第一位總統孫逸仙一九一二年到訪山東，告誡在德國學校唸書的中國學生要好好向德國人學習：

同學們應以德國人為新中國的模範……中國雖有數千年的文化，卻沒有達成任何事，堪可和德國人在此十二年的成績比較。街道、建築物、港口、衛生，全證明他們的認真和野心。同學們在這裡所見的，都應能激勵他們效仿德國人，務必以把這個模範推廣到全中國、使我國臻於同樣完美為目標。[11]

德國在華的租界結束於第一次世界大戰期間，而中華民國想爭取德國做為其可能的盟友之興趣，卻持續到第二次世界大戰爆發之時。領導德國右翼一九二〇年政變、卻沒有成功的馬克斯．鮑爾（Max Bauer）在一九二〇年代末期來華，協助北伐中的國民黨重建財政和軍隊。一九三〇年代，蔣介石當家下，德國顧問是支持國民黨新領導人最有力的外國人。德國前任陸軍總司令漢斯．馮．塞克特（Hans von Seeckt）設計中國部隊菁英的訓練計劃。所有的軍校和大部分的陸軍單位都派了德國軍事顧問。德國又提供專家和貸款協助中國興建鐵路，德國與中國雙邊貿易大幅成長，德國成為中國政府融資最大的供應國。當最後一任德國總軍事顧問亞歷山大．馮．法肯豪森（Alexander von Falkenhausen）在一九三八年因德國與日本結盟而離華時，蔣介石依然深信德國可做為中國未來的楷模。[12]

——

中國在二十世紀初不僅必須決定誰可做為盟友，還必須決定它想要有什麼樣的政體。想要發展西方式的共和，並不是有把握的事。二十世紀的頭十年，大清帝國仍努力抵抗國、內外的敵人，許多觀察家認為它會像以前一樣履險如夷。倫敦《泰晤士報》一九〇九年評論說：「再沒有比列強代表對……中國外務部的傲慢所表現出的尊敬、謙遜，令人更驚訝的了。它儼然是往昔天子不肯以平等之禮延見外國代表的事態又復活了。」[13] 清廷曉得洋人依賴他們在中國辦事，希望把洋人對他們的依賴轉為對朝廷有利。但是他們也希望在現代化的過程中，人民能看到，政府能要求百姓服從、也可進行必要的改革，並要求列強的尊重。到了一九一〇年，列強和革命黨人都開始擔心，未來的大清會和過去的大清一樣，只是變得更有組織、兵力也更加強大。

慈禧太后於一九〇八年十一月十五日去世。她的侄子光緒皇帝早她一天駕崩（據傳是被怕他重新掌握實權的人下毒殺害）。慈禧太后專擅朝政四十七年。她自稱，晚年的目標是替朝廷做好準備，迎接又一場來自國內的權力鬥爭，猶如十九世紀中葉迎戰各方叛亂一樣。她同意憲法的原則，以及在省這一級實行有限度的代議政府制度（滿清菁英希望這些措施可強化皇室在中央的權力）。慈禧太后也廢止科舉考試，並依據前往美、歐、日本考察回國的大臣所寫的報告，展開一系列的行政革新。一九〇一年，即義和團事件之後，慈禧太后展開逐步改革的新路線：

> 中國之弱緣於傳統的力量及僵固的規定。我們有許多平庸官員，卻少有幹練有為之士。規定被庸才用來做為自我保護的工具，政府小吏藉之牟求好處。政府官員公文反覆往來，卻不碰觸事實。想要甄派能臣，卻因規定僵硬所限，即令特殊幹才亦成遺珠。貽誤國事者，只有一個私字。先例扼殺了一切。[14]

改革最早的一個特點是成立新機構，主掌對外事務。迭經列強施壓後，清廷在一九〇一年成立外務部，取代總理衙門。外務部在很多方面成為未來組建的新部會運作的樣板。舊總理衙門包山包海，從乳酪管到鐵路，凡是涉外事務都管，而外務部只管中國政府的外交關係。它試圖扭轉加諸於中國的各項條約之效應。但它也注意一切可能有利清廷的事，特別是取得融資、技術和軍事設備。就某些方面而言，清廷實行「新政」的各項對外活動，其目標和中國共產黨在一九六〇年代及一九七〇年代自己鬧出大災禍之後所推動的「四個現代化」，沒有什麼不同。

一九〇六年的行政改革和立憲運動，企圖讓列強覺得大清帝國像個西化的國家。它也是對希望中國更民主的人士之讓步。新政所依據的考察報告，來自兩個「憲政考察團」。兩組人都前往日本、美國和歐洲。有一團專注德國、另一團著重英國和法國，拜會當地政治人物和專家——來到倫敦的欽差大臣就向倫敦政經學院年輕的歷史講師柏西·艾希禮（Percy

Ashley）請教英國政府不同部門的運作情形。[15]最後，日本模式勝出。一九〇八年八月，清廷向人民承諾要以九年時間推動憲政，但著重行政部門的權力（意即清廷本身）。清廷及其支持者相信，一切改革必須循序漸進，否則帝國將失去它和其他國家有所不同的精髓；更不用說，清廷將失去在中國的權力。

慈禧太后過世之後，皇室、清廷和高官們集中力量求存。他們最擔心的不是革命黨，此時革命黨大多流亡在外或已死亡，真正的威脅是如果各省及區域的強人去和列強合作，勢必裂解中國。清廷的策略就是盡一切辦法削弱各省督撫力量、強化中央政府。清廷出於這項策略，在各省設諮議局（譯按：即議會）。它又利用外國借款控制所有的鐵路網，它們有些已由外國公司或省所控制。清廷希望爭取到時間推動他們所要的改革，但也準備要攤牌。

攤牌果真發生在一九一一年十月。十月九日，滲透進武漢新軍的一群革命黨人在俄租界一家屠宰場製作炸藥時出意外，炸毀房子。警察抓了兩名黨人，抄出他們起事的詳細計劃。[16]次日晚間，為首的黨人為了自保，開槍起義。這批青年軍人曉得清廷的追緝必定無情，只有鋌而走險，先搶佔軍火庫、再攻打巡撫衙門、宣布效忠共和。他們通電各省，號召響應起義、推翻滿清、建立民國。到了十一月底，情勢已明顯對清廷十分不利。長江以南各省強人大多押寶支持革命黨人，權力似乎已從北京潰散。

國際局勢對中國革命的結果有極為關鍵的重大影響。許多中國人，包括清廷本身，期待列強會和一八六〇年代、一八九〇年代一樣，協助他們擊敗敵人；可是，這次列強分別有其他事分心，無心關注中國。美國正在密切關注近鄰墨西哥的革命。法國和德國為北非交惡。俄羅斯首相剛被暗殺。英國則因為愛爾蘭自治問題陷於「懸宕國會」（hung parliament）和憲政危機。[1]只有日本傾向於干預，可是日本菁英拿不定主意要支持誰。他們喜歡君主立憲派的主張（和日本一樣），可是也曉得支持地方強人才有助於日本在中國擴大影響力。最後英國基於需要一個可以保護英國企業穩定經營的因素，選定了支持對象。任何人能維繫住中國統一，即使只是短期也好，英國就會支持他。英國這個立場起了一言九鼎的作用。

一九一一年底，英國認定中日甲午戰爭的英雄、後來出任直隸總督的袁世凱是理想人選。袁世凱因為朝廷忌諱他權力太大，在一九〇九年遭到罷黜。現在朝廷徵召他復出，擔任總理、統帥全軍。到了十二月，袁世凱的部隊推進到武漢，逼得革命黨人同意談判。袁世凱曉得衝突將陷入僵局。他可以攻克武漢，但無法收復華南。他也力圖避免揹上罵名，指責他以漢人流血延續他也不再有感的異族朝廷。一九一二年初，袁世凱積極與設在南京的新共和領袖接洽。

袁世凱似乎是可以保護西方利益的人，可是真正研究西方政治思想、要把它們付諸實

① 譯註：「懸宕國會」又稱「僵局國會」，是指在議會制國家，沒有一個政黨在議會內取得過半數席次，必須藉由聯合政府、少數派政府或解散國會、重新改選來解決僵局。二〇一〇年五月英國大選，執政多年的工黨得到二百五十八席落敗，保守黨在大衛・卡麥隆（David Cameron）領導下，得到三百零七席，雖是第一大黨、並未過半，爭取到第三大黨自由民主黨（五十七席）支持，同意組織聯合政府。

踐的卻是革命黨人。在華南各城市，從無政府主義到君主立憲制，各式各樣政治觀念都有人公開倡導。許多最敢言的革命黨人在過去十年已發展出一套民族主義的理論。他們把中國之弊怪罪到清廷身上，稱之為「滿洲韃虜」。孫逸仙的重要信徒胡漢民一九〇六年寫說：「滿清政府奸邪，因為它是邪惡種族，僭奪我政府，他們的邪惡不僅止於少數政治措施，而是源自種族本性，無法消除或改造。」[17] 年輕的革命英雄鄒容一九〇五年死於獄中，他曾經在一九一一年發表各方稱頌的《革命軍》一文有類似的主張。他引述中國傳說的祖先和美國國父的故事說：

掃除數千年種種之專制政體，脫去數千年種種之奴隸性質，誅絕五百萬有奇披毛戴角之滿洲種，洗盡二百六十年殘慘虐酷之大恥辱，使中國大陸成乾淨土，黃帝子孫皆華盛頓，則有起死回生、還命反魄，由十八層地獄，升三十三天堂，郁郁勃勃、莽莽蒼蒼，至尊極高、獨一無二、偉大絕倫之一目的，曰「革命」。巍巍哉！革命也！皇皇哉！革命也！[18]

並不意外，非漢族的清朝官員在革命爆發後經常被百姓鎖定為目標。武漢地區，有一萬人被殺。到了一九二〇年代，已很少中國人承認支持滿清，或是滿清貴族後裔。[19]

共和原則現在取代君主制思想。但是，不同的政治團體對它們有相當不同的詮釋。孫逸仙和同盟會主張總統制共和國，選出行政首長控制絕大部分的國家活動。但是，華中和華南出身的許多革命黨人卻支持聯邦共和國，各省享有強大的地位。城市商人則主張議會制共和國，不同的社會和政治成員都可以有其代表。把大多數團體團結起來的是，大家都覺得革命開啟了無限的可能。他們覺得中國可以做到日本已做的，而且規模更為宏大，同時新的政治體系必須讓中國富強起來。外國的例子經常被用來和中國現實作為比較。有位學者因此表示：「中國在辛亥年（一九一一年）以前十年的知識生活，在特色上沒有一個比得過外國的影響。」[20]革命黨人辯論憲法時，清廷文武官員卻在盤算沒有了帝國，日子要怎麼過。

滿清統治的最後十多年，主宰著社會的中國人是一群高官和資本家。他們又經常輻輳在同一個人身上，就和毛澤東時代結束之際的中國，或是共產主義終結之際的蘇聯一樣，許多官員利用在帝國之內以及和洋人的關係，發家致富。袁世凱也不例外，他在華北參加好幾個企業，[21]上海的華新紡織廠（中國紡織工業的一個傳奇）由巡撫的兒子經營。這些兼做生意的官員，其商業利益愈來愈維繫於是否限縮清廷的力量。他們擔心朝廷恢復實力，會懲辦他們的貪瀆和自肥。生產、商務及貿易日益重要之下，中國菁英和皇室綁在一起的關係卻愈來愈淡。

中國海外僑民也是攸關革命成功的一個重要因素。武漢新軍發動革命時，孫逸仙正在六千英里路之外的美國科羅拉多州丹佛市，向當地華僑募款。孫逸仙代表中國革命，風塵僕僕走遍全球各地募款，這是他旅行的最高潮。孫逸仙一九一一年十月沒有立刻趕回中國，而是首先前往倫敦和巴黎替共和政府交涉借款，此舉可以證明他的國際角色是有多麼的重要。孫逸仙沒借到錢，但是他帶著重要消息回到祖國：倫敦和巴黎都不會代表清廷出面干預。孫逸仙在他的美籍首席軍事顧問、身高四英尺十一英寸的駝背「將軍」與戰略家的荷馬李（Homer Lea）之陪同下，於一九一一年聖誕節回到中國。他立刻被推為中華民國臨時大總統，統領一個除了海外華僑些許支持之外，沒有領土、武器或太多金錢的共和國。22

接下來有關創建中華民國的故事就容易說了。袁世凱出賣他的滿清主子，於二月間告訴隆裕太后說，挽救皇室性命唯一方法是下詔支持共和政體。朝廷經過冗長辯論，又得到保證人身安全無虞之後，隆裕太后於一九一二年二月十二日代表六歲的宣統皇帝下詔禪位，其全文為：

> 朕欽奉隆裕皇太后懿旨：
>
> 前因民軍起事，各省響應，九夏沸騰，生靈塗炭。特命袁世凱遣員與民軍代表討論大局，議開國會、公決政體。兩月以來，尚無確當辦法。南北睽隔，彼此相持。商輟於塗，士露於野。徒以國體一日不決，故民生一日不安。今全國人民心理，多傾向共和。南中各省，既倡義於前，北方諸將，亦主張於後。人心所向，天命可知。予亦何忍因一姓之尊榮，拂兆民之好惡。是用外觀大勢，內審輿情，特率皇帝將統治權公諸全國，定為共和立憲國體。近慰海內厭亂望治之心，遠協古聖天下為公之義。袁世凱前經資政院選舉為總理大臣，當茲新舊代謝之際，宜有南北統一之方。即由袁世凱以全權組織臨時共和政府，與民軍協商統一辦法。總期人民安堵，海宇乂安，仍合滿、漢、蒙、回、藏五族完全領土為一大中華民國。予與皇帝得以退處寬閒，優遊歲月，長受國民之優禮，親見郅治之告成，豈不懿歟！欽此。23

既得清廷同意出任總統，又有北洋軍隊支持，更日益得到列強支持，袁世凱現在在這場權力賽局握了一手王牌。宣統遜位次日，孫逸仙辭去臨時大總統之姿，掌握了北京及南京政府。大清兩百六十年統治（譯按：精確講是兩百六十八年）在隆裕母子啜泣下劃下句點，而中國的國際角色比起其歷史上任何時點都更加不確定。

——

中國首次實驗西式共和政體並不順利。經過一段嘈雜的爭論和制憲時期，袁世凱企圖恢復帝制，自立為皇帝。他慘遭失敗，於一九一六年抑鬱而死。袁世凱最大的問題在於他無法清楚明白地向別人（或甚至他本人）界定中國應該是什麼。它是可望成為民族國家的帝國嗎？它是不同民族的集合體，因為長期歷史傳統而成為一個國家嗎？袁世凱就和後來「軍閥時期」（一九一六年至一九二八年）幾個繼承人一樣，陷入不同的中國及其政治未來的概念中。他有多位外籍顧問（尤其是美國人）支持那些袁世凱帶著點自我滿足的預言，認為中國還未準備好接受任何形式的民主。日後出任約翰霍浦金斯大學校長的佛蘭克・古德諾（Frank Goodnow）是袁世凱首席法律顧問，他認為：

> 中國除了依據古代習慣的人治，從不知有其他種類之政府。中國人民……目前無法有任何大規模的社會合作……在這種情況下，依據政治改革之性質，目前能夠做到的，是在強大的行政部門旁設置一個機構，讓它多少適度代表明瞭共同利益的人士之階級……中國的憲政方向之實質進展，是否能以大大背離傳統的作法，能以適合

其他國家、卻不考慮中國特殊歷史及其社會、經濟條件的作法去達成，是非常有疑問的事。[24]

一些中國人，尤其是數十年來反對清廷、希望民主革命的人士，不能苟同他的看法。他們雖被地方強人及軍事領袖排擠，卻堅守民主信念。孫逸仙的主要助手宋教仁在一九一三年遭袁世凱手下人暗殺。他在去世前向他的黨魁說：「國家基礎尚未強大、許多人仍未進步。我死而有憾。我懇請鈞長鼓吹誠實、宣傳公義、促進民主，俾使國會能制訂一部可長可久的憲法。」[25] 挺諷刺的是，宋教仁所協助組建的新黨「國民黨」將在推動中國團結及實力上扮演關鍵角色，可是誠實、公義和民主依然不足。

就列強而言，一九一二年之後的要務在於維持中國有個像是中樞權力的存在，並與在地區上掌權的相關人士合作，以確保及增進商業的利益。國際貸款財團提供融資，讓北京政府得以運作；其中最重要的是一個以英國為首的財團，它貸給中國多筆巨額借款，包括一九一三年借給袁世凱的兩千五百萬英鎊。銀行家及其母國要求的條件是，中國海關所有稅收都得存入上海的外商銀行，優先支付國際貸款的利息及清朝所積欠的歷次戰爭賠款。這一招不僅剝奪了中央政府殘餘的財政自主，也使外國金融家可以去影響中國的政策。有位中國觀察家就說，這不啻是讓中國大部分的國家稅收進入龐大的外國人控制的金融體系，其中只有一點點會用在中國本身。一九八〇年代蒙受債務危機的許多第三世界國家一定認得這個現象。

直到一九二八年，北京的權力落在互有遞嬗、且令人眼花撩亂的一堆北洋政客和軍閥手中。他們數度彼此混戰、爭奪中央權力，但他們的權力愈來愈不被當一回事。中國固然保住一個受其他國家承認的政府，實質權力卻愈來愈移向形同獨立的各省或數省同盟。湖南、廣東和四川等重要省份根本不受北京政府節制。有些省份覺得中央權力已經失敗得一塌糊塗，各省獨立是唯一可行的替代方案。他們認為，中國太大、不易改革。因為它是個帝國，不是一個正常國家，唯有政治單元小一點、更整合，更在文化、語言上一致，類似歐洲，才可能讓有權者向人民負責。湖南青年毛澤東也追尋各省自治之道。他在一九二〇年九月寫下：

我們湖南必須覺醒。湖南人只有一條路：湖南自主和自治；也就是湖南人在我們湖南土地上建立「湖南共和國」。甚且，我真誠認為，要救湖南、救中國、和全世界其他解放民族合作，除此，別無其他辦法。如果湖南人民沒有決心和勇氣把湖南獨立建國，則湖南不會有希望。[26]

民國初年，各方對中國政治前途十分關切，中國人比以往有更大自由去探索世界。每年有二十五萬青年男女離開家鄉，進入城市工作。他們在城市見識到五光十色的跨國世界，龐大的外國資金、中國企業，以及新奇的服裝和習慣。雖然列強政府有繁瑣的旅行限制，但學生和工人依然湧向國外。他們很多人帶著對中國前途不同的新構想回國。對於關心國事、關心中國與其他國家競爭的中國人而言，清廷覆亡後的時代是個一切均已經解體、極端危險的時代。但是對於喜歡國家不再控制個體、得以享有多元混雜的人而言，這個時代則令人興奮。

大清帝國的覆亡立刻引發未來中國究竟涵蓋哪些地方這個問題。對於遭到清朝征服的地區（蒙古、西藏和大片中亞）而言，這個問題尤其尖銳。但是對於南方及東北等經過清朝漢化、且進一步整合到帝國之內的地區而言，它也十分重要。某些積極分子受到和中國革命黨人相似的民族主義影響，希望立刻獨立。有些人則主張在中華聯邦之內享有自治及特殊權利。在大部分地區，冒險家或強人企圖利用地方民族主義、外國利益和北京想要重振雄風的心理。在前帝國邊陲地區，被前清強迫納入中國的一些團體，爭相重新界定自身的政治和認同。

但是，界定中國從來不是一件容易的事，在清朝覆亡後它更是不容易。清廷在擊退外國入侵和內部叛亂之下，也在帝國邊界持續保護疆域。就清朝末年許多領導人而言，保衛邊境、粉碎土著動亂和堅持全體一致認同，的確是項艱鉅的任務：即使他們能夠成功地對付其他危險，若不能保住邊疆，大清氣數也將不保。一九〇八年，清廷派部隊入西藏，直接控制其首府拉薩。稍早幾年，當局（完全逆轉原先的政策）開始鼓勵漢人進入蒙古草原墾殖。在西域新疆省，中央當局能夠克服大規模動亂，對地方上的穆斯林積極活動保持嚴格控制。清廷希望展現的是，即使它在西方及日本手下一再挫敗，任何有分裂主義念頭的人絕不能小覷它的實力。

一九一二年，清朝已經終結，那些認為未來前途不能寄望於大一統中國的人士總算有了機會。列強基於本身的戰略因素，希望看到這些邊陲省份脫離北京的約束，在背後替這些人撐腰。在某些個案上，列強以這些邊陲省份能擺脫北京為承認新共和政府的前提條件。俄羅斯堅持外蒙古要全面獨立，英國要求西藏自治，日本（我們已看到，比較不成功）要求東北部分地區自治。然而，只有俄羅斯的要求完全成功，這倒不是因為俄羅斯實力強勁，而是因為蒙古分離派領袖的決心堅強。他們在一九一一年十二月宣布獨立：

> 目前我們經常聽到南方的滿人和漢人正在製造動亂，滿清即將崩潰。由於我們蒙古本來就是獨立國家，我們現在決定……依據我們的舊傳統，不受外力干涉，建立新的獨立國家。我們不應再受滿、漢官員統治。褫奪他們的權利和權力後，我們已送出最後通牒要求他們出境，結束他們的權力；雖然把他們遣送回國，我們並無意讓留在漢人貿易站的一般漢族貿易商受苦……你們全體均應和平、和諧共處，不必猜疑。欽此。[27]

新領導人以博克達汗（Bogd Khan）名號在外蒙古登基。他是宗教人物，依據佛教的共同信仰呼籲蒙古統一。他主張外蒙古自一九一二年起獨立的論據很直白：中華民國沒有、也不能繼承大清帝國。位於大清征服地區之內的所有民族，現在都享有平等權利組織自己的政府。袁世凱的政府反對此一原則，但幾經交涉後，向俄羅斯壓力低頭，於一九一三年同意外蒙古自治，不過宣稱它依然是「歸於中國的宗主權之下」。[28] 對於中國民族主義者而言，它就和日本的要求一樣，中俄蒙古協定是曝露共和國衰弱的又一個跡象。對於蒙古民族主義者而言，協定實質上使得他們的國家分裂，南方半個蒙古將受到中國直接控制，可是他們又沒得到名義上的獨立。莫斯科是大贏家。它在中亞取得廣大的勢力範圍，同時制止了日本往本地區的擴張。

西藏方面，佛教也是一股強大的統一力量，一九一一年的西藏局勢和蒙古一樣。唯一差別是英國扮演俄羅斯的角色。清廷佔領拉薩，使得西藏政、教領袖第十三世達賴喇嘛出亡英屬印度。他企圖爭取倫敦支持西藏獨立。清廷瓦解後，拉薩發生起義，達賴喇嘛回到西藏，發表了形同獨立文告的一篇宣言：

> 滿清帝國崩潰。西藏人受鼓舞從中藏驅逐漢人。我也安全回到我們神聖的國家，現在正在努力從東藏的朵甘思（Do Kham）趕走中國軍隊殘部。現在，中國以「守護者—教士關係」殖民西藏的意圖，已如天邊彩虹正在消褪。我們再度達到幸福與和平時期之下，我要分派諸君下列任務，不得有誤：世上的和平與幸福唯有藉由保存佛教信仰才能維繫……西藏是個天然資源豐富的國家；但是它不像其他國家科學先進。我們是個信仰虔誠、獨立的小國家。要追上世界各國，我們必須保衛我們國家。鑒於過去外國入侵，我們的人民或許必須面對若干困難，他們必須堅忍不拔。為了保護及維持國家的獨立，人人應該自動自發努力工作。我們住在邊界的子民應該提高警覺，如有任何可疑發展，應即派人向政府報告。我們的子民必須避免因小事在兩國之間製造大衝突。[29]

和外蒙古的博克達汗一樣，達賴喇嘛也只有部分地達成目標。英國強迫袁世凱政府參加在英屬印度夏日首都西姆拉（Simla）的會談，討論西藏地位問題，但北京代表拒絕讓步。他們援引清朝對前帝國內部關係的觀點：「西藏是中華民國領土不可分割的一部分，西藏或大英帝國都不應企圖中斷此一領土完整的延續。中國存在於此一領土完整性之下的一切權利，應該得到西藏的尊重及大英帝國的承認。」[30]

後來，中方拒絕簽署任何給予西藏自治地位的協定。原因一部分是因為西藏和英國對於邊界的要求太過分的緣故。要界定西藏，比起要界定蒙古（在過去、乃至在今天）都更加困難。依據歷史先例，拉薩政府可以對今天中國的四川、青海很廣大一片地區主張具有主權，某些西藏人界定它們是東藏或內藏。達賴喇嘛堅持要把內藏納入新成立的自治國，壞了整件大事。倫敦遂另外建構一個英國的法律虛構事實，它和達賴喇嘛的代表簽署一份備忘錄，英國承認西藏自治，西藏承認一大塊土地併入英屬印度——即今天的阿魯納查爾邦（Arunachal Pradesh）。

一九一一年革命之後，中國共和政府最擔心的是新疆省。滿清在十八世紀征服這塊廣人的西北邊區，辛亥革命之前幾年才又耗費不貲重新征服它。北京的新領導人曉得，兩次戰役都打得很辛苦，而且該地區的穆斯林，在俄國人支持下很可能再度叛亂。因此，當這個偏遠省份出人意料有新發展時，袁世凱十分高興。雲南出生的楊增新，由清廷派到新疆任職；革命一起，楊增新在清軍協助下接管省會烏魯木奇。他以恐怖手段，建立個人獨裁。有一次宴會上，他把兩名政敵當場斬首。新疆的回民和漢人都怕他，而他本人亦小心提防俄國人，緊緊抓住權柄，但他至少向中央政府表示表面上的效忠。北京許多人覺得有楊增新坐鎮新疆，反倒也不錯。

但是楊增新並沒替中央政府解決新疆問題。受到來自印度和中東的泛土耳其思想及現代穆斯林思想的鼓舞，愈來愈多年輕的維吾爾人及哈薩克人開始認為，他們所居住的這塊穆斯林土耳其斯坦，一半被俄羅斯佔領，另一半則歸中國人擁有。俄國大革命之後，革命運動在中、俄兩邊都活躍起來。蘇聯粉碎了它那一邊的穆斯林叛亂後，相當樂意審慎地支持新疆實質及潛在的叛黨。一直到中國共產黨革命，新疆一直由地方的漢人政府掌控——即使最後一任新疆省主席盛世才，愈來愈親蘇聯。[31] 在這塊離北京有兩千英里的新疆域，前清帝國的邊界竟能完好無缺。

如果說中國的共和是依據某種全民代表、身份認同、文化和宗教的公民政府之實驗，它或許可能在一段時間後在一個共同框架內出現政治上的成效。但是，即使是如此，根據舊帝國國境建立一個統一的國家之概念，恐怕也難以在邊陲地區得到支持，因為一九一二年政府變動的核心前提是中國的民族主義，在全民意識裡此一民族主義愈來愈把中華意識局限在漢族之內。如果是因為清廷壓迫居於多數的漢人而有必要發動辛亥革命，那麼同理可證，透過替蒙、藏、回民族建立政治實體，漢人就不會壓迫這些民族。鄂圖曼帝國和奧匈帝國崩潰後的情況就是如此。但是，在中國，從帝國過渡到共和（即使是像袁世凱及其後繼者如此不喜歡的這個共和）卻沒有出現多數非漢族地區分裂出去的狀況。同時，漢人多數民族也忙著界定、再界定自己的認同，沒有時間去思考他們的革命有更廣泛的影響。

中國是什麼？凡經歷清末、民初大轉型的人，他們對此的答案既複雜、激動、又充滿威脅意味。中國現在居多數的漢人真的不受滿人宰制了嗎？它指的是一個人出生的本省嗎？或者是共和政府所宣揚的所有人民居於其中的前清帝國的疆域（從滿洲到中亞、並延伸至熱帶的中、緬邊境）？或者說中國就是一個概念或一種文化，而不只是一個國家或一個社會？如果它是一種文化，這個文化現在在西方衝擊下已經岌岌可危了嗎？中國會偕之一起死亡嗎？界定中國是什麼的這一個問題，乃是第一次世界大戰之後文化和政治復興的中心議題。中國史上經常以一九一九年學生示威抗議列強侮辱中國的運動，稱這段時期為「五四時期」。透過創造中西文化混同、政治運動和國家改造，它是中國對外關係新階段的起始。五四以激烈抗議行動為開端，為那些相信已經看到「舊中國」死亡的人，指出了一條出路。

北京政府認為，世界大戰結束時，它會因為加入協約國而得到報償。它相信可以取消列強在中國境內所擁有的一些特權。他們和數百萬中國人把希望寄託在美國總統威爾遜（Woodrow Wilson）身上。威爾遜提出的「十四點」宣言令大家相信，戰爭是為了民族自決和各國平等而戰。日後成為中國共產黨創始人之一的作家陳獨秀稱威爾遜為「全世界第一號善人」，預示著「強權不可恃、公義和理性再也不能被忽視」的新時代之來臨。[32] 中國在美留學生聯署籲請美國支持：

> 四億人在巴黎面臨生死判決；世界永久和平的命運繫於此一判決。中國所求者無他，唯有公平及確實裁判而已。基於世界和平及四億人利益，開明列強、尤其是美國，不應容許死刑之宣判。中國人對美國有最深刻的信心、國際聯盟（League of

Nations）的崇高計劃即出自美國。[33]

但是，中國人在凡爾賽和會不僅未能收回德國的租借特許權，更重要的是，他們認為應該取消列強在華治外法權的要求也沒被接受。民族自決的原則很顯然不適用於中國人及其他非白人，只有完全西化的日本例外。一九一九年五月消息傳來，德國在山東的租借特許權歸日本接收，中國各大城市爆發抗議風潮；一九一五年和日本簽署協定的一名官員，其宅邸遭火焚燒。北京和上海的大學生帶頭抗議中國在國際間此般失落無助、遭受羞辱的狀況，而政府亦十分軟弱地面對民眾的怒火。[34]

五四運動發生在許多中國知識分子試圖重新界定中國及其國際地位的時期。雖然他們的文化和政治方向十分不同，這些知識分子的作品啟發了一九一九年學生的抗議行動。陳獨秀等人認為，中國的政治方向必須更正：國家必須向公民負責。魯迅等人則認為，真正的革命是文化的革命：不拋掉沒有用的知識、空洞的格式和詞語，順從傳統，中國無法改造為現代、有效率、正直的社會。有人主張拋棄只有菁英才懂的文言文。陳獨秀、魯迅等作家愈來愈多人提倡以白話文寫作，為外來的新生事物創造中文新字詞。起始點並不樂觀。陳獨秀認為，「大多數人渾渾噩噩，不知道不僅是我們的道德、政治和科技，甚至連日常用品也全不適合競爭，將在物競天擇過程中消滅。」[35] 魯迅在他的短篇故事〈幸福的家庭〉中嘲諷西化的中國資產階級百無一用：

> 總之，這幸福的家庭……自然是兩夫婦，就是主人和主婦，自由結婚的。他們訂有

> 四十多條條約，非常詳細，所以非常平等，十分自由。而且受過高等教育，優美高尚……。東洋留學生已經不通行，……那麼，假定為西洋留學生罷。主人始終穿洋服，硬領始終雪白；主婦是前頭的頭髮始終燙得蓬蓬鬆鬆像一個麻雀窠，牙齒是始終雪白的露出來，但衣服卻是中國裝。[36]

針對一九一九年青年學生抗議行動沒有結果所產生的悲觀，他們的反應是，中國需要有新文化，要有新的、強大、統一、公義的國家。老革命家梁啟超問：「我們的職責是什麼？」他自己提出答案：「那就是以西方文明開發我們的文明，以我們的文明補充西方的文明，進而把它們綜合、改造成為新文明。」[37] 政治方面，已經出現新的激進潮流，強調需在舊帝國境內使中國富強起來。俄國革命和德國民主改革提供的啟示，亞洲到處出現的反殖民主義運動，也起到振聾發聵的作用。社會主義似乎是未來趨勢，有些中國人希望抓住這股潮流。李大釗和陳獨秀一九二一年一起創建中國共產黨，他主張：「環顧中國在世界的地位。其他國家已經從自由競爭進步到社會主義集體社會，我們才正要起步，也就是循別人足跡前進。在這種情況下，如果我們希望調整自己、與其他國家共存，我們必須急起直追，跳過社會主義經濟，俾便確保成功。」[38] 由於五四運動，有些人似乎看到中國從失望走向無窮的機會。

一九一九年意識到新機會降臨的，還有孫逸仙。他在一九一二年辭去臨時大總統之後，

即回顧檢討革命的經驗。他在日本隱居將近四年（此舉令他的許多追隨者為之驚恐），即使日本對中國施壓上升，他仍繼續接受東京的資助。孫逸仙本人不介意支持來自何方；他需要經費打造新的革命組織。當他娶了二十二歲的衛斯禮安大學畢業生宋慶齡之後，和美國的關係更上一層。宋慶齡父親查理宋，一八七九年偷渡上了一艘美國船到達波士頓，後來以刊印廉價翻譯書致富，成為上海巨富之一。但是，最後啟發孫逸仙再次發動統一中國革命的，既不是日本，也不是美國，而是俄羅斯的布爾什維克革命；同樣受到俄國革命感召的陳獨秀和李大釗，則認為社會主義就是未來。孫逸仙從來不是共產主義者，他開始欣賞蘇俄的效率、專注，以及承諾要使落後國家變為富強之邦。他也喜歡蘇維埃式共產主義的社會主張——不過主要只是做為強化國家的手段。一九二〇年，孫逸仙改組的國民黨回到廣州，並控制住廣州及其鄰近地區。

孫逸仙領導的國民黨，是比以前的革命組織更集權的組織，也更具軍事力量。孫逸仙被支持者推舉為黨的終身領導人及中國（南方政府）的「非常大總統」。國民黨的意識型態建立在孫逸仙所謂的民族、民權、民生的「三民主義」上。他的思想顯然受到中國左翼運動和蘇俄的影響，這位國民黨領袖認識到中國需要外國資金和貿易，才能發展。孫逸仙計劃率軍北伐，完成中國統一。統一之後，新中國需要龐大的外國貸款才能興建交通運輸、促進工業生產，以及開發蒙古、西藏和新疆的處女地。孫逸仙在他著作的《實業計劃》（The International Development of China）一書提到：

> 故在吾之國際發展計劃中，提議以工業發展所生之利益，其一須攤還借用外資之利

> 息，二為增加工人之工資，三為改良與推廣機器之生產，除此數種外，其餘利益須留存以為節省各種物品及公用事業之價值。如此，人民將一律享受近代文明之樂矣。……簡括言之，此乃吾之意見，蓋欲使外國之資本主義以造成中國之社會主義，而調和此人類進化之兩種經濟能力，使之互相為用，以促進將來世界之文明也。[39]

孫逸仙在一九二〇年代初期的主要問題，在於他構想極多（有些類似今天我們所看到的中國之改革方案），卻沒有堅固的權力基礎。他常和支持者爭吵，也無助於革命大業。一九二二至一九二三年間，他一度被地方強人陳炯明趕出廣州。粵軍領袖陳炯明有著無政府主義的背景，主張「聯省自治」、不贊成以武力北伐。孫逸仙試圖與其他軍頭交涉，但是他們發現，支持國民黨會使自身的權力削弱，也會減低和列強個別打交道的力量，因此紛紛婉拒擁護孫逸仙。他和日本、美國的談判，也沒有成果：他們雖然有時候提供孫逸仙有限的經費，卻不願支持他的北伐計劃，或承認他為中國的總統。孫逸仙打定主意要儘早發動北伐，因此訴求列強至少不要反對他的目標。孫逸仙告訴他們，即將發生的戰爭「不是中國的南北戰爭，而是軍閥與民主、叛國與愛國之間的鬥爭。北方人民同情南方的宗旨和目標，已經從他們自動自發組織罷工、罷市，得到證明」。[40]

孫逸仙籲請列強協助削弱本身在華地位，聽來似乎天真，但他認定全國各地民眾支持國民黨這一點倒是一語中的。五四運動使得中國的民心從失望轉為籲求積極行動，這一趨勢使得孫逸仙的計劃在國民黨力所不及、孫逸仙自己也不了解的地區紛紛得到重視。由進過城市的青年學生所領導的農民協會，有時會在他們的訴求中支持孫逸仙及民族主義。華北的罷工鐵路工人贊揚國民黨的愛國政策，譴責老闆的唯利是圖和狡詐行為。城市裡，一些新式政治團體和工會，以及一些比較傳統的行會、同鄉會及幫會等組織則呼籲中國要統一、並且要廢除列強的特權。一九二二至一九二三年從香港到天津等大城市爆發的大規模罷工，提出明確的民族主義要求。中國的報章雜誌、教師和學生團體主張新的、積極的愛國主義，群眾組織成為全國良心的監護人。到了一九二〇年代中期，中國許多地方的氣氛已經變得足以使國民黨成為中國人及外國人都不可小覷的力量。英國外交部憂心忡忡地報告：

> （國民黨）長期以來具有全球組織，支部及附屬社團遍布世界各地……這個組織的綱領一向十分民主，它在宣言中宣稱贊成社會主義。孫逸仙……在不同時候會責弄各式各樣的革命主張，因此（國民黨內）快速出現一個極端革命派……現在其人數及影響力大增，實質上已掌握住黨機器。這個組織和荷屬東印度的共產黨以及印度的革命派有密切接觸，因此在某個程度上已有一種反亞洲運動的色彩，其主要目標是摧毀英國這個在亞洲施行暴政、也是通往世界民主的大障礙之專橫大國。這些活動的危險因為過去幾年它和蘇維埃建立密切聯繫而加劇。（國民黨）從莫斯科得到龐大捐助，極端派已染上布爾什維克的主張。[41]

到了一九二〇年代初期，國民黨已有擄獲普遍民心的主張，也得到蘇聯的大力支持。俄國革命不僅改變歐洲政治版圖，也改變亞洲政治風貌。蘇聯代表民族自決和社會正義。莫斯科不只是一個新國家的中心，它還象徵著一套國際路線：反殖民主義、無產階級力量和激進文化。在中國，布爾什維克主義攙入五四運動的理想，中國青年知識分子著迷於西方出現一個講公義的國家，可以做為追求現代化及平等的楷模。布爾什維克的外交部副部長加拉罕（Lev Karakhan）於一九一九年七月的公告，震撼了中國政壇。他說：「工農政府宣布與日本、中國和前同盟國所簽署之一切秘密條約全部無效；這些條約基於資本家、金融家和俄羅斯將領本身之利益，藉由恫嚇或收買，使俄羅斯政府、沙皇及其盟國得以奴役東方人民、尤其是中國人民。」[42] 無怪乎，有些中國人認為俄羅斯為未來訂下典範。

在少數青年男女心目中，布爾什維克主義應許一個新的世界。他們希望成為蘇聯共產主義所代表的國際運動之一部分。受到中國社會主義者陳獨秀、李大釗的啟發，這些年輕人所成立的城市激進團體，逐漸被拉進權力更為集中的組織，它在一九二一年於上海法租界召開全國代表大會，成立中國共產黨。新黨的經費和組織技巧由共產國際（Comintern, Communist International），列寧一九一九年在莫斯科成立的中心，任務是指導俄羅斯境外共產主義運動）供應，但中國的共產主義依然植根在中國的各種夢想和希望。他們借自日本的用法，稱 communism 為「共產主義」。但是，如何透過馬克思主義理論實現它們，則還不確定。早期的中國共產黨是個小型、又經常分裂的團體，它的主要目標是協助孫逸仙的革命。北京大學圖書館年輕的管理員毛澤東寫說：「革命大業不是一件容易的事，在中國，面臨列強及軍閥雙重壓力，更加不容易。唯一的辦法是號召全國商人、工人、農人、學生和教員，以及其他構成國家、且共同受到壓迫的人，建立綿密的統一戰線。唯有如此，革命才會成功。」[43]

蘇聯認為他們在中國的主要工作是建立孫逸仙的軍事及組織的實力，共產黨雖小，要進入其中扮演積極角色。理由可分意識型態和實務兩方面：列寧及其繼承人認為，在社會主義足以排上議程之前，中國需要先有民族資產階級的革命。鑒於國民黨的政治觀點和孫逸仙的全國聲望，國民黨似乎適合擔當民族資產階級革命的領導人。儘管孫逸仙很高興得到蘇聯的支持，他在政治上可一直與蘇聯及共產黨保持距離，不過他十分樂意接受蘇聯援助，在廣州設立黃埔軍校，派愛將蔣介石擔任校長。蘇聯軍事顧問和國民黨、共產黨人士一起授課，這些人士包括：國民黨的汪精衛，後來成為日本在中國的首席「季斯林」（Quisling）②；還有共產黨的周恩來，日後成為總理；葉劍英在五一年之後（一九七六年拘捕四人幫，為文化大革命劃下句點）打倒共產黨左派。國民黨軍隊的改組由蘇聯紅軍軍官布魯轍（Vasilii Blukher）負責。國民黨的政治改組準備工作深受米海爾．葛魯曾柏格（Mikhail Gruzenberg）的強烈影響，這位老資格的共產國際特務，在中國以鮑羅廷的名字出現。到了一九二五年，蘇聯的支持已使國民黨脫胎換骨，成為非常不同、比起以前十分強大的政黨。

列寧在莫斯科的主要繼承人托洛斯基和史達林，與孫逸仙合作，但也保持和北京政府或可能有益蘇聯安全利益的個別地方強人之接觸。加拉罕曾經承諾無償把俄國控制的中東鐵路（Chinese Eastern Railway）歸還給中國，可是托洛斯基反對，他寫說：「我不了解為什麼摒棄帝國主義就得先放棄我們的財產權……為什麼應該犧牲俄羅斯農民，讓中國農民收回鐵路……俄羅斯也很窮，絕對沒有辦法為了同情殖民地或半殖民地人民就做物質犧牲。」[44] 在蘇聯的權力鬥爭中，托洛斯基輸給史達林之後，調整中國革命的目標以符合蘇聯利益及理論的努力，變得更為明確。史達林首先要求中國共產黨和國民黨的左派合作，以便增加他們在黨內的影響力。接下來，當國民黨的非共派開始抨擊中共搞派系活動時，史達林堅持中國共產黨唯有留在國民黨內部才有政治前途。史達林的政策對中國的民族主義同盟提供重大的援助，但也使一小撮中共黨人蒙受盟友的忌妒和猜疑。

孫逸仙第一次嘗試北伐以統一中國，以失敗告終。然而，在一九二四年底，孫逸仙及其許多顧問和大多數外國觀察家都認為國民黨的時機到了。北洋軍閥為了誰應該領導共和政府，吵得愈來愈兇。蘇聯的支持使國民黨的軍事力量大增。而且，十分重要的是，南方地區的強人也認為國民黨現在可能已經夠強大，最好是跟它合作、不要反對它。孫逸仙覺得政治情勢發生了變化，老毛病又犯了，再次改變心意。他由廣州北上，試圖兵不血刃，說服北方領袖接受他的領導。他先到日本，在神戶發表一場親日演說，強調他絕不是受蘇聯擺佈的人。孫逸仙到了天津即病倒。一九二五年三月十二日，孫在北京去世，享年五十八歲。鮑羅廷及孫最親信的汪精衛侍奉在側。臨終前，他呼籲追隨者要團結，寫下親蘇聯的遺書，並重申了他的基督教信仰。

有人認為國民黨的大業將隨著這位領袖的去世而消逝，但他們卻遇到一個大意外。一九二五年春天，華東大部分地區陷入一系列的反帝國主義示威，這恐怕是列強在一九一一年之後設計來管理中國之制度的穩定性，首度遭受到震撼。五月三十日，上海公共租界內有九名參加示威活動的學生被英國警察打死。在其他城市，外國警察也必須開火擊退示威學生，後者威脅要侵犯列強的重要設施。罷工、罷市蔓延開，大部分是民眾自動自發，有些則

②譯註：季斯林（Vidkun Quisling），挪威政治家，贊同納粹黨思想家羅森堡提出的「北海帝國」的構想，與納粹合作，在挪威被德軍攻佔之後出任新政權總理。二戰後他以叛國罪罪名遭槍決。「季斯林」在英文字彙裡成為「賣國賊」的同義詞。

由國民黨或共產黨所策動。北京政府分裂極深，幾路軍閥最近才打了一場內戰，無力處理狀況。對於參與這場「五卅運動」的人而言，孫逸仙是民族主義大業的烈士，是強大、統一的新中國之先驅。[45]詩人聞一多寫了一首現代詩（譯按：一九二五年三月寫成的「七子之歌」，指澳門、香港、台灣、威海衛、廣州灣、九龍、旅順大連等七塊失土），描繪受列強控制的中國土地的心聲，他們強烈渴望重回祖國的懷抱：

你可知「媽閣」（Macau）不是我的真名姓？
我離開你的襁褓太久了，母親！
但是他們擄去的是我的肉體，
你依然保管着我內心的靈魂。
三百年來夢寐不忘的生母啊！
請叫兒的乳名，叫我一聲「澳門」（Aomen）！
母親！我要回來，母親！

廣州方面，國民黨年輕的領導人和他們的共產黨盟友開始了解，孫逸仙的烈士形象、蘇聯的支持、北方紊亂的政局，以及五卅運動風潮的相互激盪，創造出北伐的上好時機。蔣介石力主提早北伐，他認為國民黨的時機已到。他也堅持採取行動，以示服膺孫逸仙之遺志，另一方面，他也氣憤於中國人在上海、武漢和其他地方被列強殺害。蔣介石自認是領導軍事作戰的不二人選，雖然只有三十八歲，他以拯救中國、不再受列強宰制為己志。

蔣介石一八八七年生於上海之南、通商口岸寧波附近。他在日本接受軍事訓練，也在日本軍隊服役兩年。辛亥革命後，蔣介石回到中國，後來成為孫所倚重的親信與助手，經常為他的導師奔走往來於上海及日本之間。孫逸仙回到廣州之後，蔣介石成為他手下重要軍事將領之一，大總統愈來愈把個人安危保護之責交代給蔣。蔣介石對中國的觀點單純、但十分堅定。他希望國家統一、有秩序、且軍事強大——他幼時受儒學教育、及長赴日接受嚴格軍事訓練，這些價值觀早已深鑄於心。孫的去世對蔣是個極大的震撼，他有了繼承孫之地位，完成孫逸仙建設新中國的夢想的雄心壯志。

國民革命軍於一九二六年七月誓師北伐，在政治及軍事上進展十分順利。國民黨、共產黨、沒有任何政黨色彩的地方民族主義者，協助組織地下工作小組，通過罷工及民族主義的示威，準備迎接國民革命軍的到來。蔣介石、布魯轍和國民黨其他軍事領袖訂定的戰略非常成功：快速北上、兵分三路，逐一擊敗敵人，許多地方軍閥發現投降才是上策，紛紛加入革命軍行列。宣傳扮演愈來愈重要的角色。儘管各派系有不同的社會和政治目標，但國民黨內發出單純的訊號：愛國和民族復興。口號很單純：「中國人治理中國」、「孫中山萬歲！三民主義萬歲！國民革命萬歲！」當革命軍推進到華中大城市時，作戰轉趨激烈。詩人郭沫若在革命軍中服務，他在武漢附近看到「士兵倒在鐵路兩側……附近湖泊……有數不盡的浮屍——有些面孔朝天、有些面孔朝下、也有些側著身。」[46]

國民革命軍一九二六年十月攻下武漢，以汪精衛為首成立新的國民政府。歡慶之聲傳遍天下。郭沫若看見「國旗飄揚；齊唱『國際歌』、『義勇軍進行曲』和『革命歌』；『萬歲』聲響徹雲霄」。[47] 但是，蔣介石並不支持新成立的武漢左翼政府。當他的部隊撲向上海之際，他變得愈來愈懷疑共產黨盟友的目標。還在廣州的時候，他和共產黨已經交惡。他認為共產黨計劃幹掉他。但是，北伐突然成功，導致國共分裂。中共及蘇聯認為蔣介石有可能成為軍事獨裁者、中國的拿破崙。蔣這方面則愈來愈擔心，中國擺脫西方勢力之後，中共及國民黨左派會使國家遭到蘇聯控制。蔣在日記中對蘇聯顧問的批評愈來愈強烈：「我以真誠待之，彼卻以欺騙回我。」[48] 共產黨人公開批評蔣，策劃在蔣的部隊抵達之前，先從上海內部奪下上海。國共衝突已到一觸即發的地步。

蔣介石先下手為強。武漢左翼政府下令逮捕他，但沒有力量執行這道命令。蔣的部隊一進城，立刻宣布上海全市戒嚴。蔣旋即按照既定計劃（肯定在數個月前已經著手準備）摧毀中共、並削弱國民黨左派的勢力。幾天之內，他的特務以及效忠蔣的各個團體（包括若干犯罪集團）逮捕或殺害了上海市整個中共領導幹部，以及數萬名普通黨員和左派同情者。只有少數中共領導人逃過屠殺（如毛澤東，他逃到華南山區），中共組織遭到破壞，要好幾年才又恢復元氣。莫斯科方面，史達林一方面高聲呼籲中國要繼續革命，一方面極力於隱藏：是他堅持要維持國共同盟，才導致中共慘遭屠殺。

武漢政府慢慢也向蔣介石屈服。到了一九二八年春天，蔣介石已坐穩了國民黨第一把權力交椅。一九二八年底，最後的一批地方強人也宣誓效忠新政權，使得國民黨至少名義上控制了滿洲之外的整個中國。孫逸仙的北伐，三年前被大家嘲笑是癡人作夢，現在卻連倡議者也不敢置信，竟然成功了。

北伐的成功和中國民族主義的興起，對於外國觀察家是個極大的震撼。地方強人原本以推動區域利益以建立自己的地位，現在則接受了中國要統一、不受列強宰制的思想（或者至少太害怕，不敢公然反對之）。潛在損失最大的英國，深怕中國的人力資源和蘇聯的組織能力結合。外交部常務副大臣威廉．泰瑞爾爵士（Sir William Tyrrell）在一九二六年十二月寫說：「我們實際上是和俄羅斯在交戰。」[49] 上海若是丟了，是最大的噩夢。外交大臣在內閣會議報告說：「由於我們在當地利益規模極大，丟了它，將對我們在亞洲的地位有持久的禍害，對印度和日本也會有最嚴重的衝擊。」[50] 某些西方觀察家不免又浮起一幅景象：義和團復活，除了俄羅斯人之外，大殺外國人。英國派出一萬五千名部隊前往保衛上海租界——對倫敦而言，這是對抗作亂的中國人及其陰險的俄羅斯主子的一場文明保衛戰。

倫敦及其他列強並不了解蔣介石及其國民黨究竟希望當家做主到什麼地步。清黨、剷除中共黨人代表什麼意義？到了一九二八年底，所有的地方強人都被迫向蔣介石的國民政府宣誓效忠，即使國民黨對各省微弱的控制程度與前清帝國相仿，一直到一九三七年中日戰爭爆發前也都同樣有限。國民政府此後十年在南京發號施令，建構今人所謂的「全國開發」（雖然仍有貪瀆和行政管理上的拙劣）它是中國自十九世紀中葉以來最有效率的政府。蔣介石政府政治上仿效蘇聯和義大利（後來又加上德國）的威權政體，試圖不沾其意識型態，並向西方及日本的發展經驗學習。儘管一九二〇年代末期及一九三〇年代國際經濟環境十分惡劣，國民黨政府設法在其城市經濟部門提出亮麗的成績單。有人說，不管國民黨的政策是什麼，這種成長本來就會發生。但是很明顯的是，若無新政府提供的相當程度之政治安定，中國某

些部門的經濟則不會像所謂的「南京年代」發展得那麼快速。

蔣介石外交政策的目標是儘快收回中國完整的主權。他認為有兩個戰略最重要：重新把所有的邊陲省份納入中國，廢除一切治外法權。在執行戰略方面，蔣介石有些成績，但大半失敗，主因是日本持續地、日益強化其壓力。蔣介石起先照會列強，他打算自一九三〇年一月一日起片面廢除在華外國人享有的、不平等的治外法權。但是面對西方不願意談判、對日戰爭又隨時可能爆發，他沒有力量貫徹主張。西方列強堅決不讓步，一心一意專注在他們的權利及特權，使得他們顧不到協助中國增加實力，俾能在東亞制衡日本。這種短視、狹隘政策是因為他們害怕國民黨最後會落到被蘇聯掌控。就英國而言，思路很清楚。泰瑞爾寫說：「我要毫不猶豫地說，我們的政策應以俄羅斯為假想敵，而不是日本。我們最多只怕後者會是商業上的對手。」[51]

就和一九六〇年代中蘇同盟第二次分裂一樣，西方列強隔了許久才發覺國民黨和蘇聯一九二七年的決裂是真的、永久的。他們看不到蔣介石決心向蘇聯收回中國的權利，也不明白他堅信必須盡一切手段消滅中國共產黨，因為中共已是蘇聯佈置在中國的第五縱隊。一九二九年史達林拒絕談判把滿洲的中東鐵路控制權交還中國時，蔣介石企圖用武力搶回來，造成和蘇聯短暫的邊境戰爭。紅軍由曾經在廣州擔任國民黨首席軍事顧問的布魯轍指揮，一九二九年十一月在北滿贏得決定性的勝利。蘇聯控制中東鐵路，直到一九三一年才讓出給日本。史達林的政策和西方列強的政策，同樣失敗，因為它間接強化了日本，使得兩國之間未來直接衝突的機會大增。蘇聯領導人企圖動員中國共產黨來支持他在滿洲的目標。這包括鼓動中共多次在華南城市發動暴動，而這也摧毀了共產黨或許還能和國民黨恢復合作的機會，也讓蔣更加堅信中共狡詐、叛國的印象。

蘇聯雖然對國民黨是威脅，但日本則是致命的危險。日本是蔣介石了解、並尊敬的唯一一個外國國家，他認為日本是理想的盟友——這一點和他的導師孫逸仙見解相同。中、日可以組成泛亞發展夥伴，可以趕走西方的獨霸。但是，日本軍方沒給他機會測試其希望。國民革命軍在統一中國的最後階段持續往北進軍時，東京派出增援部隊前往山東保護其租借地。一九二八年四月，山東省會濟南爆發戰事之後，日本皇軍進攻蔣的部隊，中方傷亡逾一千五百人。滿洲方面，日本擔心中國民族主義興起，因為地方強人張學良已宣布易幟，擁護南京政府。日本軍官前幾年暗殺他父親張作霖，一定增強少帥歸順中央的決心。日本領導人與朝鮮、滿洲駐屯軍司令官也覺得蘇聯愈來愈強大，它和國民黨是東北亞動亂的根源。

蔣介石認為滿洲是中國領土不可分割的一部分，他絕對不會放棄。但他需要時間準備，除非中國恢復統一、軍事上做好準備，中國沒辦法和日本放手一搏。一九三〇年代初期，蔣介石在國內仍有許多麻煩。心懷不滿的國民黨領導人，以及地方強人起兵聲討他，中共雖然實力大弱，仍在華南窩身之處伺機動作。國民革命軍訓練不足、裝備又差，但是大批軍火武器和訓練計劃（一部分由蔣介石的德國顧問主持）開始出現效果。滿洲局勢緊張之際，駐防瀋陽的日本軍官一九三一年九月在南滿鐵路附近安置一枚炸彈，栽贓給張學良部隊，並攻打瀋陽的中國守備部隊。滿洲日軍不理會東京下達的清晰命令，從鐵路沿線軍營出動，幾週之內已佔領許多重要城市。蘇聯不願意和日軍發生衝突，東京政府也勉強接受其軍人佔領滿洲，蔣介石面臨絕望的局勢。他在一九三一年遭到國人猛烈抨擊、不肯發動全面抗日戰爭。但是在缺乏外援之情況下，中國實際上別無選擇。蔣介石告訴他的親信，終將會有一日必須與日本一戰，但現在，中國的生存繫於必須儘可能地拖延。

——

一九一二年僅有少數中國人或外國人認為新共和有機會存活。它被看作是一個不正常的國家：政府號稱依據民主原則組建，可是八成以上人民不識民主為何；它號稱實施憲政，可是長久的歷史上它只知專制政體。然而，新共和的確存活下來，只不過實際狀況與開國先賢的設想相差甚遠。它存活下來，並儘可能地把中國帶向與世界更親密的地位。它給予中國國家一個國際之間可獲承認的政體（姑且不論其間許多的特殊性）。它持續向更開放的社會前進，個人及團體在這個社會中可以自由選擇做生意、旅行、交友。它使中國有可能推動理想的傳播、建設教育網絡；在日後的黑暗年代，它發揮極大的重要作用。

中華民國能夠存活，有兩個重要原因，兩者都與國際有關。它被一九一〇年代及一九二〇年代興起的中國民族主義所拯救。中國的民族主義把國家強盛的需求擺在核心，它的主人翁一向願意支持當權者，只要這些當權者被認為願意站出來維護國家利益就行了。新共和也很幸運得到當時國際局勢的庇祐：第一次世界大戰使得西方主要的帝國主義國家專注歐洲，戰爭使得它們至少暫時國勢疲弱。和過去的拿破崙戰爭及日後的冷戰一樣，弱勢的中國因為列強在別處忙得不可開交、不遑他顧，而得以存活。國際體系出現紊亂，也替中國開啟機會，可和其他的國際「外卡」國家，主要是蘇聯及德國合作。

在這樣的國際框架內，日本成為主要的威脅。到了一九三〇年代初期，情勢已經十分清楚：中國的民族主義和日本的擴張主義無法並存，儘管雙方多次努力，企圖借重共同的文化及人種淵源來化解心結。可是，諷刺的是，日本向全世界挑釁、爭出頭，也意味著給了中國新共和多次機會。中國國內民族主義的反應，使得國家更團結（即使對戰略有強烈的不同意見）。蔣介石從一九三一年起屢次苦口婆心指出：日本這種「不自然」的野心會自貽伊戚，並且創造出擊敗它自身的大同盟。並指向中國有機會成為戰後一個新國際組織的創始成員。換句話說，中國的領導人開始自視為全球體系的一員，即使他們沒有選擇要加入它，但它卻對中國有利。

到了一九三七年，全面抗日戰爭爆發，中國成為全世界的一部分，這是它的領導人在邁入二十世紀時所無法想像的。中國的法律制度模仿西方，外國產品出現在國家最偏遠的邊區，教育大多已依據外國的概念施教授課，年輕世代對自己的看法和期許已有極大的改變。他們不再和大家格格不入，他們希望能和別的地方的人得到同樣對待，享有相同的機會。但是，一九三〇年代在中國、或在其他地方，都不是成長的好時機。一九三〇年代大家普遍都缺乏共同的目標、決心和意識，不知道中國要如何貢獻於世界事務，並且由於獨裁者當道、氣燄極盛，大家有受盡虐待的感受。中國民族主義在日本侵略的壓力下萌生，那些在城市接納跨國體系的人愈來愈心有疑念。戰爭一爆發，那些在上海、天津、北京和廣州受教育的許多年輕人（那些夜裡穿上西式服裝出遊、聽爵士樂的人）就開始認為，解決中國沉痾的答案可以來自中國國內。

詮釋一九四九年之前在華外國人角色的方法有許多種，
有些觀察家集中在關係的殖民、壓榨層面，
以至於破壞了中國和資本主義現代化第一階段的互動。
在這種負面心態下，中共政府把大多數外國人從中國歷史抹煞掉（只留他們喜愛的一小撮）。
但這並無助於我們明瞭中國在一九四九年以前開放的程度，
或是外國人在中國的發展上所扮演的重大角色。

第五章

外國人

FOREIGNERS

在二十世紀上半葉，中國變得國際化了。一九〇〇年，本地人和外國人都認為中華帝國岌岌可危，可是到了一九四〇年代末期，中國已經整合進入了市場擴張、人員及思想流動的資本主義世界。在華洋人於這項大轉型中扮演了極重要角色。這些人來自世界各地，代表各式各樣的背景和專業，他們協助改造中國（不過，方向未必是多數中國人所想要的）。他們是傳教士、生意人、顧問、冒險家、革命黨和難民。有些人為短期利益而來，但有更多人留在中國、死在中國。在每一個個案中，他們既影響著華人，同時也受到這些華人影響，而這些個案通常也意味著這將會深刻地牽動了今天的中國及世界。

直到二十世紀中葉，中國人和在華洋人之間的關係一分不平等。大多數洋人享有治外法權，也就是說，他們在華涉及法律事務只能由他們本國設立的法庭處理。許多人住在租界，這些位於中國城市內部的地方，由洋人主導的議會所經管，也由外國官員負責其行政。以典型的殖民地互動模式而言，中國人經常私底下批評洋人及其習慣，可是公開場合，他們覺得需要表達對洋人的欽佩。這種不健康、有時又充滿種族歧視的互動關係，往往阻礙中國人及洋人之間親密的個人私交，但是卻無礙於思想的交流。

根據中國及國際的狀況，在華洋人人數年年不同，但是二十世紀上半葉，平均人數在三十萬至五十萬之間（或許會令人驚訝，二〇〇五年的數字也大約相同）。[1] 這些人當中，大約一半是日本人；長期以來最有影響力的是英國人，人數從未超過一萬五千人。全體外國人中，十萬人以上是難民，為躲開歐洲的麻煩，如俄羅斯大革命和納粹對猶太人的迫害而來中國。大多數人住在城市，不過未必是外國租界。哈爾濱和瀋陽有許多俄國人、後來換成日本人；而上海迄今仍是洋人最多的城市，一九三二年有七萬人。但是，鄉村地區也出現洋人行蹤，通常是傳教士、教員或貿易商。對中國人而言，在華洋人使得大家對外在世界的五光十色有了印象，也啟發許多人去探求非本土的思想與知識。

中國的某些部分成為截然不同的另一個世界。這是洋人想要完全控制的地方——英國人控制的香港、葡萄牙人控制的澳門，以及日本人控制的台灣和滿洲（尤其是一九三一年之後）。殖民經驗創造出來各式各樣的華洋混合，到處可見，以至於華、洋界線開始模糊。香港名流成為英國臣民，到牛津、劍橋或倫敦政經學院受教育。台灣方面，年輕一代的中國人接受日本語文文化，有些人往來於中國大陸、日本和台灣之間。從藝術到棒球，日本的嗜好及習慣輸入台灣。中國外移人口有時候也會回流：整個二十世紀，許多受過高等教育的海外出生的華人，從五大洲紛紛回國，有些人更在先人的祖國扮演領導角色。儘管有戰爭，政治亦迭有變革，二十世紀上半葉是中國的開放時代，洋人為中國的發展方向提出若干關鍵的前提。[2]

二十世紀上半葉，中國大部分的國際貿易仍由外國人掌握。列強對進口到中國的商品訂定關稅，只向中國政府照會一聲。一九一七年，中國有九十二個城市開放直接外貿，其中約半數有租界或外僑特區，准許外國人居住、經商和置產。住在租界的人由外國人率領的地方管理當局、而非中國政府或省、市當局課稅。租界所座落的土地已由中國政府向原地主徵收、再永久租給列強，列強再轉租給個人或公司。依照規定，中國人不准在租界擁有土地，但有些人透過人頭購買。對於各類顛覆常規的人（如資本家、革命黨和宗教狂）而言，他們也可以利用租界享有的治外法權。住在租界的中國人唯有在主管該租界的領事同意下，才會被中國當局逮捕。中國共產黨的創黨大會因此選在上海法租界一所舊教會學校舉行。

各城市的租界，以上海的租界面積最大，但其他租界一樣是複雜的十里洋場。華北的主要港口天津有七個外國行政管理單位、三個英國市政區。長江中游重鎮武漢原本有四個租界，有如迷你的歐洲城市：東正教教堂、英國海關、德國釀酒廠、法國餐廳，一應俱全。有位外籍遊客在一九二〇年代寫說，它是個「忙碌的城市，建築、設計完全西方風格，可是完全被中國包圍住，有些建築物高聳入雲；又有一些電影院，不過只播映美國電影；更有許多汽車貴氣十足地在江灣穿梭進出」。[3] 租界全都設在河邊或海岸邊，由日夜巡邏的列強海軍艦艇保護。即使外國駐軍人數有限，殺傷力仍很大。砲艇外交有時候涉及到砲轟中國城市，直到中國就範，列強所求得遂為止。英國海軍為其中國守備部隊開發出昆蟲級艦艇（Insect Class），小型、機動、配備六吋砲。列強派出一小支特遣部隊駐守主要租界及外僑特區。當然，日本在台灣和滿洲、英國在香港、法國在印支半島另有大批部隊。列強在中國的產業得到良好的保護。

主要的租界大多能夠自給自足。洋人經常自豪不用親自做事，凡事交給中國中間人去辦就行。即使如此，仍有許多住在中國的洋人學了中文，足可溝通表意。許多人甚至喜歡上中國料理（這一點不稀奇，因為通常只有英國菜）、中國藝術品和美學。雖然殖民地環境有所限制，各式各樣的人際關係倒挺熱絡：華人和洋人交往做朋友、師生，甚至情侶。英國駐上海總領事悉尼・巴東爵士（Sir Sidney Barton）能講一口流利華語，對上海市政、商界瞭若指掌。上海最富有的地產大王希拉斯・哈同（Silas Hardoon）本名沙力・哈倫（Salih Harun），出生於巴格達的一戶猶太人家庭，他娶華人女子羅迦陵為妻，成為上海市佛教寺廟最大的捐獻人。這個現代城市的許多有趣事物逐漸吸引華洋人士濟在一起，出現在跑馬場、舞廳和電影院等場合。

但在華洋人並非全是有錢人。有些是以墾荒者的身份前來，尤其是到滿洲的日本人和朝鮮人、一九一七年布爾什維克革命之前來華的俄國人。有些人則以難民身份來華，如一九一七年之後的俄國人、一九三三年之後的德國猶太人，以及到帝國當僕役的人——到上海和香港的馬來人、印度人，到法租界、廣州灣和廣東省其他法國租借地的北非人和中南半島人。遼東半島劃了一塊南滿鐵路區，整個南滿又開放給日本人開墾和投資，許多日本人在本地中國地方政府機關當顧問，也就無怪半數的在華洋人是日本帝國的臣民。東京扶植的傀儡政權滿洲國在一九三二年成立之前，南滿鐵路會社在中國東北形同準國家，經營工廠和礦場、航線和倉儲，並成立學校、醫院和公用設施。這些單位的員工有很大一部分是朝鮮人。

對許多來到租界當僕役、清道伕或工廠工人的中國人（或甚至只是湊巧路過的人）而言，洋人世界的新奇誘惑和價值及行為的詭異可怕，同樣令人驚訝。貪婪、壓榨和金錢可以買到地位，撼動道學人士，也令激進人士咋舌。北京的外僑特區稱為「使館區」（the Legation Quarter），就在皇宮天安門進口旁，因為這裡的銀行、店鋪、醫院、教堂和旅館，只准洋人使用，許多中國人深覺受辱。傳說上海某公園貼出告示云，禁止狗與華人進入。縱使是否真的存在這種告示仍有疑問，但直到一九二〇年代末期，中國人事實上是不准進出許多俱樂部、公園和運動場的。散文家楊一波（音譯）認為，上海是「一個沸騰的大鍋爐……我希望能搗毀這個舊上海、粉碎這個帝國主義宰制的東方堡壘，把吸血鬼的黃金夢永久埋起來。」[4]在楊及許多中國人看來，租界給人一種難以磨滅的印象：洋人為了他們及其國家獨具的物質利益，不惜無止盡地欺壓中國。

中國非常的大，萬千的變化以不同的強度來到各個不同的地區。旅人在一九三〇年代訪問中國內地，沿著偉大的貿易之路進入中亞，或從陝西的北方平原邊上，穿過群山隘口、進入四川，他會說自從西方進入中國之後，這個國家迄無改變。但是，同樣這位旅人若是在長江三角洲、山東或滿洲走訪，或是沿著大江大海走，或拜訪全國城市或華南小鎮，又會有完全不同的故事。故事會說，改變已然是常態、且本地化了；人們的衣著、住屋、社會互動已有改變；許多東西和科技已融入中國人日常生活，而且許多人歡迎改變。革命黨希望利用新世界的工具去擊敗舊統治者，他們也喜歡穿西式服裝、讀外文書報雜誌，遵守從國外進口的政治理論。

新事物隨著新思想走，有時候實物走得比思想快。二十世紀初期的中國，歐洲和北美工業革命的產品，也抵達中國的偏鄉，從進口商送到中間人、再到鄉下展場，透過巡迴商人或小鎮店鋪賣出去。腳踏車、電池、眼鏡、電話、燈具、棉花、皮鞋、香水、手錶、照片和收音機——而這一切新奇的洋東西，代表著現代、時髦，就和它們數十年前在歐、美剛出現時一樣，也在中國造成轟動。中國人幾乎立刻就把這些產品納入日常生活和審美對象，很快地，其中最有效用的，也會在中國產製，供國內消費，同時也外銷出口。研究洋貨如何在二十世紀初引進中國的人，對於三個世代之後政治鐘擺回到重視創業、與世界互動，而中國迅速成為出口大國的這些現象，一定不會覺得意外。雖然對快速變化的調適意願，不是沒有出現抗拒，中國人接納外國新生事物的能力，使許多觀察家跌破眼鏡，城市中國似乎已站上現代性的尖端。

人們居住、工作的房子也出現一系列的現代調整。到了一九三〇年代，大多數城鎮、甚至一些村莊，開始出現新式的洋房，時髦又實用，有大片玻璃窗和電燈、暖氣，根據芝加哥、巴黎或倫敦的建築師開發的標準進行設計。城市，尤其是上海，當然開風氣之先，黃浦江畔的高樓如雨後春筍出現。一九〇八年的匯中飯店（Palace Hotel）由英國建築師華德・司各特（Walter Scott）設計，是中國第一座安裝電梯的建築物。對面三十層高的大華飯店（Cathay Hotel），頂樓是巴格達出生的金融大亨維克多・沙遜爵士（Sir Victor Sassoon）的私家寓邸。它在一九二九年開業時，是中國最亮麗的大樓。一九三〇年代的上海已經成為現代建築的中心，世界頂級建築師和設計師，競相在此爭取客戶。其他城市的風貌也在變。從二十世紀初開始，北京新蓋的公共建築大多是西式設計。德國建築師柯特・羅士凱格爾（Curt Rothkegel）設計的共和國臨時國會大廈即是一個經典作品。[5] 一九一〇年代，中國的建築師開始在中國設計新式洋房，他們和西方同業一樣，密切追隨建築風格的國際潮流。固然有些建築師——中國人、外國人都有——實驗把中國古典風格元素納入他們的新建築，但大部分客戶則很滿意於住進比舊式房子更合用的洋房。

和建築物一樣，服飾的時尚也快速起變化。一八八〇年代，大多數中國菁英在特殊場合才穿西式服裝，但是三十年之後，一眼望去，城市居民大多穿西式服裝，鄉村也不時出現西裝革履的人士。不過，觀者常常訝然發現，中國元素與西式時尚交織、進口時尚做了中式修改，這樣一來，階級、民族、甚至性別衣著差異似乎都搞混了。一九一二年上海《申報》評論說：「中國人穿上洋服，洋人卻穿中式服裝；男人裝扮有若女性，女性穿著又似男人；妓女模仿女學生，女學生像妓女。」一九二〇年代中國棉布生產大盛，縫紉機問世，又有手藝精良的德國人和俄國人裁縫師傅，造成時裝大革命。畫刊雜誌和廣告在全國散播時裝新訊。中國人因為種種原因改變他們的衣著時尚，而全世界各國人民亦是如此。但是，好看、漂亮經常伴隨著新訊息。在中國，這個訊息是「新中國」。[6]

新中國出現兩種新式服裝。旗袍在一九一〇年之後成為女性的最愛；中山裝後來演變成毛裝，在中共當政之後成為全國男女通行服飾。旗袍是十九世紀滿人高級仕女服的西方版。它受歡迎是因為它兼具中國風與西洋風，因為它可以用各種不同布料裁成昂貴女服或廉價衣物，也因為可以依場合不同設計成曝露或密實。中山裝也有同樣的效用。它是孫逸仙在日本見到的德國軍事學校制服改良而成。[7] 孫逸仙本人一九二〇年開始穿這種便裝，它代表中國需要有紀律及軍事化以達成民族主義革命。到了一九三〇年代，它成為國民黨及共產黨同志流行服飾——至少代表某種政治宣示。穿中山裝者的地位，可以由它的手工或者左胸口袋露出的鋼筆之等級顯示出來。

中國二十世紀的物質文化愈來愈中西合璧，這一點和大部分國家無殊。中西合璧的程度很快就無法分辨哪一部分是外來、又有哪一部分是本國了。有時候，像旗袍或中山裝，相當多中國人開始認為新進口是源自中國，有時候還用這種想法來抨擊別人穿著不同。但是大體上，衣著、建築風格或消費形態的中西合璧都能被社會接受，大家都明白一件事：社會在變。東西交會發生在中國社會激烈變遷的脈絡中，傳統與現代交混已是司空見慣。就這一點來講，中國物質文化的改變和世界其他地方一樣，變化來得十分快，也和其他民族一樣，變化之快是大家始料不及。不過，法國、義大利的農民，或美國西部、乃至中國農村的農民，彼此差異不大。城市的差異更小。到了二十世紀中葉，中國城市生活已和巴黎、柏林、紐約、東京同步。上海乃是中國最先進的現代化城市。

——

中國的現代化創始於上海。以技術和組織、品味與時尚而言，長江口的這個大城市打造出中西合璧的模式，賦與現代中國的意義。上海的現代化一向惹人爭議。有些中國人憎惡它的崇洋媚外，會影響他們的本土、民族或原生的概念。在慈禧太后到毛澤東這些領導人的想像中，上海是汙穢的城市，像個妓女，生張熟魏、來者不拒。上海紊亂、無法駕馭、失去中國味。一九四九年，毛澤東和共產黨認真考慮廢市，把所有居民統統下放到鄉間（這一點和柬埔寨的波帕一樣）。但是對於看著這個城市、住在這個城市、夢到這個城市的絕大多數中國人而言，上海象徵他們或其子女所盼望的存在——比起實際還乾淨、更有秩序，而它的活潑、有趣和富裕，又是中國的其他城市所欠缺的。

一九三六年，上海居民三百五十萬人，是全世界最大城市之一。市區中心大部分劃入公共租界（由原先的英租界和美租界合成），面積約八平方英里，是它南邊的法租界的兩倍大。大部分人住在租界外頭的華人舊城區，或是東邊廣大的工業區，或是在城市邊緣成長起來的貧民窟。任何人負擔得起就有權住進租界。但是只有擁有一定價值地產的外國人（一九二〇年代初期佔全體外國居民的百分之十左右），才有權在治理公共租界的上海工部局之選舉上投票。工部局在二十世紀初期從領事官那裡取得權力，而它本身在管理上的重要性亦日漸增長。它的人員大部分是英國人或英屬印度人，它負責治安、公共設施、道路，並逐漸擴及到學校和醫院。直到一九二七年，公共租界的民、刑案件，即使只涉及華人的案件，也都由所謂的會審公廨處理——會審公廨由一名外籍推事和一名華人法官組成，通常由外籍推事主導。上海是個華洋雜處的城市，大約七萬名外國居民，經常得到部分華人菁英的支持，愈來愈決心不讓中國政府介入他們的事務（我們要加一句：外國領事官對這種態度有相當大的疑慮）。

來到上海的外國人有一套方式彼此互通聲氣。他們可加入俱樂部，參與跳舞、橋牌等現代、西式活動，它有很長一段時間不准華人參加。華人雖然不能同席、或同舞廳參與，但這些洋活動和喜好卻傳染給華人。毛澤東一向喜愛在西洋音樂聲中翩翩起舞，而鄧小平在一九九〇年代最後一個掛名職銜是中國橋藝協會的會長 其他組織有更廣泛的宗旨。中華基督教青年會（YMCA）於一八九〇年代末期成立，一九一〇年代達到巔峰。它主持大規模公共教育項目，包括公共衛生教育、職業訓練教育、體育活動和英語進修班。中華基督教青年會從原本純為外國人的組織變成愈來愈中國化，許多中國二十世紀的激進派領導人承認，他們早年參加中華基督教青年會活動，受益良多。

由於外國租界提供的保護，中國現代新聞事業也在上海誕生。英文報紙《字林西報》（North China Daily News）於一八五〇年代創刊；比較煽情的《大美晚報》（Shanghai Evening Post and Mercury）於一九二〇年成立，啟發了中文報紙《申報》（一八七一年）、《點石齋畫報》（第一份畫刊，一八八〇年代）的發刊。一九三五年報業大亨成舍我創辦的《立報》，發行量超過二十萬份。[8] 到了一九三〇年代，上海報業市場欣欣向榮，除了中文報、英文報之外，還有德文、俄文、日文、法文、波蘭文和意第緒文（編按：日耳曼語之一）報紙。上海的書籍出版社也是全國最重要的翹楚，常常是華、洋合資，但由中國人主理編務。

一九四九年以前的上海常被稱為「罪惡城市」——即使所謂的罪惡經常指的是文化的混同或異族的通婚或往來。在許多華人眼裡，最大的罪惡是不平等和炫耀財富，認定這都是洋人帶來的壞風氣。在洋人眼裡，尤其是英國人，大不以為然的罪惡和性有關，通常指的是有性關係的一造是中國人。許多有關上海的新歷史論述企圖避開夜生活、遊樂、購物和賭博。但是，談上海，要撇開燈紅酒綠、風花雪月並非易事，因為全市事實上到處都是霓虹燈。[9]如果沒有受到種族歧視的防堵，身上有幾個子兒的人都會參加本市的一些娛樂活動。他們可以到三十七家電影院之一去看電影，賽馬、跑狗場試手氣，或者到愛德華七世大道的大型遊樂中心「大世界」去玩，那裡有餐廳、舞廳、劇院、賭場等等。他們也可以到南京路逛街或單純逛櫥窗。永安和先施兩大百貨公司就在這條亞洲最忙碌的大道隔街相望。衣著不得當的人會被趕出去，直到今天上海的超大型購物中心還保存這股勢利眼。但是，它阻擋不了這些人再回來，即使他們已加入反對上海剝削和壓迫窮人的革命組織。

上海兩大百貨公司的東主都從海外出身，學會生意伎倆。創辦永安百貨的郭樂和郭泉兩兄弟，曾住過澳大利亞、改信基督教、以蔬果生意起家。他們在一九〇〇年左右回到中國，先在香港安頓，再從香港發展他們的商業王國，很快就在上海開設分店。先施百貨的發展路數也差不多。創辦人馬應彪和馬永燦兄弟也住過澳大利亞、再回香港落腳。郭氏兄弟和馬氏兄弟是廣東香山（今中山縣）鄰村人士，而且還娶了同一個家庭的女子為妻。馬應彪夫人霍慶棠成為中華基督教女青年會（YWCA）創辦人之一。二十世紀初的中國生意人，像郭家、馬家兄弟這樣，借重傳統、加上他們可以四處旅行的新自由，以及和外國人合作的能力，一方面起家致富，一方面也協助中國現代化。他們從任職或合作的外商公司學習，在中國建立了不全然洋色彩、也不全然中國作風的企業。

在中國的大型外商公司於二十世紀初也轉型改造。怡和洋行透過和中國中間人的密切合作，成長為大財團，除了貿易事業，還經營碼頭、倉儲、棉花廠、開礦和營建等公司，擁有自己的鐵路和輪船公司。它在一九〇七年成為有限責任公司，有相當多華資股東的資本；一九一二年，總部遷至上海。怡和洋行填補一系列功能，而大多與最廣義的交通有關。它透過航運及相關服務，把英屬印度、馬來亞、新加坡和澳大利亞，跟中國和日本聯結起來。與上海一水之隔，怡和洋行的浦東碼頭（浦東是上海目前新的財金中心之所在）成為全世界最大貿易網之一的中心點。中國只要稍有分量的城市都有一個怡和洋行的代理人，他可以處理交通、保險，甚至財金方面的相關業務。怡和洋行非常重要地發展出一個華商網絡，遠超過直接與公司來往的買辦之業務。在中國大部分地區（不僅只是香港地區），小型的華人公司透過他們和怡和或類似公司的關係而成長，後者提供了它們擴張時所需的服務。

直到一九三〇年代初，中國一直是外國投資人喜愛的國家。儘管中國國內政治動盪，外商仍然覺得中國商機極大。他們也喜歡中國沒有強大的中央政府，這樣才不會限制他們的活動。例如，到了一九三二年，法國在國外的投資約百分之五前往中國（這是二〇〇〇年投資比例的十倍左右。）[10] 這些公司在中國賺取的利潤絕大部分到不了中國人身上。但是，美孚石油（Standard Oil）、殼牌石油（Shell Oil）、勝家縫紉機（Singer Sewing Machine）、英美香菸公司（British-American Tobacco）等國際級公司所帶來的知識，導致中國企業的大改造，特別是商業模式和經營管理方面。中國菁英不再覺得儒家思想和精明做生意兩者有何違逆。到了一九二〇年代，大部分人相信儒家強調家庭、階層、個人責任和節儉的美德，可以和外國的管理原則結合。美國人最鼓吹的「科學的管理」在兩次世界大戰之間於中國被人們密切地研究（事實上，比在歐洲或日本更受重視）。大部分中國企業領袖了解，若要和外國公司競爭，合理化和重新組織事關重大。有些時候，工人在中國老闆底下做事，比在外國老闆底下更受虐待，這使得他們痛恨洋人的資本主義制度。當工人湧入上海或其他大城市在工廠中找工作時，有些人開始夢想有朝一日他們也可擁有自己的生產工具。

有一個十分重要的資本主義原則，經過許久才在中國被接受，那就是有限責任公司制度。中國人喜愛私人所有制，家族控制一切，大部分公司的股東圈子很小，只有家族成員及長期夥伴。從銀行取得融資的機會有限，加上私有合夥制的資本結構很笨拙，直到一九三七年中日戰爭爆發之前，一直都不利企業取得周轉金。

中國企業家花了很久時間才學會如何不放棄對公司的控制權而擴張事業，或者是他們願意以放棄控制權來取得利益的最大化。企業界學會公司股票掛牌上市後要如何照顧股東權益。在法律保護薄弱的國家，好好善用孔夫子的哲學既有必要、也攸關利益。箇中好手是劉鴻生（Liu Hongsheng）。他的事業始於中、英合資礦業公司，然後自創水泥及火柴公司，都很成功。他的鴻生火柴公司透過一系列併購，成為主要生產商。一九三六年，他成立「全國火柴同業聯合會」，這個實質上的卡特爾（cartel）在政府默許下掌控售價與生產。一九三〇年代的中國，跟今天一樣，企業界與政府合作良好，前途無量。

就交通運輸而言，到了一九三〇年代，鐵路之於企業的重要性直追水路的重要性。某些鐵路由外國公司或國家開發，有些則是中、外合資財團開發，在中國這方面指的就是民間和省政當局出資。中國政府，不論是一九二七年以前或以後的政府（譯按：即北伐完成以前或以後），都很熱切地要激勵鐵路開發，外國財團同樣熱切地要買公債或授與建設所需之借款。儘管中國政府一九二〇年及一九二九年都曾經欠債不還，一九三五年又差點再犯，外國銀行和投資人還是繼續提供融資。資金持續流入是因為利率高，也因為世界經濟動盪，沒有更好的投資標的。另外也是希望投資基礎建設可以刺激中國市場，它是各國經濟希望之所繫。第二次世界大戰之前，外國資金特別青睞中國，無非是期望中國未來的消費者會購買外國產品。

一九四五年之前在中國最大的外資公司是日本人擁有的「滿鐵」——南滿鐵路株式會社。在創業總裁、前任駐台灣總督後藤新平領導下（譯按：此為作者誤植。後藤在台只是總督府民政長官，沒當過總督），滿鐵決心把中國東北打造為日本勢力範圍的核心元素。滿鐵是一家私營企業，但有部分政府公股，與日本國家機關有強大關係。它利用美製器械重建東北的鐵路，後來向經營煤礦、港口、旅館及倉儲事業發展。從一九一〇年代起，它又興建學校、圖書館、醫院和公用設施，以鼓勵日本人及朝鮮人移民墾殖。它的學術研究部門成為在中國最大的現代研究機構，專注農學研究，以備工業化農耕生產。到了一九三〇年代，滿鐵在滿洲幾乎已是獨立王國。它的附屬機構生產鋼鐵、陶瓷、玻璃、麵粉、烹調用油、電力以及化學產品。它不僅成為在中國最大的公司，也是在日本最大的公司。滿鐵無疑就是日本在華推動殖民統治的一部分，但它也是東京最重要的一張王牌，可用來向西方列強顯示，日本及日本企業對大家都企盼的中國之現代化，做出極大貢獻。

一九〇〇年代初期，外國商人和公司傳播有關資本主義、市場和管理的知識給中國人，但是它們所代表的開發模式卻一直很有爭議。對於稱頌舊中國美德的許多人而言，商人、投資人和企業經理人都相當可疑，因為他們重公司獲利、輕個人德性。在年輕的激進分子心目中，資本主義特別邪惡，因為它代表的就是外國人想引進中國的壓榨。但是，企業的角色之所以被認為有問題，最大的原因是它所買賣的產品很少到達佔人口大多數的農民手上，就算有，也很少人買得起。它象徵一種重城市、輕鄉村的新市場經濟，更加深化農村地區的社會分隔，也使得農村菁英往城市中心移動。對許多中國人來講，外國商人及他們推銷的商品變成他們渴望的現代化的表徵、卻又遙不可及，因此轉成他們憤懣的對象。不過，外國人及其產品的重要性卻不可否認。沒幾個農民曉得孫逸仙是何許人物，但是透過英美香菸公司生產的香菸，絕大多數人都聽過這家公司的名號。[11]

隨著新經濟，出現新的銀行體系。銀行的出現在中國至少可以上推到宋朝，但是從十九世紀末葉起，強大的西方銀行成為中國主要的金融機構。匯豐銀行一八六五年成立於香港。它依據英國法律註冊登記，意在成為英國在東亞的銀行。但是，匯豐銀行卻絕不單純只是一家英國銀行。在往後數十年，它發展成為中國政府、中國人及在華外國企業，以及從東京到曼谷貿易夥伴之間的主要的銀行。它發行鈔券、引進新的銀行及會計作業、並訓練銀行員了解中國，方便這些人日後在亞洲及世界各地服務。匯豐銀行的創辦人本意是透過組織貸款給中國政府，讓它能償還該付給西方列強的戰爭賠款，因而銀行本是壓榨中國的工具。但是它的任務擴大，成為中國工業化的工具，並且創造出新的金融業。

打從一成立，匯豐銀行的英籍董事就想方設法將獲利最大化。他們發覺，要從中國的商業發展獲利，他們必須也透過傳統的中國銀行放款。儘管匯豐銀行透過遍布中國各地的分行擴大營業，直到二十世紀中期，本土銀行一直擔任中間人，成為銀行業知識雙向溝通的傳輸線。雖然匯豐銀行的高階主管清一色是歐洲人，但擔任不同層級的中國職員也日益增加，伴隨著在外商公司的工作，他們也享有治外法權（與工作相關時）。即使一九一二年之後，銀行主要業務已和上海更加密切，因為需要保持英國管轄，匯豐銀行總部仍留在香港。

到了二十世紀頭十年，中國已逐漸設立本身的銀行和金融機構。然而，它們大多仍由外國人領導——包括一九一二年起具中央銀行地位的「中國銀行」（Bank of China）。中國的銀行一般都採用匯豐銀行的制度、規定，它們成長得很快，旋即進入全國各地區。儘管沒有有效的銀行法規（或者說是沒有有效的依法治理），中國的西式銀行劃定地盤的本事遠超過大部分觀察家的預期。他們和中國企業界密切合作，經常能夠保護自己不被政府的掠奪作法所傷害。到了一九三〇年代，國民黨政府已明白這些銀行在中國的發展上扮演十分重要角色。在外國銀行不能放款時，它們提供融資。中國的公共財政在一九三〇年代被接二連三的危機搞得搖搖欲墜時，它們擔任關鍵的中間人。中國政府和菁英階級或許不喜歡西式的金融機構，但是到了一九三七年，他們的許多最重要活動都必須借重它們。

資本主義財務在中國最大的麻煩可能出在它的民間記帳方法一直有瑕疵。直到十九世紀末期，中國的內部記帳方法根據的是單式記帳法，非金錢的價值有著極大的空間（如地方官員的友誼或合作）。儒家理想使大家都覺得不宜記載利潤，而且害怕政府作怪也使得商家幾乎不會向東主以外任何人透露帳簿內容。一九一八年首度頒布一般會計原則後，大部分中國民間企業和本土銀行仍寧用原先的記帳法，而不用西式的複式記帳法，於是製造一道緩衝，使它們無法利用資本主義的擴張方法。即使在香港和新加坡，也要到一九六〇年代專業會計才獲得接受，同時在中國大部分地區及行業，迄今會計帳冊是否可信都還很模糊。

宗教在中國很少受到官方關注，除非是政府想要規範它、或約束其力量。可是，它是窮人生存的支柱，給予他們活在現世、並期待來生的希望。從印度輸入中國的佛教，數百年來扮演著這個角色。基督教也由國外輸入，於十九世紀成為中國主要宗教之一。直到過去的這二十年人們對宗教重新產生興趣，於是從一九〇〇年到一九二〇年代末的這段時間可以說是中國基督教的黃金時期。這段時期有兩、三百萬中國人改信此一外來宗教，它從傳教士的事業變成地方上主導的現象。但傳教士依然對中國有相當大影響力，尤其是透過他們成立的學校及大學。這些教育機構或許沒有如傳教士們原先熾熱的希望，產生大量的中國基督徒。但是在這些機構唸書影響了許多日後在二十世紀末葉改造中國的人——即使這些造就的方向是他們當初的傳教士老師所無法認識的。

中國有關基督教信仰的記載可上溯到七世紀。耶穌會傳教士在十六、十七世紀，大多從澳門和日本進來，想要在中國建立其力量。經歷十九世紀的兩大災難（基督信仰啟發太平天國起義、以及反基督教的義和團之亂），天主教在中國開始謹慎小心地重建架構。在某些地方，基督徒社區保存了下來，有些甚至可上溯至十七世紀初。有些地方，天主教神父很認真宣教，他們大多是拉匝祿會（Lazarist）和耶穌會教士。許多天主教傳教士集中在城市，建立教育機構、醫院和孤兒院，如上海的徐匯公學（St. Ignatius School）。另外有一些一流的歐洲天主教知識分子在中國居住多年，如德日進（Pierre Teilhard de Chardin）這位哲學家、古生物學家和地質學家在中國住了二十年之久。天主教信仰大部分出現在農村，而且是原先已有中國天主教徒、或是已有中、外傳教士的社區。到了今天，這些中國天主教徒的中心，大部分仍存在、有些則仍在擴張之中，在全國各地都有，在華南如福建、浙江，以及北部的河北及東北，勢力都特別強大。

二十世紀初期擴張最快速的基督教會是新教（Protestantism）。孫逸仙是基督徒，十來歲時由美國公理會（American Congregationalist）傳教士為他施洗。蔣介石一九三〇年改信基督，終其一生是衛理公會（Methodism）的虔誠信徒（儘管批評他的人譏諷他不過又是另一個「基督軍閥」）。蔣介石基督信仰中的尚武精神並沒有太牴觸許多新教傳教士傳播福音的方式。劍橋大學有一群畢業生終身在中國傳教，號稱「劍橋七賢」（the Cambridge Seven），其中之一的施達德（C. T. Studd）聲稱，基督徒的一生必須奮戰不已：「有人希望活在教堂鐘聲可聞之處；我卻希望在地獄咫尺之處主持救援站。」[12] 施達德和十九世紀先賢教士一樣，結合傳播基督福音及提升中國知識水平為終身職志。《時代》雜誌創辦人亨利．魯斯（Henry R. Luce）的父親路思義（Henry W. Luce）是長老會傳教士。他在中國住了三十年，畢生奉獻給山東省濟南的齊魯大學（Qilu University）。路思義得到洛克斐勒基金會（Rockefeller Foundation）的贊助，把齊魯大學打造為中國一流大學之一。它的醫學院成立於一九一一年，提供完整的醫學訓練給中國男女青年。中國最棒的醫學院，是一九〇一年成立於廣州的夏葛女子醫學院（Hackett Medical College for Women），也是由教會創辦。它的畢業生對中國醫學課程的影響力持續到今日。很少人會去懷疑，某些年輕中國女子把基督教信仰視為打破父權社會桎梏的機會。

教會大學當中，有一家地位最特殊，因為它日後發展成為今天中國最著名的高等教育機構。一九一九年北京地區五家基督教學校合併，成立燕京大學，它是一所崇尚自由學風的高等教育機構。燕京大學存在期間，長久由一八七六年生於杭州的司徒雷登（John Leighton Stuart）擔任校長。司徒雷登是第二代在華的美國傳教士，他在美國一些基金會及捐款人支持下，買下北京北邊前清王室一處夏宮，打造出一所現代大學。今天，它是北京大學的校總區。燕京大學一九二〇年代、一九三〇年代多位畢業生日後成為中國重要政治人物，其中不乏中共要員。司徒雷登後來出任美國駐華大使，當一九四九年必須和中共談判時，他的交涉對手黃華即是燕京大學畢業生。黃華此後成為中共外交事務專家，高唱反美口號。[13]

二十世紀初期是基督教在中國的鼎盛時期，它也是基督教本土化的高點。所有的教派，中國籍傳教士逐漸取代洋人或與洋人傳教士肩並肩工作。這個趨勢最明顯者莫過於一九二〇年代末期山東的基督教復興運動；在這個運動裡，既有的基督徒社群被勸諭要遵循聖靈，情感上直接與上帝交通。發起這項運動的是準基督聖靈復臨派的挪威傳教士孟瑪麗（Marie Monsen），但很快地就傳到新的華人基督徒社群，有些人遂開始從中國其他宗教，如佛教和道教，汲取超自然的部分理論。在基督教派中——如「真耶穌教會」（The True Jesus Church）、「耶穌家庭」（The Jesus Family）和「召會」（The Little Flock）——出現一群十分傑出的本土傳教士，其中有些在國內、國外都產生相當大的影響力。召會創辦人倪柝聲（Ni Tuosheng，即 Nee Watchman）成為在亞洲和歐洲復興派領袖。「新」教會裡公社派和民族派的緊張，對中國基督徒和非基督徒都是一種挑戰。像倪柝聲這些傳教士忙著要讓基督信仰本土化，由於他們的努力，中國成為基督復臨的重要關鍵。其他人是否喜歡是一回事，卻不能不對他們的主張做出回應。[14]

二十世紀中葉，基督教和中國民族主義之間的關係錯綜複雜。一九二〇年代中期，民族主義鬧得最兇的時候，有些激進派中國人開始相信基督教是西方帝國主義的工具，是狹隘、不寬容的信仰。他們主張，大部分的基督教義（就和伊斯蘭、佛教、道教教義無殊）已因科學而顯得過氣、不合時宜，現代人不再需要迷信。可是，同一時期也有人認為基督教的本土化是中國重生的一部分：為什麼宗教在中國不能起到和它在西方一樣的作用？宗教在西方不是有兩千年之久，讓飄泊不定的人有了目的和意義、在動盪不安的時代能有穩定嗎？不難看到，對於中國的基督徒而言，他們也可以拯救國家——即使他們的對手持反對意見。

二十世紀中國歷任政府，除了清朝的義和團事件期間及毛澤東的文化大革命期間之外，都聘請洋顧問。有些顧問忠心耿耿，對政府貢獻卓著。有些人則至少和中國大部分公務員一樣貪瀆失職。但是，若非這些洋顧問的努力，中國大部分的基礎建設和政府組織在這段時期將會面目全非。中國的國庫收入也將大為降低——即使負責收稅的洋人是為了確保當時的中國政府會履行支付給外國機構的欠債，但中國所保留的部分仍佔其歲入的大宗。負責向生產及進口鹽的商人課徵鹽稅的鹽務總局，在一九二〇年代上繳的稅款佔國家歲入近百分之

二十。但是更重要的是，這些洋顧問影響到他們的中國同事，也為中國的文官行政開啟新路，其中有些人今天還在高位上。

和十九世紀遭到歐洲列強壓力的其他國家一樣，中國主要的洋顧問集中在外交、法律和軍事事務上。後來他們進駐到中國各部會中去，從基礎建設、公共衛生、教育、語文改進到宣傳等相關機構，都出現洋顧問。清末民初，日本顧問是主流；共產黨當家初期，俄國顧問獨擅勝場。日本最著名的國際法學者有賀長雄（Ariga Nagao）在袁世凱政府任職。他一八六〇年出生於大阪，留學德國及奧地利，攻讀法律。有賀長雄認為主權是構成國家的重要元素，他深信中國必須集權，才能保護其主權。有賀長雄關心日本在亞洲的擴張野心會使其偏離他希望日本能遵守的國際及國內規範，他建議袁世凱用武力把各省置於掌控之下。他也在一九一五年向日本政府就其提出的二十一條件說項，力促日本政府不要恫嚇中國。這項建議害得他差點被日本極端民族主義的恐怖分子暗殺。[15]

繼赫德之後擔任中國海關總稅務司的外籍人士，一向都是中國歷任政府最親信的洋顧問。海關總稅務司是西方列強為控制中國海關稅收而要清廷設立的機構，但在二十世紀它成為中國中央政府不可分割的一部分。最後一任外籍海關總稅務司李度（Lester Knox Little）的職業生涯就是此一發展最好的寫照。李度一八九二年生於美國羅德島州，在中國住了四十年，歷任海關官員、關長，中國政府外交事務顧問，後在二次世界大戰之後出任總稅務司，然後在一九四九年以這個職務隨蔣介石撤退到台灣。他與數百位同僚有同樣的職業生涯。義大利人儒吉・狄・路嘉（Luigi de Luca）成為中國頭號貿易及關稅談判代表。法國人狄歐菲・派瑞（Theophile Piry）開發出中國的郵政系統。挪威人約翰・孟德（Johan Munthe）擔任過海關官員、軍事顧問和銀行家。他們一生全在中國服務，本身事業順遂，對中國亦貢獻卓著。

進入民國之後，另一個和海關總稅務司幾乎同等重要的洋人領導的機關是鹽務總局。鹽務總局首任局長李察・丹尼爵士（Sir Richard Dane）原本在印度殖民地擔任稅務主管，他在一九一〇年代成立了隸屬於中國政府、但又不受其他機關節制，可以獨立作業的這個單位。鹽務總局雇用華、洋人員，待遇優渥，職責分明，升遷透明，甚至還有退休計劃，贏得工作人員效忠。其員工採輪調制，再加上若有裙帶庇護或貪瀆行為一律革職，這使得上下紀律嚴謹。同樣重要的是，透過積極的價值觀，組織的理想化為具體的管理策略。另一位法國籍洋顧問讓・莫涅（Jean Monnet）也汲取鹽務總局的經驗。莫涅一九三四年至一九三六年間在中國服務。國民政府設置一個委員會，協助中國公司及有意在華投資的公司取得融資，莫涅擔任主席。他協助成立「開發財務公司」（Development Finance Corporation），這是由中國主要銀行和政府機關組成，以資金投注前景看好的事業之機構。莫涅後來成為歐盟的主要倡導人之一。[16]

洋顧問既是中國的優勢，也是中國的弱點。有些中國人敵視洋顧問的存在，因為他們覺得中國太丟臉，竟然得靠洋人辦事。他們也懷疑這些洋顧問一向替自己國家效勞，一旦有事，就有如外國情報員，會執行其母國的意志。但也有中國人誇讚洋顧問清廉自持、工作不懈，以及引進新式行政及經濟技能、建設國家體制的貢獻。國民黨及蔣介石的新政府曉得，它需要有個典範以建設現代國家。它需要全新的國家。它需要保護以對付敵人。

一九二七年開府於南京的國民黨政府覺得，最迫切需要一支現代軍隊。蔣介石本身是軍人，他希望中國能有一支像日本、美國及歐洲的軍隊。這樣一支軍隊的目的不只是保衛國家和他的政權，它也要體現蔣介石所相信的現代化——國家井然有序、指揮層級分明、部隊訓練精良、人民生活振作。他希望見到軍隊是新國家的關鍵元素，不只是人人依賴軍隊保衛，也因為它可以做為蔣介石及其當代人士所期望的現代中國之楷模。要達成這樣的軍隊，唯有藉由洋顧問、實施最精良的訓練。

國民黨政府軍事事務方面最大的影響來自德國。納粹政府持續中、德一九二〇年代所建立的合作，一九三四年希特勒派曾任威瑪共和德國陸軍參謀長的塞克特到中國。塞克特在中國領導一個德國顧問團，提供經濟規劃及軍事事務的援助。法肯豪森在一九三五年接替塞克特，他則專注中國軍隊的規劃及訓練。法肯豪森是他那一世代德國最上乘的軍事戰略家，立刻發現中國根本沒有能力和日本大規模作戰。他建議蔣介石投入一切資源規劃未來的抗日作戰，發展一套消耗戰戰略，逼日本人必須使盡全力才能征服中國領土。德國承諾在一九三八年以前，幫中國訓練二十個步兵師、在一九四〇年代初期前打造一支現代中國海軍。德國也提供中國從別的地方得不到的先進武器和軍事技術。從德國的角度看，協助國民黨建軍，可凸顯納粹德國是世界級大國，又能取得中國的戰略原料。

德國的納粹獨裁政體是吸引蔣介石注意的一種現代性。雖然他本人不是法西斯主義者，但他的確欣賞要有秩序。他也相信德國和中國是天作之合。兩國都吃過敗戰、現在要重新崛起。蔣介石衛隊的德籍總教官華德．史坦尼斯（Walter Stennes）是讓蔣介石相信這份交情的要角之一。史坦尼斯本身參加過納粹黨，但由於他相信在德國需要更激進的社會革命，在一九三一年和希特勒決裂。史坦尼斯因此和德國在華正式顧問保持距離，但是他對蔣介石及國民黨的警察頭子戴笠有強大的影響力。史坦尼斯在中國工作到一九四九年，而希特勒因為和日本結盟，一九三八年已命令法肯豪森率顧問團回國。蔣介石的兒子蔣緯國在德國接受軍事訓練，則留住柏林，直到一九三九年德軍入侵波蘭之前才回中國。（蔣介石的長子蔣經國曾留學蘇聯，直到一九三七年才回國。）[17]

蔣介石在空軍方面的需求，德國人無法滿足，蔣介石遂向美國求助。到了一九三四年，美國已供應相當數量的軍用飛機給中國。曾經負責美國空軍的前身陸軍航空隊（US Army Air Corps）之訓練事宜的約翰·周耶特（John Jouett）上校獲聘出任中國空軍總教官。一九三七年，陳納德（Claire Chennault）接替周耶特時，中國已有六百四十五架軍用飛機、分編為十二個戰術中隊，還有數座飛機工廠和航空訓練學校，以及兩百五十多個飛機場。在美國陸軍航空隊事業並不得意的陳納德，在抗日戰爭時期（不論是美國中立階段或一九四一年珍珠港事件之後）指揮中國的空軍。[18] 同時，中國正規警察的訓練工作也由伍茲（A. S. Woods）率領的美國顧問負責。伍茲曾在號稱「現代執法機關之父」的加州柏克萊警察局長奧古斯特·佛爾默（August Vollmer）麾下任職。蔣介石認為美國的警察維安方式是未來的主流，即使他對美國社會的道德鬆弛頗有疑慮。

在日本對中國施加的壓力下，蔣介石回頭向舊敵求助。為了取得軍事補給，他在一九三二年和蘇聯恢復關係。史達林認為，儘管國民黨政府與中共衝突，唯有援助國民黨政府才能替莫斯科增加抗日的安全機會。一九三七年夏天，中、日戰爭爆發後，蘇聯展開大規模軍援蔣介石國軍部隊的計劃。史達林選派幾位高階將領到中國，例如：帕維爾·李巴可

（Pavel Rybalko）日後成為第二次世界大戰期間重要的坦克作戰戰略家；帕維爾・齊格瑞夫（Pavel Zhigarev）日後出任蘇聯空軍總司令；瓦希里・崔可夫（Vasilii Chuikov）一九四五年領軍攻下柏林。崔可夫通曉中文，一九二〇年代初期第一次中蘇友好期間曾經參加過支援國民黨的顧問團工作。中國指揮官對他印象十分深刻，認為他渾身是膽，代表求勝的意志。崔可夫相信中國人不僅有能力抗戰勝利，也有能力打造出大規模現代化部隊——他在回憶錄寫下這一段話時，全世界都還沒看到這一點。[19]

在許多方面而言，崔可夫將軍代表了一九二〇年代初期外國共產主義首次介入中國，以及一九三七年抗戰爆發後蘇聯再次介入中國，這兩次介入之間的關聯。崔可夫在一九二六年曾以青年軍事顧問身份參加國民黨的北伐；他和其他許多蘇聯軍官協助打造並裝備了中國的國民革命軍及他們當時的中共盟友部隊。從一九二〇年代至一九四〇年代，中國是全世界左翼革命家的焦點，這些人大部分與共產國際有關聯。中國共產黨是在外國激進分子建議下創立及組成的，這些激進分子則進一步影響了中國社會、組織，也影響了知識界的趨勢。他們連結起俄羅斯革命和中國革命，也連結起歐洲、北美馬克思主義者及思想相近的中國人。就中國未來發展而言，毫無疑問，他們是最重要的異邦人。

中國共產黨在一九二一年建黨，大體上是受到一九一七年布爾什維克革命的影響。中共建黨的第一次全國代表大會上，共產國際的代表是荷蘭籍的亨德利庫斯・斯內夫利特（Hendricus Sneevliet），在中國，一般人皆稱其為「馬林」（Maring）。他對有關理論及戰略的問題有強烈的影響力。最重要的是，他堅持這個新政黨應與國民黨結盟，成立統一戰線。斯內夫利特在印尼（當時是荷蘭殖民地）居住多年，曾代表印尼共產黨出席共產國際在莫斯科的成立大會，並由列寧欽點協助在中國成立共產黨。俄國人鮑羅廷繼馬林之後出任共產國際駐華代表，他設計出統一戰線要如何運作，以及蘇聯要如何援助國民黨。鮑羅廷是個老資格的布爾什維克、經驗豐富的共產國際特務，他到中國之前，已在美國、墨西哥和英國發揮過他的組織本事。他相信國民黨和小了許多的中共之間應該長期結盟，中共在此期間要協助國民革命，並趁勢吸收黨員、擴大勢力。

對於共產國際特務及支持中國共產主義運動的外國激進派人士而言，蔣介石在一九二〇年代末期清共、消滅極大多數中共黨員，是一件大災禍。史達林給自己找下台階，說是中國還沒準備好接受社會主義，但是共產國際內部許多支持國際社會主義戰略的人士則希望重振中國共產黨。一九三〇年代共產國際派在中國的代表是曼斐瑞德．斯坦因（Manfred Stern），他後來化名伊米里歐．柯列伯（Emilio Kleber）在西班牙內戰時擔任國際兵團指揮官。斯坦因的任務是促成中共和國民黨左翼反蔣勢力結盟，並且替中共設計戰略，找出方法從零落散布各地的隱身地再回到城市。不過，這個戰略失敗。責任落到他的繼任者德國人奧圖．布勞恩（Otto Braun）身上，由這個資深的共產黨人協助中共逃出國民黨的圍剿攻勢。很諷刺的是，一九三四年至一九三六年中共「長征」撤往北方期間，共產黨和他的追兵都有德國顧問襄助——中共方面是布勞恩、國民黨方面是法肯豪森。據說毛澤東日後表示，國民黨方面的德國顧問顯然比較高明。[20]

有些外國激進派人士是自動到中國、不是奉共產國際的派遣。美國新聞記者安娜．路薏絲．史特朗（Anna Louise Strong）就是一個最好的例證。她跑到中國，想從內部採訪報導中國的革命，結果竟在中國定居，住到一九七〇年在中國去世。史特朗是內布拉斯加州一位傳教士的女兒，曾於一九二〇年代到過蘇聯。她在一九三五年寫下：「莫斯科是否也將成為亞洲東南方數億黃種人（那些說不像、又像是蘇聯農民兄弟）的中心呢？」史特朗嫁給俄國丈夫，成為蘇維埃制度的頭號宣傳者——她最臭名昭彰的書《新蘇維埃憲法：社會民主制的研究》（The New Soviet Constitution: A Study in Socialist Democracy）出版於一九三七年，當時史達林的整肅正處於高峰時期。[21] 她相信，唯有社會主義革命及和蘇聯結盟，才能拯救中國不會傾塌、並且賦與希望給她在中國遊歷時所碰到的數百萬窮人。

來自亞洲其他國家的革命黨在二十世紀初也被吸引到中國。越南領導人胡志明（化名阮愛國）生於一八九〇年的越南中北部。他幼小接受儒家教學，研究中文。胡志明一九一〇年代大部分時間在歐洲、美國度過，成為法國共產黨創始黨員之一，一九二四年奉共產國際之命到中國。到了中國，他到廣州黃埔軍校授課；蔣介石當時是校長，周恩來是政治部主任。胡志明娶了中國太太，和鮑羅廷住在同一戶房子。一九二七年蔣介石清黨之後，胡志明遭驅逐出境；但在一九二九年秘密潛回中國，在上海和香港為中共工作。一九三八年至一九四五年期間，他在華南地區活躍於中共各單位之間——一九四二年至一九四三年為例外，當時他被國民黨關在牢裡。終其一生，他和中國共產黨領袖一直有很親善的關係。

一九四五年之後成為北朝鮮領導人的金日成，與中國的淵源更深。一九一二年出生的金日成，成長於中國東北一個基督徒朝鮮人家庭，於吉林市上學，後來在當地開始其反日本佔領朝鮮的活動。他在一九三一年加入中國共產黨，年僅十九歲；一度被日本人抓去坐牢，後來參加中共游擊隊。到了一九三〇年代末期，他指揮一支人數百來人、大多是朝鮮族的共產黨游擊隊，在南滿和東滿活動，偶爾象徵性地打進朝鮮。一九四〇年，日本人對他們增大壓力之後，金日成所屬游擊隊退入蘇聯，他被訓練為紅軍軍官；一九四五年回到朝鮮，以蘇聯欽定之姿出任北朝鮮大統領。金日成在中國長大、被培養為領導人；他對朝鮮鄰國的了解有助於他在冷戰的國際事務中周旋。[22]

——

整個二十世紀，大量外文書籍被翻譯成中文，有些翻譯作品對中國產生深刻影響。首先，翻譯的主題集中在科學、宗教、政府、政治和社會。我們已經看到，科學書對中國有特別的影響：一個世代之內，中國菁英科學的世界觀已經形成　為知識的進一步發展及技術的輸入引進鋪了路。有關法學及社會理論的書籍的影響也不遜於科學書刊。美國哲學家、教育家約翰・杜威（John Dewey）一九一九年至一九二一年來中國授課講學，他的著作譯本變為相當有影響力。透過對杜威作品的翻譯，西方許多哲學傳統引進中國。到了一九一〇年代，中國也有了第一批馬克思、恩格斯（Friedrich Engels）作品的翻譯，它們大多由日文再翻譯為中文。[23]

到了一九二〇年代，翻譯外文書在中國成為大生意。大出版社製作大套文庫叢書，動輒數百冊的西方經典名著，而中國所有的資產階級家庭都想擁有。我們可以想像，有些翻譯失真，有些更是慘不忍睹。有時候翻譯者乾脆更改外國小說的故事內容，（依他本人或出版人的意見）讓它符合中國讀者的胃口。儘管有這些添油加醋的修刪，外國小說在中國愈來愈受歡迎。十九世紀俄國文豪，如托爾斯泰、杜斯妥也夫斯基、屠格涅夫的作品特別流行，稍後的蘇聯文學及西方作者討論社會問題的作品，如易卜牛或蕭伯納的作品也洛陽紙貴。但是最賺錢的當然還是犯罪及休閒小說：就銷售數量論，戰前在中國最暢銷的西方作家是柯南道爾。他的福爾摩斯系列小說啟發中國作者的模仿，最著名的是作家程小青書寫上海大偵探霍桑和他的忠心副手包朗的故事。它固然比原作更關心社會議題，霍桑和包朗偵辦一九二〇年代黑社會犯罪的技巧也絕不遜於福爾摩斯。[24]

電影是二十世紀最普遍的藝術，在中國同樣大放異彩。一八九八年，電影在中國播映，第一家電影院一九〇八年在上海開業。到了一九二〇年代，全國大小城市都出現電影院，連勞工階級的街坊也有。播映的電影大多是美國片，透過電影，美國被介紹給廣大的中國人。他們的電影英雄是美國明星，中國業者從好萊塢抄襲許多技巧和風格。早期的中國電影業經常翻拍美國片，由中國演員以國語演出。日後嫁給毛澤東的江青，就是上海的一個電影演員。一九二二年甚至還有一部電影，虛擬卓別林到中國一遊。一九三三年，美國大電影公司紛在中國設立配片辦事處。在遙遠的村落，大部分居民大字不識一個，從來不曾踏出本縣，電影就由流動放映師前來播映。有人會跋涉好幾天，只為了看一場電影。我在一九七〇年代遇見的許多中國人，對於共產黨當政之前的記憶，竟是在村子廣場觀賞投射在牆上的美國電影。

和電影一樣，其他形式的藝術也受到來華洋事物的影響。中國藝術家知曉外國的技術和風格已有好幾百年，但是到了十九世紀末期這個知識灌輸到所有形式的藝術，開始出現若干兼具中西風味的作品。中國的畫家和雕塑家成為結合中、西風味的大師；這一點與好幾個世代以來的中國陶瓷藝術家為了出口市場之需的作法，如出一轍。同時，維多利亞末期的西方，蒐藏中國古代陶瓷——尤其是明朝作品——特別流行。蒐藏之後，繼之以研究，增進了外國人對中國藝術之了解。西方藝術與文學的現代主義，都受到東亞作品的啟發；繪畫方面，從莫內到畢加索、馬蒂斯等畫家都借鏡中國畫家；龐德（Ezra Pound）等詩人仿中國風格寫作。音樂方面也出現雙向相互影響。西方古典音樂在中國城市演奏，做為現代化的表徵，西方的音調系統也影響為中國樂器的音樂寫作。歐洲方面，好幾位現代作曲家——特別是史特拉文斯基（Stravinsky）和馬勒（Mahler）——在他們的作品採用中國音樂的元素。但是，在一九三〇年代，能把東、西方連結起來的音樂，莫過於爵士樂。上海成為爵士樂中心，外國（大多是美國）和中國樂隊彼此混合、相互競爭。[25]

一九二九年中國第一次舉辦世界博覽會，向中、外人士展示現代中國。四個多月時間，西湖邊的美麗城市杭州成為各方矚目中心，展現出中國現在能夠製造什麼、以及新技術如何協助中國企業進一步擴張。世博會有八大展館，展示出新政府的計劃、中國傳統藝術與現代設計、農業產品與技術、紡織品、製藥業和其他九十六種工業。策展人希望世博會可提升各方對國內產品的認識、並刺激外銷策略。由於它舉辦之時正逢全球開始大蕭條，它吸引相當多外商公司、他們希望能擴大在中國的市場佔有率。西湖世博會的規模雖沒有巴黎、芝加哥世博會來得大，卻有助於讓渴望認識外在世界的中國人看到大千世界。[26]

——

二十世紀中國的改造轉型大多是因為教育、高深訓練及研究受到國際影響而發生。我們已經看到基督教會機構在中國轉型改造上扮演關鍵角色，但是還有許多其他重要的貢獻者，如大學、外籍老師和專家、學者和科學家的國際網絡（有些是華人、也有些是外國人）。對中國的激進派而言，目標是打造現代國家，必要時可透過外國構想及外國援助。日後成為中國共產黨第一任總書記的陳獨秀，於一九一九年提出「德先生」（Mr. Democracy）和「賽先生」（Mr. Science）的概念：

為支持德先生，我們必須反對儒家教條、貞操價值、舊倫理和舊政治。為支持賽先生，我們必須反對舊藝術、舊宗教。為支持德先生和賽先生，我們必須反對「國粹」和舊文學……西方發生多少動亂、流多少血之後，這兩位先生才逐漸帶領西方人走出黑暗、進入光明世界？我們堅信只有他們能復興中國，帶領中國走出目前政治、道德、學術和思想上的一切黑暗。[27]

到了一九三〇年代，中國初次有了現代化的統一學校制度。它規定六年小學強制教育，有集中的課程管理，大略模仿美國模式。當然，就實務面而言，能不能真正接受小學教育，因地而異。它經費不足，在省府這一級和學校委員會都貪瀆成風。國民黨企圖控制外國人辦的教育機構，也無助於提升中國的教育制度。儘管有這些問題，一九二〇年前後出生的新世代，卻成長在前人未曾有過的教育機會下。他們果真善加利用受教育的機會。[28]

大學比起中國教育的其他部門最快受到外國影響而改造。我們已經看到基督教會大學及傳教士在一般世俗大學的角色。政府公立的大學也有快速的擴張。北京大學一九五二年與司徒雷登的燕京大學合併，是中國最大、最有聲譽的大學。它有過兩位卓越的領導人：蔡元培和蔣夢麟分別於一九一七年至一九二七年，以及一九三〇年至一九三七年擔任校長。蔡元培是舊時代進士及第的學者，一九〇七年前往德國留學，成為中國最著名的教育家。蔣夢麟一九一七年得哥倫比亞大學博士學位，鼓吹中西並進治學。他曾經寫下他的目標：

> 儒家知識系統以調查事物本質始，走向人倫關係。西方科學知識系統亦同樣以調查事物本質始，卻走向研究它們的相互關係。我們要擷西方之長，接枝在儒學之上。和西方一樣，道德世界在中國將與知識世界並存，一個追求穩定，一個追求進步。[29]

現代中國學術研究成就最大的是物理、化學和生物領域。這些成就的前置條件是，有西方書籍之翻譯、外國老師、良好的基礎訓練計劃，以及有機會出洋深造。有些科學史學者也認為，中國能夠受惠於科學界最新的進步，是因為它沒有傳統的研究取徑妨礙新觀念。一旦西方科學被接納，它就是全新的性質。物理學相對論被接受即是一個例子：愛因斯坦一九二二年應蔡元培之邀訪問中國時，他的原理已經被人多數中國科學家接受。中國下一代拔尖的物理學者吳大猷也是北京大學教授，訓練出一大批後來蜚聲國際的中國科學家，如李政道和楊振寧；李、楊兩人一九五七年因為對初級粒子的發現，同獲諾貝爾獎。不到五十年的光景，中國科學研究已經走過十分精彩的改造。

學習的進步絕對不只限於科學的領域。二十世紀初期，中國語文本身受到外國模式啟發，也出現徹底的變化。文言文逐漸被白話文取代。雖然類似白話口語的寫作至少已有兩百年之久，十九世紀末期《聖經》的翻譯使得白話文更加普及。從許多方面看，文言文落敗是針對外國影響正反兩方最後的大對決。反對改革的人堅稱，中國採取新語文，中國文化就要亡了。支持白話文這一派在一九二〇年代逐漸佔上風，他們站在中國新形式民族主義的立場提出論述。它可以用胡適一九一六年在康乃爾大學時提出的一段話做代表：

> 我們今天需要的是可讀、可朗誦、可歌、可說的語文，是不再需要轉譯為口語即可朗讀的語文；有了它，我們可以做筆記，不再需要轉譯為文言文；有了它，我們可以上台演講、上舞台演出，即使鄉村老嫗、婦孺也能懂。任何語文不符這些要求，就不是活的語文，絕不能成為我們國家的語文。30

關於文言、白話之辯，其實就是二十世紀初期中國知識界無事不可爭辯的一個例子。受到不同的外國思想的影響，不同的團體各自要往不同的方向走。有些學者建議乾脆完全廢掉中文，改以英文為國定語文。同一時期，瞿秋白在莫斯科依據蘇聯為其亞洲共和國所創的方式，研究一套拼音字母；它後來成為今天羅馬拼音版的中文。當然，中國不是唯一需要在現代環境下處理古典傳統的國家——希臘和阿拉伯世界也有同樣的處境。但是，中國提出的解決方案是它平常在處理現代化時候的典型作法：廢掉文言文，改採首都北京語言的白話文，這一來，使得學習既容易、又困難。

和外在世界接觸之後，中國婦女和家庭的角色也起了變化。婦女的地位固然隨著地區及社會族群的不同而有別，但清朝婦女在偏重父親、丈夫、長子的家父長制之下，地位普遍還是十分低下的。她們通常不得踏出家門接受教育，只能生兒育女、打理家務，接受婆婆的監督，而且丈夫也不是出於自己意志的選擇。即使中國被女性（慈禧太后）統治了四十年，可她從來沒有想過女性的整體地位應該有所改善。據說，保守的慈禧太后寧可扮演人人討厭的惡婆婆角色。然而，到了十九世紀末期，中國人聽說了西方婦女獲得解放的故事。大多年輕的傑出女性，作為民族主義者，她們通常在教會學校唸書，開始堅持自己在社會及政治上要有新角色。對於許多思想守舊的中國人來講，婦女解放是外國影響最惡劣的一部分；他們認為這將會破壞家庭，進而摧毀中國。

中國早期有關婦女權利的爭論，集中在政治權利。男、女性積極分子都認為，如果賦與婦女機會去依據民族主義的議程來參與建設新國家，必可增進女性之地位。喜穿男裝、佩劍的革命女傑秋瑾（她在一九〇七年遭清廷處決），即是這個趨勢的代表人物。她認為推翻滿清之後，婦女可以在社會上得到合理的地位。日後的女權運動者（有女性、也有男性）可就沒有這麼樂觀。五四時期，社會被視為百病之根，人們反不去責問統治它的國家機關。像是父母之命、媒妁之言的婚姻和家父長控制等舊體制，在外國思想激盪下，備受抨擊。魯迅寫了一篇文章討論易卜生的作品《玩偶之家》，問起娜拉出走後往哪裡去，結論是婦女的經濟獨立是社會改變的關鍵。毛澤東本身有過不愉快的奉父命成婚的經驗，故對這種舊習俗火力全開、大肆批判。一九一九年他寫一篇文章評論趙姓女子反抗父母安排的婚姻、在花轎上自殺的事件：「西方家庭組織中，父母承認子女的自由意志。中國則不然……趙小姐的父母很顯然強迫她去愛她不想愛的人……那是一種強暴……中國父母全都間接地強暴了他們的子女。」31

中國人和洋人之間的關係也給家庭制度帶來壓力。十九世紀，在有些城市裡中國女子成為外國男子的愛人，但等到男人打道回府返國去後旋即被拋棄。這是典型的殖民地現象，這種關係非常的不平等，但是在許多個案上，仍給予女性她們恐怕無從得到的知識和財富。到了二十世紀，許多這類中西戀化為婚姻——即使西方對異族通婚仍持負面態度。一九二七年，上海的英國警察局長宣稱：「異族通婚不符警隊利益。」[32]可是，異族結婚照樣發生，迫使中國人和洋人都不得不接受它。某些外國人的中國妻子成為文化的交流者。一九二五年出生的陳香梅，嫁給陳納德將軍，影響中、美關係歷五十年之久。蔣介石的兒子蔣經國流亡俄國期間，討了蘇聯公民為妻：蔣方良日後成為在台灣的中華民國第一夫人。

就一般的華、洋百姓而言，跨國籍、跨文化的愛情十分辛苦，但愈來愈普遍。在中國服役的外國軍人娶中國女子為妻：第二次世界大戰結束後，有九千名華人太太隨美國丈夫回美國。很多人結婚時，美國移民法仍禁止她們居住在丈夫的國家。也有些外籍新娘和中國丈夫住在中國，不僅城市有之，鄉下也有，特別是廣東和福建的農村。岳瑪麗（Mary Yue）娘家姓佛格森（Ferguson），蘇格蘭出生的紐西蘭人，一八九〇年帶子女回丈夫在台山的老家，子女在這裡長大。她的家庭基本上是國際家庭，我們將在下一章討論全球化的中國。但是它也有本土的部分：外國妻子住到村子，對村子造成的改變其實大過本地人願意承認的地步。[33]有時候跨文化的緊張大得令人難以承受。伊瑟．竺．殷（Esther Cheo Ying）的父親是負笈倫敦政經學院的中國留學生、母親是英國人。她十分同情雙親的際遇：

> 我那工人階級出身的母親，根本無從了解嫁給一個中國高官的兒子，會有什麼後果。她太年輕，對東西文化的差異也太不了解，不知如何稍做調整、以符合中國習俗。

我父親的家人因為他娶了「洋鬼子」，和他斷絕關係。這兩個年輕人要維繫這段婚姻的勝算，實在不大。34

儘管有種種跨文化的緊張，中國人和外國人之間的愛情影響了本地區及世界的國際史。同樣重要的是，也影響了中國對男女之間、世代之間新形式關係的辯論。有些人認為外國事物即是威脅，也有人覺得這代表自由與機會。在中國，整個二十世紀、甚至直到今天，這些觀念依然起伏震盪。毛澤東痛恨奉命成婚的舊俗，幫助中國婦女角色轉變，但是他也試圖切斷中國與世界的許多互動，以致許多中國的跨國家庭因此破裂或失聯。但即使是毛澤東政權也無法完全切斷中國的國際家庭關聯，或降低中國家庭的價值。最後，家庭親情比國家、民族主義或意識型態來得更重要。

詮釋一九四九年之前在華外國人角色的方法有許多種，而且它們也經常互相矛盾。有些觀察家集中在關係的殖民、壓榨層面，以至於破壞了中國和資本主義現代化第一階段的互動。在這種負面心態下，中國經常認為在一九四九年之後要爭回自主國格，唯有驅逐洋人。其他人則認為一八五〇年至一九五〇年這一百年期間，中國與外國的互動其實正面大於負面，因此這一派說法往往強調和外國之互動有助於推動現代中國。中共政府把大多數外國人從中國歷史抹煞掉（只留他們喜愛的一小撮），並無助於這個題目的討論；我的學生今天經

常不明瞭中國在一九四九年以前開放的程度，或是外國人在中國的發展上所扮演的重大角色。另一方面，外國人經常也不明白今天的中國人一回顧歷史就油然而生的受辱感：租界、治外法權、巨額賠款、洋人在華趾高氣昂的行徑，對任何國家而言，這些都是國際互動上的惡例，但它們令靠政府核可的民族主義長大的世代特別氣憤。

實際上，外國人在中國扮演的角色之多，不遜於中國人。有些人因為對中國及其人民滿懷熱情，來到中國。有些人為傳基督之福音而來、也有些人為追逐商業利益而來。有些人成為中國人，當然也有些中國人成為外國人。有些人為愛情而來，有些人為懲治和破壞而來。他們的生命見證這些角色，甚至有時候多重角色交會在同一個人身上。我們姑且以哈同為例。一個生在巴格達的猶太人，來上海住了六十年，靠不動產開發和棉花致富，死的時候是上海首富。他是英國臣民（可是他一輩子沒去過英國）、娶華人女子為妻（可是他幾乎講不出幾句中國話），他死時依照猶太人及佛教儀式辦出殯。哈同代表的是帝國主義令人疑懼的一面，也是民族主義者所痛恨的一面。他既不是伊拉克人、也不是英國人、更不是中國人，可是他對中國有極大的影響。任何民族主義者企圖把他或其他「外國人」從中國歷史抹煞掉，都會降低中國歷史的複雜性。

二十世紀「華洋之辨」、「夷夏之分」，也攸關我們對歷史演變（包括政治及名詞）的了解。中國不是只在一九四九年才收回完全主權，而是從一九二五年至一九四六年，在國民黨政府之下舉步維艱地完成的。在這段期間（中共還未接管政權）關稅自主權及列強在華租界交還給了中國。它的新政府想依民族主義的原則規劃中國的未來，也痛恨洋人及華人規範他們本身生活的「亂局」。抗戰及中共勝利只是替中國的「洋人世紀」棺木釘上封棺之釘。

民國時期，各方對中國政治前途十分關切，
中國人比以往有更大自由去探索世界。
雖然列強政府有繁瑣的旅行限制，學生和工人湧向海外。
他們很多人帶著對中國前途不同的新構想回國。
對於關心國事及中國與其他國家競爭的中國人而言，
清廷覆亡後的時期是一切解體、極端危險的時期。
但是對於喜歡國家不再控制、才得享有多元混雜的人而言，
這是一個令人興奮的時期。

第六章

出走海外

ABROAD

儘管官方不贊成，中國人在清朝末年出國旅行、短暫逗留和定居的人數日漸上升。十八世紀的涓滴，十九世紀化為洪流，東南亞是首要的匯流之地。一九四九年之前出國的兩千萬華人，大約半數在十九世紀出洋，而一九二〇年代外移者超過九成前往中國南方的國家。英國人治理的馬來半島各邦有六、七百萬華人，荷屬東印度群島有四、五百萬人，法屬印度支那有兩百至四百萬人。前往泰國者有三百五十萬人，菲律賓一百萬人。其餘各地（包括美洲）有兩百五十萬華人。

中國外移人口人數相當可觀，但和歐洲外移人口一比，卻遜色不少。歐洲人佔領、墾殖三大洲，並在此過程中殲滅原住民；中國的移民則只跟著商業利益走，大部分沿歐洲帝國開闢的貿易路線發展。因此，今天有超過三億五千萬人的歐洲人後裔住在歐洲之外，而中國子裔住外人數僅有四千萬人。即使把定居中國邊陲地區（滿洲、新疆、內蒙古、雲南和西藏）的人計算進去，中國移民及其後裔的人數遠遠不及歐洲人住外人口。因此，華僑的重要性不在其人數多寡（部分東南亞國家為例外），而在這些華人對其定居的國家有何影響，尤其是他們對中國本身有何影響。

和歐洲的情況一樣，中國外移人口也分好幾種類型。向外推動的因素包括貧窮、戰爭和天災；拉動的因素則有商業機會、教育、土地。外移的中國人大多碰上當地的驅趕，抵達他鄉時也幾乎毫不例外地一概貧窮。中國人教自己要沿著帝國的邊緣行走，則比較容易進得去，經濟機會也可能稍微高一點。華人海外拓墾史大體上等於是南中國海沿線及跨太平洋歐洲海上貿易路線的故事。蘇伊士運河一八六九年通行，把歐洲和亞洲更密切連結之後，中國外移人口才又進入一個新階段。不過，沿途的漫長旅程太多由華人安排、而非由外國代理人經手。華人之外移，打從一開始，就是華人的事。

和其他地方一樣，從中國外移經常分為兩個階段。人們先進入城市尋找工作，然後再出國。大部分人自願移民，可說是很清楚明白地決定要離鄉背井，當然也有招募勞工的仲介人行騙或綁架勞工，填滿需工名額的情形。大多數人出洋是到別人的農場或工廠做工；他們種棉花、製糖、挖礦、掘坑道，或者製作彈藥和食品。有人縫製衣服、當廚子、做洗衣工。他們的工作五花八門，和歐洲移民沒有兩樣。大部分人一直都很窮，比起歐洲人，有相當高比例的華僑最後選擇回家鄉終老。少數人發了財，尤其在東南亞，或是二十世紀末，更少許的人在美洲出頭天。但是，發財之人在數量上其實遠不及故國之人所能相信的那麼多。

中國人口外移也有波段，只不過整體趨向是往上升，直到碰上經濟凋敝或移民限制才稍稍止息。人口外移在一八七〇年代末期倍增，然後在辛亥革命之後和一九二〇年代又走上高峰。從一九二〇年代起，女性移民人數大幅增加，代表有更多華人家庭在海外定居。某些情況下，中國男性移民若是經濟條件許可，在國外、國內都透過各種納妾方式，成立家庭。華人選擇融合的程度、或是否被允許居留下來，要因各國而異，這和第一代、第二代歐洲移民的情況沒有不同。他們很快就自視是本地人（但同時也保留極大部分的華人認同）。

中國外移人口極大多數出自華南，尤其是沿海的廣東、福建兩省。雖然從同一個港口出境，這些華南人士卻走向非常不同的目的地。前往東南亞的移民有三成以上是福建人，在美洲定居者有五成以上是廣東人。移民通常會加入各種兄弟會組織，它可以保護他們，讓他們在新社群中有集體發言的機會。最早成立的組織是「公所」，約略等於行會或商業協會。由於商人和貿易商比別人比較有實力，他們通常最先組織起來。接下來是「會館」或「同鄉會」，它幫忙照料來自同一地區、村莊或宗族的華人。「幫」和「會」跟著也成立。後者通常是互助團體或政治組合（例如國民黨），不過也有的是犯罪集團，後來被稱為地下幫派或黑道。中國人有組織能力、懂得團結，使國外生活較為容易，但也可能導致僑社內部的詐欺、壓榨。

中國移民最重要的角色是在中國及世界之間擔任思想和技術的傳遞者。曾在國外居住的中國人，帶著新思想、新目標回國；他們刺激別人出外旅行，設立新事業、新組織。他們和住在中國的洋人一起引進新產品、新時尚，以及人們應該如何生活的新觀念。他們策劃別人到僑居地參訪、成立中文學校、建置商業網絡。到了二十世紀末期，跨國的華人家庭經常同時在好幾個地方發達起來——如香港、加州和新加坡，或是倫敦、台灣和上海。若無這些家庭提供的框架，無從解釋中國為何能在一九八〇年代之後重新崛起為經濟大國。不論時機好壞，他們過去是、今天仍然是，把中國和外在世界關係聯結起來的黏膠。

南洋在十八世紀成為中國人口外移的主要目的地，至今仍地位不墜。中國人所謂的南洋，包括今天我們稱之為東南亞的全部地區，範圍遠及澳大利亞和印度東岸。中國人在南洋貿易及有限度的定居可以上溯好幾百年。汶萊有一座十三世紀中國特使的墳墓，南京有一塊十五世紀汶萊蘇丹的墓碑。數百年來，商業動機帶動互動；我們前文已述，中國人向北京皇帝朝貢的觀念經常和商業是一體兩面的事。到了十八世紀末，歐洲殖民控制擴張之時，成群

的中國人也開始在東南亞定居，這個涓滴逐漸成為華人穿梭往來於中國和東南亞之間的持續溪流。全世界沒有其他地區有這麼重要的華僑社群。

東南亞有非常多的華僑來自福建省。今天，他們的後裔佔印尼及馬來西亞華人總數的一半左右。這個沿海省份可做為中國人口外移的縮影。今天，福建人口三千六百萬人，分為幾個方言系統，就社會條件而言，彼此差異也很大；沿海城市有許多富商，內地的窮人則窮脫了底，連餬口都有問題。福建人口約四分之一是十四世紀由中原遷徙而來的客家人。十八世紀起，福建人殖民台灣，今天台灣人有七成系出福建。航海技能、加上出售的產品（英文「茶」即來自福建話的發音）輸往鄰近國家，為勞工外移鋪了路。今天福建的每個村落都有具海外親戚的家庭，而且許多村民都有到海外旅行的經驗。

前往東南亞的中國人，大部分以勞工身份去，即使有些人從家鄉帶著經商本事去，大多數還是貧窮。與他們故鄉十九世紀末、二十世紀初的生活一比，能到東南亞的中國人自認已經相當幸運。很長一段時候，他們受惠政治安定和經濟機會，珍惜有些自主能力可以寄錢回家。因此之故，往外移的人數日益成長。今天馬來西亞約三成人口（即七百五十萬人）是華人後裔。印尼的比例是百分之三（即六百萬人）、泰國百分之十（即六百五十萬人）、菲律賓百分之二（即二百萬人）。汶萊總人口四十萬，其中百分之二十五為華人後裔。東南亞其他地區，從印度支那到緬甸，工商業菁英有許多人具有華人血緣。到了二十世紀末期，華僑對東南亞的現代化轉型，有相當重大的貢獻。

南洋華僑對中國有深刻的影響。即使在日本佔領期或毛澤東歷次運動期間，也無法完全切斷東南亞華人與祖國的關係。金錢、信函、有時候是人員，都找得到路子進去。在最惡劣的狀況下，有些最大膽的人從香港或台灣沒有護照或旅行文件就偷渡進入大陸。自從中國一九七〇年代末期改革開放以來，其與東南亞的既有關係再度恢復。廣東和福建許多村子的牆壁上，現在不再貼著馬克思、毛澤東的肖像，而是換上了他們海外的恩公照片。這些省分的投資大增，大多由香港進入。泰國的卜蜂／正大集團（Chareon Pokphand）是中國最大的外資財團之一，它由廣東汕頭澄海人士謝易初兄弟創辦於一九二一年，從曼谷唐人街的菜籽店起家。他們從中國進口種子和蔬菜，也出口豬隻和雞蛋到香港。謝易初的兒子謝國民使用泰國名字Dhanin Chearavanont，是泰國首富，和鄧小平以下歷任中國領導人都有交情。

二十世紀，中國和東南亞的民族主義勃興，華僑在中國的地位益加重要，可是在僑居地的處境卻起了變化。南洋華僑早先是國民黨的重要後盾，第二次世界大戰後有些華僑卻加入當地的共產黨。一九一一至一二年的辛亥革命以及一九二〇年代國民黨北伐，若無東南亞華僑鼎力支持，不會成功——孫逸仙曾經稱華僑是「革命之母」。東南亞各地源源不絕的捐助使孫逸仙在野時期仍能奔走，後來更襄助國民黨於一九二八年掌握政權。同時，中國國內民族主義使得部分東南亞華僑有了可以引以為傲的新身份認同。他們不再是來自某省、某村的亂世生民，他們是來自重新醒來的中國人民。大部分南洋華僑尋求某種融合，但也有些人以做為外國人自豪。

第二次世界大戰之後殖民帝國崩潰，東南亞到處出現以某種民族認同為基礎的新國家之時，身為少數族群的華人處境益加困難。有點像二十世紀上半葉的歐洲猶太人，華人被批評太富有——事實上只有少數人富有。他們被指控是共產黨特務——事實上，那更是少之又少。在馬來亞，有相當多的普通華人深怕在馬來人獨立建國後會被邊緣化，遂加入馬來亞共產黨的叛變。叛變遭敉平後，華裔馬來西亞人必須接受生活在他們不得具有政治影響力的國家。其他地方，情況更加惡劣。印尼一九六五年爆發政變，數萬名華裔印尼人即使根本不涉政治，仍遭到殺害。但是針對南洋華僑最慘烈的暴行，也發生在共產中國所支持的國家；受到中國支持的當局執政後，反過來對付其國內的華裔族群。柬埔寨的赤色高棉（Khmer Rouge）受中國共產黨支持，一九七五年上台之後，殺害了國內半數的華裔高棉人。越南統一之後，華裔越南人商家店鋪在共產黨政權反資產階級運動下遭到打擊，它升高成為針對華裔的種族鬥爭。半數的越南華人選擇出亡；六、七成坐船逃出南越的難民是華裔。北越方面，至少也有二十萬名華裔逃往中國。

華人在其他國家的融合，至少在表面上進展得不錯。菲律賓的華人在政治上未受排擠。獨立運動英雄伊敏里歐・阿奎納多（Emilio Aguinaldo）和現任總統小班尼諾・艾奎諾（Benign Aquino Jr.）都有部分華人血統。菲律賓有中文學校、中文報紙，大部分年輕華人透過英文或塔加洛語或兩者，融入菲律賓文化。泰國方面，雖然有不滿華人影響力的情緒，但主要銀行及大部分工業仍由華裔經營。以全國而言，泰國至少有三位總理具有部分華人血統，包括極具爭議性的欽納瓦（Shinawatra）兄妹，他們的曾祖父來自廣東梅州。曼谷還有一個大家忌諱不談的事實：泰國王室也有華人血統，先人於十八世紀來自廣東。在泰國，和大部分東南亞國家一樣，華人已交織進入國家的肌里，任何種類的民族主義都無法剷除它。

民族主義也為回到中國的海外華人造成困難。一九三〇年代和一九四〇年代，日本佔領當局視他們為英國人或美國人的間諜。國民黨試圖吸引離開祖國的華人重回懷抱，支持蔣介石的現代化運動；如果他們不從，就譴責他們叛國。但是，華僑回到中國際遇最慘的是共產黨從一九五〇年代末期到一九七〇年中期屢次發起各種運動期間，只要稍有海外關係，搞不好就判個死刑。沿海村民必須力阻紅衛兵想要攻擊他們海外歸國的親人而發生鬥毆。即使如此，和海外親友的關係也沒有完全切斷，文革鬧得最兇時，曾在國外居住或工作的中國人的確遭到猜疑。諷刺的是，他們遭到民族主義的攻擊，可是這些民族主義卻是他們的祖先在二十世紀初引進中國的新思想所創造。

今天中國境內對曾在海外生活過的同胞，大體上已不存在排斥心理。旅外人士今天仍必須跨越某些障礙才會在中國受到寬容，只不過大家多少已能夠接受「住在國外、不失為中國人」的概念。對於那些自視為部分華人，或主要認同是跨國家族的人來講，情勢並未大定。跨國主義這個概念並不太能讓中國民族主義者接受。只不過華南沿海有一大片地區其經濟發展得要靠家族的海外關係，卻是不爭的事實。這些「僑鄉」有許多外國出生的華人或曾在國外住過的人，他們以轉移技術或成立公司的方式，對中國經濟起決定性的貢獻。甚且，它們因為在東南亞、加泰隆尼亞（Catalonia）（譯按：西班牙自治區，巴塞隆納是其重要城市）或貝爾發斯特（Belfast）（譯按：英國北愛爾蘭首府）有親戚，而和出口導向的經濟成長聯結起來。即令是最頑固的中國民族主義者也否認不了僑鄉在經濟上的作用。

———

中國之外全世界只有一個地方，華人是多數族群，且主宰其政治與企業，那就是新加坡。英國一八一九年在馬來半島尖端設置此一殖民地，控制麻六甲海峽，做為商業集散地和戰略據點。當新加坡設置時，本區域已有相當多華人人口，與巴達維亞（今名雅加達）、檳榔嶼和麻六甲密切合作。到了一八四〇年代，新加坡已是華人為主導的城市，它的活動環繞著貿易和運輸展開。一八八〇年代，它是華人勞工的輸入港，他們來殖民當局在馬來半島及島上設置的農場和礦場工作。對於剛從中國抵達的勞工之壓榨十分兇狠，英國人因而設立他們所謂的「海峽殖民地華人保護區」，以威廉·皮克林（William Pickering）為第一任保護官。皮克林曾在中國海關任職，精通國語和福建方言，是說服本地華人相信接受英帝國保護可以得益的主要人物。

的確有些人短暫地得到保護。到了二十世紀初，華人已擁有橡膠園、鴉片田、銀行、貿易行、航線和機械工廠。固然大多數華人和其他居民一樣貧窮，有些人卻曉得利用新加坡的地利之便，進口中國廉價勞力、學習外國技術、取得資本，並追尋大英帝國提供的貿易機會。新加坡的華人資產階級變的幾近於狂熱效忠大英王室，也就不足為奇。一八八七年維多利亞女王登基五十週年大慶，華人組織呈獻一座女王雕塑，鐫上「敬表女王華人臣民的忠誠之忱，感謝女王仁政」字樣。有些人因效忠英帝國、貢獻卓著，被賜予爵位。劍橋畢業的律師宋旺相（Sir Song Ong Siang，即 Song Wangxiang）創辦學校和報紙，而麻六甲的陳禎祿（Tan Cheng Lock，即 Chen Zhenlu）成立企業和華人的組織。

陳禎祿代表許多東南亞華人在走的方向。他在第二次世界大戰之前堅定支持大英帝國，大戰結束後改為主張馬來亞團結獨立（包括新加坡在內）。陳嘉庚（Tan Kah Kee，即 Chen Jiageng）又代表另一種新思維。陳嘉庚出生於福建，一八九〇年前往新加坡，從事橡膠業發跡致富，綽號「馬來亞的亨利·福特」。一九三〇年代末期，他愈來愈涉入中國的戰爭賑濟工作；一九五〇年，中國共產黨贏得國共內戰，他遷回北京，一九六一年在北京去世。這兩個方向（在馬來人為主的新馬來西亞之內融合，以及效忠中國民族主義）於一九四〇年代末期及一九五〇年代差點傷害到新加坡的地位。新加坡加入馬來西亞聯邦，可是因為不贊同大馬政府的課稅政策及偏袒馬來人擔任公職的政策，爭吵了兩年，於一九六五年被迫退出馬來西亞聯邦。從當時起，李光耀領導的人民行動黨一直是這個城市國家的執政黨。李光耀的兒子李顯龍於二〇〇四年接棒出任總理。

人民行動黨在新加坡的治理著重在論功行賞制度下的威權政府、社會福利和多元種族發展。雖然理論上新加坡是個民主國家，其實李光耀要的是嚴格管理的國家，重經濟發展、輕政治自由。人民行動黨原本是個社會民主黨，在一九七〇年代末期開始轉向自由市場經濟。注意到香港的成就之後，李光耀得到結論——「國家福利和補貼會挫傷個人追求成功的動力」。他寫說：「我驚訝、又敬佩地看到香港工人在景氣好的時候即可調升工資，在景氣差時也能調降工資。我決定在福利政策上改弦更張，放棄我們黨從英國工黨繼承來、或抄襲來的政策。」[1] 進入二十一世紀，華人佔總人口百分之七十七的新加坡，在自由市場指標上與香港一向名列前茅，即使它的政府繼續掌控全國國內生產毛額的六成左右。

一八四八年加州淘金熱消息傳出後，跨越太平洋往東看，中國人在想像中看到亮晶晶的金山。中國人和世界其他地方的人一樣，爭先恐後奔往他們心目中的「金山」追求實現發財

夢。十年之內，成千上萬人前往美國西海岸及加拿大西部。即使在過去一百年已有少數華人來到北美洲（有些人從菲律賓跟著西班牙人來，也有些人循著貿易路線到達美洲東、西岸），但一八四八年卻是最大的分水嶺。到了一八八〇年，已有超過十萬名華人住在美國，從事各式各樣的工作：採礦、蓋鐵路、車衣、製罐頭、耕田或者洗衣、燒飯等。還有更多人到北美洲逗留一陣子，又回中國。華南由於戰禍及飢荒，對於富冒險心的人來講，金山成為嚮往之地，希望飄洋過海尋覓安身立命之處。

中國人渴望在北美洲能和其他移民受到同等待遇，這個夢從來沒有實現過。一八七〇年代經濟不景氣，有種族歧視意識者跳出來責備中國人搶走白種美國人的工作機會，開始鼓吹禁止一切華人移民。西岸某些工運領袖特別積極：加州的工人黨（Workingman's Party）高唱「中國人滾回去」的口號。他們在一八七九年散發的一份傳單，當中宣稱排華是一樁攸關生死存亡的大事：「我們若不趕走中國奴隸，挫殺貴族的傲氣，自己很快就會淪為奴隸」。[2] 各式各樣的知識分子也提出種種證據附和。翻譯歌德作品《浮士德》的詩人、旅行作家貝雅德．泰勒（Bayard Taylor）寫說：

> 這是經過我深思熟慮的意見，那就是中國在道德上是這個地球表面上最為低下的人類……惡的形式在其他國家中皆有所討論，而在中國的本地人卻全然對惡沒有意見。這些惡的形式構成了中國的表層，在這個表層之下卻是深深的腐敗，令人震驚和恐怖的程度是到了惡的特質都難以隱諱地暗示。而這讓人的天性蒙上了一層陰影，使得我們一旦看穿它們之後便畏縮不已，也激起我對中國人這個種族的強烈厭

惡。他們的觸摸是一種汙染，而且這種意見強烈的程度也如同：對我們這個種族的正義來說，不能允許他們居住在我們這塊土壤上。」

美國政府一八八二年禁止中國移民入境。這是美國國會有史以來唯一一次針對特定國家所有公民所制訂的禁令。這道禁令持續到一九四三年，中國官員才設法讓他們的戰時盟友感到羞愧、撤銷它。排華法案抑制住華人人口成長，不過它從來沒有成功降低華人在美國的總人數。（加拿大從一八八五年至一九四七年實施排華法案，也沒有成功。）針對華人的這種種族歧視主張，引起華人社群的反省，以及同樣強烈的抗拒。有些中國人覺得，他們是因為文化、習慣、語言不同遭到歧視，有人選擇離境，有人企圖加速同化，也有人起而抗爭。在美國、在中國，都有人抗議排華法案不公平、種族歧視。在美國的傳統華人組織抗議不見功效下，如紐約的「華人平等權利同盟」（Chinese Equal Rights League）、舊金山的「華美公民同盟」（Chinese American Citizens' Alliance）等新組織開始出現。新世代的美國出生的華人固然在二十世紀於社會上出人頭地，但和排華法案所針對的祖國切斷關係後，卻為他們造成經濟與文化的問題，他們必須更努力去克服這些問題。

今天，華人代表了移入美國、加拿大最成功的族群之一。半數以上超過二十五歲的華人獲得大學學位（全美人口此一比例為四分之一），他們的平均家庭所得也比較高。即使仍有種族歧視存在，但華裔美國人仍創業有成或是在科學研究上出類拔萃，如雅虎的創辦人楊致遠、YouTube 的創辦人陳士駿，這些例子都有助於華人整體形象，可是美國有些華裔年輕人現在又擔心會被貼上書呆子的標籤。不過，絕大多數華人仍是從基層一步一腳印向上攀升。

三百五十萬華人當中，三分之二以上在美國之外出生（出生在中華人民共和國的人數愈來愈多）。大部分人到了美國之後，掙扎著求生存，經常必須高階低用、屈就比本身技能更低的工作。一九八〇年代之後抵美的華人，大多還未能實現他們的光明前途。

美國有個地方，整體而言，華人比較不受歧視，而且今天華人在當地比例相當高，那就是夏威夷。[4]美國一八九八年兼併夏威夷之前，華人已在夏威夷立定腳跟。即使排華法案也試圖在當地推行，華人因受歧視而離開者並不多，一則或許是因為當地就業機會好，再則當地有教會辦的多元種族教育系統，符合華人望子成龍的需求。夏威夷成為華人參政及創業的重要跳板，也是東南亞華人和美國華人之間的重要聯結。華人與其他族裔的異族通婚，在夏威夷也比在其他州出現得早。夏威夷位於美國和亞洲的半路上，華人和其他美國人在這裡比較容易合作，並且伸向另一個大陸去創造雙贏局面。

由於歐洲人持續不斷地企圖排除華人進入溫帶地區，華人經常先落腳在熱帶地區。因此，我們在東南亞、太平洋和加勒比海都可以看到年代久遠的華人社區。華人在少數幾個國家，就提供勞力及建立貿易網路而言，都有重大貢獻。它也為中國和天涯海角的遠方建立聯結，經常令人對這些地方有驚艷的新鮮感。有時候關係更綿延至今天。譬如，巴西某位有華人血統的政治領袖到中國官式訪問，它絕不是主賓雙方有些微共同背景這麼一件小事。就中方而言，這彰顯中國和世界的交往已有好幾百年之久。就訪客而言，它提醒他有值得驕傲的傳承。他很可能得到其他外國來賓罕有的特殊禮遇。最重要的是，這樣的訪問創造出雙方都會希望加強的交情。

南美洲的秘魯和古巴，華人最多。秘魯的華人大多是一八五〇年以來，以契約工身份入境的華人之後代。這些華工在非常艱困的工作條件下在製糖農場、礦場工作，或興建安地斯山鐵路。大多數覺得受到的待遇只比奴隸略勝一籌；他們領不到工資、遭受霸凌或稍違規定即被苛扣糧食。這些人清一色是男性，由於生活條件極差，且頻遭種族歧視，隨時都會爆發打群架。一八七九年至一八八三年的太平洋戰爭，智利與玻利維亞、秘魯交戰期間，任何華人都會和智利人站在同一邊，因為他們覺得智利人可以解放他們。某些人投入巴崔西歐．林區（Patricio Lynch）上將的部隊；林區曾在英軍服務，參加過鴉片戰爭，學了幾句廣東話。將近一千名華人於戰爭中死亡，大部分是被非洲裔秘魯人殺害，而這些非洲裔秘魯人是首當其衝，被智利人打得最慘的族群。[5]

二十世紀期間，華裔秘魯人逐漸受到尊敬、經濟地位也告上升。許多人討了秘魯女子為妻，有些人進入亞馬遜叢林小鎮定居，做起生意人或農人。今天，具有華人血統的秘魯人（約佔全國百分之十五）認為他們的族裔背景有好處。某些人利用這層淵源，投入國際貿易和財金活動，也有些人投身政壇。近年來有兩任總理——荷西．安東尼奧．陳（Jose Antonio Chang）和維克多．喬伊．魏（Victor Joy Way）——具有華裔血統。[①]

另一個華人移民很多的拉丁美洲國家是古巴。一八四七年至一八七四年期間，至少有十二萬五千名華人來到古巴，大多在甘蔗田農場工作。他們和前往秘魯工作的同胞，同樣遭受虐待，因而反抗西班牙主人，還向大清皇帝陳情：

> 陛下皇恩浩蕩、澤被四方……我等小民，奈何愚蠢、不幸淪為小工。青年陷於他鄉、大人在異國虛擲性命。我等後悔貧病交困。我等為此地政府迭施暴政，哀苦無告，

因而斗膽向陛下申告。6

他們的陳情如石沉大海。古巴華人投入叛軍陣營。兩千人加入一八七〇年代第一次獨立戰爭的古巴軍隊。7 某些華人士兵或許曾經參加過太平天國叛亂，有過實戰經驗，他們直到一九〇二年都為古巴人爭取自由的奮鬥做出重大貢獻。哈瓦那有一座華人烈士紀念碑，刻著：「古巴華人沒有逃兵、古巴華人沒有叛徒。」但是儘管新國家感謝華人的貢獻，古巴華人的繁榮卻非常緩慢。許多人失望之餘，於一九五〇年代投入卡斯楚的叛軍。阿曼多・蔡（Armando Choy）、古斯塔夫・邱（Gustavo Chui）、摩西・黃（Moises Sio Wong）等在古巴軍中崛起，晉升為將領，後來率兵在委內瑞拉、安哥拉和尼加拉瓜作戰。不過，大多數古巴華人對卡斯楚政權並沒有幻想：現在古巴華人只剩不到七千人——其他人都逃亡到佛羅里達或紐約去了。

英語系統的加勒比海地區，華人移民人數遠不及秘魯或古巴，但是此地商業機會明顯大了許多。這些國家有強大的華人組織，以及許多具有中國血統的社區及企業領袖。鍾亞瑟（Arthur Chung）是蓋亞那（Guyana）獨立後第一任總統，任期一九七〇年至一九八〇年——他也是亞洲國家以外首位華裔國家元首。②更值得一提的是，過去一個世代有些受過良好教

① 譯註：荷西・陳，留美工程師，一九五八年生，曾任聖馬丁大學校長，二〇一〇年由阿蘭・賈加亞總統任命為總理。

② 一九四五年出生的維克多・喬伊・魏由日裔總統藤森謙也（Alberto Kenya Fujimori）一九九九年指派為總理。

育的華裔加勒比海人回流到中國服務。不過，比這個更早，還有另一個著名的「海歸派」範例：一八七八年出生於千里達（Trinidad）的陳友仁（Eugene Chen），於一九二〇年代及一九三〇年代數度擔任國民政府外交部長。他的兒子陳丕士（Percy Chen），俄文名字Pertsei Ievgenovich Tschen 是個忠誠的共產黨人、共產國際重要的中國籍幹部。

太平洋島嶼方面，第一批乘船到來的華人是水手、廚師和木匠。斐濟（Fiji）、薩摩亞（Samoa）、紐幾內亞（New Guinea）和大溪地（Tahiti），都有廣東來的工人在農場或營造業工作。今天，太平洋各島國合計約有二十萬名華人後裔，他們在政、商界的影響力愈來愈大。斐濟現在大部分旅館由斐濟、東南亞或中國的華人擁有。陳仲民（Sir Julius Chan）兩度出任巴布亞紐幾內亞（Papua New Guinea）總理。湯安諾（Anote Tong）是吉里巴斯（Kiribati）現任總統。加斯通．唐桑（Gaston Tong Sang）是法屬波里尼西亞（French Polynesia）總統。這三個人的老家全在廣東東北部某一小塊地區內。（譯按：祖籍全是廣東台山。）

澳大利亞和紐西蘭是華人出國或移民喜愛的目的地。但是白人當局愈來愈設法排除他們（和美國、加拿大的情況一樣）。紐西蘭從一八八〇年代就限制華人入境，而且從一九〇〇年代初期起，幾乎就不可能入境——有一條法律規定，任何申請入境者必須能讀一百個隨機選出的英文字。到了一九一〇年代，甚至出現協同一致的努力，連已經歸化的華裔公民都要逼出境。澳大利亞的情況相同。十九世紀中葉，華人因為有工作機會、能學技術，被吸引前來：隔了半個世代，這個新興國家依據種族歧視的基礎，試圖把華人趕走。澳大利亞情況不同的部分在於某些工會組織的反華意識沒有那麼強烈，有些華裔澳大利亞人能夠組織起來，反對政府有系統的歧視行為。澳大利亞出生的新聞記者周成貴（Vivian Chow，即Zhou

Chenggui）於一九三〇年代成為中國報業重要編輯人之一。她並不驚訝：「送個華人到美國去，由於見到前人雄心勃勃的例子，他試圖成為壟斷的生意人；送他到英屬新加坡去，他努力成為包商，盼望有朝一日英王能夠賜予爵位……送個華人到澳大利亞去，他成為勞工領袖，大力鼓吹『工人的天堂』。」[8]

中國人不論走到哪裡去，全是歐洲人已經主宰的地方。透過他們的殖民帝國，歐洲人在美洲、澳洲和俄羅斯東部的同族後裔，都在政治、經濟和軍事領域執牛耳。華人大多希望在歐洲以外的地區工作或定居（會有更多機會、出入容易），但是歐洲大陸本身令他們又羨又恨。來到歐洲的華人，被它的工業與軍事力量深刻震撼。他們驚嘆有那麼多巧奪天工的產品，對於生產和地貌變化之快，目瞪口呆。但是他們對歐洲欠缺普世的道德規矩和個人信實，對於華人持種族歧視，感到十分失望。歐洲是個謎，它既是那麼吸引人、偏又拒人於千里之外。

中國人到達歐洲已有幾百年之久，有些人甚至已在歐洲定居下來。英國的港口，如利物浦、布里斯托（Bristol）和倫敦，十八世紀即有華人定居。巴黎、莫斯科和聖彼得堡也出現

② 譯註：鍾亞瑟，一九一八年出生於南美洲英屬蓋亞那。一九四〇年代留學英國，取得律師資格，回國後在法院系統任職，晉升為高等法院法官。蓋亞那於一九七〇年獨立，鍾亞瑟出任依據憲法並無實權的總統，長達十年。他在二〇〇八年去世，得享長壽。

華人蹤跡。早期移民大多從事各種不同的工作，到了十九世紀末，歐洲主要城市開始出現一小塊唐人街，聚集一些新移民。然而，第一波華人移民歐洲大浪潮，並不是工人、而是學生；一八九〇年代每年都有數百名學生進入歐洲。二十世紀上半葉，中國留學生到德國深造的最多，其次是到法國和英國。他們大多研究理、工學科，有些人畢業後留下來，形成第一代的華人留歐知識分子。香港和新加坡華人很自然選擇留學英國。到了一九六〇年，英國華人約有四萬人，今天則是十倍。目前英國是中國人想要移民歐洲的首選國家。

一九八〇年之後，中國對外日益開放，前往歐洲旅行的人開始上升。有些人以觀光客身份出國，英國和義大利是他們的最愛。有人趁勢留下來。義大利托斯卡尼地區的普瑞多市（Prato）現在華人人口兩萬五千多人，佔全市人口約百分之十五——他們大多在成衣業工作。匈牙利一九八九年共產黨政府垮台前，全國只有九個華人註冊居留，現在有兩萬七千華人。歐洲本身人口下降下，勢必有更多華人將因為歐盟境內工資高、工作環境佳而被吸引前來。不過，文化上的吸引力恐怕已經下降。有個中國遊客拿出一輩子的積蓄、二〇〇七年來到法國觀光，卻大失所望。《明鏡週刊》（Der Spiegel）報導說：

> 劉小姐年輕時就羨慕法國，覺得法國人的溫文、儒雅值得效仿。但是，現在她手持錄像機、站在愛麗西宮前（譯按：法國總統府）前，卻覺得平凡無奇，一堆城市人擠在一起，許多人穿著邋遢。街上到處是紙張和塑膠袋。她說：「我的夢碎了。」[9]

九成以上的中國移民從事簡單的低賤工作。他們清理森林、挖礦、鋪鐵軌。我們已經看到，他們在某些國家農場工作，種甘蔗、棉花或鴉片。雖然大部分出於自願出國打工，但也有些人是被連哄帶騙送出國，更有人年幼無知、莫名其妙就做出影響一生命運的決定。相當多數的人（可能高達三分之一的外移人口）是簽下類似賣身契出國工作，往往契約期長達七、八年。出洋打工的人，大多數回到故鄉，不過有些人後來又出洋。絕大多數的人除了比留在家鄉的族人、鄰人多了國外經驗之外，他們並沒有發財致富。

和其他族群移民者一樣，中國人往往也認為自己只出國打工一段時日，最後還是會落葉歸根、回到中國。但有些過客也往往永久定居在異鄉。他們工作、成家、學到當地生活方式，產生千絲萬縷羈絆關係，終於難以拋下新的國家。值得注意的是，的確有許多人堅持他們在海外只是「客居」、終於回國。促成他們回鄉的是另一系列「逆向」力量：在國外遭遇種族歧視和壓榨剝削；合約期滿被迫回國；故國家人、祖先、田園的召喚。對於大多數沒唸過書的華人移民而言，接觸到外國風俗習慣和社會是種震撼。他們發現洋人的態度和行為（更不用提食物）令人吃不消，不免會思鄉。有個華人一九〇〇年左右來到紐約，好心人先警告他，他會遇上：

> 狂野粗暴、不遵儒家聖賢道德的人；他們不拜祖先，但自以為比父祖一輩更聰明。他們喜歡打人、搶人、殺人。在香港可以看到這種人醉臥街頭。他們講話有若野人吼叫，像虎嘯、牛鳴。他們男女未婚即如禽獸雜居，甚至光天化日之下在街上不知羞恥、勾肩搭背而行。[10]

可是，移民持續往外走。就和那些從農村往城市工廠工作的同鄉一樣，他們經常發現新環境排斥他們，可是它涵蓋的機會又是故鄉根本付諸闕如。旅費通常由已住在國外的宗親代墊，或者透過一種借條制度處理——移民者先借債，債權賣給新國家的雇主，勞工透過勞務償付給雇主。該過程中有一大堆中間人（大多是華人）獲利，藉由販運移工建立起海外華僑的網絡。償債期間通常很長，但是在此過程中勞工學到 些技藝，日後在國外或回鄉都可派上用場。

華人移民工在新國家遭壓榨是很常見的現象。有些人遇上的狀況比別人更慘。原因既有種族歧視，也有外國人欺負無知村民對新環境或法律根本不懂。也有許多情況是，早來的人欺騙新來的同胞。某些海外華人社區潛藏著犯罪幫派，甚至成立同鄉會或互助會掩護，藉口代為安排工作、或尋覓居處而加價壓榨新來的人。許多新移民完全依賴這些老鳥代出主意。即使有出奇之多的華人家庭憑一己努力在第二代拚得出人頭地，他們的父母卻往往不明白自己遭到同胞欺負。和在中國一樣，「儒家價值」、「公益」都是冠冕堂皇的詞語，可用來掩飾欺壓詐騙。

移民碰到惡劣的工作環境，一般常見的反應是反抗和作亂。中國苦力在海外馴良的印象，其實經不起檢驗。華人不僅像前文所述，在南美洲和東南亞加入反抗壓迫者的反對勢力，有時候也自己組織反抗運動。有些地方，他們無法加入已有的工會組織（因為這些既有的工會組織往往就是倡導反對華人移民的團體）華人只好自行組織，反抗的對象不僅有洋人、也有華人雇主。

華人移民社群內部的衝突（地方當局經常記載是家庭失和或幫派衝突）其實大多和階級有關。許多回國後在中國革命扮演重要角色的人，最先是在歐洲學到組織華人勞工的經驗。朱德在中國已是軍人，於一九二二年抵達柏林，還未加入共產黨，已在當地組織華工。一九二八年，朱德回國後，協助創建中共的人民解放軍。（譯按：精確地說，中共部隊要到一九四〇年代國共內戰時才稱人民解放軍。）與朱德一起在歐洲組織華工的一些夥伴，在西班牙內戰期間加入反佛朗哥的陣營；大約有一百名中國人由歐洲各地前往西班牙參戰。[11]

華人在二十世紀吞沒全球的世界大戰中扮演重要角色，而且不限於只在中國開打的戰爭。第一次世界大戰期間，許多人在歐洲參與戰事。第二次世界大戰期間，中國人和華裔子弟在所有的戰場都沒有缺席。戰爭有破壞，但同時也開創機會。許多華裔美國人認為，第二次世界大戰使他們首度覺得被平等對待，並不是因為他們的技能為作戰所迫切需要。湯米·黃是個美國出生的華人，在太平洋戰場服役當海軍機械士。他說：「戰爭使得每個人的世界都變了，不只是我們，但我們華人感受特別深。它的確很有幫助。」[12]戰爭（特別是美國和中國並肩作戰）是曾感受到壓力的少數民族現在覺得平衡的重大因素。不像日裔美國人，大體上在二戰期間華裔美國人的地位上升。

但是，讓中國人見識到外國戰爭及外國殺人方法的是第一次世界大戰。大約十五萬名中國人受雇到歐洲西線戰場做勞力工，至少另有五萬人在俄羅斯的東線戰場工作。中國政府認為協約國將會贏得大戰，刻意討好協約國，才規劃送人上戰場做勞力工。第一批中國工人於一九一六年八月抵達法國，由於中國當時仍是中立國，他們的正式身份是某私人公司的員工（中國等到一九一七年八月才對德國宣戰）。盟國傷亡上升，對中國勞力工的需求大幅上升。

到大戰結束時，中國人不僅在法國軍中服務，也在俄國、英國和美國軍中服務。他們挖壕溝、蓋機場，在彈藥廠、鋼鐵廠和礦場工作，也幫忙抬屍體、埋葬死者。至少有三千人在西線陣亡；但我們不曉得東線方面確實的傷亡數字。

第一次世界大戰期間中國工人在歐洲的生活十分艱苦。有許多工人並非出身勞工階級，而是想到歐洲增廣見聞的學生和教員。工作十分吃重，必須嚴守軍紀、罰多賞少。中國工人依規定，工作結束後要回到有士兵警衛的營房，不過營房制度很快就形同虛文。許多人感受到歐洲種族歧視之嚴峻，走在路上被人訕笑、在工作崗位上遭長官拳打腳踢。倫敦《泰晤士報》報導說：「清客（Chink）雖然能幹……卻像黑鬼，不工作時必須關在營房裡。如果管理得當，他們不會惹事生非。他們賭得很兇，但不酗酒，沒有暴力犯罪，而且馴服聽話。但是必須限制他們和歐洲人接觸，他們有自己一套詭計……他們被教導要遵守英國人的衛生、整潔和紀律規定。」[13] 難怪許多中國人覺得他們在歐洲是吃苦受難，為了國家不得不忍受。營房裡常唱一首歌，反映他們的悲情：

濃霧遮日
雨滴輕拍
長日漫漫[14]

不過在一片愁雲慘霧下，往往也有重大例外。一九一七年初，有人開始設立夜間學校，至少在西線戰場出現中文報紙，捎來國內的新聞。中國工人學會組織，很早就發動罷工，抗議工作環境惡劣、工資低、遭受種族歧視。他們和法國、比利時老百姓的接觸增加。有些中國人交了當地女朋友，後來結成連理。有位江蘇工人張昌松（譯音）於一九二〇年娶法國女友為妻，這段異國婚姻持續六十年，生了十三個子女。有些人在戰後留下來很長一段時間，部分是因為有關單位沒有能力遣送他們回中國；他們也就利用時間學習重要技能。有三千多人永久在法國住下來，和來法留學生攜手，成立歐洲第一個華人勞工組織。

中國和第一次世界大戰之間還有一些罕為人知的故事。其中之一是，中國勞工取道加拿大，前往歐洲的西線戰場。加拿大當局極力遏制中國勞工潛逃的可能，並且阻止加拿大老百姓和他們的進一步交誼；對於這些過客而言，這趟旅程是認識加拿大的好機會——加拿大日後成為中國外移人口喜愛的國家。另一個不為人知的故事是東線華人勞工的故事。這些華人勞工大多來自俄羅斯帝國的東部地區，或是俄國人控制的滿洲，早在一九一五年就被送到俄羅斯的西部邊界去。許多人在當地從軍，尤其是俄羅斯革命之後，大部分人替布爾什維克在波羅的海地區、或羅馬尼亞前線作戰。即使這些人幫助布爾什維克有功，但倖存者卻在史達林的大清算時期，由於具有國外關係而遭到迫害，至少十一萬人被捕，八千人在國內流放、押送回蘇聯東部。[15]

除了工人之外，另一個從中國往外移的最大族群是學生。從清廷政府十九世紀末期派遣第一批留學生出洋，到二十一世紀初中國菁英在世界頂尖校園大放異彩，中國和世界某些最重要的聯結，即是透過和海外教育機構來往而進行。學生這個族群比起任何族群都更具機動性——大部分必須進中國新興城市唸書，有些人甚至出國深造。思想跟著他們走，包括事情該怎麼做、事情怎樣才對等等新觀念。固然中國外移人口以工人為主力，學生卻賦與他們力量。他們遠比任何團體，更能向世界推介中國，也讓世界走進中國。

中國出洋留學人數暴增，始於二十世紀初期。一九一一年之前，中國至少已有一萬名海外留學生，大部分在日本和美國唸書。雖然經濟大蕭條時期和抗日戰爭期間，留學生人數下降，到了一九四九年，至少有十五萬名中國人在海外唸書。其中約半數回到中國。到了二〇一〇年，曾經出洋深造的人已超過一百五十萬人，但是在一九七八年中國開始改革開放之後的頭二十五年，只有百分之二十五留學生回國。[16]和勞工一樣，許多留學生過的是兼具中、外性質的生活，成立的家庭同時有中式及跨國的習慣。除了一九五〇年至一九八〇年這段時期之外，大部分中國留學生是自費出國深造、由家庭而非政府資助。大部分人成績優秀，能夠克服不同的語言文化障礙，而且名列前茅。

大多數中國留學生本來就是（或是變成）強烈的民族主義者。其中一位在一九一五年寫信給在美國的同學，強調他們這個世代身為中國人所處的困境：

> 我輩大多出生於甲午年前後。你知道甲午年對中國具有什麼意義嗎？這一年中、日為朝鮮問題開戰……我們才呱呱墜地哭泣，國家已蒙受偌大羞辱。你可知道你就出生在國家將亡的關頭？……既知我輩是國家將亡之民，我們生來就要知道我們應該如何才能救國。[17]

生在一八九四年前後那個世代、出國留學後回國參加救國運動的學生，人數非常眾多。中共高階領導人當中，蔡和森（生於一八九五年）、周恩來（一八九八年）、劉少奇（一八九八年）、李立三（一八九九年）、王明（一九〇四年）和鄧小平（一九〇四年），都出國留學。中共第一代高階領導人當中，其實只有毛澤東不曾喝過洋水。他沒有錢，也發覺外語太難學。

蔡和森、周恩來、李立三和鄧小平，是一九一九年至一九二一年間以「勤工儉學」赴法國留學的一千六百名學生之一。勤工儉學由中國激進派教育家規劃，安排學生在法國工廠打工（法國在大戰結束後，勞工短缺），以便籌足學費日後進入大學唸書。周恩來於一九二〇年抵達馬賽，希望能進愛丁堡大學唸書，結果卻在巴黎住了三年，於雷諾汽車廠工作，並自一九二一年起參加共產黨組織工作。鄧小平於一九二〇年抵達法國時只有十六歲。往後五年，他在巴黎附近工廠打工，喜歡可頌麵包、打橋牌和閱讀。一九二六年，他前往莫斯科，投身世界革命。

共產黨在中國建政掌權之後，莫斯科成為中國學生的首選目的地。一九五〇年代前往蘇聯的學生是由政府選派，受到嚴格的政治控制。他們大多修習理工項目，有些人甚至已被派好畢業回國後服務的機關或工廠。大部分人覺得在蘇聯的日子很幸福。他們領蘇聯政府發的補助款，賺的工資是國內的好幾倍（甚至超過蘇聯同學的薪資）。他們用功唸書，但也找時間玩、甚至談戀愛——儘管中共的管理人員企圖管束他們的生活。等到他們即將回國，回到一個限制極嚴的社會及政治環境時，問題來了。中共告訴他們說：「愛情方面，你們應該節制，正確處理好。你們在求學期間，不准結婚。」數千名中國留學生被迫拋下他們的女朋友而回國，絕大多數就此斷了姻緣。除了教育之外，蘇聯對這些留學生有極大的影響力，遠超過中蘇同盟時期。直到二〇〇二年，中共中央政治局仍有三分之一成員曾在蘇聯及東方集團國家留學，他們的生活觀念及政治作風仍有明顯的蘇式風格。[18]

一九八〇年以來，中國留學生人數起飛。一九八〇年代，大多數選擇前往美國，許多人學成之後卻決定留下來，因此豐富了美國學界及知識產業。後來，其他國家也受到歡迎，但英語系國家依然是留學生的最愛。二〇一〇年預備出國進修的學生，百分之四十三想到美國、百分之十九要到英國、百分之十二前往澳大利亞。語言顯然是他們選擇時的重要因素，但也有強烈跡象顯示，中國學生喜歡美、英一流學府提供的師生密切互動的環境。二〇一〇年希望前往英國留學的學生，幾乎一面倒想唸商學院：將近百分之七十選修商管課程，至少以碩士學位為目標。[19] 即使中國自一九九〇年代以來在經濟上維持榮景，大部分留學生希望畢業後至少在國外多住幾年。和來自其他新興經濟體的留學生一樣，中國留學生雖具有民族主義，但並不反對在國外尋求機會。

———

海外華人對二十世紀中國的政治命運有極大的影響。儘管一再有老生常談，說什麼中國所有的改革全由內部發動，我卻想不到還有哪個大國它的僑民和流亡人士會扮演如此重大角色，重新建構國家的未來。反清勢力在國外厚植根基，一九一〇年代和一九二〇年代的國民黨也在海外獲得支持。中共不僅思想上受外國啟發，還接受外國資金和訓練。市場革命派從一九八〇年代和一九九〇年代都與海外僑民有關聯。反對當前政權的勢力在中國境外動員，和當年的反清勢力如出一轍。就華人革命家而言，海外一向就是他們的夢想和希望的起跑點。

中華民國國父孫逸仙在海外奔走革命二十多年，足跡踏遍夏威夷、美國、加拿大、日本、歐洲和東南亞。他在國外唸書、在國外工作、在國外為革命募款，特別是向夏威夷和新加坡富有的華人努力爭取支持。他的兄長孫眉是夏威夷茂宜島庫拉鎮（Kula, Maui）的富商。孫逸仙娶了著名的華裔美國人家庭的千金宋慶齡為妻。宋慶齡自喬治亞州梅崗市衛斯禮安學院畢業；妹妹宋美齡後來嫁給蔣介石。一八九六年，孫逸仙在倫敦遭清廷使館綁架，（經由英國報紙爆料報導）脫險之後，寫下轟動一時的《倫敦蒙難記》（Kidnapped in London!），成為中國知識界家喻戶曉的人物。孫逸仙的革命幾乎全在國外製造。我們前面提到，由於正在科羅拉多州募款，他差點錯過一九一一年真正的革命。他提醒美國聽眾，美國獨立革命也有外國資助，他試圖兜售建國債券，保證在中國革命成功後以十倍贖回：

> 為了確保成功、促進運動、避免不必要的犧牲，並防止列強的誤會和干預，我們必須呼籲美國人民，特別需要你們道義上或實質上的同情與支持，因為你們在日本是西方文明的先鋒；因為你們是基督教國家；因為我們的新政府將以貴國政府為榜樣；尤其是你們鼓吹自由和民主。我們希望從你們當中找到更多拉法葉。[20]

孫逸仙之後的世代，蘇聯成為中國革命人士出國的中心。許多人赴俄國學習，並落戶定居下來。蔣介石的兒子蔣經國日後在台灣推動民主化，早年即赴俄留學。他在一九二五年前往莫斯科，住了十二年，曾在烏拉山區擔任過工程師。留法學生李立三日後出任中共總書記，一九三一年前往莫斯科，住了十五年；後來他在文革期間被毛澤東活活逼死。[21] 王明一向得到共產國際寵信，反對毛澤東在中共黨內的崛起。他很聰明，一九五六年赴莫斯科治病之後，就留下來。他一生最後二十年，一直努力批判毛澤東的獨裁。

我們稍後會提到，海外僑民在一九七八年以後中國的大改造上，扮演關鍵角色。鄧小平成為中國最高領導人之後，第一個出訪的國家就是新加坡。這個城市國家精明的反共領袖李光耀（他和鄧小平的祖先都是江西客家人），不確定中國會有什麼樣的發展。李光耀回憶他們第一次晚宴上碰頭，鄧小平先開口恭喜他「把新加坡搞得不錯」：

> 我問說：「怎麼說呢？」他說：「一九二〇年我要到馬賽時經過新加坡，爛透了。你已把它改造為不一樣的地方。」我說：「謝謝，我們能做得到的，你一定可以做得更好。我們是華南家無恆產的農民之後裔。你們有大官、有作家、有思想家、以及所有的聰明才智之士。你們可以幹得更好……」隔了幾星期，《人民日報》改變標題，新加坡不再是美國的走狗；新加坡成為漂亮的花園城市，有良好的公共住宅，是個非常乾淨的地方。他們改變路線。鄧小平也改付「門戶開放」政策。做了一輩子的共產黨，七十四歲的他說服長征世代的同志，回到市場經濟。[22]

一九八九年天安門廣場民主運動遭到鎮壓之後，中國出現第五代海外革命派。著名的天文物理學家方勵之發表文章，主張中國民主化之後，成為學生運動的指標人物。他現在流亡美國。（譯按：方勵之已在二〇一二年四月六日去世。）山西鐵路工人韓東方領導獨立自主的工運，現在居住在香港。他曾經告訴我：他仍在「中國領土，但又不受中國控制」。

一九八九年民主運動首腦人物王丹當時只有十八歲，是北京大學歷史系學生。他在中國坐牢七年之後得以出境，二〇〇八年獲得哈佛大學博士學位。這些人都盼望有一天能回到中國，把它變為更美好的國家。他們的主張經常看來毫無希望，但是年輕的孫逸仙、年輕的鄧小平，當年何嘗不是如此。

許多海外華人，即使從來沒去過中國，也都希望有朝一日能到他們先人的國家走走。許多華人到了國外後又回中國，試圖定居下來。即使過去兩個世代，回國的相對人數已下降，我們有理由相信，中國經濟上升將吸引更多人回國。問題當然在於，回到你認為自己認識的國家，可是慘痛的是，現實卻跟你所想像的大不相同。雖然許多人回到中國後一帆風順，但有些人滿懷樂觀和愛國精神回去，卻赫然發現國家扼殺他們的發展，甚至使他們及家人如墜地獄。

二十世紀初回國的那個世代，初期在中國大多發展得不錯，可是進入暮年，他們卻發現一生成就大多被戰爭和革命摧毀。從澳大利亞僑居地回國，創辦永安百貨和先施百貨的高家兄弟和馬家兄弟，活到一九四〇年代，於日本佔領下死於香港。他們在大陸的事業遭到共產黨政府沒收。榮毅仁繼承了一家歷史可上溯至晚清時朝的紡織廠，其規模在中國數一數二。他繼承的產業一九五〇年代被充公，本人淪為文革批鬥的對象——他迭遭毆打，被強迫做了八年的清潔工。一九七八年，鄧小平解救他，要求他發揮他的知識發展工業，協助中國富起來。榮毅仁成立中信集團這家國有企業。他的兒子榮智健現在名列中國首富之一。

但是有些歸國華人並不能從迫害下恢復地位。鄭念一九三〇年代和丈夫在倫敦政經學院唸書時，結為夫婦。他們回國後，在殼牌石油公司（Shell）任職；一九四九年革命之後選擇留在中國大陸。一九六〇年代，他們家財產全部遭到沒收，女兒被紅衛兵逼死，鄭念本人被安上英國間諜罪名坐牢、受刑求六年。她被指控在國外唸書，為了辯護，她提到倫敦政經學院和費邊社會主義的淵源，一名審訊人員當面訕笑她：「列寧譴責費邊社會主義是改良派。他們不是真正的社會主義者，因為他們不鼓勵暴力革命。別想要討好我們……替外國公司工作的高幹都是間諜。」[23]

西方訓練的建築師回國協助建設社會主義新北京，在文革期間也遭殃。法國出生的華攬洪（Hua Lanhong，即 Leon Hoa）是一位現代主義建築師，一九三〇年代追隨過大師勒・柯比意（Le Corbusier）。他來到從來沒見過的中國，於一九四九年擔任北京市都市計劃局副局長。華攬洪於一九五〇年代監督拆毀明朝留下來的舊城區。後來他被控推動西化，遭到整肅，往後的二十年，他若未被公開示眾，羞辱他是「反常建築」的代表的話，就是派去替農村的人民公社蓋廁所。華攬洪後來在一九七七年獲准回法國。挺諷刺的是，他的女兒、法籍建築師華新民現在跳出來和她父親一九五〇年代協助推行的拆建計劃唱反調，力主保護還剩下的舊北京。[24]

某些海歸派即使在文革鬧得最兇的時候，仍受到共產黨的保護。中國「導彈之父」錢學森曾在美國任職，留德的核子物理學家王淦昌曾任蘇聯集團設在杜布納（Dubna）的聯合原子核研究所副所長，兩人都免遭公開羞辱。可是，錢學森的副手、留學德國的傑出工程師趙九章卻在一九六八年被紅衛兵整得自殺身亡。文革某些積極分子本身也有外國背景。紐約布魯克林出生的唐聞生（Nancy Tang）是第三代美國人，於一九五〇年代隨雙親回到中國，後來成為毛澤東的英語譯員。她在外交部成為文革派主要人物。唐聞生和毛澤東的侄女王海容

（譯按：其實是表侄孫女），是一九七〇年初期參與中國外交政策定調的主角之一。

今天的海歸派沒有前人那樣曝露在偌大政治風險之下，當然今天他們也大多懂得觀風向。許多人持有美國綠卡或其他國家的永久居留權證件。即使從來不曾在外國居住過的人，也希望有個備胎計劃。中國飲料業鉅子娃哈哈集團創辦人宗慶后，據說是中國首富，他就持有綠卡。有些人從海外歸國，被同胞猜忌，其實出於嫉妒心理大過政治因素。過去三十年回國服務的將近五十萬海歸派，通常日子都過得不錯，有些人發了財、功成名就。但是，有一個領域很少有海歸派嶄露頭角，那就是政治圈。中國共產黨仍然不信任有海外關係的人。中國前任國家主席江澤民在史達林汽車廠接受工程訓練，前任國務院總理李鵬在莫斯科電力學校修習水力發電工程，但是今天的哈佛或牛津企管碩士在中國幾乎沾不到權力核心。[25]

愈來愈多的中國城市青年，
還有他們在中國農村及國外的響應者，
普遍認為中國是代表中華民族的國家。
它的天然、合法疆界即是大清帝國的疆界。
它的敵人就是不肯承認中國平等地位的外國，
尤其是這個處心積慮想從中國割走大片領土的日本。
他們認為，中國必須團結起來抗日。
自從一六三〇年代和一六四〇年代滿清入關作戰以來，
這場第一次在中國本土與異族交戰的大戰，徹底改變了中國的地貌。

第七章

對內與對外的戰爭

WAR

八年對日抗戰是現代中國國際史上的創始事件。中國在過去數百年並不是真正的全境和平，但是從一九三七年至一九四五年，許多中國人覺得他們正在和力圖將中國從地球上消滅的大敵進行殊死鬥。從一八三〇年代至一九三〇年代，和洋人的戰爭都是地方性的零星開打，可是抗日戰爭卻是烽火遍地的全面戰爭。陝西、福建鄉下的農民受到戰爭的影響，與上海或北京的城市居民受到的影響，並無不同。對於許多中國人而言，他們生平第一遭和外國人接觸，就是日本軍官以他們根本聽不懂的話，叫囂下令。這也就毋怪中國初入世界政治的經驗是不愉快的，而這種經驗創造出來的迷思和教條持續到今天歷久不退。

抗日戰爭爆發於中國從十九世紀末開始緩慢發展的民族主義走到巔峰的時刻。雖然蔣介石領導的中國政府，基於戰略因素，寧可延擱抗日作戰，中國的輿論卻逼得它無從選擇、必須在大規模敵對行為一發生之當下做出反擊。中國的民族主義自從一九二〇年代中期就劇烈上升，但是要到一九三一年日本在滿洲發動攻擊（譯按．指九一八事變）、以及後來扶植成立滿洲國，才使中國人血脈賁張，主張聯合抗日。[1] 從這一層可以說，直到一九三七年，日本的許多政策（甚至在戰爭爆發後的政策）是以誤解為基礎：東京政府害怕中國民族主義，但他們不明白是因為自身所採取的敵對行動，遠超過其他因素助長了中國對日本的新感受。打從一開始，中國民族主義做為國家政策，就是以抗日為目標。

一九三七年開始的第二次中日戰爭，出現兩個非常不同的中國形象彼此相互較勁。第一個中國形象，是絕大多數日本人的認知，它始於十九世紀，認為中國不是國家、只是地理區域，有許多地方權力者：如對立的政府、地方強人和外國代表，正當先進國家（包含日本）在中國境內促進發展之時，這些地方權力者會以不同的方式結合，保持住秩序的表相。由於民族主義中央政府以國民黨的形式的出現，揭櫫抗日政策，而這危害到日本所認知中國沉靜、務實處理國際事務的形象。中國的抗日出現在許多日本人覺得他們的國家受到西方列強（包括蘇聯）強大壓力的時候，而且西方世界還釋出全球經濟危機，害得日本雪上加霜。另一個中國形象，則是愈來愈多的中國城市青年、他們在中國農村及國外的響應者所具備：他們認為中國是代表中華民族的國家。它的天然、合法疆界即是大清帝國的疆界。它的敵人就是不肯承認中國平等地位的外國，尤其是這個處心積慮想從中國割走大片領土的日本。他們認為，中國必須團結起來抗日。

戰爭一爆發，對中國造成災難性的影響。大量的士兵和平民死亡，絕大部分的基礎建設遭到摧毀。中國在作戰中至少死了兩百萬人，還有戰爭的直接結果即是一千二百萬平民全數喪生。另有許多人死於飢饉、堤防水庫決堤、疫疾及中國軍中的虐待。日本在中國戰場有四十萬士兵陣亡（另有一百五十萬人死在因中日戰爭而引發的其他戰爭）。日本在第二次世界大戰也有一百二十萬平民喪生，其中包括三十萬人在戰後死於戰俘營（這些戰俘營大多在滿洲及蘇聯）。此外，有四十萬中國人在中國、或在亞洲其他地方與日軍並肩作戰而陣亡。[2] 這是令人咋舌的數字。中國和日本歷來兩個世代的人都還感受到沉痛、罪惡。

自從一六三〇年代和一六四〇年代滿清入關作戰以來，第一次在中國本土與異族交戰的這場大戰，徹底改變了中國的地貌。這場戰爭壓垮了過去三十年代表中國民族主義的國民黨政府。當然一部分是受戰爭影響，但一部分也是國民黨政府無力處理戰爭所引起的民間質疑。中共因國民黨必須進行抗戰而得到了喘息空間，先有機會生存、之後再乘勢擴大。抗戰也代表國內政治上、社會上大規模的遷徙流離，傳統菁英的力量被打破，國家的力量被受質疑，數以百萬計的人流離失所。戰爭，成為現代性的觸媒，但其現代性的形式卻未必是大多數人所樂見者。

——

一九三〇年代初的日本是個先天不安定的國家。它的政治制度被稱為「暗殺政府」。首相濱口雄幸（Hamoguchi Osachi）於一九三一年遭到暗殺，繼任者犬養毅（Inukai Tsuyoshi）次年也遭暗殺。兩人都是被主張國內政府更專制、國外政策更擴張的青年右翼人士殺害。到了一九三六年，右翼恐怖已成功造成日本民主全面癱瘓。日本會如此激烈右轉，一部分原因是經濟大蕭條嚴重傷害到日本的經濟，造成日本現代經濟首度發生的深刻危機。有些政客及知識分子，加上許多官員，認為大蕭條是西方刻意的行為，旨在傷害日本經濟的崛起。日本在一九二〇年代已經接受西方對限制軍備、關稅和國際組織等議題的許多要求。現在，它的對手又企圖利用日本的自我限制來破壞其經濟。右翼認為，日本必須拋棄它仿自西方的政治制度，重新調整為重視亞洲價值，在自己的大陸上擴大控制區域。

日本對外擴張的第一步就是滿洲。一九三一年九月，滿洲的日本皇軍軍官利用中國國內政治亂局，於瀋陽進攻中國部隊，然後迅速佔領其餘地區。日本政府及陸軍最高本部都沒有動作制止此一形同兵變的征服行動。東京當局逐漸放任駐華部隊「關東軍」激進派軍官的恣意作為。在日軍發動攻擊之後的戰事中，中國的東北軍很快落入守勢，五個月之內日本已控制了所謂「東三省」的中國東北大部分地區。這一次又和過去不同。東京沒有向國際壓力退讓而撤退。國際聯盟把這項行動界定為侵略行為，日本於一九三三年三月退出國際聯盟。在和西方決裂之前，日本已經在東三省成立「滿洲國」。原本的中國勢力大多被迫離開，完全順從日本的一個以遜清末代皇帝溥儀為首的新政府宣告成立。溥儀登基為帝，年號康德。這位滿洲國皇帝在日本訂定的東亞體系之地位很清楚：溥儀舉行一項繁複的日本式儀式，自命為日本裕仁天皇的義弟。[3]

滿洲國的成立造成一九三〇年代的幾件重大國際發展。它促成日本微弱的文人政府接受由軍方主導的新式國家組織，以海外擴張為目標。它強化中國的民族主義，使年輕世代的中國人相信必須有統一、集權的國家。它破壞在東亞的一切合作努力，使得本地區的新強權（如美國與蘇聯）以各自的方法要專心對付日本的擴張主義。儘管蘇聯不願出頭制止東京，而美國若無歐洲大國支持，亦無力制止東京，但是到了一九三〇年代中期，任誰都知道東亞正走向戰爭之路。國際間沒有出現同盟遏制日本，是因為所有的大國都專心於注視歐洲局勢，尤其是納粹德國的崛起。日本也密切注意德國在其大陸的作為：創立霸業，並抵制列強壓抑它的企圖。

滿洲國因而成為新式的日本帝國主義之象徵，經濟開發和公共服務是殖民帝國的要務。日本對此早已有了萬全的準備。在世界經濟危機之前，日本有百分之八十五的對外投資已投進中國，而它的中國投資，百分之八十是在滿洲。一九三二年至一九四一年期間，日本投資在滿洲的數字，以相對值而言，已超過任何西方列強在其殖民地的投資。到了一九四五年，日本在滿洲的投資已超過它在朝鮮、台灣及中國其他地區投資之總和。工業及農業的生產增為三倍，機械、工具和消費性商品是成長最快的部門。滿洲國政府及其日本顧問也大幅投資在交通、教育和公共衛生，對於遭受數十年戰禍和經濟亂局的老百姓提供煥然一新的發展。有些人，尤其是傳統菁英，選擇和新國家及其背後撐腰者密切合作，也就不足為奇了。

到了一九三〇年代初期，漢人約佔滿洲人口之九成，其餘一成則是滿人、朝鮮人、蒙古人和俄羅斯人。滿洲國時期，這個形勢沒有太大變化，只有朝鮮人因為可以從日本控制的朝鮮自由入境，人數大幅增加。滿洲的絕大多數漢人居民則繼續相信他們所住之地是中國領土，雖然只有一小撮人願意執干戈以衛社稷、抵抗新國家，但憤懣和消極抵抗實則已非常普遍。日本軍方的回應是大力高壓、動用暴力，包括強迫沒收土地以供工業化的農業生產。即使日本人喜歡把滿洲國界定為多元民族發展的國家，各個民族都可以有機會、有貢獻，漢人卻覺得在新秩序下，他們是最得不到照顧的族群。

滿洲國的創立代表日本擴張的新階段，甚至是新日本的肇始。東京的行動變成像美國或蘇聯對其他國家和地區的控制，大過像英、法在其帝國內部進行安排的色彩。日本即將推出的泛亞發展主義（譯按：即大東亞共榮圈），使許多日本青年有了奮鬥的目標，而一直推動到一九四五年，歷時十二年之久。透過它的反西方之立場，以及推行現代化的成功，它也吸引了一些中國人。但是和希特勒的歐洲一樣，日本的亞洲也只能有一個國家站在發展的階梯之頂端。對於活在「太陽帝國」陰影下的人而言，要成為完全現代，就得變成完全的日本人。而這幾乎是不可能的，因為它背離其他亞洲人愈來愈認同的民族主義。

自從一九二〇年代起，國民黨領導人蔣介石就把日本視為中國團結統一的最大威脅。蔣介石固然佩服日本人的作戰技能和組織能力，他也曉得如果東京有心要做，這些能耐可以用來對付中國。從一九三一年起，蔣介石曉得中、日難免一戰，他希望儘量拖延，爭取時間完成中國的統一，並爭取外國盟友的支持。雖然從當時到現在，大多蔣介石的策略都遭到詆毀，但這些策略其實相當有道理：他比任何人都更清楚，薄弱的中國哪能跟日本比，若想要保住他的民族主義計劃，唯有儘量爭取時間。整個一九三〇年代初期，蔣介石面對中國內部多少敵、友的反對，他仍然堅守他的策略。除非絕對必要，否則他絕不和日本發生全面戰爭，一旦兩國開戰，這將是長期抗戰，而且中國的生死存亡繫於這一場戰爭。中國若是不團結，加上武器的缺乏，又得不到外國援助，這場戰根本打不下去。

一九三〇年代初期，國民黨政府領導的中國適逢二十年來最團結的時刻，不過國家仍有極大部分地區仍由各方梟雄割據自主。除了日本在滿洲已是太上皇之外，外蒙古有個共產黨政府，蔣介石看得一點都不錯，它乃是蘇聯力量的延伸。新疆方面，蔣介石必須面對維吾爾人叛變以及和蘇聯結盟的勢力。他克服這兩者，可是一九三七年還是讓盛世才奪走了對新疆的控制。盛世才雖然是國民黨官員，在蔣介石政府面臨和日本最後攤牌時，他選擇押寶在蘇聯身上。西藏方面，代表幼年達賴喇嘛的政府向印度的英國求助，以保持它從中國的自治。華南方面，雲南在地方強人龍雲之下、廣西在桂系將領李宗仁、白崇禧之下，全是半自治王國。蔣介石離全面統一中國的目標，還很遙遠。而且他還有共產黨這個心腹大患。中共挺過一九二八年的搜捕殺戮，現在江西／福建交界處不時發動游擊戰，徐圖再起。

對蔣介石而言，中國共產黨和所有其他跟他爭搶政柄的敵人迥然不同。蔣委員長非常有自信，他認為種族分裂主義者或地方強人到最後都會向他正在打造的這個中央政府低頭。但是中共不會低頭，他們的意識型態不允許他們向中央輸誠。他也正確地判斷，中共受其政治信念和對蘇關係的制約，如果不用軍事力量予以摧毀，他們一定會群起反抗。因此蔣介石在一九三四年以中共根據地為其剿匪作戰的首要對象，迫使共黨殘部撤出華南，往西北逃亡。經歷「長征」的倖存者終於在一九三五年底在陝西偏遠邊區建立新基地，中共勉強還剩一口氣。

「長征」成為第二次世界大戰時期中共重振旗鼓的創始神話。中共的新領導人毛澤東也在這次大撤退途中竄出，從一九三六年起坐穩大位達四十年之久，直到他嚥下最後的一口氣。毛澤東率領眾部隊退到陝西，在延安設立總部，它們愈來愈受到毛澤東及其政治思想的主宰。即使毛澤東是個戰士，希望在華北重組新部隊，進而向蔣介石報復，但他卻受到共產國際紀律、以及史達林下達的命令之約束，尤其是中共總部現在已設在華北，又更接近蘇聯控制的領土，因此更難不理會這些約束。史達林要求中共和蔣介石合組新的抗日統一戰線，因為日本也是蘇聯最危險的敵人。毛澤東滿是不悅，但別無選擇、只得聽命，尤其他本人也看到以抗日統一戰線號召，在宣傳上極有價值。

一九三六年十二月，情勢又有了新發展。蔣介石前往西安的西北軍事總部視察，力促駐軍恢復對中共的軍事圍剿。蔣介石一如往常，認定他只差一步即可消滅共產黨。可是，以張學良為首的駐軍竟然抓了蔣介石。被日本人趕出東北的張學良及其部隊想迫使蔣介石同意跟中共及其他自主的中國部隊一起抗日。蔣介石大怒，但仍鎮定地面對兵變。他向扣留他的軍官表示，寧可被槍斃，也絕不會向他們低頭。張學良很快就發現，自己捅了一個大簍子。全國各界紛紛通電，要求他釋放蔣委員長。絕大多數的人不認為，捨蔣委員長，還會有更好的人選能號召全民抗日。甚至史達林和蘇聯也跳進來，因為他們也認為除了蔣介石之外的其他人選都不太可能成功地對日抗戰。毛澤東在中共領導階層的第二號人物周恩來，奉派前往西安，安排蔣介石的獲釋。毛澤東一定氣壞了，他的大敵竟然脫險，可是他曉得，史達林緊盯著他每一步動作，他也沒有別的辦法。他私心說不定也同意大多數國人同胞的看法：有了蔣介石，或許還有些許希望擊敗日本；沒有蔣介石的話，肯定沒有打贏的希望。

—

蔣介石在一九三六年十二月二十五日風雪中，由少帥張學良陪同，回到首都南京（張學良若是曉得終其一生數十年都要被委員長囚禁，說不定會選擇留在西安。）蔣介石已承諾對中共停火，並且也儘可能地以含糊說詞同意成立抗日統一戰線。蔣介石告訴他最親信的顧問說，他氣壞了，他認為這一群軍閥和叛徒破壞了他爭取時間準備抗日的計劃。西安事變發生之前，他已在日記寫下，雖然他希望還有兩年時間做準備，但「生命」可能不會賜給他那麼多時間。如果要在失去對國家的控制，或對日抗戰，兩者之一做選擇，蔣介石顯然寧選後者。

到了一九三七年春天，似乎各方勢力已有某種共識，針對抗日進行有限度的合作，中央政府和大多數的地方軍閥開始合作。自從一九三五年起，中共即推動中國人民抗日統一戰線，現在連蔣介石最親近的同僚也使用這個詞語。言論上表態反日有助於蔣介石在全國聲望的上升，但是，可想而知，這在東京和滿洲國會引起非常負面的效果；即使溫和派的日、滿政客和軍官都相信，中國的民族主義已經到達臨界點，戰爭已經不遠了。日本也感受到它在國際上陷入孤立。不僅美國和英國表示他們支持中國採取更強硬的路線，日本的大敵蘇聯也是。德國，從技術上而言，已是日本的盟國，卻也沒有撤走駐華軍事顧問。

日本政府傾向於降低對蔣介石政府的壓力，以求避免戰爭，但是華北的緊張情勢仍往上升。河北的局勢特別詭譎，關東軍從一九三〇年代中期已在當地建立一個緩衝地帶，隔開滿洲國和中國其他地區。（譯按：日本人請出殷汝耕組織冀東自治政府。）一九三七年七月七日晚間，日軍事先未宣布即在北京西南方（即今天五環公路附近）舉行演習，中國部隊向日軍開槍。日軍發現有一名士兵失蹤，要求進入附近一座城堡找人。中方指揮官猶豫，關東軍即砲轟城堡，控制出城的重要橋樑盧溝橋。中國部隊反擊，於上午奪回盧溝橋；日軍指揮官要求道歉，中方不肯。間歇性的作戰持續到七月二十六日，皇軍宣布停火。即使大部分作戰已經停止，國軍軍官仍拒絕日本的要求——此時已擴大到要求中方部隊全面退出該地區。

河北戰事爆發後不久，蔣介石決定已經忍無可忍。他所戒懼、但也做了準備的戰爭，已經到來，因為他無法命令他的部隊接受日本的要求。七月三十日他宣布：「現在唯一的路即是領導全國民眾，齊心齊力，奮鬥到底。」眼見日本把部隊投入華北，蔣介石決定在他的精銳部隊所在之地（上海及其周遭地區）求戰。在京滬警備司令張治中（他和中共、蘇聯都有聯繫）的慫恿下，國民黨空軍在八月十四日攻擊日軍停泊在上海港口的旗艦「出雲號」（Izumo）。雖然中方炸彈沒有投中軍艦，但這項動作已告訴東京，全面戰爭已經開戰；日本艦隊把砲火朝向市內國軍陣地開火。蔣介石透過廣播向國人宣告，日本侵略野心不止，中國別無選擇，從今起唯有全面抗戰。[4] 淞滬之戰你來我往地打了兩個月，雙方都努力避開洋人租界。到了十一月，日軍已佔領上海，並朝首都南京推進。

雖然日本人企圖把國民黨政府的行動描繪成如同清廷在義和團事件中的行徑，戰事爆發後，日本在國際間益加孤立。日本搬出它和納粹德國的盟約，終於讓德國召回在蔣介石底下服務的顧問。但是日本的老盟國英國，現在卻認為日本是侵略者。美國雖然還不肯參加集體行動以抵制日本，但已更接近要譴責東京的階段。小羅斯福總統一九三七年十月五日的篇演講，明顯衝著日本，他譴責日本是「違反條約、不顧人性，創造國際無政府和不穩定」的國家。同時，蘇聯為預防和德國、日本發生雙線作戰，開始採取步驟對付這個東鄰日益上升的力量。史達林不僅同意派遣武裝國軍部隊，他還派出蘇聯飛機及駕駛員和日本空軍作戰。戰爭爆發後頭一年，蘇聯提供給中國政府三百四十八架轟炸機、五百四十二架戰鬥機、八十二輛T型坦克、兩千一百一十八輛汽車、一千一百四十門大砲、九千七百二十挺機關槍，以及五萬支步槍。一九三九年夏天，蘇聯和日本為了控制蒙古而在滿洲國和蒙古邊境的諾門汗（Nuomen Han）附近發生戰爭。日軍遭到朱可夫（Georgi Zhukov）將軍率領的紅軍部隊狠狠痛擊。蘇軍陣亡九千人，日本則至少是兩倍於此。[5]

日本一九三七年和中國開戰，恰恰得到它的許多領導人所極力希望避免的結果：國際孤立、分心去和蘇聯作戰、以及為了不明確的目的而必須投入大量人力及物力。皇軍雖節節推進，代價卻十分高昂。中國方面，蔣介石不僅動員起全國來擁護他領導抗日，也贏得了全世界的同情。日本政府才逐漸醒悟，蔣介石已決心抗戰到底，苦苦硬撐來等候國際伸出援手。東京在一九三七至三八年的冬天得到結論：這場戰爭不像它過去和中國的交戰，從前中方初步一交戰失利，立刻乞求和談。這次將是一場長久苦戰。有位日本士兵一九三七年在中國登

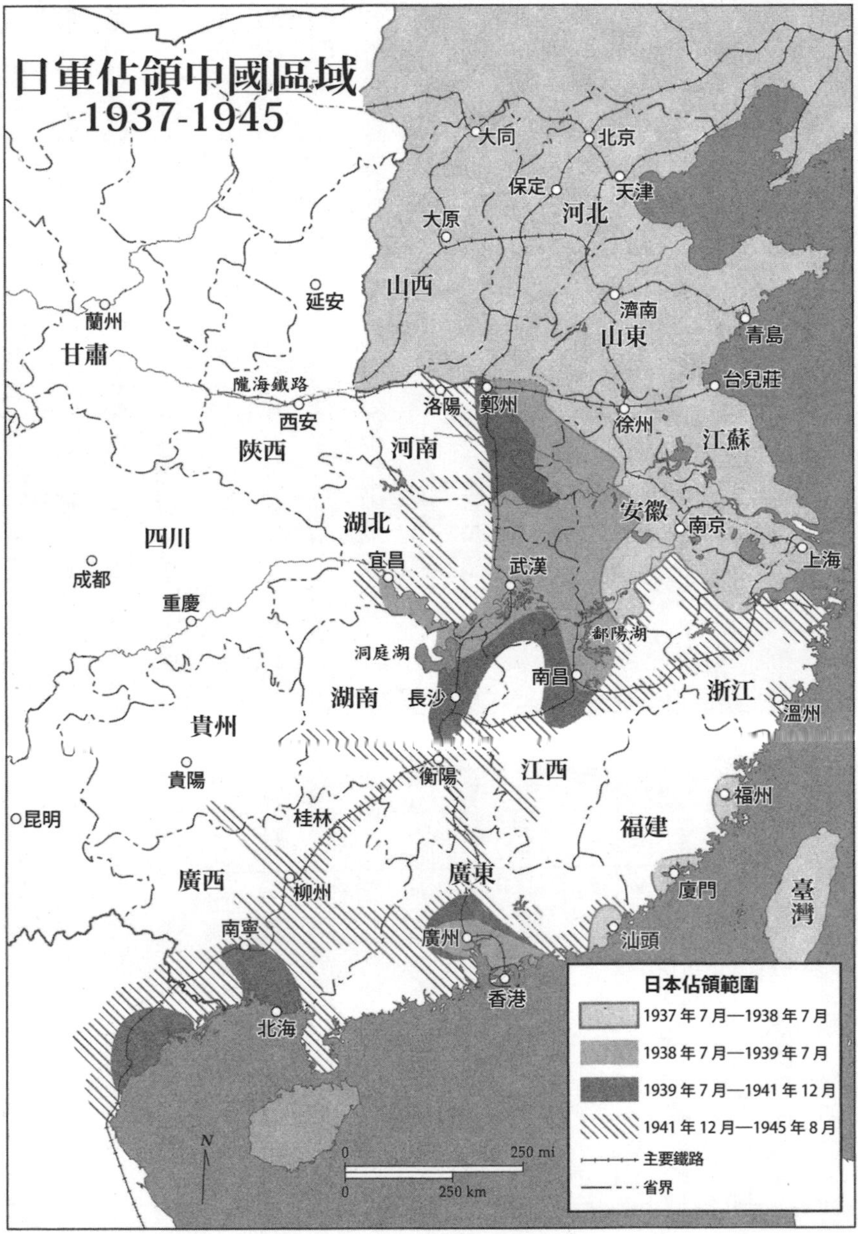
日軍佔領中國區域
1937-1945
大同
北京
保定
天津
河北
大原
山西
延安
濟南
山東
青島
蘭州
甘肅
隴海鐵路
洛陽
鄭州
台兒莊
西安
徐州
陝西
河南
江蘇
湖北
安徽
南京
四川
宜昌
上海
武漢
成都
重慶
鄱陽湖
洞庭湖
南昌
湖南
長沙
浙江
溫州
貴州
衡陽
江西
貴陽
福州
昆明
桂林
福建
廣西
廣東
柳州
廈門
臺灣
南寧
廣州
汕頭
香港
北海
N
0
250 mi
0
250 km
日本佔領範圍
1937 年 7 月—1938 年 7 月
1938 年 7 月—1939 年 7 月
1939 年 7 月—1941 年 12 月
1941 年 12 月—1945 年 8 月
主要鐵路
省界

陸後，於日記中記下：

我滿懷幸運和感激的心情，安全登上陸戰隊及前鋒部隊以血淚攻下的這片土地。我轉身面向東方遙遠的天皇、向戰死的英靈禱告，我可以感到我是何其感謝我大日本國，我可以感到戰爭這件事有多麼可怕。[6]

中日戰爭最慘烈的戰鬥發生在一九三七年的秋天、上海和南京之間的地帶。國民黨派出精銳部隊守衛首都南京，但是逐步被殲滅而向後退。日軍在十二月七日包圍了南京；蔣介石誓言死守到底。在城牆邊幾度攻防之後，日軍在十二月十三日破城而入，中國守軍潰逃。接下來六個星期，上演了二戰期間所有的城市淪陷後最慘絕人寰的一場針對平民的暴行。南京地區二十萬名以上居民及戰俘遭到日軍士兵屠殺，而且他們經常是受到上級鼓勵或甚至下令為之。強暴及用刑十分普遍。具有納粹黨員身份的德國商人拉貝（John Rabe）組織一個「南京安全區國際委員會」（International Committee for the Nanking Safety Zone），他目擊這幕人間煉獄：

兩個日本士兵爬過花園圍牆，即將闖入我家房子。我一現身，他們聲稱因為看到兩名中國士兵翻牆而入，才尾隨進來。我出示黨證，他們才退走。我家院牆後方窄街有一戶人家，有個女子遭到強姦，又被刺刀割傷脖子。我設法找到救護車，送她到醫院去……昨天晚上據說有一千名婦人和女孩遭到強姦，光是金陵女子學院就有約一百名女生遭殃。如果丈夫或兄弟攔阻，當場就被槍殺。你到處可以看到日本士兵的殘暴獸行。7

我們很難解釋是什麼原因引爆這些暴行。日本士兵很氣憤，中國部隊經過這麼多年的順服之後竟然反擊。他們自命比中國人優秀，見到同志被中國人殺了，不由產生報復、懲罰敵人的心理。最後的責任落在指揮皇軍攻進南京的軍官身上，尤其是派遣軍的司令官朝香宮鳩彥親王（Prince Asaka Yasuhiko）——裕仁天皇的姑父。

南京大屠殺令中國人更加堅定了抵抗侵略者的決心。一九三八年和一九三九年期間，日軍在中國各地頻頻告捷，但中方堅守陣線，逼得敵軍一路必須經歷硬仗才有戰果。一九三八年十月，華中的最大城市武漢、華南的最大城市廣州，相繼淪陷。到了一九三九年底，皇軍幾乎已經控制了中國整個海岸，並且據有絕大部分的華北地區，並向華南及華西的內地進逼。東京預期蔣介石會投降，或至少緊急求和。可是這次，蔣介石已經退無可退。在這個存亡絕續的關頭，蔣介石站到中國民族主義的最尖端，他已經把自己和抗戰結為一體。蔣介石就好像法國的戴高樂（Charles de Gaulle），他相信他就是中國，而國家、民族命脈全繫於他一身。他逼得東京別無選擇，只得放棄和他談判，試圖摧毀他的政府，設法把中國裂解為幾塊地區，在日本扶植下各立一個政府。

日本這個政策卻極難付諸實現。它的確在幾個不同地區，物色到親日人士組織傀儡政府，可是從來沒辦法給予蔣介石致命的一擊。即使中方很少在戰場上宣告大捷，可是它堅持不退、持續抵抗日軍進擊，造成了皇軍傷亡累累、士氣大挫。防守的一方（國民黨和共產黨都有）隨時化整為零轉為游擊戰，前線保持靈活轉換，往往使得日軍防線拉得太開，補給線和軍事據點曝露在中方火力下。東京的領導人一再相信他們可以以戰逼和，可是預期的勝利卻一再向未來推遲，中方的堅忍抗戰已毀了日本突然全面勝利的希望。

然而，頭兩年的戰爭，中國付出慘痛代價。除了戰場人命傷亡，平民百姓也遭受戰事及其後果的打擊。一九三八年六月，在河南、江蘇和安徽三省共三萬六千平方哩的範圍內，戰爭造成了至少五十萬人死亡、三百萬人無家可歸。華北和華中幾省也因戰亂造成嚴重飢荒。農民為避免戰事、報仇或強徵伕役，紛紛逃離家鄉。日本人無法兌現他們承諾的秩序，反而因與各路中國軍隊爭奪控制，在某些地方造成無政府亂象。雖然人民犧牲慘重，國民黨政府仍然存活。

一九三九年，有兩個原因還能讓蔣介石和他愈來愈疲憊的人民保持些許希望（或至少沒有完全絕望）：國民黨把部分人員播遷到四川的重慶，遠離戰場，建立戰時首都，於是它維繫住了華西、華南未遭日軍佔領地區裡面絕大多數地方強人的效忠之心。第二，日本則依舊對蘇聯戒心十足，在北方留駐精銳部隊、以防蘇聯出兵，沒有投入對付蔣介石的作戰序列。

一九三九年夏末，中國抗戰的外部環境產生了劇烈變化，而且不是變得更好。八月底，蘇聯和德國簽訂所謂莫洛托夫—李賓特洛甫條約（Molotov- Ribbentrop Pact），承諾雙方就歐洲事務進行合作。幾天之後，希特勒揮師攻打波蘭，第二次世界大戰於焉開始。日本起先感

到相當震撼，這兩個意識型態上的敵人竟然簽約締盟、而且他們的德國盟友事先也未和日本諮商；不過德蘇條約倒是除去他們的北翼壓力，使他們可以集中力量和中國作戰。國民黨政府也失去蘇聯的軍事援助。往後二十八個月，中國必須咬緊牙關，獨力應戰日本強敵。對於中國的民族主義和國民黨政府，這是極為艱鉅的考驗。

日本在中國既能放手作戰，遂於一九三九年底從幾個戰場發動攻勢。華中方面，日軍兵分數路，打進湖南，雖然未能達成目標，攻克省會長沙，但已經大大改善其戰略地位。當年年底，日軍又進攻廣西省，於一九四〇年一月攻陷省會南寧。對蔣介石而言，更糟的是，華北與國民黨淵源極深的一些地方強人，如山西的閻錫山，竟與日軍洽商停火。國際方面，戰事亦對國民黨不利。英國研判德蘇條約會使柏林和東京關係變壞，希望能和日本有某種有限度的合作，於一九四〇年七月暫時關閉滇緬公路——這是重慶政府從外界取得重要物資的管道。同時，越南的法國當局已效忠當時聽命於德國的法國維琪政府，也切斷從南方進入中國的補給線。一九四〇年九月底傳來另一個惡耗：日本和德國簽訂軍事同盟，組成軸心國家。根據盟約條文，其宗旨是「在大東亞圈和歐洲範圍彼此並肩合作，其主要目的是建立及維持新秩序、並促進相關民族之共同繁榮及福祉」。8

日本針對中國進行類似德國對付英國的大規模轟炸，來慶祝它在國際上的新突破。中國空軍被摧毀後，日本完全掌握空中優勢，中國城市及老百姓都嘗到苦頭。日本在南京扶立傀儡政府後，它認為蔣介石終究會被迫同意停火。不料，蔣介石選擇纏鬥到底，不去管華中方面已有大規模部隊叛逃，以及有愈來愈多戰場指揮官抗命不從的現象（抗命的有些來自中共部隊的指揮官），搞得政府軍在和日軍苦戰之際，還得和他們打了幾場戰。可是，救了蔣介石的仍是日軍作戰線拉得太長。日本的全面大進攻讓自己的部隊曝於險境，而且由於後勤有問題，搶下的領地有時候又必須放棄。一九四一年春天發生在華南的上高會戰是個好例子。皇軍達成所有的戰略目標，卻因為無法透過長距離增援其前線，而在傷亡慘重下被迫後撤。

在蘇聯實質上已退出亞洲戰事之下，蔣介石必須積極尋覓新盟友。他從德國在歐洲如秋風掃落葉、頻頻告捷時就曉得，唯一務實的希望是美國，因而他竭盡全力遊說華府提供援助給中國。到了一九四〇年秋天，美國人終於開始聽他說話；到了十一月，蔣介石得到第一筆美國的借款。一九四一年春天，國民黨在華南、華中陷入最激烈作戰時，小羅斯福政府認為「租借法案」（Lend-Lease）亦適用於中國——英國在最黯淡的時候，透過「租借法案」得到重大的援助。美國志願人員開始駕駛美方交運給中國的新軍機。雖然蔣介石曉得美國還不預備派出部隊參加在中國的戰爭，可是美國對東京愈來愈嚴格的禁運措施，使他相信小羅斯福已經認為日本日益威脅到美國在太平洋的地位。當日本領導人和蘇聯於一九四一年四月簽訂中立條約時，蔣介石判斷日軍將會南進，企圖攻佔東南亞。他預測日本將會和英、美發生戰爭，而且日本是「自取滅亡」。中國只需要再忍一段時候，「太平洋局勢將會變化」。

一九三七年之後，中國有史以來第一次以救亡圖存、民族主義的理念動員全民抗戰。以國民黨當時超高難度的勝算機會來說，它表現得可圈可點。最重要的是，它避免軍事崩潰——以戰爭爆發後頭幾個月的情勢看，它的確危如累卵。這一次和中國自一八四〇年以來所打過的國際戰爭都不同，政府軍沒有在一開戰就士氣崩潰。反而在許多地方，面對技術、訓練高明多倍的敵軍，中國部隊不畏犧牲、堅挺奮戰。

德國在一九四一年六月進攻蘇聯，害中國領導人擔心了好幾個星期。他們試圖研判：歐洲戰事擴大，是否也代表亞洲戰事會擴大？日本人很快就認定德國不會照其盤算的時間之內攻克他的新敵人，所以並不想和蘇聯交戰。中國方面，希特勒攻打蘇聯最主要的結果是，中國政府與共產黨重新結盟，現在中共奉莫斯科指示要加入反抗侵略者及其盟國的全面戰爭。即使蔣介石從來沒有能夠讓中共照他的指示作戰，現在至少中共在非淪陷區已不是頭號搗亂者。但是他也必須醒悟，蘇聯已為自己的生存陷入苦戰，不可能在軍事上援助中國。

東京方面，日本領導人對中國抗戰的能力愈來愈有挫折感。到了初秋時，力主進攻美國和英國的軍人在罕見的政策辯論中佔了上風，日本領導人亦認為西方企圖扼殺日本。有一派人士主張，征服東南亞，既可迫使中國投降，又可取得需要的資源打更大規模的戰爭。陸軍一九四一年底未能在中國獲得重大戰果，使得主張擴大戰爭才能勝利並進一步維護榮譽的論述更加強烈。私底下，許多日本軍官開始議論「中國泥淖」。動用海軍在亞洲擊敗西方列強，才能消除掉陸軍在中國戰場缺乏戰果的罵名，讓大家看到日本是帶給亞洲其他民族現代化的大國。

一九四一年十二月八日清晨蔣介石被副官叫醒時，他一點兒也不驚訝耳中所聽到的新聞。中國領導圈裡，蔣委員長比任何人都更相信日本人遲早會南進。聽到珍珠港遭日軍全面攻擊的報告後，蔣介石發信給小羅斯福說：「針對我們共同的戰爭，我們將全力以赴與貴國並肩作戰，直到太平洋及全世界不再受暴力及背信忘義之苦。」[10] 即使日軍快速席捲東南亞，也沒讓委員長動搖，只不過新加坡在十二月十五日就迅速投降，令他相當震驚。蔣介石本來以為英國人會更堅決作戰。三分之二的日本陸軍仍被牽制在中國戰場，蔣介石有理由自豪他能堅守戰場，不讓日本在東亞建立新秩序。

蔣介石最大的憂慮是，日本南進攻勢會切斷中國透過緬甸取得補給供應的生命線。他無法信任英國人的作戰能力。一九四二年初蔣介石表示願意調遣國軍幾個師的兵力到緬北，英國駐印軍總司令魏維爾元帥（Archibald Wavell）遲疑不決時，委員長對他發火：「你們英國人根本不曉得怎麼跟日本人作戰。打日本人，不是像撲滅殖民地叛變、不是像殖民戰爭。日本是嚴重的大敵……我們中國人跟日本人打了這麼多年，我們曉得怎麼打。這種事，你們英國人不行、幹不來。你們應該向中國人學習如何抗日。」[11] 蔣委員長和這位獨眼龍英軍元帥會面時，他一定想到從他青年起迄今的國勢變化：中國已不再是被鄙視、被摒棄在國際體系之外的國家，英國也不再是高高在上、居於世界頂端的大國。即使英軍在一九四二年五月退入印度，使剛到緬北的國軍陷入進退維谷困境、棄守滇緬公路，蔣介石並沒有頹喪。他曉得國軍入緬作戰，就足以表徵中國已是大國，讓他在唯一一個能夠支持中國的軍事大國（美國）的面前說話有份量。

日軍進襲珍珠港之後，中、美同盟快速發展。即使滇緬路封閉，盟軍飛機還是載著美國物資補給、軍事裝備及顧問人員「飛越駝峰」，跨越危險的喜瑪拉雅山，從印度北部進入中國。沒有美國支持，國民黨政府能否撐過最後三年的抗日戰爭是有極大的疑問。可是，蔣介石仍有理由哀嘆盟國的對華戰略。美國提供給盟國的援助當中，國民黨得到的部分直到一九四五年，平均只佔百分之一左右。原因不只在於運輸困難。盟國也決定了歐洲第一的戰略。他們的主要資源將先用於對付德國的戰爭，唯有在歐洲戰場戰勝後才會用來對付日本。我們可以理解，蔣介石哀怨、不滿意這個戰略；他對美國首席軍事顧問史迪威將軍（Joseph Stilwell）提供的建議也頗有同感。瞧不起中國人作戰表現、脾氣又來得大的這個北方佬老美，和國民黨幾個主要將領格格不入。他們指控他扣住供應物資、不讓美軍出動，而且淨搞些沒有用的攻勢。他則指控他們貪汙腐敗、浪費揮霍，而且無能。到了一九四四年，史迪威已和蔣委員長直接衝突，稱呼蔣是「花生米」。有一回大吵之後，史迪威寫了一首打油詩：

> 我苦候報仇，
> 終於等到機會。
> 我瞪著花生的眼睛，
> 狠狠踹他褲襠一腳。[12]

但是，蔣、史失和瑕不掩瑜，不應遮掩掉中、美兩國在第二次世界大戰末期發展出來的密切合作。美國人訓練和裝備蔣的精銳部隊、情報機關和政府行政部門。儘管他不太喜歡美國的社會和文化，蔣介石很清楚世界大勢的走向。他看到中國在其中的大機會。

中國從和美國結盟得到的最大好處就是國際地位大幅升高。一九四三年十一月同盟國在開羅舉行高峰會議，蔣雖無從參加有關歐洲和蘇聯問題的討論，卻已和美國總統、英國首相平起平坐。他也得到美國保證在戰後將繼續援助中國，中國可與世界最大國永久結盟。根據美國國務院的官方紀錄：「羅斯福總統提議，戰後，中國和美國應制訂某種協議，一旦遭遇外國侵略，彼此應相互援助；美國應在太平洋各地基地維持適度兵力，以便可以有效承擔防止侵略的責任。」[13]因為需要中國協助贏得太平洋戰爭，小羅斯福給予蔣介石中國躍居四強的地位，對於佔領日本，以及朝鮮和東南亞的未來，有著特別的影響力。遠在開羅會議召開之前的一九四三年一月，美國和英國已經放棄他們在中國的治外法權。國民黨驕傲地宣稱他們已恢復中國的地位：「我們中華民族經歷五十年的浴血革命和五年半的抗戰犧牲，終於化百年的不平等條約屈辱史，成為終結不平等條約的光榮紀錄。」[14] ①

任何社會承受大規模戰爭的壓力，一定會付出沉痛代價，而且不僅當時吃苦，往後多年也會隱隱作痛，中國也不例外。日軍所到之處，中國老百姓無不遭殃——被戰爭暴行傷害、陷於飢饉或因外敵控制而受到欺凌。但是，防守的這一方（國民黨部隊）所到之處，百姓也遭殃。國民黨士兵在戰時死於疫疾和飢饉的人數，似乎還多過在戰場陣亡的人數。國民黨部隊一旦補給斷缺，他們就沒收農民已經很稀少的物品和蔬果。戰爭愈是拖下去，中國愈來愈多農村才沒心去管是誰當家控制，只關心他們如何才能避開殺戮和飢餓。在許多地方，日本人只被當做是許多外來勢力之一，人民對中國士兵的行為怨恨之心有時候比怨恨日本人更加深重。

從經濟面講，抗戰給中國帶來災厄。二十世紀上半葉的建設有相當大多數遭到毀滅：通訊、工業、水利等等。一般人常說，仰賴基本農業生產的地區在戰時的損失，還小於有複雜先進經濟的地區，但是二十世紀中葉的中國則不然。抗日戰爭發生在一個世紀來農村凋敝的

① 譯註：國府訂一月十一日為「司法節」，紀念向列強爭回司法獨立。

最高點時刻，農民生存的空間已經十分狹窄。在中國農業經濟中一向扮演關鍵角色的貿易受到阻滯，在某些地區甚至停止。肥料和水，很難取得。河南省在一九四二年至一九四三年經歷一場大飢荒，乾旱肆虐和軍方徵購合起來造成兩、三百萬人餓死，另有三百萬人流離失所。農民已經忍飢挨餓，中國軍隊還徵收穀糧、徵集役力。美國記者白修德（Theodore White）形容它：

> 路有餓死殍。一個年紀不到十七歲的女孩，瘦小、漂亮，躺在潮濕的地上，嘴唇死白；她雙眼睜得大大的，雨水落在她身上。人們嚼樹根果腹；小販兜售樹葉、一束一塊錢。一隻狗在泥堆裡挖出一具人屍。像行屍走肉的男子從死寂的水塘撈水上的綠色漂浮物當食物。[15]

戰爭使得六千萬至九千萬中國人成為難民。在淪陷區及國民黨區，都有人奔向城市求生存，製造出新的城市環境。犯罪和壓榨盛行，難民和城市居民的生活都陷入混亂。[16] 即使想和當局合作的人也被他們所見到的國家之不合理要求、未來之不確定性，澆熄了熱情。今天所做的抉擇，明天可能變得十分荒謬，上午在社會還被稱讚的行為，下午可能招致死罪。在腫脹、嚇壞了的城市裡，戰時面對的是在存亡之間掙扎　或至少是在擁有資本財產或鬧窮挨餓之間猶豫，不是要和日本合作或對抗。痛恨日本人、又覺得遭國民黨政府遺棄，大部分城市裡的中國人，不分貧富，對戰爭不再有所寄望、憂鬱沮喪。

儘管各方面都不孚民心，國民黨在增加生產、以及組織有時候並不太情願抗日的人民的這些方面，倒是相當成功。政府的問題當然在於全國三分之二的生產，以及幾近它全部的歲入都用在作戰。和別國政府一樣，它企圖以更加集權、提升效率（往往指的是粗暴）來彌補此一長久危機。它也受惠於起用若干出於愛國心理回國服務的專家，他們大多建議增加國家的控制。共產黨日後用來治理中國的一些方法，其實已由國民黨在抗戰期間試驗過。生產配額、物價管制和老百姓軍訓，是戰時國民黨喜愛的目標（雖然大多數預備在戰後放鬆這些管制措施）。可是儘管政府一再呼籲全民團結和犧牲，它最大的問題還是財政問題。它在戰前的稅基幾乎全座落在華東沿海有生產力、且相當繁榮的地區，現在大多被日本人控制，因此它早已失去大部分的稅收來源。國民黨因此在抗戰期間根本無從奢談財政穩定。新稅目，尤其是一九四二年起實物徵收的新土地稅，企圖把重擔移到政府控制地區的農民身上，該稅制被認為不公。

中國可謂「成也抗戰、敗也抗戰」。[17] 一方面，它促進了集權中央、講求效率和在二十世紀末期（抗戰早已結束、而且換上中共當權主政）實現現代國家的理想。另一方面，它給中國許多地方造成幾近無限的破壞，以遺棄和殘暴的方式影響到人民的生活。對於經歷過抗戰的人士而言，戰爭毫無疑問指的是物質破壞和人命犧牲，而非民族復興和國家現代化。它把中國的苦難帶到新的境界，在中國人眼裡，也使它成為世界各國責難、遺棄的國家。

———

中國方面，中國共產黨成為抗戰最大的受惠者之一。日本的威脅幫助共產黨躲過國民黨的追剿。抗戰使得中共得以在其西北新根據地和敵後地區持續發展。抗戰開始時，中共規模很小，可是到了一九四五年，它的勢力已經不容小覷，具有一百二十萬黨員、九十萬男女士兵。比起數字擴大更重要的是，中共透過一套集中決策制度而有能力與社會各界互動。抗戰使得毛澤東和擁立他領導的一派人同時達成兩個非常不同的目標：讓所有的黨員遵從秘密的、以毛澤東為首的內圈組織，但對外又呈現出溫和、合作的形象。這個大轉變有助於中共從抗戰得利，並於戰後取得政治上的勝利。

中共已經一再主張抗日統一戰線，但是抗戰真的爆發了，它究竟要怎麼做卻又不清楚。共產國際希望中共能在軍事上對日本人施加壓力，但是不論史達林或蔣介石怎麼說，毛澤東就是來個相應不理，不肯對敵人發動大規模作戰。他反過來強調游擊戰術——也就是在敵後秘密行動，藉機坐大、發展黨組織的力量。從一九三九年到一九四五年，中共的作戰主要是為了保護自己的地盤，或是在中共有政治運作的敵後地區，針對日軍對百姓的暴行進行報復。中共殺死的中國人（不論是國民黨、通敵漢奸或只是擋路的地方勢力）遠比日本人殺的還多。但是毛澤東需要和莫斯科維持良好關係，因此在一九四〇年底發動一場「百團大戰」。這不僅是回應史達林一再要求要有行動，也是回應中共黨內頻頻求戰的聲音。百團大戰是針對華北日軍的一系列攻勢，但是就中共而言可謂慘敗。中共傷亡的士兵是日軍的四倍。戰役之後，日軍又對當地人民展開瘋狂報復。

到了一九四一年，毛澤東的部隊和國民黨已經等於在打內戰。最激烈的衝突發生在安徽省。蔣介石決心在此要制止中共的擴張，迫使中共接受他的領導（譯按：即一九四一年一月的「皖南事變」或「新四軍事件」）。但是，政府軍的勝利不夠堅固到足以嚇阻中共，於是又把部隊調離對日作戰的戰場。抗戰期間從頭到尾，毛澤東口頭堅守共產國際政策，呼籲堅持抗日統一戰線、組織聯合政府，可是私底下卻集中力量擴大中共勢力。共產國際頭子季米特洛夫（Georgi Dimitriov）（譯按：保加利亞共產黨人，一九三五年至一九四三年擔任共產國際執行委員會總書記）一九四三年十二月告訴毛澤東說：他認為中共「降低對中國的外來佔領者之鬥爭的政策，以及明顯悖離了民族統一戰線的政策」，犯了「政治錯誤」；但是毛澤東堅持他的內部重於外部的政策，給他帶來極大收穫。[18]

毛澤東一方面不理會對國民黨的統一戰線政策，一方面卻在中共控制的區域內祭出統一戰線。中共沒有像以前那樣槍斃地主和商人、分田和沒收財產，現在宣布他們所謂的溫和政策，實行減低田租、集體耕作、物價凍漲和貸款等辦法。中共亮出全民抗戰的旗幟，提出面面俱到的政策：農民（保證不讓他們餓肚子）、地主（可以收到地租、又有穩定物價）、店東（得到可預料的稅負和財產保障）、工人（得到最低工資）。中共現在擱下馬克思和列寧，開始談「合理稅負」。山東西部邊區產鹽的地方人士利用戰時國家機關的力量衰退，避繳討厭的稅，因此相當賺錢。中共在當地保證保衛地方福祉和降低稅負，大獲人心。在中國其他地區，中共吸收黨員和士兵，保證維持中共已在當地建立的穩定、也要嚴懲通敵的漢奸。[19]換句話說，抗戰給了中共近乎完美的機會擴大勢力。

毛澤東及其追隨者對外擴張黨的勢力同時，對內亦發動黨內鬥爭，鬥倒舊敵，爭取到一九三七年以後入黨者全心全力的效忠。所謂的「整風」運動批判、逮捕，甚至槍斃那些不肯接受黨的新戰術、不依毛澤東所了解的中共歷史任務觀念進行文藝工作的人。毛澤東這一派人馬不再高舉黨所據以誕生之國際主義者的馬克思主義，引進此一曾被強調為黨在中國歷經百年羞辱之後，做為中國人民救贖者之論述。中共擱下共產主義的唯物論，開始宣傳靠意志力可以達成解放。毛澤東告訴他的黨內聽眾，中國既不弱、也不窮。中國是強大的，因為中共帶來革命精神，使得中國脫離桎梏。

——

中共這廂團結，國民黨那廂卻似乎分裂。許多領導人質疑蔣介石的權威。汪精衛即是其中之一。汪精衛曾經是孫逸仙最親信的副手之一，也是中國民族主義的重要倡導人。一九一〇年汪精衛被清廷逮捕，辛亥革命後獲釋、成為英雄，曾經數度出任國民政府行政院長。汪精衛是國民黨內的左派（這方面符合孫逸仙的精神）他主張國共合作，強烈反帝國主義，即使在蔣介石一九二七年清除共產黨之後。因此，汪精衛成了蔣介石在國民黨內的大敵，兩人的關係日益惡化。一九三七年，汪精衛原本和政府一起撤退到四川，但是他不改其常，堅持認為西方帝國主義列強對中國的威脅大於日本，因為日本畢竟還是亞洲國家。一九三九年，汪精衛出走，前往河內，蔣介石的特務企圖刺殺他不成，汪精衛全面投向日本。一九四〇年，汪精衛在南京成立維新政府。十一月，汪精衛和日本簽署和約，承認滿洲國，並賦與日本人在它聲稱控制的地區享有特殊權利。事實上，汪精衛維新政府存在的五年時間，完全依靠東京的支持。

但是儘管背負漢奸罵名，汪精衛並非只是日本人單純的傀儡。他在一九三〇年代的政治之旅，使他從含糊的社會主義走向強調亞洲同文同種的價值、以及合作抗拒西方列強宰制的立場。汪精衛認為中國抗戰是白費力氣，中國應該加入東京預備要建立的大東亞共榮圈，並效法日本建設國家。一九四三年一月，汪精衛政府向同盟國宣戰，直到日本一九四五年八月投降前，一直是日本帝國一個具爭議性的盟友。但是儘管維新政府設法召募部隊與日本人並肩作戰，大家根本不懷疑誰才是真正當家做主的主子。汪精衛的合法性（即使在他本身政權之內）完全建立在他是否有能力讓日本人在中國少製造傷害之上。汪精衛的「維新」國民政府被一般視為漢奸，但有些人做為漢奸卻有他的目的。

許多中國人在抗戰期間，所求唯有生存，非常單純。他們需要的是自己和家人能安全，避免被碰上的軍隊所傷害。在大多被日本人佔領的城市中國，它通常代表找到權宜之計與佔領國和平相處。大多數人試圖避開汪精衛政府，不僅是因為它被認為是漢奸政權，也因為它被認為沒有用。許多人認為，如果必須和新政權打交道，還不如直接找日本人。當然，在日本佔領的中國，和在德國佔領的歐洲並沒兩樣，全面和佔領當局合作十分困難。佔領當局的意識型態當中有一個相當重要的部分，那就是自認為他們的民族或種族的優越性，即使你全心全意接受日本的思想，你也變不成日本人。在中國某些地方，尤其是二十世紀初期政治、社會動盪下受盡苦難的人，和新來的力量合作的意願很大。這種心理在菁英人士中特別強，他們認為日本人可以保護他們不受不守規矩的農民、工人侵擾。但是即使想從意識型態上找到可跟日本合作的人，也常被日本人的殘暴和趾高氣昂搞得氣餒不已。和德國佔領的東歐（立陶宛、波蘭和烏克蘭）一樣，與佔領當局的合作並不容易、也未必安全。

在城市地區，佔領當局在戰事告終後立刻設法恢復工業生產。起先，日本人任意沒收中國企業，透過軍方單位或日本的財閥（zaibatsu）經營。東京企圖利用中國的工業產能使在中國境內的日軍能自給自足，還能協助供應其他地區日軍。但是，產量仍較戰前降低達百分之五十，此一夢想完全破滅。[20] 整體產量降低有可能是補給困難的結果，也可能是中國工人意興闌珊的結果。日本廠商在中國的生產也從戰前的水平下降。戰前，上海一半紡織廠由日本人擁有，可是有許多已毀於戰火。財閥不太願意在中國投資；許多人覺得在中國投資賺不了錢。佔領當局只好拿出胡蘿蔔加棍子的對策。它規定中國東主若承諾配合軍方需求，可以取回工廠。但是具戰略性質的生產（戰爭越拖下去，這個名詞適用範圍也愈拉愈大）日本軍方則直接控制，這兩項作法都不成功。由於皇軍已經沒收了大部分的船隻和火車做為軍用，因此市場運作不靈，再加上定價被一律規範，故也無法激勵生產。直到一九四五年，日本人一直陷在典型的佔領者兩難之中：佔領當局希望增加生產，傀儡政府希望經理人在政治上感恩圖報，然而工人既痛恨沒有技能、只知順從日本人的經理，也不滿意佔領當局。這怎麼會成功呢！

農村方面的選擇就沒有城市來得多。地方仕紳經常選擇和日方合作，可是他們得到的回報卻十分有限。他們厭惡汪精衛政府，也不曾從它那裡得到什麼好處。他們渴望安定，可是日本人若非提供不了安定，就是不願提供安定。河南省北部的內黃縣就是個例子。內黃縣在一九三〇年代之前就歷經多次內戰的災厄，但是在日本進攻之前幾年，國民黨已慢慢穩住局面，控制住土匪、共產黨和秘密幫會。一九三七年日軍進撲，國民黨地方官員趕緊跑了。於是囚犯越獄，搶奪公有倉庫，土匪團體公然活動。一九三八年三月某天，皇軍預備接管全縣的那一天，兩批土匪就在日本前鋒隊附近衝突起來。日軍以為他們受到鄰近某村莊農民的攻擊，逮捕了許多人，把他們衣服扒光，趕進一棟房子，點火燃燒。任何人想逃，都被開槍打死。最後有八十個村民死了。抗戰期間，內黃縣老百姓就在歹徒、佔領軍交相欺凌下苟延性命。國民黨無從保護他們。因此當中共一九四四年開始在內黃縣活動時，地方村民紛紛接受它的保護也就不足為奇了。[21]

——

日軍在一九四二年至一九四三年沒有太大進展。許多觀察家預期中國戰場大概不會有太多波瀾。但是日本大本營不打算維持現狀，它曉得日本若要贏得大戰，唯一的機會是先擊敗中國，逼它退出戰場。一九四四年，日軍發動在亞洲大陸上最大規模的攻勢，打算粉碎中國的抵抗，建立從華北到東南亞直接的陸上通路，日本規劃人員差點就能如願。一九四五年初的國民黨政府陷入困境，儘管盟國在太平洋和東南亞頻頻告捷，若非日本突然投降，它搞不好就撐不過去。

對於這場「第一號大作戰」（Operation Ichigo）的最重要目標是什麼，日本大本營又犯了老毛病：達不成共識。有人強調是補給線，有人說是消滅國民黨。隨著攻勢發展，他們達成第二個目標的機會更大於第一個。重慶的國民黨政府一九四四年陷入嚴重的經濟和社會危機，使得軍事抗戰失去果決。政府開徵新稅的企圖大多已經失敗，造成民心浮動。各種物品的供應都告吃緊，一部分國民黨控制區開始出現飢荒。在這種情況下，抗拒被徵兵的事件頻頻爆開。半數的逃兵及抗拒被徵兵事件，發生在抗戰的最後一年。大多數老百姓對國民黨最自豪的成就（與美國結盟）並無感覺。許多人在問：為什麼美國人不再多幫忙中國？如果華府可以派遣大量美軍部隊保衛巴西，以防軸心國家入侵，為什麼它就不能派一個正規軍士兵到中國作戰？國民黨應付財政困難的對策就是多印紙鈔，這一來通貨膨脹有如燎原之火，幾乎人人都窮了，包括最支持國民黨的人也無法倖免。這一切問題統統加起來，造成政府在最需要支持的時候，支持度卻跌到最低點。

日軍在一九四四年四月發動第一號大作戰。不到一個月，它就把國民黨部隊趕出河南省。它也攻陷國軍從一九三九年就頑強固守的湖南省會長沙。日軍趁勢南下，打進廣西，十一月間攻克桂林，開始從東、從南兩路進擊國民黨據守的四川。第一號大作戰的成功，一部分要感謝蔣介石的美國顧問規劃不當，但它也曝露出國民黨自身在經濟和政治上的弱點正逐步侵蝕著它的抵抗能力。即使日軍在一九四五年春天氣勢開始不濟，當他們必須調遣部隊前往附近的太平洋戰場時，國民黨的反攻也大都有氣沒力。絕大多數中國人仍然把蔣介石視為英雄，但是國民黨治理的能力在戰爭末期已經跌到無以復加的地步。

中共卻可以利用抗戰趁勢坐大。當第一號大作戰把國民黨趕出華中戰略要地時，中共乘機趕緊在過度延伸的日軍防線後方建立自己的政治體系。他們也可以伺機攻擊已被打散的政府軍，在山東、江蘇交會處就是這麼幹。華府不滿意蔣介石小心翼翼的策略，企圖動員其他的勢力（包括中共）一起抗日。中共自己都大感意外，他們竟然和美國展開第一次接觸。蘇聯曾經告訴毛澤東，史達林預期蘇美同盟在大戰結束之後仍會保持下去，因此毛澤東把美國此一舉動解讀為此一國際新架構的一環。中共和美國接觸會有助於促使蔣介石及其他反共人士在戰後中國要多妥協。小羅斯福總統駐華代表、十分天真的奧克拉荷馬州律師赫爾利（Patrick Hurley）訪問中共根據地時，在毛澤東本人親擬的籲組聯合政府提案上簽上名字，此舉令中共士氣大振。赫爾利也保證美國會支持中共，毛澤東認為這是美國在為派軍登陸做準備。[22]

但是傷害國民黨地位最大的，並不是赫爾利訪問他所謂的「印第安區」這個舉動，也不是國民黨在抗戰時期無法有效施政、治理，而是中國老百姓，尤其是知識分子，他們普遍有種感覺，認為國民黨千方百計想要加入的國際體系對中國本身沒有什麼用處。中國在全球市場上和資本主義的互動來往，並不是愉快的經驗，許多人盼望戰後能有一個有益中國人民的新經濟戰略。一九四五年的中國人，就和其他國家對戰爭已經感到疲憊的人一樣，只想要和平、只求國內的問題能夠解決。如果蔣介石辦得到，人民願意追隨他。如果他辦不到，他們可要開始另尋高明。

一九四五年二月，小羅斯福、邱吉爾和史達林在雅爾達開會，商討戰後世界大局。和一九四三年的開羅會議不同，蔣介石這一次沒被邀請與會，使他很生氣。他很氣中國又再次被列強用來當做交易籌碼。不過，他還是發現雅爾達的結果有用。委員長自知國軍的弱，但也深怕蘇聯參加對日作戰會對中國的統一產生災難性的後果。因此，他要求美國規範蘇聯在東亞的角色，美國就蘇聯行為做保證就是雅爾達密約給他的承諾。蔣介石也希望戰爭快點結束；他也和小羅斯福一樣，相信蘇聯參戰是唯一的辦法。蔣介石對雅爾達（戴高樂也因為沒有受邀參加而譴責雅爾達）的抨擊當中其實責備的是形式、而不是內容。他希望和蘇聯達成

協議，而且愈快愈好，但他需要美國去搞定框架。

一九四五年二月十一日雅爾達密約有關日本的文字，是在史達林對歐洲提出的要求大都如願之後才敲定，它就是很好的證明：

蘇聯、美國和英國三強領導人已達成協議，在德國投降及歐戰結束後二、三個月，蘇聯應站在同盟國一方加入對日戰爭，條件為：外蒙古（蒙古人民共和國）的現狀應予保持……大連商港應該國際化，蘇聯在此一港口之最高利益應予保護，旅順港出租給蘇聯做海軍基地應予恢復；中東鐵路和南滿鐵路（提供通往大連的出口）應成立一家蘇、中聯營公司共管，各方已有了解：蘇聯的最高利益應受保護、中國亦應保持它在滿洲的主權……各方亦了解，上述有關外蒙古、港口及鐵路之協議需要蔣介石委員長之同意。（小羅斯福）總統將在史達林元帥建議下，採取措施以便維持此一同意。三強領導人亦取得協議，蘇聯這些主張應在擊敗日本後毫無疑問地實現。基於此，蘇聯表示預備和中國國民政府簽署一項蘇聯和中國的友好同盟條約，以便以其武裝部隊協助中國，從日本的桎梏解放中國。

德國在一九四五年五月投降後，各方開始比賽誰會贏得東亞的和平。國民黨派出代表到莫斯科與蘇聯談判，但談判似乎不會有結果。美國也愈來愈關心它和蘇聯在歐洲的緊張，蔣介石試圖利用這股焦慮爭取美國支持，只要給予史達林佤度的讓步。同時，這位蘇聯獨裁者的談判代表亦極力爭取在戰後的滿洲儘可能有最大的控制。蔣介石被告知，除非蘇方如願達到要求，蘇聯可以選擇和中共合作，或是延擱他們的對日攻勢。

八月六日，美國在廣島投下一顆原子彈，八萬人喪生。三天之後，美國又在長崎投擲一顆原子彈，殺死六萬人。同一天，蘇聯出兵攻打滿洲的日軍。史達林若想瓜分日本帝國一塊肉，可不能再等了。蔣介石的談判代表和蘇聯簽署條約，給予史達林他在雅爾達所得到的承諾，但是中方也得到莫斯科承諾，它只和國民政府合作。日本在次日無條件投降。不過，史達林仍維持了兩個星期的作戰行動，儘可能擴大紅軍的佔領區。

一九四五年中，一個月之內，東亞國際局勢起了天翻地覆大變化。日本不再是獨立的大國，雖然它在投降後，在中國境內（包括滿洲國和台灣）仍有兩百三十萬部隊、以及將近一百五十萬平民。蘇聯佔領滿洲以及朝鮮半島北部，進駐了七十多萬紅軍部隊。傀儡政權統統垮台。中國各地，國軍部隊在美國協助下，預備接收。中共似乎分不到勝利的果實。國民黨雖然筋疲力竭、國軍也打得陣容凌亂，蔣介石得勝了。他現在預備打造已經企想了二十年的統一的、強大的中央政府。但是他必須先遣送日本人回國、並處理他認為是漢奸的中國人。

雖然有極強大的壓力要他嚴加報復，蔣委員長希望對願意接納國民黨新政府的舊敵儘量寬大。大約兩萬五千人以附從日本罪名遭到審判，只佔全國人口的十萬分之五。如果和法國、挪威一比，這個比例低得太多（法國有近百分之一的人因通敵受懲處、挪威有逾百分之三受懲處），而且這兩個國家的戰事都沒有中國激烈。雖然針對在佔領區和日本人合作的工商企業家實施沒收財產、罰款的懲處而有種種紛擾（有人認為國民黨接收官員除了執行公務外，亦不無藉機中飽私囊的情事），但對於為首的通敵漢奸懲處仍屬溫和，即使汪精衛政府的第二號人物周佛海，也免了死刑（汪精衛本人在一九四四年去世）。少數民族的通敵漢奸大多沒被處死刑，日本人在內蒙古扶植的分裂政權之首腦德穆楚克棟魯普（Prince Demchugdongrub，譯按：一般稱之為德王）一直在呼和浩特一家文史博物館當館員到去世為止。滿洲國皇帝溥儀由蘇聯釋放後在北京當園藝工人終其一生。除非日後被中共推出來公審做秀，中國親日漢奸首腦保住性命的機會，大過世界上其他地方的通敵分子。

當中國的抗戰結束時，國際局勢已經大變。不僅日本，就連英國、法國和德國在東亞都不再強勢。蘇聯仍是遠東大國，而且比以前更強盛。美國成為另一個大國，控制了日本、在東南亞亦有戰略利益——以資源及航線而言。中國所有的政治團體在思考、決定其政策走向時，都必須考量這個國際新局勢。中國的領導人和世界各國的領導人都一樣，不曉得美國和蘇聯在戰後會保持某種形式的合作、還是會出現衝突。他們曉得，這個問題的答案會決定他們在外交事務上能佔到多大優勢。

在中國國內，蔣介石的聲望仍處於最高峰。雖然許多人不滿意國民黨進行抗戰的方式（不必要的傷亡、經濟管理一塌糊塗、不夠民主等等），這些批評沒有延燒到蔣介石個人身上。蔣介石在全國人民心目中是個民族英雄，知道何時該戰，也有勇氣堅持百忍、奮鬥到底。當然，蔣介石及中國的國際地位更增強了他在國內的聲望。美國總統杜魯門接受中國是個大國，承認它聯合國安全理事會五大常任理事國之一的地位。蘇聯領導人史達林正式承認蔣介石的政府是中國的中央政府，公開呼籲各方（包括中國共產黨）與它合作。一九四五年，中國似乎已站上區域大國的地位，蔣介石似乎即將建立一個完全統一的中國，實現他本人及許多中國人自從孩提以來的夢想。蔣介石告訴國人：民族主義、堅忍不拔和國際合作已使中國強大，中國前途光明。

蔣介石發表勝利文告，宣稱：「我衷心相信，全世界所有民族，無分東、西，不論膚色，有朝一日都將親如家人。世界大戰不能分割，世界和平也不能分割。它鼓勵國際了解與互信，可以做為預防未來戰爭的強大屏障。」[23]

滿清雖是個失敗的國家，卻逐步允許其人民與世界互動；
而中共則企圖把人民關在家裡，不准他們旅行或和外國接觸，
除非是共產國家，但即使接觸的是共產國家，也要受到嚴格控制。
上一世紀以來所小心謹慎、逐漸和外在世界建立的關係大多被切斷，
代表這些關係的人不是被殺、打入勞改營，就是用其他方法逼得噤口不語。

第八章

共產主義

COMMUNISM

中國共產主義誕生於一九一九年中國許多知識分子對未來懷有恐懼的五四運動時期。如果中國要得救，他們需要有個能讓中國富強，且足以做各國榜樣、而非賤民的典範。那些經歷五四運動、成為共產黨的人在蘇聯身上找到了典範。身為少數派的他們認為，列寧和蘇聯已經從俄羅斯帝國的廢墟中打造出一個新國家，一個結合先進現代性和社會正義的蘇維埃新國家。在毛澤東這類年輕世代的中國人看來，蘇聯共產主義是魚與熊掌兼而有之的好東西：國家原本是帝國，照樣存在，可是又新生成為人人平等、公義的新國家。儒家講正道，結合蘇聯所提供的技術和組織力，成就了遠比過去欺凌中國的帝國主義列強更加先進的現代性。對於相信它的人而言，就手段及目的而言，它都是完美的工具。

啟發第一代中國共產主義者的是列寧主義，而非馬克思主義，這點我們已無須再更加強調。啟迪他們思想的是蘇聯革命有組織的理想，而不是馬克思對世界資本主義的預測。馬克思主義在中國一向是少數的左翼人士全神貫注的東西，而不是浸染整個黨的一種信念。讓創黨世代及其立即的繼承人（包括直到一九八〇年代的鄧小平）心心念念不忘的是，要如何運用列寧和史達林用以創造現代、強大蘇聯之工具（即黨的力量、階層分明、軍事化、嚴格管理黨員及人民生活等）來建構新組織和新國家。馬克思主義被認為是社會的科學，確保共產主義者（不僅是中國、而且是全世界）都站在歷史正確的一邊：最後，世界都將走向社會主義。但是馬克思所想要的對資本主義現代性的細緻理解，卻不是中國共產主義的重心。馬克思最重要的著作《資本論》（Das Kapital）一直要到一九三七年中日戰爭爆發那一年，才被完整譯為中文。[1]

馬克思主義對於中國共產黨人只有周邊效用，有一部分原因是，他們的黨是在戰爭中鍛造出來的。他們根本沒有時間停止戰鬥、研讀文本。一九二八年之後，也就是蔣介石差點完全肅清中共之後，黨的殘部退入山區，必須和蔣介石發動的多次圍剿奮戰。即使黨的領導階層和莫斯科及共產國際保持聯繫，第一要務永遠是生存和改組，中共已被一再驅趕到中國的邊區。毛澤東的崛起，其實莫斯科是勉強予以同意，承認他有組織天分、使黨沒被殲滅，而非認同他是理論專家。我們沒有證據可以說，毛澤東除了年輕時讀一些譯成中文的基本讀物之外，他還曾經認真研究過馬克思。毛澤東和他在一九三〇年代打造出來的領導階層都是戰士，他們是求生的藝術大師，曉得如何從最危險的軍事危機脫險。

中國共產黨在第二次世界大戰之前最根本的問題在於黨員人數的太少。一九二八年初次達到頂峰時，中共黨員約四萬名，僅是中國總人口中的滄海一粟。到了一九三七年，經過長征、來到華北之後，黨員數目大約相同，不過它另有四萬名並肩作戰的非黨員士兵和平民。黨員人數和根據地面積若無法突破，中共根本無以奢望向國民黨挑戰政權。突破的機會出現在一九三七年日本進攻中國之時。國民黨的力量在全國相當多地區遭到擊潰，毛澤東決定（當然徵得共產國際的首肯）把黨的公開立場朝中央移動，強調抗戰救國，使得黨員人數激增。一九三八年，中共有二十萬名黨員；到了一九四五年，更暴增為一百二十萬人。它已經有力量跟國內外敵人作戰。

我們已經看到，中共立場趨於溫和、訴求抗日救國，只是它戰時發展的一面。另一面就是對於日後被稱為毛主義和毛澤東思想此一特定思想路線的體系化和國際化。在戰時艱苦的環境下，不分新進黨員或資深黨員都得參加毛主席本人設計的政治課程，都得通過密集的意識型態訓練。關鍵的課程是研讀列寧、史達林和毛澤東的作品，以及研究以毛澤東為中心的中共黨史。透過嚴厲的整風運動，新領導人試圖摧毀各式各樣的獨立思考。毛澤東的主張和主席本人愈來愈站上舞台中央。它成為歷史學家從西方神學借來的詞語，也就是所謂的「造神運動」：具有強烈宗派和領袖魅力的性質。[2] 毛澤東一九四〇年代在中共黨內，強調自給自足、勇氣、犧牲和人的意志力量，以取代某些馬克思主義的元素。毛澤東信賴的副手劉少奇一九四五年在中共第七次黨大會（十七年來第一次召開）上總結道：「毛澤東不僅是中國歷史上最偉大的革命家和政治家，也是中國歷史上最偉大的理論家。」挺諷刺的是，黨的公共形象變得溫和、受歡迎時，它的內部路線卻變得愈來愈神秘和空幻，對中國與外在世界的關係產生極大的後果。

對日抗戰在一九四五年八月因為美國在廣島和長崎分別投下原子彈以及蘇聯參戰的這兩個主因而突然終止。八月初，日本皇軍還向國民黨的戰時首都重慶推進，而中共雖在敵後積極進行政治活動，卻也發現仍然很難實現他們要進入東北和華中的戰略目標。到了八月底，情勢卻有了徹底大翻轉。日本已投降。蔣介石的國軍部隊在美國援助下，快速接收全國各地原本由日本控制的大小城市、鐵路線和交通要衝。美軍指揮官指示所有日軍部隊守住陣地，等待蔣的受降代表到達。國民黨政府在莫斯科與蘇聯達成協議，蘇聯將把東北交給蔣介石，以交換中方給予蘇聯經濟和軍事基地的讓步。中共完全無從參加和平協商，並且被莫斯科及華府催逼要和國民黨交涉和解。

一九四五年八月可能是毛澤東政治生命中最黑暗的一刻。他在中共七大上所擬定的前景全都付諸流水。毛澤東原本預期中共的力量會繼續擴大，中共在戰後時期可達成其控制地區的自治，並有能力在其他地方和國民黨競爭。可是，他現在必須迫使黨接受以弱勢地位和國民黨進行談判，並向蔣介石讓步才好避免遭受國軍部隊的攻擊。原本誇口戰後共產黨力量大增，現在卻迅速萎縮回到黨在一九三七年的影響力，而且更少了許多擴張的管道。毛澤東相信是國際情勢害他受挫，也遺憾黨沒有重視對國際事務的了解。他認為害他失敗的是美國，但他也對史達林的角色有所懷疑。

蔣介石在國際同盟方面相當成功，可是他一向不喜歡盟國企圖影響中國內政。他根本不想接受杜魯門總統於一九四五年十二月派前任陸軍參謀長馬歇爾率領來華的調處代表團。儘管馬歇爾十分認真，只要國共談判一有阻滯，蔣介石就繼續對中共施加軍事壓力。針對和平，國民黨提出的條件是中共部隊全部編入政府軍，政府官員可進入中共控制的所有地區。當蘇聯試圖拖延對東北的佔領，以便從國民黨多榨取經濟讓步時，蔣介石利用他和美國的同盟對莫斯科施加外交壓力。儘管馬歇爾真心調處，蔣介石很清楚美、蘇在世界各地緊張上升，華府視他的政府為重要盟國。

一九四六年夏天，全世界走向美、蘇冷戰格局，中國也到了決定性的關鍵時刻。史達林在美、英聯手施壓下，已在春末下令紅軍全面撤離東北，但是撤出之同時亦供應武器給中共部隊。紅軍走了，史達林也不再堅持要和國民黨談判，毛澤東下令共軍抵抗政府軍進入東北，要「寸土必爭」。中共希望蘇聯可以協助補給和訓練其軍隊，他們才能頂擋住人數上、技術上都佔優勢的國軍部隊。但是，最重要的是，他們希望共軍能熬過這波由美國訓練、裝備及援助的國軍之猛攻。

——

國共內戰從一九四六年中打到一九五〇年初，界定了此後十多年中國的對外關係。它鞏固了中共和蘇聯的同盟，在中蘇同盟當中，莫斯科變得愈來愈不僅是中共的主要國際支持者，也是提供了中共該如何打造共產主義國家的具體模範。這場戰爭也讓美國人看清楚它在中國的地位薄弱，儘管它已經給了中國及其政府種種形式的援助。國共內戰的結果也在美國國內引爆反共情緒的反彈，持續了半個世代之久。但最重要的是國共內戰顯示出中國實體政治的虛弱，以及極大多數中國人努力追求某種程度的秩序和安定，而他們相信唯有強大、統一、現代的國家才能帶給他們安定和秩序。

國共內戰的軍事發展及它的國際牽扯，可以很簡潔地交代。起初的一九四六年和一九四七年，國民黨採取攻勢，把中共趕出它在長城以南幾乎所有的根據地，連中共的戰時首都延安也在一九四七年三月遭到國軍攻克。中共受傷慘重，但熬了過來，而且展開令人料想不到的大逆轉。一九四七年底，已改稱「人民解放軍」的共軍部隊在東北反攻，並於華北開始重整。到了一九四八年秋天，國民黨不僅丟了東北，也折損了最精銳的部隊。一九四九年春天，解放軍跨過長江。北平於一月淪陷，首都南京於四月失守，上海也在五月被共軍佔領。到了十月，廣州及華南俱被中共征服。到了一九四九年十二月，國民黨在四川戰敗，在大陸的作戰只剩下偏遠華西及南方有限的地區。一九五〇年四月，共軍在蘇聯協助下平定新疆。一九五一年十月，解放軍進入西藏首府拉薩。前清所有的領土，除了外蒙古和台灣，全落到共產黨手中——外蒙古有它自己的社會主義政權，蔣介石則退守台灣。

共產黨為什麼贏了內戰？中國的國際事務對於中共的勝利扮演了什麼樣的角色？中共得勝是因為它在軍事上犯的錯誤比國軍少，也因為蔣介石在追求強大、集中權力的戰後政府過程中，得罪太多利益團體。做為一個政黨，國民黨因為在抗戰期間遭到四面八方來的抨擊而變弱了。同時，共產黨嘴巴甜、懂得針對不同團體迎合他們愛聽的話，也給自己披上民族主義的外衣。他們聲稱，只有他們能肩負國家、民族的命運。蔣介石被嘲罵是帝國主義的傀儡。國際上，美國可以給更多援助來延遲國民黨政府的崩潰，但他們無法阻止崩潰。蘇聯逐漸增援，使中共能夠發動攻勢，但它無法決定內戰的結果。馬歇爾一九四七年和美國駐華大使談話時有一段話說得好，他說，蔣介石「面臨一個非常獨特的後勤問題。他已經丟了約四成的補給給敵人。如果百分比到了五成，他可得考量繼續補給自己的部隊是否明智了」。[3] 美國從一九四五年至一九五〇年，提供超過十九億美元的援助（以今天的幣值換算，超過四十億美元）給國民黨政府，它卻不能控制國民黨的政策、也不能決定中國的政治軌線。

一九四九年十月一日，北京的天安門廣場，毛澤東以他濃厚的湖南腔宣布建立中華人民共和國。當天天氣秋高氣爽、但仍相當冷冽。毛主席因為生病、感覺有點暈眩，講話聲音細微、有點顫抖，也或許是這個場合令他失常。在建國類型演說中，毛澤東的發表內容並沒有令人感到值得回憶，他只是列舉各親信同志的名字和他們在新政府將擔任的職位。然而，一個星期前在人民政治協商會議（毛澤東本人想廢除半因為蘇聯的堅持而保留下來，其中包含有非黨員的一個實體機構）中，他發表演講，舉出中共統治的大綱。毛主席得意洋洋地宣布：

「我們戰勝了美國帝國主義所援助的國民黨反動政府。」他說：

我們的工作將寫在人類的歷史上，它將表明，佔人類總數四分之一的中國人從此站立起來了。中國人從來就是一個偉大的通用性的勤勞的民族，只是在近代落伍了。這種落伍，完全是被外國帝國主義和本國反動政府所壓迫和剝削的結果。一百多年以來，我們的先人以不屈不撓的鬥爭反對內外壓迫者，從來沒有停止過……我們現在宣布中華人民共和國的成立了。我們的民族將從此列入愛好和平自由的世界各民族的大家庭，以通用性而勤勞的姿態工作著，創造自己的文明和幸福，同時也促進世界的和平和自由。我們的民族將再也不是一個被人侮辱的民族了，我們已經站起來了。[4]

中共建政之後九個星期，毛澤東從北京出發，到莫斯科與史達林進行會談。這是毛主席生平第一次出國。他的代表團受到這位蘇聯領導人的熱切接待。但是毛澤東赫然驚覺史達林並沒打算就中蘇雙邊關係重新完整訂定新的協議，他只想依據一九四五年和國民政府所簽署條約之框架進行協商。在中方極大壓力，以及史達林本身若干顧問的進諫下，這位蘇聯領導人才回心轉意。一九五〇年二月十四日，毛澤東已在莫斯科滯留兩個月，北京的領導人也日益急切之下，兩國才簽署友好同盟互助條約。根據這份協定，蘇聯保證保衛中國不受「日本及其盟國」（意即美國）的攻擊，並提供軍事及經濟援助。他們亦協議好，蘇聯免費將一九四五年得到的東北之權益退還給中國。中國則同意成立若干家合資公司，中、蘇各擁一半股權，來經營從食品罐裝到航空的種種業務；中國又同意接受外蒙古的獨立，並防止任何國家（除了蘇聯）在東北及新疆活動。毛澤東得到他所想要的條約，並得到了蘇聯給予的安全及援助。可是他的民族主義尊嚴在過程中受到重傷，因為他深盼能被蘇聯平等對待的希望，完全落空。

對中共而言，他們幾近奇蹟式地贏得內戰，確認了他們代表中國命運的觀點。他們已征服全國，現在將著手清理國內的弊端。他們有個深具群眾魅力的領導人毛澤東。他們在國內外多數華人團體中所享有的高度聲譽和好感，是滿清滅亡之後歷任中國政府所不曾有過的。國際上，他們和西方帝國主義決裂，與蘇聯結盟。儘管他們之中許多人也不確定要如何經營現代國家，他們相信歷史站在他們這一邊。他們的領導人告訴大家，只要能避免受到帝國主義攻擊，加上蘇聯繼續的援助，一切都將順利推進。

中共領導人忙著建設新國家，根本預料不到帝國邊陲即將爆發一場大麻煩。朝鮮在第二次世界大戰終戰時，劃分為美、蘇兩個佔領區；這兩塊地區很快就出現相互競爭的政府。新成立的中華人民共和國和朝鮮共產黨人（他們在蘇聯指導下控制北部的權力）有著親善、但並不親密的關係。即使最後決定參戰，韓戰並不是中共新政權選擇要打的戰爭。史達林在一九五〇年春天同意朝鮮共產黨首腦金日成以武力統一朝鮮，如同毛澤東在中國一樣的作為。蘇聯一直向北京彙報計劃的進展，毛澤東於五月間也祝福大事順利成功。規劃時並沒打

算讓中共直接參戰，不過，毛澤東一直很懷疑事情會像金日成向史達林說的那般容易。蘇聯明白中共希望與民休息，保持一段和平；史達林則可能故意挑選韓戰這個時機測驗中共是否效忠他、是否遵奉蘇聯為世界共產主義的領導人。雖然雙方已簽署莫斯科協定，史達林還是繼續把中共看成知識分子和農民的黨，而缺乏勞動階級的成分，就成就不了真正的共產黨。

跨越南北韓分界線的攻擊，發生在一九五〇年六月二十五日。朝鮮共產黨部隊迅速往南進軍。由於蘇聯抵制且不出席聯合國安全理事會，杜魯門總統立即取得安理會通過決議授權，准許動用武力支援南韓。但是，戰爭初起，金日成部隊所向披靡。到了八月初，南韓殘軍和美國顧問退到朝鮮半島東南方城市釜山四周一塊地區，其他地方均已淪陷，落入共產黨手中。九月十五日，美軍在漢城的港口城市仁川兩棲登陸，打破北朝鮮共產黨的攻勢，並且把北朝鮮的南進前鋒部隊切斷成兩半，再於南韓境內擊潰他們，然後才攻進原本的蘇聯佔領區。金日成的北朝鮮民主主義人民共和國首都平壤於十月十九日被美軍及聯合國部隊攻陷。毛澤東政府突然間手上抱了一個大麻煩。

在蘇聯和朝鮮共產黨沉重的壓力下，中共領導人就如何回應討論了一個多星期。韓戰爆發後，中共部隊已往中、朝邊境移動，已經做好參戰的準備。但是，毛澤東有個政治問題。經歷將近十五年的戰爭之後，大多數中國人希望能夠和平過日子。即使毛澤東在最高機關中央政治局中的同僚，大多數起先也反對介入。毛澤東屬意讓內戰英雄林彪領軍進入朝鮮。林彪卻反對又要打仗（尤其這一次要和全世界最強大的軍事機器交戰）竟拒接這個任務，離開北京。但是毛澤東在美軍發動北進攻擊之前，其實已拿定主意。美軍往中、朝邊境推進，毛主席更是看清局勢。他向同僚宣稱：「我們一定得參戰。參戰，會有種種好處；不參戰，我們會受重傷害。」[5]毛澤東希望顯示支持朝鮮共產黨，因此也可鞏固中國在世界共產黨陣營的地位。他也認為參戰對其新政權的國內及區域政策都很重要，中國要讓人覺得他願和敵人作戰。毛澤東說服他的同僚，他並不是害怕美國將進攻中國：他的主張在政治局勝出是以國際團結、民族尊嚴為名目，加上以他是領導人的地位去影響大家。

從軍事上來說，韓戰起先對中共相當順利。它的一些部隊已經渡過鴨綠江，建立陣地。相較於美軍，他們居於戰略優勢。聯合國部隊完全頂擋不了中共部隊一波接一波的人海戰術，很快就退回原來兩韓分界線的南方。但是中國國內對戰爭的反應卻對戰事相當不利。解放軍有些部隊當年靠兩條腿步行，從東北一路打到華南，他們疲倦極了，而今又被運送回北方，到國外打一場不受歡迎的戰爭。同時，美國海軍在戰爭爆發時立刻屏障退守台灣的國民黨政府，無限期地延擱了大部分中國人認為迫在眉睫的統一。中國的經濟重新導向戰爭，人民期待內戰終止後會出現的好處，只有少許的部分得以實現。對中共而言，韓戰代表了中國要從比原先預期更窮苦的環境去打造社會主義，但是韓戰的結果（基本上只是確認既有的僵持對峙狀況）也給中共帶來鮮明的好處。他們能夠向世界展示，新中國無畏無懼面對世界最強大的國家，和它打成平手，這件事對中國的民族主義形同最大的證書。雖然偶爾會抱怨莫斯科提供給中共和北朝鮮的援助不足，但他們仍強化了與蘇聯的同盟。對抗聯合國部隊的這場戰爭最重要的是，它幫助中共領導人做到他們長期想做的一件事：摧毀許多中國人盼望成為廣大世界一員的希望。

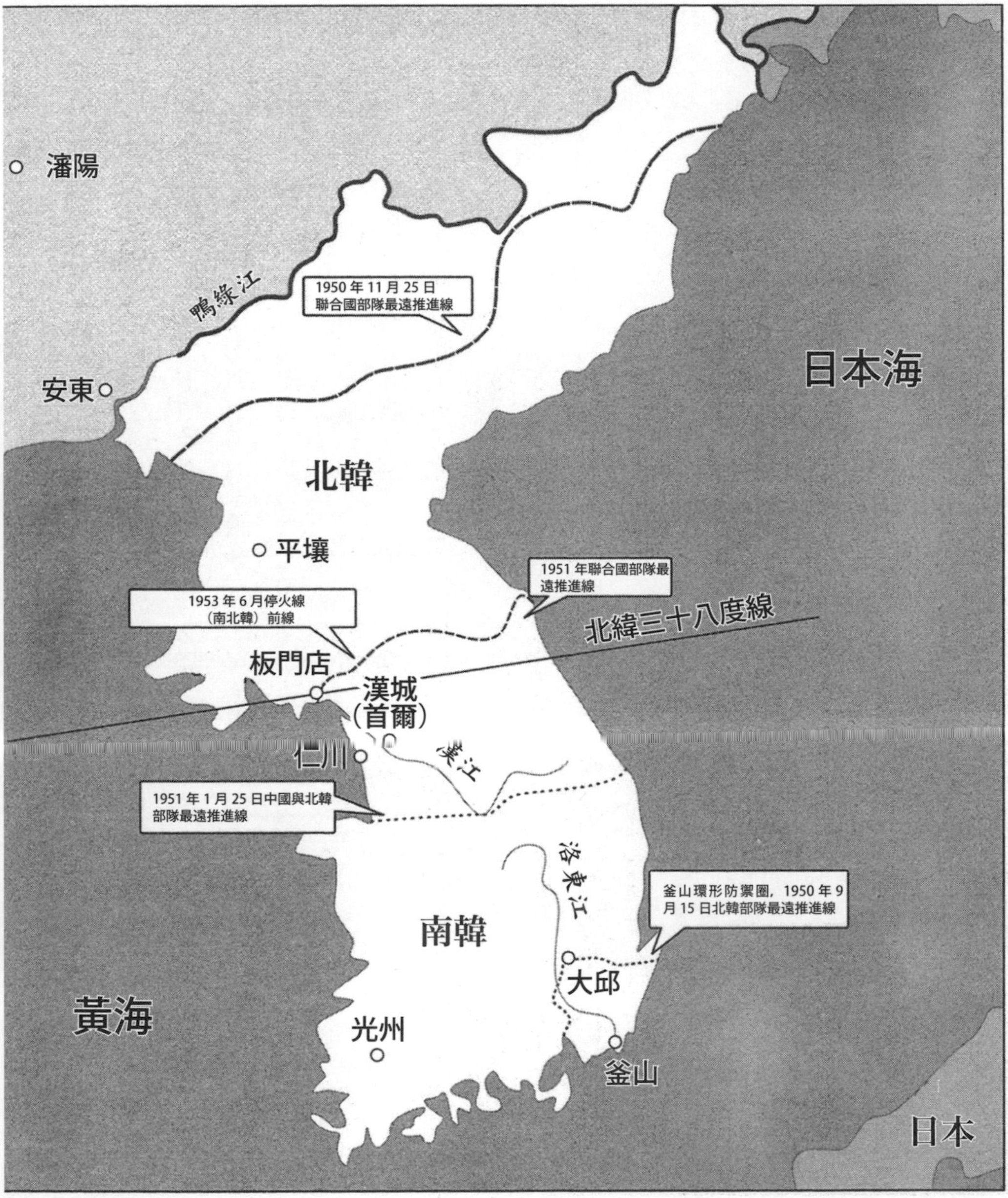
瀋陽
鴨綠江
1950 年 11 月 25 日
聯合國部隊最遠推進線
安東
日本海
北韓
平壤
1951 年聯合國部隊最遠推進線
1953 年 6 月停火線
（南北韓）前線
北緯三十八度線
板門店
漢城
（首爾）
仁川
漢江
1951 年 1 月 25 日中國與北韓部隊最遠推進線
洛東江
釜山環形防禦圈，1950 年 9 月 15 日北韓部隊最遠推進線
南韓
大邱
黃海
光州
釜山
日本

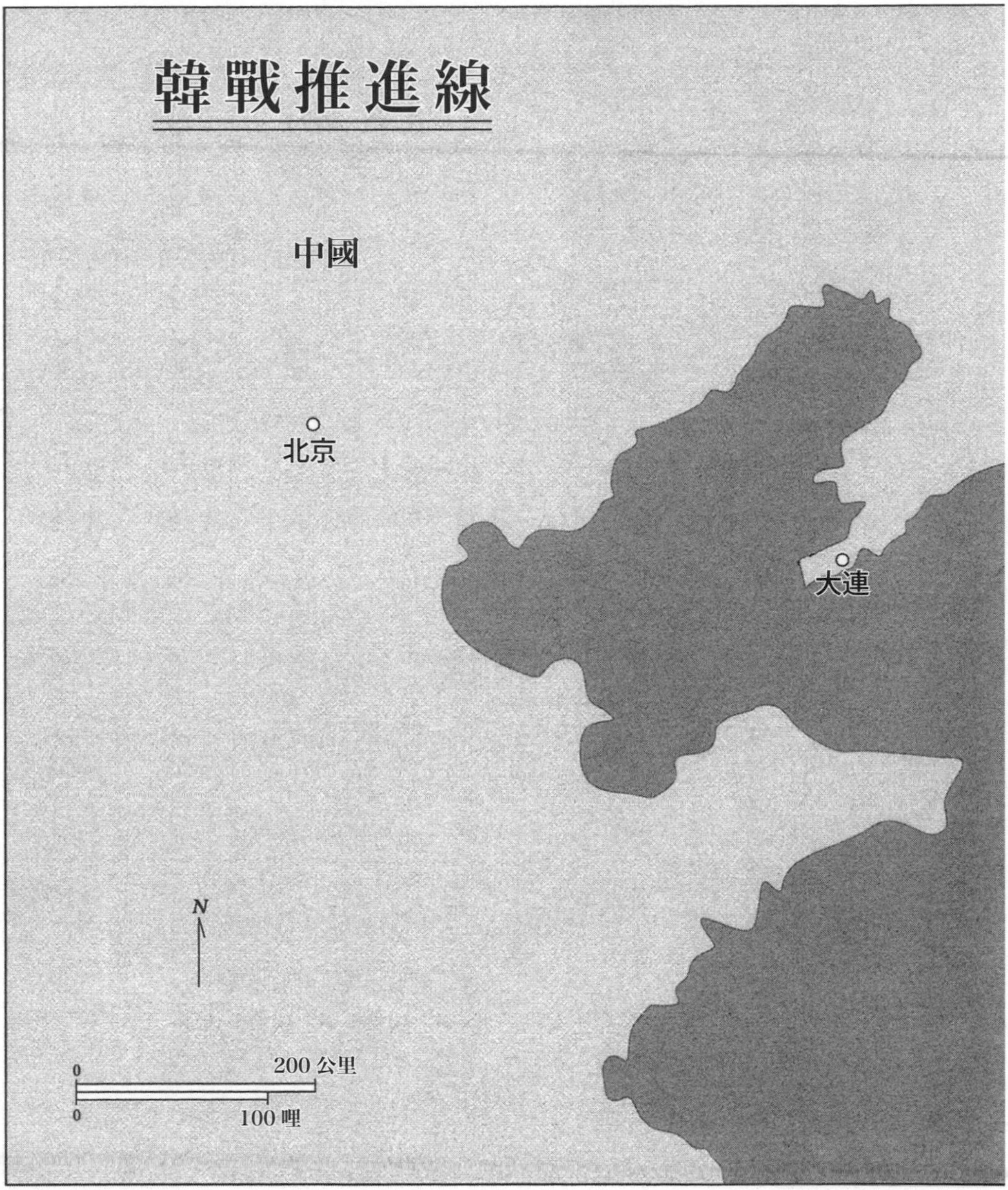
韓戰推進線
中國
北京
大連
N
0
200 公里
0
100 哩

中共掌權建政時，它代表的是中國前此從未見過的一種政府。共產黨有紀律、能檢討，又有個充滿領袖魅力的領導人。它不允許在黨之外對它有任何批評，而且既怕、又恨其政策被施加了外來（不論是來自國內或國外）的影響。中共建構一份假馬克思主義版本的中國歷史，宣稱過去的種種都走向中共必然的當家掌權：自從滿清一八三〇年代首次和外國人衝突以來，發生在中國境內、中國身上的種種，都是為共產黨統治做準備，依照毛主席的說法，新政權是中國人民站起來的合乎邏輯的結果。解放的觀念無論從過去到現在都還是這個版本的中國歷史之中心：共產黨把中國從列強及其國內支持者解放出來。當然中國曾被民族主義、偶爾也仇外的蔣介石政府統治了二十多年，許多中國人希望和外國老師、夥伴或情人有關係。但是，新政府著手以廣泛的、慎重的方式剷除中國與世界其他地區的關聯，政府相信除了中共與蘇聯的關係之外，只要還有任何重大外國影響力存在於中國，中共就絕不可能長治久安。

中共的第一步是趕走還留在中國的洋人。起初，黨認為這件事很容易。內戰期間已經有許多人離開中國。那些和經商、貿易有關的洋人很快就會自動走人，因為新政府不給他們有機會在新中國營運賺錢。就離境人數而言，中共的估計正確：絕大多數的洋人在一九五〇年至一九五一年期間，自願離去或被遣送出境。問題大多發生在中國住了大半輩子、主持醫院或學校的洋人。為了趕走這些人，中共必須對他們的華人助手、同事或朋友祭出政治壓力，逼這些人公開抨擊這些洋朋友是「帝國主義的走狗」、「吸中國人民的血」。即使發動這些運動，少數在中國長久居留的洋人（絕大多數是傳教士）還是選擇留下來。

第二步是修理與洋人有直接關係的企業或組織。中共政府對外資持股公司課徵沉重的罰鍰，直到外資退出為止。有時候外資公司被直接充公，或被控抗戰期間與日本勾結而予以接收。有些洋人在日本人的牢裡關押好多年，戰後仍選擇留在中國，他們對於這類指控非常痛恨。至於受到外國人影響的援助組織，中共則很難加以修理。譬如，基督教青年會（YMCA）在主持的洋人及基督徒被送走後，中共還得把它當成國家機關維持一段時間。其他機構的外籍醫生、老師和傳教士則被指控財務不清、性關係偏差或是當間諜，用以煽動各種運動來對付他們，以便把他們驅逐出境。中共要求它的幹部設法離間洋人和與他們華人同事的關係，以便使這些已有重要專長的華人在洋人被趕走後能轉來替政府效勞。

中共反外運動的第三步涉及到取締外文的書刊、電影和產品。這個活動卻比趕走洋人還更加困難，即使韓戰期間民族主義的訴求統統派上用場，還是不管用，搞得有些城市的黨工幹部抓狂。從圖書館和書店清走「不良」洋書刊倒不是特別困難，只不過必須在夜間悄悄進行，以免引來好奇的旁觀者。問題是在中共當局想取締的作品，往往又出現在書攤或二手書店。沒有美國電影看，使有些人難過極了。尤其是一些年輕人，想方設法地取得非法拷貝，在私底下播映。雖然有些女孩以穿上毛裝做為加入建黨建國的榮譽表徵，那些曾經穿用過進口玻璃絲襪、香水或口紅的人，他們對這些產品的思戀之心大到願意從黑市去購買它們。但是，在政府查禁進口書，把出版社、唱片公司和電影製片公司收歸公營，口紅走私客槍斃示眾之後，中共漸漸掌控住情勢。

反外運動的第四步是動用恐怖手段和抓人坐牢。有些拒絕離境的洋人被捕，甚至有人在勞動改造營度過許多年。中國人若是思想或行為拒絕被改造、或認為中國自己搞孤立是種愚行、或只是有海外關係或喝過洋墨水，就會被抓去公開「鬥爭」，被同胞指控、毆打、送去坐牢或勞改。黨要透過這些人建立樣板，強迫他們自我批判、撤回洋作風。有時候，即使是累犯，黨也故示寬大，准予改造，使他們成為新中國的好榜樣、為人民服務。最嚴重的違犯——例如，有個年輕男子以英文公開朗讀美國獨立宣言，或一名年輕女子公然質疑中共何時才會允許多黨選舉——則會被處決。

這些反外運動之所以能夠成功的原因，不僅只是它結合了恐怖手段、民族主義和歷史包袱作為號召。最重要的是，新政府用了前所未見的方式組織起中國公民的生活。透過街坊委員會和線民，國家設法滲透到生活的每一部分，即使是在家庭內部和親密朋友之內。一百年來都沒見識過什麼叫中央政府的區域，現在也和其他地方一樣被嚴密編入集體生活。沒錯，中共藉著極大多數中國人渴望重新組建國家、追求社會改造的熱情來推動新政。中共費勁改善婦女地位，廢除父母指定婚姻和少女賣身的惡習。工廠工人享有固定工時，薪水獲得調升。農民可以擺脫地主數代以來的桎梏。取締鴉片和娼女之舉，受到國內外同聲讚揚。中共仿效蘇聯經驗推展讀書識字，是全世界最成功的例子。大多數人覺得爵士唱片或爵士音樂家不見了，沒有什麼關係；他們多半也不會覺得政府為了便於協調各項運動，把全國統一劃入同一個時區（一切悉以北京時間為準，搞得最偏遠的西部農民在凌晨兩點起床幹活）有什麼不妥。一切都是為了以蘇聯為師、建設新中國，用毛澤東的說法是「打掃乾淨，開門迎客」。

一九五〇年代在中國服務過的蘇聯顧問，經常形容中共看待莫斯科的方式有如得了精神分裂症，也就是說前後不一致、且充滿幻覺。固然這是對運作平順十多年的同盟關係相當誇大的批評，不過其中也不無幾分道理。中國共產黨想要蘇聯援助，也想要抄襲蘇聯模式。

可是他們又害怕蘇聯在中國共產黨內有任何影響力，因此要防止蘇聯與中國境內的中國人有未經核准的私人接觸。中共一方面想抄襲蘇聯、一方面又要篩檢蘇聯的影響，更因為黨內對究竟應該允許蘇聯有多直接或即時的影響有意見上的分歧，使得問題更加複雜。打從中共建政開始，劉少奇（黨內地位僅次於毛澤東的第二號人物）、周恩來（總理）等領導人，以及曾與蘇聯人在東北共事過、或是在莫斯科受過訓的計劃人員和專家，認為蘇聯就是明天的中國。另一方面，毛主席以及他在軍中、黨內的一些老同志，想要蘇聯援助、想要以蘇聯為師，但又認為必須經過一套檢驗過程才能吻合中共的特定需求。雖然毛澤東經常懇切談到要採外國之長、為中國之用，其實他內心一直害怕蘇聯控制中共的政治過程。

儘管中共領導人對於和蘇聯應該保持什麼樣的關係有意見上的分歧，但是毫無疑問，他們想要、也需要蘇聯援助。中共對蘇聯軍事成就、政治組織和科技進步的欽佩之心，也是毫無疑問的事。關鍵就是蘇聯的現代性。訪問或研讀過蘇聯的幹部，都見到蘇聯是個強大的、現代的國家，卻又不具帝國主義，因此不會有害於中國。批評西方現代性以資本主義形式出現的人士，常以上海為例，可是他們仍然覺得先進資本主義的技術、產品和文化有著誘惑力，現在他們可以在蘇聯經驗裡找到值得驕傲的現代性。史達林推行社會主義所造成的可怕的人命犧牲（集體屠殺、勞動改造營等等）被中共黨員貶抑為帝國主義造的謠言，或甚至更慘，竟說它是人類進步必須付出的代價。到了一九四〇年代末期，對絕大多數中共黨員來講，真實的蘇聯其實沒有理想形象的蘇聯來得重要，重要的是它是未來中國的理想：繁榮、強盛和公平。

到了一九四〇年代末期，中共黨員可分兩種。黨內許多領導人是一九二〇年代歷經焠鍊的共產黨人，為黨打過仗、見過同志為它而死的人。他們已經把奉毛澤東為首的忠誠內化，他們有深刻的孤立及危機意識，並有意願肅清任何異議分子。他們也經歷過一九四二年至一九四三年意欲剷除黨內反毛澤東領導的整風運動。他們在國共內戰期間成立勞改營，整治地主、資產階級及政治上的對手。他們曉得、也贊同史達林用以鞏固蘇聯權力的方法。另一群人，也就是第二種人，則是最近才吸收入黨的新人，其中有許多年輕人，他們大多來自城市。有些人更是拋棄他們資產階級的家庭，加入共產革命。他們全都願意為黨捨身效命，但是他們沒有經驗。黨的領導人需要他們以及他們的專長，但從來沒有完全信賴他們，也擔心他們會汙染黨好不容易得來的純潔。中共領導人相信，向蘇聯務實學習的過程可以打造出方法，整合這些新人，並善加利用他們的長才。

中共的蘇聯化始於一九四五年幹部們在東北與蘇共黨員直接合作時，此一合作延續了十五年，從中學習如何建設國家及執政黨。毛澤東和他的追隨者無意接收、並使用國民黨所建構的國家機器。他們要的是以蘇聯模式打造新國家，完全脫離中國以前的歷史，以及一九一一年辛亥革命以來的國家機器。即使專注從中共本身的歷史進行學習的領導人，也曉得這裡頭沒有可資參考去建設現代國家的材料。到了一九四九年，所有建設社會主義新中國的計劃，都依據蘇聯模式、並經由蘇聯專家協助而擬訂。從都市計劃到農業改革、從文化機構到勞改營、從民族政策到外交政策，中共想要建立的社會主義新國家，一切都依蘇聯經驗制訂辦法。中共於一九四九年決定以北京為共和國首都。他們決定要把北京以蘇聯風格重新打造。中共最早的規劃竟是照抄莫斯科一九三五年的「大史達林計劃」，要把它硬套在明朝的舊框架之上。中共事事抄襲蘇聯，用意是進行有史以來最大規模的外國知識移植到中國，以使新政府和中國苦難的過去迅速、有效率的切割。

有些外國觀察家在一九四九年認為，共和國在外交政策上面臨抉擇。有些美國人甚至相信中國或許會成為獨立自主的大國，而不是事事依附蘇聯。他們一定大吃一驚，發現一九四○年代末期中共內部全面倒向蘇聯的地步。就外交政策而言，問題不在於是否同意或不同意蘇聯的立場，而是如何了解蘇聯的思維，以確保中共快速、完全遵循。譬如，南斯拉夫這個案例：一九四八年春天，史達林很快地由贊同轉為譴責，指控南斯拉夫共產黨領袖狄托（Josip Broz Tito）抵抗蘇聯的命令。中共外交官員拚命要跟上莫斯科的當下思維，尤其是狄托的南共是中共有獨立關係的唯一一個東歐共產黨。中共一旦完全明白史達林批判狄托，毛澤東立刻由西柏坡的臨時住所發表聲明，使用史達林譴責狄托時相同的詞語。當南斯拉夫一九四九年承認共和國時，中共外交部奉令把承認函退回。中國共產黨在任何議題上，不論是國內議題或是外交議題，絕對不想違逆史達林的觀點。

中蘇同盟比起中國現代史上任何其他同盟關係，都對中國有更加深刻的影響。從一九七○年代以來，它已接受其他的外國影響有三十多年之久，試圖擺脫蘇聯留下的痕跡，但是成就相當有限。即使經歷數十年的所謂改革開放，教育、國防、政府和黨組織全都依然是蘇聯風格。

為什麼蘇聯經驗綁得這麼深呢？原因之一是，蘇聯模式代表中國共產黨的核心價值。

它就是黨所賴以建立的基礎。另一個原因是，和蘇聯經驗的接觸既深又廣。不僅蘇聯對華援助（相對而言）是歷史上一國對他國最大的外援計劃，也是發生在中國全國空前大擴張的時期：數千萬對外國模式在經驗上十分有限的中國人，透過蘇聯計劃、蘇聯專家或蘇聯教育，和外國模式初次接觸。

史達林基於意識型態不信任中共，使得對華的非軍事援助計劃未能完全發揮功能，但是他的繼承人赫魯雪夫（Nikita Khrushchev）卻完全沒有這些忌諱。赫魯雪夫反而把與中國深化的同盟關係，做為他在一九五三年史達林去世之後崛起掌權的基石。赫魯雪夫認為，中國是個明顯的盟友：它是個廣土眾民的鄰國，由共產黨領導，又想仿效蘇聯經驗。這個新領導人認為，史達林對中共猶豫遲疑，反而足證老長官愈來愈瘋狂。赫魯雪夫喜歡向他的同僚強調，沒有一個心智正常的人會放棄這樣的機會。赫魯雪夫第一次出國訪問，就在一九五四年選定前往中國。對毛澤東以及一般的中國人而言，這個舉動意義非同小可，蘇聯新領導人來北京，而不是中國人到莫斯科去致敬。它顯示克里姆林宮新領導人認為中國十分重要，他們尊重中共領導階層。更加重要的是，赫魯雪夫承諾蘇聯更加擴大對中國在軍事上及非軍事上的援助，其規模遠大於史達林時代。中國第一個五年計劃中三分之一的項目，將由蘇聯或東歐集團援助興建或支付。到了一九五五年，中蘇貿易佔中國對外貿易總額的六成。[7]

我們很難再高估一九四六年至一九六〇年期間，整個蘇聯集團對中國共產黨援助的重大意義。沒有這些援助，中共所設想的中國現代化，第一步都跨不出去。

從一九四六年至一九六〇年，整體經濟援助（包含貸款）依一九六〇年幣值計算，約為三十四億美元，換算成今天的幣值則是兩百五十億美元左右。平均而言，蘇聯年復一年拿出國內生產毛額的百分之一弱援助中國。實際上，一九五四年至一九五九年期間交付的援助，就價值和百分比而言，都高出平均值甚多。這筆數字還不包括技術轉移、蘇聯駐華專家的薪水，或是中國留學生在蘇聯領取的補助。即使我們減掉其中大約百分之十八來自蘇聯的盟國，以及中國歷年累計償還約百分之十五，我們講的仍然還是一個非常龐大的資源移轉計劃，它對中、蘇兩國都產生極為重大的效應。[8]

到了一九五〇年代中期，中國所有的部會、省級政府和重要的工業機構，全都有來自蘇聯的顧問進駐。蘇聯顧問對新中國生活的每一方面（從和青年、婦女、少數民族、士兵、教員和工程師要如何互動往來，到教育、科學、採礦、軍事訓練到一般穿著的各個領域）都提出意見。對於中國人而言，儘管中共企圖阻止過份熱情的交往，蘇聯仍然是他們一心嚮往的榜樣：有學問、專注、有效率。對於俄國人而言，中國人要以蘇聯模式建設新中國，使得他們及他們的經驗十分光榮。雙方在食物、性、衛生或地位等方面，迭有文化衝突。但是，儘管兩黨都有本位主義濃厚的政工幹部誇大此間的困難，然而蘇聯顧問的貢獻通常都能將問題擺平。在大多數時間裡，中蘇同盟運作平順，完成兩國既定的目標：打造一個鄂圖曼帝國崛起以來，全世界前所未見的最強大的反西方同盟。

中共渴望成就的現代國家，需要有一支現代的國防兵力。第二次世界大戰結束後，東北的紅軍和日本帝國皆已然瓦解，中共展開其黨史上第一次建設現代部隊的工作。固然黨在

過去十五年的軍事經驗是人民解放軍在一九四五年之時最明顯的成長背景，但現在啟發它的組織和戰略的，卻是十分的蘇聯經驗。共和國建政以前，中共就有約一千五百名青年軍官在蘇聯軍事院校接受過訓練。其他人則由蘇聯教官於一九四七年至一九四九年間在東北進行培訓。從一九五〇年到一九六〇年，可能還有九千人到蘇聯受訓，至於在中國境內受訓的人數，肯定數倍於此。這樣的結果就是現代化的中國軍隊愈來愈像蘇聯紅軍，在國內擔負同樣的職能目的，而連對外的作戰方式也多多少少相同。

人民解放軍的新組織明顯直接抄襲自蘇聯紅軍。單位、軍階、武器、戰術，甚至制服，都抄自蘇聯教本，或由紅軍教官提供建議。新部隊是黨領導人引以為傲的武裝力量。他們視之為結合從抗日、內戰學來的戰鬥技能，以及蘇聯教授經驗的結晶。即使某些中國軍官覺得很難放棄在一九四八年和一九四九年內戰最後階段那些十分即興、彈性發揮的戰法，但他們也很快接受了現代武器和鮮亮的新制服使得他們地位大幅提高。到了一九五五年，解放軍的蘇聯化已大致完成，即使軍階分十四等，令向來講究平等的中國士兵有點難以消化。

解放軍不僅成為防衛部隊，還有更重要的任務。它成為推廣社會主義的學校，也是全國最有效的群眾教育和社會改造的工具。新軍隊採行徵兵制，但全國只有非常小比例的年輕人應徵入伍來服二至三年的兵役，對於從讀書到耕作的許多事情，他們都得以豁免。但每年入伍的八十萬新兵在軍中受教育，他們旅行各地、了解他們的國家以及社會主義和民族主義的新信條。中國每年花費極大百分比的預算在軍事上面——一九五〇年代平均約百分之三十，但是花在訓練官兵的部分肯定十分值得，因為許多人日後在中國的一般發展和進步上扮演了重要角色。

軍、民事務這種共生關係，對於中國的技術發展而言非常重要。一九五〇年代軍事領域從蘇聯得到的專利、訓練，攸關未來二十年中國的發展。蘇聯大部分的科技刻意講究軍、民兩用，既可用在軍事方面，也可用在民間用途。中國的海軍和空軍仿照蘇聯模式發展，中國軍事院校所教的技術，也成為攸關中國其他領域（例如核子計劃、飛機工業以及重型機械等發展）的關鍵。中國第一架國造飛機Y－5（運輸5或運5），即仿自蘇聯一九四〇年代設計的安托諾夫安2輕型運輸機。這一型飛機的飛行速度非常慢，但因為多用途、且飛行成本低，相當適合中國的需求。

中國的軍隊直至今天仍採取蘇聯模式組建，它變成相當笨重的組織，只偶有戰略上的優異表現；它雖然照顧到新兵的基本需求，同時卻也十分嚴厲地對待他們。雖然直到文革大動亂之前都是在文人控管之下，然而解放軍已然成為共和國權力平衡重要的一部分。

蘇聯模式應用在中國的教育方面，在一九四五年之後積極展開。即使在中國共產黨之外，一般對蘇聯的教學訓練方法的認知也都頗為讚賞，甚至可上溯到五四時期。二戰期間在延安的抗日軍政大學大規模地引入了蘇聯的教學方法。延安時期此類教程的深化，來自於國共內戰期間（特別是在東北地區）和蘇聯的教育和技術顧問日益增多的直接接觸。一九五〇年六月召開的第一次全國高等教育會議是首次討論教育改革的會議，它贊成中國高教制度依照蘇聯模式，全面重新改造。全國所有大專院校全部劃歸教育部直接管轄，年輕的教員要到

蘇聯、或是中國境內由蘇聯人負責的訓練學校學習教學方法。大規模的翻譯俄文教科書的工作也在同時展開。另外，會議通過廢除個別老師負責授課的制度。今後應由整個部門集體教課、集體負責要授課的政治內容。[9]

一九五〇年代初期的整肅，把一九五〇年訂定的高教計劃拖延到一九五二至五三學年度才得以全面實施。在當時，所有的機構理應完成了全面的改組。以首都方面為例，北京大學納入燕京大學和清華大學若干科系，成為一所新北大。最重要的是在北京成立人民大學，這所機構教授政治學及社會科學，並為赴蘇聯深造的學生做準備。這個情形就和鄰近的清華大學在兩個世代以前是留美學生預備學校一樣。[10]

蘇聯模式課程和教學方法的全面引進，造成相當大的熱情、以及不小的紊亂。有時候，新譯好的俄文教科書取代了對同一題目更有深入了解的英文本，一整個世代的中國技術人員為此付出代價。還有些時候，學生受訓去學中國還未存在的技術。黨堅持工作技能和研究技能同樣重要，造成大量不夠格的學生進入大學。一九五二年開始的第一個五年計劃對大專院校造成很大壓力，要求他們培訓出大批人力供產業界雇用，這一來造成大學水準滑落。社會上也出現虛報成就的造假風氣。[11]

再也沒有其他的合作領域，像教育這樣吸引如此眾多的蘇聯顧問。一般而言，他們對中國人零碎地進行教育制度改革，並不以為然。他們認為，中國的教育令人絕望的落後。到了一九五〇年代中期，依然是太過信服老師、太少重視政治教育。某些派屬中央機關的蘇聯顧問主張針對農村文盲問題發動大規模改善運動；他們認為花在城市以及高等教育的資源佔了太高的比例。他們覺得應該以一九三〇年代在俄屬中亞和外蒙古所開發出來的方法為模範。

這個領域的進步，他們覺得可以、也應該比第一個五年計劃所設想來得更快。[12]

一九五五年成為中國教育交出成績單的一年。一方面愈來愈多人批評大學水準低落、也未能提供具有技能的人才實現「一五」計劃的需要。成人教育計劃（仿效蘇聯的讓工人唸書上課）被批為不切實際、太花錢，於是在當年底就廢止了。另一方面，黨的領導人（可能包括毛澤東本人）基於不同的理由，對教育部門愈來愈沒有耐心。他們覺得教育改革步伐太慢，不足以趕上國家的需要；他們把這種惰性歸咎為政治動機的欠缺。同時，各方也愈來愈覺得（蘇聯人也有同感）農村被忽視。所謂的「小躍進」由毛主席在一九五六年春天發動，意在矯正這些趨勢。[13]

一九五六年開始出現中、蘇對教育改革主張不同調的現象。這不能單純以中共覺得需要中國化或激進化他們的政策來作解釋。蘇聯顧問批評一九五〇年代初期中方規劃人員的說法，有很多部分即是來自於毛主席自身的關切，尤其是有關漸進推動和農村開發不足的部分。然而，小躍進的作法其實兼有蘇方和中方的想法。談到更基本的強制改革的方法時，毛澤東和他的副手屬意的不只是他們自身的延安經驗，也看到一九三〇年代中期史達林主義的雷厲風行。一九五七年四月《教師報》有篇文章即把小躍進的源起，追溯到史達林在一九二九／三〇年間的方法。[14]蘇聯顧問所提供的教訓，換句話說，並不是單一的、也不是無關緊要的。意識型態的因素跨越了國界。

除了土地改革和教育之外，或許新政權最重要的改造政策是在都市計劃這方面。中共雖然號稱源自馬克思主義，其實這個政黨對城市生活懷著十分深刻的戒心。中共在一九四九年春天取得北京之後，毛澤東有一個很著名的舉動：起先，他不肯進入北京，寧可和部隊屯駐在郊外。由於必須從城市外頭征服它們，中國共產黨並不預期會從城市得到太多支持，即使馬克思重視的無產階級，他們也不敢寄以重望。以農村為重的中共一般而言把中國的大城市視為罪惡淵藪和反革命大本營。高崗是中共在東北地區的首腦，一九五〇年，政治局為了他的一項提案還產生激烈辯論。高崗建議拆平上海，把它革命之前的所有住民統統下放到農村去改造。[15]

一九五〇年代初期的中國，新政權和許多非共產黨的知識分子都認為城市應當改造。政府想管制城市中心以便於控制全局。知識分子則相信都市計劃可以改善生活環境。雙方都不信賴他們稱之為舊中國的一切元素，包括北京、天津、武漢等大城市的都市環境。他們的問題是，這些城市是否能夠快速從社會的寄生蟲改造成有生產力的一部分？如果可以，要如何著手？中共從國民黨政府繼承了都市危機。難民、失業、通貨膨脹和商品稀少，造成了這些問題的迫切性。中共建政後頭兩年，城市的生產貢獻持續下跌。[16]

中國的教育工作者借重蘇聯的教育理論，中國的都市計劃人員也參考蘇聯的都市計劃理論。這門學問在一九三〇年代發展，於一九三五年燦然大備，提出「莫斯科通盤計劃」。一九三〇年代中期，史達林希望改造莫斯科，讓它做為社會主義的象徵、能夠更有生產力、也能讓共產黨菁英住得更安全。莫斯科需要更集中管理和更具機能性。一九二〇年代出現的胡亂拆毀舊莫斯科已經不夠，現在，就連破壞和建設都需要有集中的計劃，不能再像共產黨當家初期那樣搞實驗，以建築師個人或集體創作去任意發揮。[17]「計劃」的風格移植到中國時，此一西方發展的版本就深具慶祝和歷史的意義。

挺矛盾的是，把蘇聯都市計劃概念介紹給中共幹部的是中國的非共產黨知識分子。知識分子替幹部做好準備，來接待大批來自莫斯科的顧問。幹部們愈是了解這些原則，就愈加喜歡它們。對於不信賴都市人口的領導階層而言，不論他們嘴裡是如何誇讚無產階級的優點，這些知識分子引介的蘇聯都市計劃概念仍非常務實，而且也理論正確。寬闊的大馬路、巨大的城市廣場，方便工人往返於住家和工廠之間，一旦解放軍需要進城鎮壓反革命叛亂，也可發揮功用。但是，最重要的是，黨的領導人似乎最中意它的堂皇壯麗。如果依照蘇聯模式改造中國城市，中國將首次擁有最現代的城市中心——經過規劃、機能強、又有生產力，不像舊中國的城市那樣零亂、不符合機能而只會消耗。[18]

一九五〇年代的北京（我最熟悉的中國城市）象徵現代發展。北京有許多獨特的地方，加上一九四九年被選定為首都，它也成了共產中國都市計劃的展示櫥窗。改造北京的工作一開始（比人民共和國在一九四九年十月宣告成立還早）就立刻採納一九三五年的莫斯科計劃作為模範。蘇聯第一支計劃小組於一九四九年九月抵達北京，不過負責規劃北京通盤計劃的聯合小組內部意見並不一致。[19]

中、蘇計劃人員意見分歧最大的一個題目是：黨和新政府的總部要蓋在哪裡？梁思成是著名的維新派領袖梁啟超的兒子，留美回國的建築師。他和一些中國建築師、計劃人員建議，到舊城之外，即北京之西建立全新的行政中心。梁思成這群人為了拯救明、清地區不遭破壞，因此主張在遠離紫禁城及舊皇居的地方建立新中心。他在當時的筆記也透露，他盼望在脫離舊城嘈雜、擁擠的環境，興建現代的北京。他的兒子記得梁思成「相信替北京規劃一個科學的、合理的計劃，時機應該成熟了，因為在社會主義之下所有的都市土地都屬國有，所有的建築活動都受到統一管理」。不論梁思成的動機是什麼，和中共高層關係密切的計劃人員也有另一個動機堅持新地點：他們堅稱，黨的領導人住在依然「未經改建」、「舊分子」自由遊動的城市中心，根本不安全。[20]

另一方面，蘇聯顧問卻堅稱另建行政中心代表示弱。紅色政府應該據有首都，展現出它是主人的氣勢。要重建北京是紅色的城市，足證中國是紅色的國家，所以共產黨必須進住市中心，不能躲到郊外去。蘇聯顧問的意見獲得提供規劃及建築建議給新政府的多數人士之支持，其中有留日的趙冬日（日後設計了人民大會堂）以及留法建築師華攬洪。

毛澤東同意蘇聯人的看法：黨和政府應該留在城內。三十年的革命生涯四處流浪之下，他現在受夠了，不想再躲在鄉下。據說，毛主席駁斥梁思成的計劃時怒聲說：「喔，顯然皇帝可以住北京城，我就不行喔！」等到真要改造中國的城市時，毛澤東和政治局發覺，不管自己有什麼偏好，他們必須從內部領導。如果蘇聯已能建造社會主義城市，中國也辦得到。北京將是最重要的樣板。北京通盤計劃的初稿於一九五三年春天公布，全市要依據嚴格的使用分區原則重建。這項計劃的重點是，北京不應該只是首都，還應該是服務全國的工業中心。市民應該重新分配住到與工作地點鄰近的新國民住宅。不同族群的市民應該享有完全平等的服務。這些服務大多應該透過他們的工作單位提供，而由市政府負責全盤規劃。[21]

責怪第一代的中共領導人和他們的蘇聯顧問破壞了舊北京相當容易，然而事實的真相卻十分複雜。舊城根本經受不起在它身上安上的現代城市需求。過度引用蘇聯模式，不問它是否適合中國的城市，也是部分可堪責怪的原因。但是，於舊城就地建設失敗的主要原因是：受西方訓練的現代化知識分子，欽佩蘇聯式的都市計劃，卻沒考量到快速發展的需要和新政府想要的長程目標之間的平衡。革命之前的莫斯科被視為第三羅馬（君士坦丁堡是第二羅馬），北京預備要成為第二莫斯科，但是要比它更大、更現代。

——

如果說打造一個象徵性、機能性的首都是中國新政府的要務，那麼調和有許多民族的大國家也是重要工作。蘇聯在這方面的經驗又極為寶貴。少數民族政策（或稱民族政策）或許是中國最緊密效仿蘇聯政策的一項重大社會工程。這裡頭有許多原因。不僅是中國，全世界許多國家一般都公認蘇聯的民族政策相當成功。而且，中國人明白民族政策是史達林本身特別有興趣的領域。史達林是喬治亞人，一九二〇年代初期擔任過民族事務部部長、對這個題目有許多著作研究。[22]而且，舊中國就和舊俄羅斯一樣是個帝國，有許多不同的族裔，因此蘇聯的解決方法可以做為新中國實際的藍圖。

中共掌握政權後首次和蘇聯人對話，民族問題就是一個重點。中共之所以會關切這個議題，或許是跟它在國共內戰期間接觸到許多少數民族的經驗有關。中共基層黨員觀察到許多少數民族生活在可怕的社會條件下，備受壓榨，因而同情他們的困境。他們也注意到非常難以和這些族群發展實質盟友關係，因為數百年來他們一直對漢人心存疑懼。因此解放少數民族成為急迫任務，唯有說服他們新中國和過去的政府不一樣，是真正代表所有住在其轄境之內的人，才可能達成目標。中國需要有新型態的中央政府。[23]

一方面改善少數民族的生活，中共領導人也堅持新中國是個單一的國家、不是聯邦。中共的整個政治根源就是致力於此一目標：中共是針對反帝國主義分裂中國而起。黨領導人堅定相信若有正確的政策，住在中國領土內的每個人都會覺得自己是中國人，是中國社會主義國家的一員。黨試圖滲透進入實質上已經自治逾兩百年的地區（西藏、青海、新疆以及部分西南地區），但其所遭遇到的抗拒和不信任，使得中共領導人更迫切地相信需要蘇聯的建議。中共必須找到正確的理論，它發現馬克思主義對民族問題有些見解（在某個程度上是對的），可資中國參酌。爭取少數民族支持社會主義，抑制漢人沙文主義，並且讓多數民族敏感地認知到國家需要他們這一群「低度開發民族」的支持——這些任務是中共領導人所宣示的建設新中國的關鍵。[24]

一九四九年十二月來到中國的蘇聯顧問，並不預期中國人會對處理民族問題的「馬克思主義先進原則」會有多少了解。由於最重要的少數民族（蒙古人、朝鮮人和西北民族）多半都住在中、蘇邊境地帶，有些蘇聯專家在來到共和國之前，已經第一手觀察到中國人和這些少數民族的關係；他們的經驗已使他們心理上有準備會碰上更惡劣的狀況。蘇聯專家經常把中國人的求知若渴，錯誤解讀為無知。同時，中國人懷疑即使共和國已經成立了，蘇聯還想維持他們在中國少數民族中的影響力。不過，整體而言，中國領導人認為蘇聯握有中國此一大問題的解決方案，堅持中共幹部應該向蘇聯顧問學習，並認真研讀馬克思主義在這個題目上的文獻。[25]

中國共產黨和蘇聯固然有使命感要啟迪文明和改造社會，但也往往喜歡搞分類、貼標籤，以及計算數量和登記。每一個少數民族必須被「重新發現」。過去看待種族的方式並不適合今天的社會主義國家。一九五〇年代為哪個群體應該受國家承認為少數民族進行的辯論，異常激烈，且深刻具有意識型態色彩；辯論的重點是什麼條件才構成社會主義所謂的「民族」。由於各方都直接訴諸史達林一九一三年在其報告《馬克思主義和民族問題》（Marxism and the National Question）所表達的觀點，辯論就更加激烈。中共本身過去對中國不同的少數民族之觀點，也在它所推薦的政策上扮演了重要的角色。中共在一九三〇年代、一九四〇年代和藏族、回族的關係並不平順。許多共產黨人也視傳統的社區領袖是他們政治主張的大敵。他們偏好的政策，得到中國民族誌學者的支持，就是通過找出受他們欺壓的農民、沒有土地的工人及奴隸，給予這些群眾能力，然後在這些群體內部搞革命。蘇聯顧問大體上同意這個政策，但是力促要小心，強調執行時需有長期規劃。但是，起初的一九五一年和一九五二年中蘇雙方卻發生衝突，中國領導人（包括若干至少有在少數民族地區工作經驗的幹部）聲稱蘇聯人本身一九二〇年代、一九三〇年代在少數民族地區搞革命時也不甚謹慎。蘇聯人這一方則懷疑有些中國共產黨人患了漢人沙文主義的毛病，想把所有的少數民族納入一個大漢族之內。[26]

蘇聯人和中蘇邊境上某些群體既有的關係，使得中蘇民族政策一接觸，反而更加複雜化。中國的中央領導人打從執政的一開頭就天人交戰，一方面覺得需要向蘇聯的政治和學術理論學習如何處理這些棘手問題，一方面又希望推動中國人而非蘇聯人在中國邊境之內的優勢地位。我在閱讀高層就民族問題的對話時，感覺中方在和蘇聯討論政策時，經常刻意把中蘇邊境少數民族的例子，換成內地（或其他邊區，如西藏）少數民族的例子。但是有時候讓雙方都很尷尬、甚至不合時宜的是，在華的蘇聯人明明知道中共對邊境問題相當敏感，卻強調願意協助中國境內的維吾爾人、哈薩克人和蒙古人在中國的新民族社群中找到定位。[27]

有時候這些政策會出現無心而鑄成的結果。中共堅持對於自二十世紀初期即長期享有相當自主的少數族群重新分類，卻在一九五〇年代產生意外的結果。地方機關在清點人數時，有時候把史達林理論的紛亂搞混，讓過去幾乎不會有機會的族群脫穎而出。即令訂定全國有五十六個民族這個結果似乎決定得很零亂，有時候似乎是由北京決定、而非由地方呈報上去，它仍然代表有些過去從未被承認的族群，突然間變成中國的民族之一，從基層一路往上到全國人民代表大會（中國的國會）都有代表。共產黨的政治打壓可以打到中國境內任何人身上，但是受承認為一個個別的民族卻可享有某種程度的保護，至少直到一九六六年開始的文化大革命之前都可以躲過共和國諸多政治運動裡頭最痛苦的一面。28

———

中共對外在世界的觀點受到史達林時期蘇聯觀點的影響。黨員對於中國受到歐洲人、美國人和日本人欺壓，有著很深刻的羞辱感。在這種負面情感上又加上朝鮮半島和中南半島戰爭的經驗（因為要去協助周遭其他的共產黨去解放其國家而必須站在最前線），讓中國人有很強烈的感覺，覺得生活在危險的鄰里關係之中。根據中共的看法，針對中國的主要威脅來自美國。鑒於中共的大敵國民黨退往台灣之前和之後，美國都予以援助，中共與美國又在韓戰浴血交鋒，這股敵意其來有自、不足為奇。但是我們若是考量美國在抗戰之前對中國發展的貢獻，以及它在抗戰時給予中國的重大支持，把美國視為不共戴天大敵就顯得很不簡單。這股敵意有兩大因素：一是蘇聯一口咬定美國是它的頭號大敵，一是中共在剷除許多中國城市居民對美國事物的欽羨和好奇時碰上困難。

中國共產黨自認為在以蘇聯為首的各國共產黨同盟當中，它站在全球反帝國主義、反資本主義戰鬥的最前線。即使中共領導人深怕在他們黨內出現外來影響力，他們卻急切要做為蘇聯在全球最親密的戰友、要做為亞洲最主要的社會主義國家。毛澤東及其副手歡迎史達林的繼承人在國際關係上主動和西方化冰，因為他們視此舉為多年戰爭之後令人歡迎的休息。中國和蘇聯都支持越南的瓜分，也攜手防止金日成在朝鮮半島再掀起一場新戰爭。在中國看來，這是和美國及西方持續衝突中臨時的必要。和蘇聯的密切協調也有助於促進中國成為蘇聯最可敬的盟友，對中國的民族主義感情及毛澤東的自大都很有作用。

中共支持胡志明以共產黨領導越盟（Vietminh）、自從一九四五年以來持續反抗法國重新佔領中南半島的運動。整個戰後時期，毛澤東一再向史達林強調越南（而非朝鮮）是中共外交戰略的最優先事項。一九四九年之後，支持越南變得比準備佔領台灣更為優先。理由很明顯。在越南，共產黨有機會贏，屆時與中共親善程度大過其他國家共產黨的一群人將起而掌權。中國對越盟的支持於韓戰期間升高，直到一九五四年奠邊府（Dien Bien Phu）之役，中國軍事顧問在越南部隊擔任關鍵要職。越盟在奠邊府之役擊敗法軍，戰役期間毛澤東對武元甲（Vo Nguyen Giap）將軍提供戰略上的意見，有如他對派在朝鮮戰場的解放軍將領提供意見一樣。日內瓦和會對中南半島和平達成協議時，中國是出席和會的主角之一。中方和蘇聯看法一致，認為需要有某種形式的臨時分界線，以取得該地區的和平。他們合力促使心有不甘的越南人接受和解。周恩來告訴胡志明，現在和法國停戰、穩固戰果，稍後再設法擴大共產黨的地盤，這樣才是明智之舉。提到左翼的法國總理孟德斯（Pierre Mendes-France）時，周恩來對胡志明說：「我們應該全力支持孟德斯政府，才能防止法國好戰分子推翻它。」[29]

中國對其他第三世界國家也表達同樣的溫和態度。蘇聯對反西方同盟提出新的方針，強調以和平共處為手段，去贏取後殖民的體制。中國也呼應印度總理尼赫魯（Jawaharlal Nehru）的「和平共處五原則」——基本上就是承諾各國平等，不干預國際事務。中國出席一九五五年萬隆亞非國家會議，稱頌不結盟原則（當然指的是不與西方結盟，而非不與蘇聯結盟）。中蘇的秘密外交政策規劃強調應該支持民族主義的第三世界國家，如印度的尼赫魯、印尼的蘇卡諾（Sukarno）和緬甸的宇努（U Nu），同時要協助這些國家的共產黨準備去接掌政權。就毛澤東的理解，溫和只是在替世界革命做準備時的戰術工具。

中國在一九五〇年代中期對西方採取溫和態度還有另外一個原因。毛澤東和周恩來希望美國會放棄保護台灣，不論是出於美國厭倦蔣介石、或是因為與蘇聯大和解都好。然而，中國在一九五四年砲打國軍駐守的外島金門和馬祖，提醒美國人它並沒有放棄收復尚未歸其控制的中國島嶼。

——

若不提中共領導人針對其同胞似乎沒完沒了所發動的各項運動，就無從了解中國和外在世界的關係。後來，最大的一場運動，也就是一九六〇年代末期發動的文化大革命，差點就吞噬了中國共產黨。直到此時，受害人是共黨政權真實或想像的敵人，或是遭懷疑有不同想法的黨員。這些運動仿自史達林一九三〇年代的作法，創造出持續危機和戰鬥的意識，有助於激進化中共黨內的政治。這些政策也有助於打造一個社會，在這個社會中凡和外國扯上關係都很危險。譬如，一九五八年有個年僅十七歲的少女被送進勞改營，原因是她告訴朋友：「美國製的擦鞋油真不錯。」她的罪名是「崇拜帝國主義的東西，對它們盲目相信」。[30]

中共一掌握政權，立即著手消滅對其統治的實際或潛在的反對。它手段之兇殘是清朝初葉及中葉對付敵人以來所僅見。對清廷而言，被視為該剷除的敵人大多為非漢人。然而，就中共而言，它的受害人是漢人，而且絕大多數根本連舉起筷子反黨都不會。中共所界定的敵人是：「反無產階級專政、反政府外交政策、反肅清反革命運動」。[31] 一九四九年國共內戰勝利在望時，中共立即發動運動，韓戰開始之後更是加速推動。一九五一年五月劉少奇向黨員說明：

> 當抗美援朝鑼鼓喧天時，土地改革及鎮壓反革命的鑼鼓聲就勉強可聞，後者變得容易推行。沒有了抗美援朝的鑼鼓聲，土改（及鎮壓反革命運動）將出現無可忍耐的巨響。這裡有個地主被殺、那裡有個地主被打；到處混亂……事情就難了。[32]

中國早期這些運動所發生的大規模殺戮，其效應在我們看待中國的國際政策時經常受到低估。它絕不像有些人所相信的，比起蘇聯對待其國內敵人寬大許多，中共反而更像回到史達林恐怖的高峰，在各省訂下配額，要求應該揪出多少反革命分子予以槍斃。毛澤東規定的目標是全國人口的千分之一，可是有些省的地方幹部殺紅了眼，遠超過這個數字。死刑犯最高的罪名是「勾結帝國主義」，非法跨越邊境也可判處死刑。廣東省光是一九五一年四月就處決了一萬多人。到了一九五一年五月，中南區（河南、湖北、湖南、廣東、廣西）已處決二十萬人。我們無法估計在共產黨統治的頭五年，有多少人被處死或送進勞改營，但是中國歷史學者楊奎松發現，數字遠超過毛澤東一九五七年所承認的：殺了七十萬人、關了二百五十萬人。合理的估計是在一九四九年至一九五五年期間，死了四、五百萬人，其中過半數被槍斃。[33]

到了一九五〇年代末期，黨的政策開始更向左轉。老百姓被嚇得一定服從，其程度到了黨有指示、立即聽命，即使一九三〇年代和一九四〇年代反抗高壓或帝國主義控制的人也噤口不語了。出於恐懼而出現的行動（譴責朋友、出席公開處決）經常用民族主義榮耀或意識型態效忠來合理化，連蘇聯觀察家都覺得走得太極端了。在此程度下，大多數中國人（遠超過共產黨）「想要」相信新政權，以及它要快速把國家改造為現代、有效率的計劃。即使人們的思想過程在這種情況下一向很錯綜複雜（恐懼、榮耀或民族主義，究竟哪種比較有份量，在毛澤東的中國、希特勒的德國或史達林的蘇聯，一樣都很難說得準），毫無疑問的是，中國一向強烈的為了大我願意犧牲小我的心理，都影響到受害人及施暴人的行為。一九五〇年代的中國，存在一種信念，認為要建設新中國，必須訴諸恐怖手段和極端紀律。某些蘇聯顧問駭然發覺，莫斯科正在走出史達林時代的恐怖，中國卻似乎一頭要栽進去。蘇聯熬過勞改的人士正要從西伯利亞回家，中國在東北北邊，以及西部甘肅、青海和新疆的勞改營卻正在容留大批人士——這些勞改營今天還存在。有些中國人犯設法越境，逃到蘇聯。但是，他們立刻就被遣返。

鑑於毛澤東所掌有的中國想做的、以及它願意使用的方法，可想而知，外國的反應相當分歧。美國方面，中國的恐怖手段、中蘇的親密結盟，以及美國對它十多年來的支持而今卻落空所產生的失落感，三者加總起來構成了一個觀點，認為它是敗壞的共產國家圈子中最邪惡的一員。美國這種對中國期望落空的感受尤其強大，助長了麥卡錫主義的歇斯底里，怪罪左翼美國人使得中國「轉投共產黨懷抱」。這些指控經常指向美國主要的亞洲事務專家，其實頗帶有種族主義之色彩。中國人不可能自己決定要接受共產主義；他們必然是被美國赤色分子和蘇聯壞蛋引誘才接受共產主義。許多美國人擔心中國人像小孩子，接受了共產主義信條後，會在國內及國際間走上極端。

經過一段對外開放時期之後，以對外關係而言，中國又回到一九〇〇年前後的狀況。美國主管遠東事務的助理國務卿饒伯森（Walter Robertson）聲稱：「紅色中國有敵意、具侵略性，正在擴大它的軍事力量……以任何國家或國際行為的標準來看，在其現有的體制中……它是個非法國家。」[34] 滿清雖是個失敗的國家，卻逐步允許其人民與世界互動；而中共則企圖把人民關在家裡，不准他們旅行或和外國接觸，除非是共產國家，但即使接觸的是共產國家，也要受到嚴格控制。不了解中國，更增添西方的恐慌。由於它是個亞洲國家，西方人先入為主就以為它是集體主義，認定它在蘇聯曾經失敗的區域，也仍然可以成功推行共產主義。它對世界具侵略性，韓戰就是一個鮮明的例子；它預備在西方國家有重大利益的東南亞搞侵略行動，那是日本嘗試過、也失敗的地區。長期而言，當中國勢力擴張後，要如何防止（甚至是日本人也會去參加的）這個在亞洲佔據上風的同盟呢？

這種夢魘景象阻礙美國在一九五〇年代對中國產生出一套有效的政策。杜魯門以降三位總統，在對華政策上都採用愈來愈陳舊的方法（經濟禁運、外交孤立、支持在台灣的國民黨）有部分原因是害怕國內出現政治反彈。美國的政策其實幫了毛澤東的忙。中共領導人「想要」孤立中國（外在實情亦是如此），怕外國在中國境內有任何影響力。一九五〇年英國工黨政府想要承認中華人民共和國，毛澤東來個相應不理，直到倫敦關掉它在台灣所有的代表機構。保守黨籍英國首相艾登（Anthony Eden）一九五五年二月想要親訪中國破冰，毛澤東向蘇聯大使誇口說：「中國故意給個答覆，讓艾登不肯來。」當艾森豪政府一九五九年對中國展現不是那麼有敵意時，毛主席立刻解讀這是企圖從中國內部顛覆中國。毛澤東告訴他的副手，美國國務卿杜勒斯「想要改變我們這樣的國家。他想要顛覆、改變我們，讓我們跟隨他的想法……因此，美國依然企圖侵略、擴張，而且有更狡詐的戰術……換句話說，它想要維持它的體制、改變我們的制度。它想要透過和平演進腐化我們」。[35]

種族因素對於外在世界如何看待新中國、以及中國如何看待世界，扮演了重要的角色。美國領導人擔心（歐洲人也一樣，只是程度較輕），中國是個非白人國家，比起歐洲各國共產黨，它有較大機會引誘並且策反那些剛走出殖民主義的亞洲及非洲國家。蘇聯，從史達林以降，也認為中國可以、也應該在第三世界的脈絡中運作，因為蘇聯本身在裡頭比較難以活動。一九五〇年代許多第三世界領袖認為中國是潛在的盟友（在這個意義上，中國的出席萬隆會議，在這些領袖來看十分核心）或甚至代表了非歐洲的社會主義發展道路，這是他們所想要去效法的。毛澤東看來，這些方法都有問題。他同意莫斯科的看法：中國代表世界共產主義在第三世界有特別的角色可以扮演，但不是要當特定的模範。它代表馬列主義，非常單純。中國希望具有國際影響力，但是按照毛主席的說法，美國人若是相信中國會深刻介入社會主義陣營之外的活動，那就是捕風捉影了。中共歡迎第三世界激進分子到北京來，很樂意和他們發展關係，可是要有清楚的了解，那就是馬列主義才是解救開發中世界種種問題唯一可能的藥方。沒有第三條路。就意識型態而言，中國非常肯定，不想要發展第三條路。

中國對宗教的看法也讓別人難以接受中國。一九五〇年，所有的基督教傳教士都被驅逐出境，教會的醫療與教育機構統統由國家接收。有些外國傳教士被扣押起來，譬如美國籍的天主教主教詹姆斯．華許（James E. Walsh）就坐了十二年的牢，廣州的總主教鄧以明（Dominic Deng Yiming）被關了二十二年，而樞機主教龔品梅（Ignatius Cardinal Gong Pinmei）則在勞改營過了三十年。基督教各教派遭解散，編組成為「愛國教會」。西藏或蒙古佛教徒，或是新疆、甘肅或中國其他地方的穆斯林領袖也沒有更好受。對中國政府來講，這些迫害乃是控制國家的方法。但是，在這些遭受迫害者的外國教友心目中，中共的行動使得他們痛恨和不信任這個中國政權。

整體而言，中共當政初期外界對中國的看法固然有可能是了解不夠所致，但未必就錯看中共。中國發動的實驗犧牲了許多人命，最後也以失敗告終。但外國人批評中國，卻使一些中國人相信必須再堅持方向。對他們來講，最重要的事情是：毛澤東主義是中國的東西，中國共產黨已經成功地統一國家，給予大多數的中國人一種使命感。國家積弱一百多年，現在終於能夠建立一個人民有好的生活水平、在國際間也受到尊敬的國家。對於一九五〇年代的許多中國人而言，這就夠了。

以它們自己的標準來看，中共在一九五〇年代有理由為自身的成就感到驕傲。它在韓戰和美國人打成平手。它執行了徹底的運動來對付國內的敵人、把農業集體化、把所有的重要工業國有化，而且在蘇聯大規模的援助下，完成了第一期的五年計劃，當中的生產結果也相當令人滿意。在一五計劃所強調的多個領域裡（鋼鐵、焊礦、水泥生產、發電和機械製造）成長均十分可觀，年增率約百分之九。即使如此，中共領導人，尤其是毛澤東，依然對未來憂心忡忡。儘管生產量增加，農業卻跟不上工業的擴張，或甚至是人口的增長。跡象也顯示，在一五計劃階段末期，即使工業的成長也已趨向緩和。最重要的是，毛澤東和他的一些顧問不滿意中國的整體成長，因為他們覺得國家仍有許多方面有待努力，才能趕上先進國家。到了一九五六年，毛澤東和一部分年輕領導人，與傳統的馬克思派領導人如劉少奇、周恩來，這兩大派之間對政策出現了不同的見解。前者強調創新和經濟加速轉型，後者強調需要依賴計劃，並從蘇聯經驗的成敗學習。

一九五六年二月，蘇聯領導人赫魯雪夫震撼了全世界向蘇聯「取經」的人。他在蘇聯共產黨第二十屆全國代表大會中發表演說，詳盡披露史達林的恐怖暴政。赫魯雪夫披露的內幕不僅撼動中共領導人，也驚動了全世界各國的共產黨。然而，毛澤東的第一反應是，貶抑史達林將增加他本人成為亞洲、乃至全世界共產主義理論最終裁定人的機會。他日後告訴蘇聯大使，對他來講，史達林之死彷彿脫下一件緊身衣。中共領導人喜歡赫魯雪夫一句話：史達林在對待其他的共產黨，從南斯拉夫到中國，都在搞「俄羅斯沙文主義」。今後中共將可以有更大自由訂定自己的政策，並更快速地走向社會主義。但是當年稍後波蘭和匈牙利的工人引用赫魯雪夫在蘇共二十大批判史達林的話，做為共產主義行不通的證據，企圖推翻他們國內的共產黨政府時，毛澤東開始擔心起來。毛澤東和中國許多領導人開始意識到，蘇聯批判史達林的絕對可靠性及個人崇拜，會延燒到中共及其崇拜毛主席的作法。赫魯雪夫曾說：「你們瞧，史達林瘋狂追求偉大導向什麼。他完全脫離了現實。」[36]在中國，毛澤東要確保這種裁判不會加諸他身上。

一九五六年秋天的波蘭事件和匈牙利事件，是中共首次針對重大外交政策的議題向蘇聯提出建議。毛澤東向克里姆林宮提出警告說，在波蘭進行武裝干預，會被看做「嚴重的大國沙文主義，在任何情勢下都不應該容許此事的發生」。[37]但是，共產黨人在布達佩斯街頭遭到處刑後，中共出面聲援莫斯科，力促蘇聯要出兵。到了當年年底，蘇共和中共都企圖重振他們已經嚴重受傷的權威。根據一份頗受蘇聯讚譽的中共聲明之說法：

> 社會主義民主唯一的目標就是強化無產階級及所有勞動人民的社會主義大業，給予他們空間建設社會主義，向所有的反社會主義勢力作戰……批評應該只是為了鞏固民主集中制及強化黨的領導。它絕不應該在無產階級隊伍帶來秩序紊亂，遂了敵人心願。[38]

布達佩斯的幽靈讓中共領導人害怕，有幾個原因。一九五六年秋天和冬天，中國出現一九四九年以來首次對中共政策及其缺乏民主的公開反對。秘密警察在許多省份注意到、並提出報告，民眾公開集會要求改善工人條件、加強民主，以及言論自由。上呈提報到中央政治局的一份報告指出，有些集會甚至有黨員參加，還跟著呼叫：「『奮鬥到底』、『先批評低階官員，再往上擴大』。甚至還有少數工人宣稱：『我們認為，除了向匈牙利學習，沒有其他辦法！』」[39]黨陷入守勢，於是接受毛澤東的建議，發起鼓吹開放的「百花齊放運動」。後來證明，它的目的是確認誰是敵人，予以摧毀。到了一九五七年底，數十萬「資產階級右派」被捕、送進勞改營。

外交政策方面，一九五〇年代末期也是個不穩定的時期。毛澤東在中國國內透過把革命帶向更激進的階段以重新爭取主導地位之同時，他也在國際事務上訂下更積極的新政策目標。毛澤東認為，共產黨在第三世界全面發動攻勢對付美國及其盟友的時機已經來到。華府已經摒棄對社會主義陣營的溫和。匈牙利事件及台灣持續被「佔領」的狀況顯示出，當美國對共產主義的軟弱有所認定時，它會有的作為。毛澤東訪問莫斯科（這是他這輩子第二次、也是最後一次出國），奉勸主人要起而抗拒帝國主義。毛主席說：「我個人認為，國際局勢現在已到達一個新的轉捩點。全世界現在有兩股風，東風和西風。中國有句俗話：『東風若不壓倒西風，西風就要壓倒東風。』我認為今天的情勢特徵就是東風壓倒西風。也就是說，社會主義的力量壓過了帝國主義的力量。」毛澤東說，沒有理由害怕和帝國主義開戰：

> 最壞的情況就是人類死了一半，另外一半還活著。帝國主義應該要消滅，整個世界應該要社會主義。許多年以後就會再出現二十七億人，而且肯定還會更多。我們中國人還未完成我們的（社會主義）建設，我們希望和平。但是，如果帝國主義堅持打仗，我們沒有選擇，只有下定決心打到底，再來搞建設。[40]

出席這場國際會議的各國共產黨領導人透過翻譯聽了毛主席這番話，嚇得全場鴉雀無聲。當天晚上在場的一個俄羅斯青年代表多年以後告訴我，他感覺到彷彿史達林復活了。他一點都不以為然，無法接受全世界死一半人的想法。

從蘇聯回國後，毛澤東開始思考中國要如何大躍進，同時強化重工業和農業生產。毛澤東在莫斯科時曾誇口，十五年之內中國經濟將超過英國。他在一九五八年春天和同僚討論新的生產目標時，他極力要求各方面都要增加配額。其他領導人不敢違逆毛澤東的聲望、樂觀和革命精神，故也熱切地告訴他，中國的鋼鐵生產量七年內就可以超過英國。有人更加碼說五年、或甚至三年就可以達成。毛澤東迷信鋼鐵是建設現代化的根本，告訴他們中國必須向未來大躍進，向國內的懷疑者、蘇聯和帝國主義顯示所謂社會主義人的能耐。毛澤東堅持，這是一個鬥爭的世界，中共必須快速趕上、否則就會被消滅。

——

到了一九五〇年代末期，中國及其對外關係已經從十年前的情況有所轉變。中共已仿效蘇聯模式，引進新的政治經濟秩序。上一世紀以來所小心謹慎、逐漸和外在世界建立的關係大多被切斷，代表這些關係的人不是被殺、打入勞改營，就是用其他方法逼得噤口不語。毛澤東開始推行一些會導致和社會主義國家決裂的政策下，情況更為嚴重，中國益發陷入孤立。但是中國孤立的基礎是早早在一九五〇年代剛建設社會主義時就奠下的。

我們不難理解為什麼中共選擇要背離清末及民國時期的國際走向。它本身的對外經驗有限，花了二十年時間在中國農村和國民黨作戰。根據它對歷史的解讀，黨把過去中國和外國的交往看成純然負面。它仿效蘇聯在剛建立時與西方全面斷交的經驗。它不了解，從列寧的角度看，蘇聯和西方斷交是西方對蘇聯極其敵視下不得不然，並不是蘇聯主動追求。但最重要的是，中國的孤立來自中國政治的門戶之見。黨非常有紀律、思想狹隘、內觀，而毛澤東愈來愈像是先知型的領導人，沒有任何東西制住他。加上美國、日本和西歐在意識型態上顯示對中國愈來愈有敵意，中共遂打造出孤立主義政策和態度，確保新國家在任何國際框架之外成長——中蘇同盟所建立的框架例外。

許多中國人希望未來和外在世界有更多的互動——和中國境外（如台灣、香港、澳門、東南亞或其他地方）的華僑恢復聯繫。但是他們對國家的成就十分自豪，打造出對中共仇視外國事物和思想此一政策的廣泛支持。當中國人愈來愈知道中共動用大量槍決及勞改營時，許多人竟然向外界隱瞞黨的這種過份行為。他們認為這些方法雖然恐怖，但為了建設現代新中國也是正當的，於是新中國終究有一天會和其他國家平起平坐。有些人甚至相信中國已經在競逐現代性的進程中正在超越其他國家。他們沒料到下一個年代等候著他們的會是巨大的震撼。

毛澤東從一九五〇年代末期展開的運動，
使中國孤立，陷入易受攻擊的危險處境。
國內方面，狂亂地企圖肅清所有的外來影響，
又把黨的政策調整為以毛澤東個人為中心，羈絆住中國的發展，
創造出一個犬儒世代，他們原本的理想主義淹死在鮮血之中。

第九章

中國孑然獨立

CHINA ALONE

一九六〇年代，中國走過一段孤立的時期，愈來愈疏遠於國際事務。它和蘇聯決裂，使得中國愈發遠離所剩不多的國際接觸。毛澤東國內外政策的激進和古怪，使得中國看來就像今天所謂的失敗國家，一個混亂、自以為是、走極端的政體，與外在的世界沒有太多接觸。雖然工業化國家（甚至紐西蘭或挪威）出現所謂毛澤東主義者的小團體，它們其實社會抗議的色彩重於毛澤東的理論，從來沒有貼近過真正的政治影響力。在第三世界，被中國所支持的運動變得愈來愈少，運動本身也愈加與外隔絕。中國領導人期待第三世界不問中國在這些動盪年代裡政治怎麼胡整亂搞，而要緊密追隨中國的國內政策。對於即使真心希望當中國盟友的人而言，這也不是一件容易的事。

中國在文化大革命（毛澤東為了激進化中國政治、摧毀潛在的敵人，而在一九六六年發動的運動）期間的自我中心感，也是無邊無際到無以復加的地步。中國人被導向相信唯有中國具有走向革命的正確道路，因此中國是全體人類發展所欽羨的中心，它握有走向未來的鎖鑰。這個鎖鑰就是毛澤東這個人以及他為中國設計的政治道路。大躍進失敗之後，毛澤東又心心念念要創造新世代的中國人不受傳統的束縛，能摒棄倫理、家庭、友誼的羈絆，即使在他身後也能專心致志獻身革命。他們應該無情、堅強和勇敢，不受外國或資產階級影響所汙染，在中國走向全面共產主義發展的道路上能夠犧牲小我。毛澤東的新夢想是個完全清洗掉過去的中國，其人民潔白無疵可以灌輸嶄新的現代精神。他看到通往光明未來的路，由犯了錯或只是擋了路的人之屍體堆疊的一條路。毛澤東通往天堂的最後之梯（他的文化大革命）在萬人塚上升起，這一點和史達林、希特勒過去的作為無殊，也得到波帕日後的效仿。

中國在一九六〇年代的孤立大多是自己找的，但是它其實大可不必如此。中國在和蘇聯決裂後，仍在第三世界得到相當好感，主要是因為種族的因素。它被視為是進步的、反殖民的亞洲大國，和（歐洲的）蘇聯決裂起初讓第三世界激進派更樂於和它交好。一九六二年和印度的戰爭（其實根本不必打這一場中印戰爭）使許多比較溫和的亞、非國家紛紛走避於和中國的密切合作。不過直到一九六四年或一九六五年，中國在第三世界舞台上仍然熠熠發光，周恩來總理訪問非洲國家、或北京同意協助興建坦桑尼亞到桑吉巴的鐵路，都得到了喝采。然而，到了一九六〇年代末期，中國失卻了這些成績，它在亞洲及第三世界的潛力消失殆盡。從迦納到印尼等原本激進的國家向右轉，趕走中國代表。甚至北朝鮮雖然繼續接受中國援助，但也堅定地和蘇聯站在一起——恐怕還有點幸災樂禍，準備看好戲。到了一九七〇年，中國只剩一個盟友（北越）的感情完全不變；可是也很快要崩解，一九七五年西貢淪陷後，兩國還兵戎相見。中國陷入危險孤立（不過我們還是要說一句，這可是它自己要的）中國愈來愈狂熱的政府認為，和蘇聯的戰爭已經近在眼前。

——

革命的中國怎麼會走到這個地步？這場大災禍主因是毛澤東的驕矜自大、中國有瑕疵的發展計劃，以及它在國際上的孤立。一九五八年夏天，北京中共中央下令所有領域都要大規模增加生產。毛澤東認為，透過大躍進，中國將進入新的發展階段，他的熱情令大家風行景從，即使更了解狀況的經濟專家也默不作聲。農村地區，廢除一切私有財產，農民編入人民公社以便增進生產。公社之內，所有的服務統統集體化，包括育嬰托幼、老人照護。很多省份的孩童一週六天住進托育機構，只在星期天回到父母身邊，以便成年男女人人全力投入生產。農民奉命執行巨大的填海造地運動，而自己的作物送到城裡、甚至國外。肥料不夠，就拆穀倉、廁所、茅坑（甚至是農民自己的住家），把建材磨成粉，灑在田裡。

大量民眾想要相信毛澤東的新革命，全力以赴拚死拚活希望它成功。生產奇蹟的謠言到處都是：陝西種出像一棟房子大的西瓜、河南馬鈴薯產量增加六倍。最糟的是，政府根據完全誇大的生產數字訂出從各省出口農產品的配額。中共地方幹部謊報生產量來討上級歡心。有些地區村民被引導相信在後院設高爐可協助提升鋼鐵生產量，他們把家用物品、甚至工具，送進高爐，向上級呈獻成果。到了一九五八年秋天，情勢已清楚顯示，某些地區將出現飢荒。一九五八至五九年的冬天，農民開始死亡。到了一九六一年大躍進停止時，估計有四千五百萬人，大多為農民，因飢餓、生病或過勞而死。它成為人類史上最大的人為災難，全因為毛澤東及其他領導人即使在運動結果已經很明顯時，仍不肯撤回。[1]

蘇聯人在大躍進開始時就十分關心。即使某些蘇聯專家同情中共用來強力推進中國現代性的方法，還是有理智比較清楚的一些人於一九五八年春天報回莫斯科的報告，就預測毛澤東這樣蠻幹，恐怕會害死許多性命。蘇聯顧問私底下開始警告中國同僚，大躍進的後果堪憂。蘇聯的態度惹火了毛澤東。他決定利用蘇聯為因應北約組織在歐洲的部署，要求加強兩國軍事協調的機會，宣洩他的憤怒，表明他的政策攸關中國的國家利益。蘇聯大使帕維爾·尤汀（Pavel Iudin）是個馬克思主義哲學家，毛澤東表示希望有人可以隨時討論理論問題，才奉派出使北京。早已痛苦不堪的尤汀在半夜被召到中共中央為高級領導人設置的住宿區裡毛主席的新寓所，聽取毛澤東發洩。毛主席怒氣沖沖地說：

你們只相信俄國人，從來不相信中國人。（對你們來講）俄國人是第一流，中國人是低劣民族，又蠢又笨……你們以為有了幾顆核子彈就可以控制我們……你們對中國人民從來沒有信心。史達林最糟糕。中國（共產黨）被視為第二個狄托（譯按：中國譯名鐵托）；我們被當做落後民族。你們經常說，歐洲人過去看不起俄國人。我認為有些俄國人現在看不起中國人。[2]

一九五八年夏天，毛澤東試圖利用外交事務來推動國內對大躍進的支持。當蘇聯領導人赫魯雪夫趕到北京澄清軍事合作方面的「誤會」時，毛澤東粗暴對待他，擺明了不屑。毛主席列舉蘇聯自一九二〇年以來種種不是，卻隻字不提蘇聯援助，又批評某些蘇聯顧問的行為。一肚子火的赫魯雪夫嘆氣說：「你可以抱怨我們專家的荒唐，我們又沒有你們的專家。因此，變成只有我們犯錯。」毛澤東說：「這要怪歷史。」「我們必須為它負責嗎？」「你們先搞革命呀！」「我們應該為它被責怪嗎？」毛澤東說：「這就是為什麼你們必須派專家呀！」第二次會面時，毛澤東穿著泳褲在游泳池畔接見赫魯雪夫，他明明知道赫魯雪夫不會游泳。赫魯雪夫捨命陪君子，在泳池裡拚命設法不沉下去，毛澤東則悠哉遊哉游了好幾圈，向他高談闊論講共產黨應有的戰略。當赫魯雪夫回到莫斯科時，許多蘇聯領導人首度開始懷疑他們珍惜的蘇中同盟是否還會持續下去。

赫魯雪夫前腳才剛離開，毛澤東決定再次攻打國民黨據守的外島。這一次目標倒比較不是對美國和蔣介石施加壓力，而是要製造國際危機俾便強化國內的支持。蘇聯事先沒有被告知要攻打金門，但是依然全力給予中方外交支持。第一次台灣海峽危機過了，但是毛澤東在一九五九年依然得出結論：他的國內目標無法再與維持中蘇同盟並存。一九五九年十月赫魯雪夫再度到北京，企圖化解中共升高對蘇批評時，毛澤東根本不假辭色。他攻擊赫魯雪夫對美國的立場是投降主義，不應該支持印度和其他非共產國家，又不肯和中國完全分享核子武器技術。赫魯雪夫回罵中方是極端主義，窮兵黷武，不肯合作。中國外交部長陳毅元帥當著赫魯雪夫的面說他趨炎附勢。赫魯雪夫回答他：「陳毅同志，如果你認為我們趨炎附勢，你就別跟我握手。我不會接受……你不應該從元帥頭銜的高處吐痰。你沒有那麼多痰啦。我們不吃你這一套。現在可好了，你們一方面說（國際共產運動）接受『蘇聯領導』，另一方面又不讓我說話。」[3] 赫魯雪夫中斷他的官式訪問，氣沖沖打道回府。中蘇關係已經撕破。

但是，毛澤東和赫魯雪夫之間的衝突只是中蘇分裂的開端、不是結尾。一九五九至六〇年冬天，毛澤東開始準備針對蘇聯對於國際事務及共產主義理論的觀點，展開公開論戰。鄧小平負責召集一個小組，準備一系列抨擊赫魯雪夫觀點的文章。一九六〇年四月，列寧九秩冥誕，中共發出第一砲。把他們置於決定現今列寧主義該是什麼的地位，中共勸告全世界馬列主義者，「徹底揭露帝國主義者及現代修正主義者在這些問題的荒謬，消滅他們在群眾之中的影響力，喚醒暫時被矇騙的人，並更進一步激起群眾的革命意志」。[4] 一九六〇年六月，中共、蘇共兩黨在羅馬尼亞共產黨全代會上公開爭執，讓全世界看到共產陣營出現問題了。會後，赫魯雪夫氣壞了——毛澤東可能就是如此盼望。七月十八日，赫魯雪夫下令一千四百名駐華顧問的大多數立刻回國，他們大多在三個星期之內就走了。

兩年之內，毛澤東和中共在國內製造出一場經濟的大災難，在國外差不多和所有的盟國都鬧翻了。毛澤東宣稱，對中國這是有百利而無一害；照毛主席自己的說法，他的政策確保國家獨立和政治純淨，因此替中國未來的改造奠定基礎。但是，到了一九六〇年秋天，冷靜派開始佔上風。眼看到大躍進造成那麼多人喪失性命，劉少奇和鄧小平偶爾得到周恩來的支持（如果周的勇氣出現的話），開始推翻一些中共過份惡劣的政策。毛澤東本人樂得由別人出面清理他搞出來的爛攤子，不過他仍然緊盯著，以免出現政治偏差。他甚至允許降低和莫斯科的緊張，准許蘇聯派新的顧問來完成猶在進行的項目，以及送食品來協助緩解有些省份的飢饉。毛澤東並不介意繼續接受莫斯科的援助。直到一九六二年春天，大家都還搞不定他是否要和克里姆林宮完全決裂。他想要增強他在世界共產運動的地位，以及爭取自由可帶領中國走向他認為最佳的方向。他告訴部屬說，如果蘇聯願意接受它，他在未來可能不會與赫魯雪夫完全決裂。

一九六〇年代初期，北京和莫斯科之間仍保持著有限度的合作。一九六一年四月，兩國簽署一份新的全面貿易協定，在國際談判寮國前途時，中蘇至少直到一九六二年春天，仍有相當密切的合作。在某些領域，如情報分享、購買軍事技術方面，雙邊關係一直持續到一九六四年中期。然而，這個時候毛澤東已經決定要和蘇聯完全決裂。對他、以及他最親信的支持者而言，毛澤東主義項目面臨的危險很清楚。和蘇聯合作的新形式，加上中國經濟的整理，暗示著對大躍進的批判。前幾年經毛澤東擢升為共和國國家主席的劉少奇，於一九六二年夏天公開批評大躍進。劉少奇在黨的內圈宣示：「我們在執行總路線、組織人民公社和推動大躍進時，有許多缺點和錯誤，甚至是嚴重的缺點和錯誤。我認為該是回頭檢討、汲取教訓的時候了。我們不能再繼續這樣子下去。」[5] 關於國際事務，中共中央國際部部長王稼祥（留學俄國，曾任共和國第一任駐莫斯科大使、中共主要知識分子之一），建議恢復和平共處原則，繼續中蘇同盟。

毛澤東大怒。一九六二年夏末，他在兩項會議中針對他認為的黨內敵人展開反擊。他對驚駭的同志說：「我認為中國的右翼機會主義應該改名，它應該改名為中國修正主義。」毛主席堅持蘇聯這個個案顯示，在社會主義之下仍有階級鬥爭，中國在國內外都在進行「反資產階級思想的鬥爭，它等於是馬列主義和修正主義之間的鬥爭」。「關於修正主義是否會在我國出現這個問題，答案是：是、也是：否。現在有些幹部可以用一斤豬肉或幾包香菸收買。」一把懷疑大躍進視同階級鬥爭，等於是拿出原先對付黨的階級敵人的方法，用到黨員身上。這表示今後沒有人可以安枕無憂。周恩來一向積極討好毛主席，他沒有了解毛澤東觀點的長期後果，立刻就呼應毛澤東。周恩來現在說：「反修正主義的鬥爭已進入新階段。」「階級鬥爭已成為我們和兄弟黨關係的根本問題。」周恩來又說：「馬列主義的真理和世界革命的中心，已從莫斯科轉移到北京。我們應該勇敢、不從我們的責任退縮。」[6] 毛澤東寫了一首詩，抒發他的感想：

小小寰球，有幾個蒼蠅碰壁。
嗡嗡叫，幾聲淒厲，幾聲抽泣。
螞蟻緣槐誇大國，蚍蜉撼樹談何易。
正西風落葉下長安，飛鳴鏑。
多少事，從來急；

天地轉，光陰迫。
一萬年太久，只爭朝夕。
四海翻騰雲水怒，五洲震蕩風雷激。
要掃除一切害人蟲，全無敵。

中蘇衝突升高下，在第三世界爭取盟國的動作也增強。一九五〇年代中期，蘇聯對非共產國家，如印度和印尼，展開笑臉攻勢。中國也以與亞洲鄰國（包括印度）發展良好關係為最高優先，做為回應。一九五五年萬隆亞非會議上，印度總理尼赫魯和中國總理周恩來相互擁抱，承諾兩國永久友好。可是，一九五〇年代告終時，中印關係已經撕裂。中國國內優先向左靠，中共愈來愈不能容忍印度領導人的性格，認為他們是繼承英國帝國主義的資產階級。中國對其邊境地區的安全也愈來愈關心，甚至對於它在一九五〇年給予西藏非常有限的實質自治都有點後悔。中國在拉薩比較激進的政策造成一九五九年西藏動亂，藏人宗教領袖達賴喇嘛出走，毛澤東認為印度在背後搞鬼，尼赫魯想從中獲取利益。到了一九六〇年代初期，中印兩國之間的關係已瀕臨破裂邊緣。

中共部隊一九五〇年開進拉薩之後，蘇聯和中共本身的民族事務專家都建議共和國新政府對西藏要採行寬鬆政策。雖然來自當地中共幹部的報告從一開始就譴責他們在西藏社會所看到的封建主義和對農民的壓迫，毛澤東及中共領導人起先希望在這個戰略上極重要的地區要逐漸、審慎地進行改革。一九五六年藏人邊區因為反對土地改革爆發小型叛亂，中共逐步增加它在拉薩的駐軍。一九五九年春天，謠傳中共計劃綁架達賴喇嘛，造成數十萬藏人走上拉薩街頭。解放軍祭出鐵腕粉碎發生在西藏首府、他們視之為叛亂的活動。情勢大亂下，達賴喇嘛偕部分西藏宗教領袖設法越過邊境，逃到印度。達賴喇嘛出走之前，中共當局已經向蘇聯抱怨超過一年，指責印度和美國中央情報局協助西藏鬥士（這一點可能正確）。藏人難民在邊境之南受到歡迎，中共領導人斷定新德里當局乃是敵人，意圖在中國邊界惹事端。8

中、印衝突又因蘇聯不願明白地譴責德里、以及中國國內政策愈趨向強硬的路線而日漸惡化。到了一九六二年夏天，當毛澤東批判那些在大躍進失敗之後試圖收拾爛攤子的同志時，對印度政策則被放入孤立與包圍的框架中。印度選在這個時刻派兵開始進入有爭議的邊境地區巡邏，當然使北京當局的壓力大增。即使毛澤東也不想和印度交戰；他反而是想局限住邊境問題，以便集中力量處理西藏問題。可是當德里拒絕中共提出的談判之請時，毛澤東認為這是直接挑釁，準備有所回應：

> 我們和老蔣（介石）打過仗。我們和日本、美國也都打過仗。我們誰都不怕，而且每次都打勝仗。現在印度人想跟我們打仗。我們當然不怕。我們不能示弱；我們若是示弱，就等於讓他們搶了大約相當於福建省的一大塊土地……既然尼赫魯出頭、堅持要和我們打仗，我們不打豈不是不禮貌？來而不往，非禮也。9

中國在一九六二年十月二十日在相距六百英里的兩個前線發動攻擊，一是不丹東邊，一是崑崙山之南的西端、接近巴基斯坦的邊境。印度軍隊在兩個戰場都被打敗；一個月之後，中方宣布停火時，所有有爭議的地區都落入中方控制下　對印度來講，戰爭的結果令它十分震驚：不僅是印度軍隊被打敗，而且它依恃的國際同情和援助，也幫不上忙。蘇聯實際上保持中立，但口頭上支持中國立場。毛澤東不領情，認為赫魯雪夫在同一時間發生的古巴飛彈危機事件亟需爭取中國支持罷了。最重要的是，這場戰爭在亞洲兩個最大國家之間鑄造敵意和對立意識，這個情勢持續到今天。

到了一九六三年，毛澤東幾乎憑一己之力就毀了中蘇關係。這是他的目的，至少在六〇年代開始以來即是如此，但若不是蘇聯政治領導人巨大的傲慢，以及中共領導人的政治盲目，恐怕毛澤東也很難做到。毛澤東要摧毀和莫斯科的關係，是因為他需要爭取到意識型態上的自由，要帶領中國更往左走，也就是為日後他推出的「無產階級文化大革命」鋪路。毛澤東一向狡詐，他要讓他所懷疑不支持他的激進政策之中國領導人首當其衝地和蘇聯（從意識型態和民族主義這兩方面）幹架。鄧小平即是這樣一個高階領導人。他在一九六三年夏天率領一個中國共產黨代表團訪問莫斯科，奉命要抨擊蘇聯。鄧小平實在左右為難：他本人固然和蘇聯沒有什麼私人交情，不必顧忌太多，可是他又明曉得中國的技術及全盤經濟發展亟需依賴莫斯科的合作。不過，鄧小平還是使命必達，完成了毛主席交代的任務。他告訴蘇方東道主，他們「已在國際共產主義運動的隊伍製造分裂，甚且是以愈來愈尖銳、愈來愈極端的形式，以愈來愈有組織的方法，在愈來愈大的規模下推動，試圖毀滅（中國共產黨）。」他帶著嘲諷的微笑補了一句：「我要指出，這種手法是你們習以為常的事。」[10]會議再也開

不下去，當然也就不足為奇。

兩個共產黨巨人之間的衝突日漸升高，幾乎到了要動用兵戈的地步。從一九六二年起，中國發言人聲稱蘇聯在雙方邊境上增加軍事壓力。中國最西邊的省份新疆有大量人民逃到蘇聯，讓中方更相信蘇聯現在是其大敵——其實恐怕是大躍進引起的飢荒、以及蘇聯勸誘，兩者交互作用才造成民眾離心離德。一九六四年，毛澤東說：「我們不能淨顧著東邊、不顧北邊；淨注意帝國主義、不注意修正主義；我們必須準備兩邊都會發生戰爭。」同時，他也發表對蘇聯最為凶險的一段談話。他對來訪的一群日本賓客說：「大約一百年前，貝加爾湖以東地區成為俄國領土，此後海參崴、伯力（Khabarovsk）、堪察加（Kamchatka）等都成為蘇聯領土。我們還沒拿出帳單呢。」11

毛澤東現在又跨出一大步和兩大超強決裂。一九六二年古巴飛彈危機之後，蘇聯和美國開始從懸崖邊緣退讓一步。一九六三年八月，美、蘇、英三國簽署核子禁試條約，降低冷戰的溫度。毛澤東才不理會它。一九六四年十月，他把中國拉出和世界各國互動的圈子——中國第一次成功試爆了核子彈。現在中國有了自己的核子能力，毛澤東認為中國安全多了。這一年年底，毛主席又開始陰沉地談起革命的敵人以及中國共產黨黨內的「走資本主義道路派」。一九六五年，一場大整肅即將出場的跡象已很明顯。毛澤東批評中共中央書記處和中央計劃委員會搞獨立王國，不聽他指揮。他一有機會就敲響戰鼓——在越南要抵抗美國人、在北方要抵抗蘇聯人，更要抵抗所有想要摧毀中國的人。一九六五年十月，他對一群吃了一驚的黨幹部說：「我們必須備戰……別怕兵變或叛亂。」他又說：「如果修正主義出現在中央委員會，你要怎麼辦？這時候，你必須造反……現在你必須記住，不管誰說，中央委員會、政治局或省委說，如果不正確，你可以拒絕執行。」[12]不久，毛澤東就離開北京，前往各省的秘密地點，直到一九六六年夏天文化大革命如火如荼席捲全中國，他才回到北京。

毛澤東製造中國的孤立，因此可以為大整肅做準備。但是他也企圖利用他對人民戰爭的理論，向第三世界國家及激進團體提出爭取他們和中國同盟的訴求，在國際事務上創造一個新的中心。林彪元帥又崛起成為毛澤東在軍中的頭號親信、最會向毛主席逢迎拍馬屁，日後終於被毛澤東選定為接班人。他在一九六五年九月署名發表一篇文章〈人民戰爭勝利萬歲〉。林彪在文章中歌頌毛澤東是天才，「結合馬克思列寧主義的正確性和中國革命的具體實務，綜合歸納中國人民從持久的革命鬥爭得到的經驗，創造性地豐富和發展了馬克思列寧主義」。林彪提醒全世界人民，毛澤東「依靠農民，建立農村根據地，以農村包圍城市，最後奪取城市，這是中國革命所走過的、勝利的道路」。這套理論的「優越性，攸關目前所有被壓迫國家及人民的革命鬥爭，特別是亞、非、拉（丁美洲）被壓迫國家及人民反帝國主義的革命鬥爭」。[13]換句話說，中國將支持其他國家的革命團體，只要他們先承認毛澤東是戰略天才即可。

對於隔壁鄰居的革命黨而言，中國轉向極左的新立場，來的時機實在太不巧。北越和北朝鮮已學會如何在中蘇分裂下出現的洶湧水域小心行進，而且能成功地左右逢源，從雙方都得到支援。現在毛澤東堅持他們必須做出選擇，而此刻卻是他們都最迫切需要外國援助的時

候。美國地面部隊已在一九六五年登陸越南，越南共產黨必須設計一套戰略可以擊敗美軍，以達成在共產黨領導下統一國家的目標。北朝鮮的金日成則希望美國捲入越戰，可以使他對南韓增大壓力，可是他卻發現中國政府堅持必須對其理想全面效忠。

北越，以及南方的民族解放陣線的領導人，利用中蘇之間意識型態裂痕的擴大，推動一個更積極的國家統一戰略。一九六〇年代初期，中共在許多方面都支持越南人政策，而蘇聯卻極力主張要有耐心、要談判，以便避免美國益加介入戰局。即使北京也忠告北越別操之過急，因為他們深怕中國又會被捲入類似十五年前朝鮮半島的情況，又和美國人直接交戰。毛澤東當然曉得，沒有蘇聯援助，中國根本沒機會對抗美國。中國只提供顧問及有限的資材支援北越，同時與其領導人建立密切的政治關係。到了一九六四年，儘管依然接受蘇聯援助，北越已接近要加入中國，正面抨擊蘇聯的意識型態。越南人，尤其是胡志明和他的繼承人黎筍，深受中國通往社會主義的道路所啟發。他們相信中國人的大躍進和極端集體主義，比起蘇聯溫和的方式，更適合越南的現代化。和意識型態偏好相關的，還有越南與中國文化相近，兩黨之間也有悠久的親密關係。最後，他們曉得和美國將是一場長久的鬥爭，中國是鄰國，唯一可以期待會長期提供需要的援助之國家。雖然仍有些越南共產黨人基於歷史因素，害怕中國長期的影響，但雙方在一九六〇年代前半期的關係仍是十分正面的。

一九六五年春天，美國派出地面部隊介入越戰，此吋中國的政治也正走向文化大革命，它們改變了河內和北京的戰略圖象。北越領導人現在必須直接對抗美軍部隊，打一場快速升高的戰爭，因此迫切需要武器和經濟的援助。美國在一九六四年秋天開始轟炸北越，蘇聯已經憤怒地回應。現在蘇聯展開大規模的援助河內之計劃，提供他們最需要的飛機、坦克和防空設施。毛澤東希望中國採取不同的作法。中國的軍事顧問以及已經進駐北越的支援部隊，應該再加派人手，但不得參與作戰。中國應該提升物資援助給北越，但主要只是基本補給品，因此不會耗用到中國本身防務的需求。中國應該悄悄地警告美國，若是出兵打進北越，就是表示要和中國交戰（這樣才能避免重蹈韓戰覆轍，當時是美軍已進逼中國邊界，中國部隊出手干預）。最重要的是，中國代表應該提防蘇聯耍詐。毛澤東懷疑莫斯科或許會假裝要運送先進武器到越南而突襲中國，或者是挑釁製造中美大戰。

毛澤東的指示造成中國的外交政策在越南一敗塗地。中國固然沒有捲入戰爭，但是毛澤東的政策毀了過去兩個世代中國辛辛苦苦與越南領導人建立起來的親密關係。一向支持中國觀點的黎筍不能了解，越南人迫切需要的蘇聯援助物資取道中國南下，為什麼北京似乎是盡全力干擾。他和其他越南領導人也痛恨中國看輕他們的戰術和戰略。在文革進展下，中方愈來愈自大，企圖逼河內在蘇聯和中國之間擇一求助。在蘇聯增加對越南共產黨部隊的軍事援助於一九六五年源源而至時，周恩來告訴越南人說，蘇聯的援助「不真誠」。他說，這些援助為美國利益服務，越南最好不要接受它們。[14] 一九六六年，黎筍提到關切中國在越南境內的宣傳時，鄧小平（他不久即在文革中遭到罷黜）對他咆哮說：

> 你還在怕什麼？你為什麼怕惹蘇聯生氣？那我們中國人呢？我要坦白告訴你，我現在的感想：越南同志對我們的援助方式有別的看法，但你還沒告訴我們……這不只是關於我們對蘇聯援助的判斷。你是懷疑中國協助越南別有用心嗎？如果你要我們協助，我們希望你可以直接說出來。問題可以很容易解決。我們將立刻撤走我們的

軍事人員。我們在中國有很多事要做。駐在邊境的軍事人員將奉令調回大陸。[15]

到了一九六九年，越南共產黨領導人相信中國不是為越南最佳的利益打算。他們現在相信中國打算主宰未來統一的越南，而且中國人希望越戰儘可能持續打下去，只要能讓中國擺脫戰略壓力就行。有些人甚至猜疑，拖延戰爭是因為中國希望迫使美國和它成立某種臨時協議。換句話說，中國願意打越戰打到越南最後一兵一卒。

如果說在越南的情況已經有夠糟，在有同志之情的北朝鮮，情勢也沒有好到哪裡去。金日成和他的北越同志一樣，起先在中國和蘇聯爭執時站在中方這一邊。金日成認為毛澤東比起蘇聯新領導人布里茲涅夫（Leonid Brezhnev）更接近金日成想在朝鮮建立的社會主義：威權、熱情、快速進步。但是在一九六六年，金日成開始出現疑慮。中國顧問和留學生在他家首都平壤呼喊毛澤東思想萬歲、打倒修正主義的口號，在他看來，已經逾越紅線。金日成向中國大使館「勸告」，卻仍然無法讓他們知所節制，他遂譴責北京犯了「大國沙文主義」，斥責毛澤東看重的紅衛兵「小孩子，懂什麼政治」。金日成原本希望重振中、朝同盟，俾能再針對南韓發動攻勢。可是，現在突然發現在他的北方邊境出現安全顧慮。中共沿著中朝邊界全線架設擴聲器，開始痛批「朝鮮修正主義者」。金日成靠向蘇聯，痛罵文革的愚行。北京方面，紅衛兵警告「金日成及他那一夥和美國、或修正主義勾結的人，持續反中政策，一定不會有好下場。朝鮮人民遲早會起來，和他們算帳」。[16]

到了一九六〇年代中期，中國只剩下一個外交政策戰略。它是根據毛澤東所堅持的，中國領導一個沒有界定、沒有組織的反美帝、反蘇修的第三世界陣線。毛澤東主張，印尼、阿爾及利亞、迦納和古巴等國家都是這個陣線的一分子，最後都將和中國攜手推翻西方的宰制。毛主席說，戰爭即將到來，第三世界在中國領導下將會戰勝。毛澤東告訴一位印度訪客說：「蘇聯出自第一次世界大戰。中國和其他許多社會主義國家出自第二次世界大戰；而帝國主義將在第三次世界大戰毀滅。」[17] 但是中國政策的問題出在不僅它和想像中的第三世界盟友的關係有許多難處，還有這些國家的激進派領袖也似乎都失去了影響力。到了一九六〇年代末期，中國在第三世界所有的盟友全丟光，因為他們的領袖不是被推翻、就是加入蘇聯那一邊，或者是厭倦了中國無所不知的態度和自我中心的強硬心態。

自從一九五〇年代以來，印尼一直就是中國最優先的對象之一。印尼是東南亞最大的國家，由激進的反帝國主義者蘇卡諾領導。蘇卡諾也是個折衷派社會主義者，和印尼共產黨的關係愈來愈密切。我們在第六章已知道，印尼有相當大的華裔族群，其中有些人在印尼的貿易和工業頗有影響力。中國為了華裔印尼人的小資產階級性格感到尷尬，它又很希望被視為海外所有華人的保護者。不過，毛澤東的主要目標仍是和蘇卡諾政府結為盟友，促成印尼共產黨成為政府一員。毛澤東一九六一年六月和蘇卡諾會面時，讚揚蘇卡諾是不結盟世界的領袖，暗示不可信任的尼赫魯曾經想竊取這個榮冠。一九六三年一月，劉少奇宣稱印尼已取代印度，成為第三世界反帝國主義、反殖民主義的最佳支柱。[18]

但是在中國本身政策日益左傾下，北京領導人也變得愈來愈關切他們所認為的印尼政府之資產階級性格。從一九六二年起，印尼就在婆羅洲（Borneo）和馬來西亞進行未經宣布的叢林戰爭。中國支持印尼，但是當蘇卡諾一九六四年坐上談判桌時，中國領導人大吃一驚。中國覺得蘇卡諾被美國人影響了。美國司法部長羅伯．甘迺迪是剛遇刺身亡的總統之弟，他剛和蘇卡諾會面，討論和平。中國認為印尼的決定是「受到羅伯．甘迺迪的教唆」，反映出「資產階級民族主義者的陰暗面和投機取巧」。中國因而愈來愈優先支持印尼共產黨及其民兵，從一九六五年初開始供應他們武器及訓練。[19] 中國的支持鼓舞了印尼共產黨及同情者，他們企圖在一九六五年十月發動政變，這一點是毋庸置疑的；而印尼陸軍反過來鎮壓左派，結果出現反共的新政府，成千上萬的華裔印尼人也在政變領導人掀起的大屠殺中遇害。

非洲方面，中國介入的軌線也一樣。迦納的激進派總統恩克魯瑪（Kwame Nkrumah）很高興得到中國的援助。可是，一九六四年至一九六五年，迦納卻成為中國替許多左翼組織訓練游擊隊的中心。中國建議成立民兵，卻造成軍方政變、推翻恩克魯瑪。阿爾及利亞一九六二年獨立之後，班貝拉（Ahmed Ben Bella）的新革命政府和中國的關係一直都很親密。但是，一九六五年雙方關係變壞，部分原因是阿爾及利亞和蘇聯愈來愈合作。根據中國外交部的說法，班貝拉的反帝國主義是「光說不練」。中國駐阿爾及利亞大使館質疑他是否有勇氣用「革命手段」克服阿爾及利亞的經濟困難：「阿爾及利亞統治集體非常傲慢和自負，但是它的老虎屁股還是可以被摸的。」[20] 班貝拉一九六五年六月在軍事政變中被推翻，中國鬆了一口氣，立刻承認新政府。中國一九七〇年代和一九八〇年代在第三世界不曉得承認了多少個軍事政府，只因為北京認定他們反蘇（對阿爾及利亞，北京就看走眼了）。中國的第三世界政策從政治面和知識面看幾乎都接近破產。

北京被刮得最痛的一個巴掌是古巴轉向蘇聯。雖然卡斯楚和切．格瓦拉（Che Guevara）

毫無疑問更貼近中國對社會主義的闡述，可是蘇聯的經濟模式比較好管理、蘇聯的援助沒有太多附加條件。中國要求古巴准許它在島上散布中國的宣傳。它也要求古巴對中蘇雙方要有更均衡的作法。一九六六年中國威脅要降低中、古貿易，卡斯楚火氣上來，公開指控中國犯了「對我國經濟侵略的罪行」，並且參加美國帶頭的對古巴禁運。卡斯楚說：

> 中國的行為只能解釋為，展現對我們國家的絕對蔑視、對我們人民性格及尊嚴感受的完全無知。它不僅是幾噸米、幾平方米的布的問題，雖然也關係到它們，但是也關係到人這個更重要、更基本的問題：是否明日世界的大國就有權利敲詐、勒索、施壓、攻擊和扼殺弱小民族；是否在革命黨努力要建立的明日世界，就要持續強盜、壓迫和巧取豪奪等最惡劣的方法……我們的革命國家以信賴、友誼及兄弟之情接待任何社會主義國家的代表，我們不允許以有悖上述原則的作法影響軍政幹部。[21]

中國在第三世界的影響力已蕩然無存。

無產階級文化大革命可謂中國歷史上最大、最緊密的由政府所發動的運動。它造成的死者人數沒有大躍進多，它對經濟的影響較小，但是就人類的日常生活、以及毀掉的生命而論，它的後果更加嚴重。全國各地，人民（絕對大數根本沒犯任何罪行）被揪到臨時設立的私刑

法庭公開羞辱或施刑，還要他們的家人、親友旁觀。許多受害人把一輩子性命奉獻給革命和中國共產黨，而且最著名的受害人全都是共產黨領導人。國家主席劉少奇遭刑求後，丟在牢裡任其死去。率領抗美援朝軍隊的彭德懷元帥，在公開集會被打斷背脊骨。執行殺戮及私刑的年輕人得到毛主席本人的授權，他們把毛主席奉為神明。當毛澤東要他們「砲打司令部」、譴責他最親近的同僚是修正主義者、是中國的赫魯雪夫時，紅衛兵採取了毛主席預期的行動，全力打砸。毛澤東和他的新歡助手要確保沒人敢反抗、擋路，必要時亦鼓勵動粗施暴。這是毛澤東把中國孤立、保持革命不朽的最後一試。

文革期間，中國對外關係幾乎全面停止。中國的外交官和留學生全部奉命回國，進行自我批判、接受毛澤東思想的訓練。在中國的外國學生全部遣送回國，有些外國大使館也遭到攻擊。英國大使館在一九六七年八月遭到攻打、火燒。在華洋人把這個情況比擬為六十年前的義和團動亂再現。我們已經提到，北朝鮮和北越這兩個中國在東亞僅有的盟邦，抱怨他們的人員所受到的對待，以及駐在他們國內的中國顧問拚命狂熱宣傳文化大革命，到處散發俗稱「紅小書」的毛語錄。古巴人趕緊撤出；有一組人回國後向一位蘇聯外交官提到：「很難想像『紅衛兵』以及他們帶領的人要達到那種程度的愚蠢。希特勒的信徒可以向他們學習。」同時，北京的蘇聯大使館被紅衛兵團團圍住，蘇聯和東德外交官走在街上挨揍。當他們向中國外交部抱怨時，蘇聯人得到的回答是：「本部堅決支持人民的革命活動。」[22] 莫斯科方面，蘇聯外交部長緊急召見，中國外交官以高喊毛語錄回覆。

文革進展下，反蘇、反西方的言論日益上升。美國人和英國人遭指控計劃對中國發動戰爭，而蘇聯會幫他們。中共黨報《人民日報》一九六七年六月聲稱：「蘇聯性質已經變了。

資產階級專政已經取代無產階級專政，資產階級透過代理人在搞反革命復辟。」中共安全情報頭子康生支持文化大革命，杯弓蛇影地認為外國特務在中國各地活躍。他告訴紅衛兵說：「蘇聯修正主義者已訓練許多秘密間諜在我國活動。蒙古修正主義者在我國人民中推動叛國活動，朝鮮修正主義者也是……你們必須提高警覺。」[23]

文革鬧到最高潮時，愈來愈仇外。只要和外國沾上邊，都很可疑。我的朋友告訴我，紅衛兵抄他們的家，找到外文書，把他們痛打一頓；戴眼鏡走在街上也會挨打（被認為是外國穿著打扮）。同時，有些住在中國的外國人也想積極加入新運動。波蘭出生的記者伊斯雷爾・愛潑斯坦（Israel Epstein）是個老共產黨員，度過好幾次整肅，從一九六四年起就是中國共產黨黨員。愛潑斯坦和他的上司李敦白（Sidney Rittenberg）成立一個紅衛兵「造反小組」，批評沒有迅速抓住政治風向的其他外國人。但是愛潑斯坦本人在一九六八年被打成反動派，坐了五年牢。李敦白坐了十年牢。李敦白被捕後，其他外國人貼出的大字報宣稱：「他爬得高、跌得重」，以及「李敦白展現出我們在猶太人身上早已看到的個性」。[24]

在領導人遭公開刑求、家屬被迫旁觀的世界，什麼事都有可能發生。國家主席劉少奇的妻子王光美（她本身十六歲就入黨）被清華大學紅衛兵從她的官舍架走。她被痛打一頓，被迫穿上陪劉少奇正式訪問雅加達時所穿的薄紗洋裝，遊行示眾。根據官方審問王光美的紀錄，學生痛斥她：

> 妳今天被鬥爭。我們可以隨意用任何方式鬥爭，妳沒有自由……我們是革命群眾，妳是臭名昭彰的反革命醜八怪。別想要混淆階級界限！……穿這種衣服在印尼挑逗

蘇卡諾（譯按：中國譯為蘇加諾），妳真讓中國人丟臉……（「紅衛兵」齊聲唸「《毛語錄》」：「反革命的東西都一樣：不打、不會掉。」）[25]

中共黨內負責中國外交事務的官員陷入一團混亂。周恩來試圖揣摩毛主席要走的方向，然後遵循它，以便自保及保護他周邊的人。外交部長陳毅質疑紅衛兵插手外交事務，毛澤東大發雷霆。他說：「中央文革小組百分之九十七正確。任何人反對中央文革小組，我就堅決反對他！如果你要否定文革，你一定不會成功。」外交部的外交官也急急忙忙成立紅衛兵組織（美洲暨大洋洲司的紅衛兵組織自稱是「打落水狗大隊」），高舉「砲打陳毅、完全掀開外交部階級鬥爭的蓋子」的標語。[26] 陳毅在鬥爭大會受到公開羞辱，然後送到河北省一家工廠改造。但是，怪異的是，直到一九七二年一月去世，陳毅一直保有外交部長的官銜。

文革開始後，中國的外交政策勉強還與它並存著，但其精力都擺在批判蘇聯之上。到了一九六〇年代末期，莫斯科成為中國頭號敵人。蘇聯在一九六八年八月入侵捷克（雖然和中蘇關係不相干）嚇壞了中國領導人。他們曉得經過文革這番折騰，他們的國家有多麼弱，而且現在文革已退化到天下大亂，各個不同的紅衛兵組織還搬出重武器在街頭交戰。蘇聯應外蒙古當局邀請，派遣武裝部隊到外蒙古（由於外蒙古對這個鄰居中國的紛擾十分擔心），此舉也使北京的驚慌上升。即使毛澤東和中共領導人依然緊盯著美軍在越南作戰的進展，蘇聯

愈被看做是公開、直接的威脅，美國至少還不是。

一九六八年，毛澤東愈來愈稱呼蘇聯是「社會帝國主義」。這個字詞暗示蘇聯有朝日將重演俄羅斯過去的帝國主義侵略行徑，進攻中國。毛澤東界定的社會帝國主義是大國擴張主義的一種特殊變形，因此它把莫斯科和華府、倫敦都劃為「西方」帝國主義。蘇聯總理柯錫金（Alexei Kosygin）一九六五年訪問北京時，毛澤東對客人滔滔不絕說教起來：「美國和蘇聯現在決定世界的命運。很好，儘管做決定吧！但是接下來十到十五年之內，你們將再也不能決定世界的命運。它將交到世界各國的手中，不再由帝國主義、剝削者或修正主義者掌控。」[27] 三年之後，就中國人看來，蘇聯已經成為最危險的西方帝國主義國家。但是，雖然毛澤東的語言變得愈來愈有種族主義色彩，中國唯一還剩下的盟友卻是歐洲國家阿爾巴尼亞，它的共產黨領導人和周圍鄰國也全都鬧翻了。毛澤東迅速高舉阿爾巴尼亞是世界革命的燈塔；但是在北京有許多人認為，高抬阿爾巴尼亞只會讓人想到中國在國際上有多麼孤立。

北京的高階領導人準備迎接戰爭的來臨。同時由於愈來愈擔心會和外在世界爆發衝突，使得中國出現一個怪異的計劃：把中國重要的工業設施向西部所謂的安全地帶遷移。這些地方大致上就是國民黨一九三七年之後為躲避日本攻擊而撤退的相同地區。現在，中共把整個工廠拆解，遷移到毛澤東稱為「第三線」的內地（北起甘肅、南迄雲南的一大塊內地）。第三線始於一九六五年——美國積極介入越戰那一年——隨著與蘇聯衝突加劇，第三線的重要性大增。這個過程的浪費和紛擾很大，對中國經濟也造成嚴重傷害。然而，在某些個案上，文革大動亂時期被遺棄在艱困的地區，反倒讓工業經理人學了一身本事，在日後的資本主義革命中反而派上用場。創造「安全的大後方基地」的政策，持續到一九八〇年代初期，可能消耗了中國這段時期總投資金額的三分之一。[28]

文革期間，中國忙著在內地建設備戰基地，它卻忽略了周邊地區。香港依然是中國對外貿易重要的樞紐，台灣則具體提醒著中國領土依然分裂，因此是國恥的表徵。可是，北京對這兩個地區都沒有積極的政策。海外華人被嚇壞了。聽了一小撮人訪問中國所傳出來的有限的故事，幾乎沒有人希望回中國去。他們當然曉得文革期間遭受迫害的一些人，是當年回國服務的留學生。在少數民族地區，毛澤東的文革，災情尤其嚴重。西藏方面，寺廟以及一些宗教象徵和畫像被拆毀，僧人被驅趕到鬥爭大會的會場，由專程從北京、上海飛來的紅衛兵主持批鬥。內蒙古的中共領導人和紅衛兵追查一個企圖搞獨立的黨，至少殺了一萬六千人，後來發現這個黨根本子虛烏有。廣西是中共劃設的壯族自治區，文革雷厲風行，搞得民眾自相殘殺。[29]

文革的主要成份（仇外、遷徙到內地，以及恐怖鎮壓少數民族）頗能適合毛澤東的目的。北京方面，數百萬年輕人來自全國各地，聚集在天安門廣場向他歡呼，滿足了他無邊無際的自大意識。派遣青年人從城市下鄉，所謂向農民學習，滿足了他以政治推動發展的意識。對於文革領導人而言，中國在國際上孤立正好創造 個新中國、拯救了革命。即使他在一九六八年底必須派軍隊終止街頭最紊亂的局面，毛澤東認為文革過程仍在持續進行。他在一九六九年初對黨的新領導階層宣稱：

> 我們在談勝利。這表示我們必須保證，我們應團結全國廣大群眾在無產階級領導下追求勝利。社會主義革命必須持續下去。革命仍有未竟任務有待完成，譬如進行鬥

爭、進行批判、進行改造。隔個幾年，我們或許將需要再推動另一個革命。[30]

——

毛澤東在周恩來及軍方協助下，在一九六八年把中國從文革的幾乎全面大亂下拉回來，有一個主要原因就是愈來愈擔心會和蘇聯爆發戰爭。固然沒有證據顯示蘇聯在準備攻打中國，但是從文革的狂熱和毛主席自己的言談，就可以感受到這股憂懼。中國及其革命已經堂擺在世界歷史的中心，受到全體人類的欽羨，敵人會企圖動用武力摧毀它們，乃是合乎邏輯的。北京當局也思考除了蘇聯攻擊之外的其他劇本。美、蘇可能爆發戰爭，把中國捲進去。如果越南戰事對美國不利，美國也不無可能從南方發動攻擊。毛澤東向訪客表示：

日本一九四五年投降以來，已經過了二十三年。再過五年，就是二十八年了。二十八年都沒有一場戰爭？事實上，自從第二次世界大戰結束以來，已經出現各式各樣的戰爭。根據列寧的說法，資本主義就是戰爭；沒有戰爭，資本主義就無法存在。今天世界上有兩個超級大國。他們不僅只有傳統武器，也有核子武器。這不是一件容易處理的事。[31]

為了刺探蘇聯的意圖、並確定解放軍是否效忠他，毛澤東同意針對蘇聯軍隊發動有限度的軍事行動。一九六九年三月，在雙方俱聲稱具有主權的烏蘇里江的珍寶島，中、蘇發生軍事衝突。初步交戰，約三十名蘇聯軍士喪生。作戰持續中，蘇聯總理柯錫金急著想和毛澤東通電話。中方接線生卻拒絕接通，高喊反蘇修口號。一連幾天，和、戰不明。蘇聯考慮攻擊中國核子設施做為預防措施。毛澤東固然迅速退卻，批准就邊界問題展開談判，邊界的緊張情勢並未和緩下來。八月，西邊的新疆又發生新衝突。雙方傷亡都很慘重。這一次中方領導人相信蘇聯正計劃大規模進攻中國——儘管柯錫金訪問北京，試圖和中方談判。林彪奉毛澤東指示，於一九六九年十月下達「第一號命令」，全軍緊急戒備，並把高階領導人（以及最重要的文革受害人）撤出首都。

雖然戰爭一直沒有發生，中國的局勢直到一九七〇年代初期都很緊張。一九六九年的戰爭恐慌使得毛澤東認為中國的孤立太危險、無益。現在他希望國內多一些秩序、少一些革命。他的動員令試圖停止絕大部分的文革過當行為：

> 所有的派系武鬥應該無條件、立刻終止。所有專業的武鬥小組應該解散。所有的武鬥據點應該拆除。所有的武器都應該繳回。如果任何武鬥小組繼續佔領據點、頑固地拒絕投降，解放軍可以用武力包圍據點，對它發動政治攻勢，並以武力沒收（小組的）武器。32

但是，動亂的精靈不是那麼容易可以放回瓶中。畢竟毛澤東還不肯放棄他的文革理想，而且黨內政治仍然狂亂。一九七一年九月，毛澤東的指定接班人林彪在主席預備清算他之下，企圖逃往蘇聯，飛機卻在蒙古墜毀。

從一九六九年夏天起，毛澤東就向老軍頭徵詢意見，請教如何處理他自己一手創造出來的國際危機——這些軍頭有許多人在過去三年因毛主席的許可，遭受刑求及坐牢。老帥們提出的報告強調，蘇聯今天及未來都是中國的主要敵人。他們說，蘇聯的力量正在成長，美國的力量則逐漸消褪。他們堅稱：「蘇修以中國為主要敵人，對我國安全構成的威脅更嚴重於美帝……但是因為中國及美國皆以蘇聯為敵人，因此蘇修不敢打兩面戰爭。」陳毅（依然保持外交部長頭銜，其實遭到軟禁）向毛主席提出一封私函，談到他有些「胡思亂想」。陳毅在一九六九年九月寫說：「我們有必要利用美、蘇的戰略矛盾，追求中、美關係的突破。」他建議和華府舉行無條件的高階層會談。接下來兩年，毛澤東接受了陳毅的許多「胡思亂想」，但同時仍堅持他的文革立場，譴責陳毅是「假馬克思主義者」、「反黨的野心家」。[33]

毛澤東從一九五〇年代末期展開的運動，使中國孤立，陷入易受攻擊的危險處境。國內方面，狂亂地企圖肅清所有的外來影響，又把黨的政策調整為以毛澤東個人為中心，羈絆住中國的發展，創造出一個犬儒世代，他們原本的理想主義淹死在鮮血之中。某些中國歷史學家認為，中蘇同盟崩潰是件好事，因為它使得中國更加獨立、更傾向民族主義。然而，實際上，毛澤東希望脫離蘇聯影響之後可以享有自由，卻發動了災禍連連的運動，使中國的進步倒退數十年。對於一九六〇年代的中共而言，文革和孤立是一體兩面的事情。兩者的目標都

在於使國家強大。

從十九世紀初葉以來，中國在國際事務上從來沒有比起一九六〇年代更加孤立。中共的革命承諾要使中國富強，卻似乎害它變得更窮更弱。沒錯，中國在共產主義之下保持領土統一，在科技及公共衛生等領域有巨大的進步。它也推動社會革命，消除私人對農業及工業的控制，使得所有的中國人更加平等。但是，這種平等在　九七〇年代成了均貧，在國際脈絡中也明顯的無依無靠。毋怪乎有些中國人開始問起和一九二〇年代十分相似的問題：中國要如何走出貧窮和停滯？中國要如何才能現代化及成功？在出國可致富發達、留在國內反而受苦又失敗的世界，身為中國人的意義何在？

就算二十世紀以來中國與美國的政治軌跡截然不同，
但它們同樣都能接受它們的日常生活是如何快速地改變。
這種朝向現代性的驅力使得中國與美國的知識分子都一同向前，
雖然他們發動的理由各有不同：對中國人而言，是要活化過去；
對美國人而言，則是創造未來。
無論如何，中國人與美國人都有工具論式的目的要去達成現代性，
而它們都相信只有自己的國家才能真正而徹底地擁有它。

第十章

中國與美國

CHINA'S AMERICA

整個二十世紀，中國人對美國一直懷著錯綜複雜、又近似迷戀的情愫。它是許多中國人想去走走瞧瞧、作客或定居的地方。但它也是危險、令人困惑的地方，它的政治、價值、友誼，乃至於地貌也都不時地在變化。美國挑戰著中國人對傳統、家庭和關心集體等大多數的價值觀。美國也讓中國人懷疑，因為有些人感覺到美國人看輕中國人、認為中國人低人一等，因此美國才對中國人關上國門。大多數中國人無法理解，美國本身是個移民國家，除了偏見，還能有什麼理由排華。中國人非常重視歷史　就記憶而言，中國和美國負面的歷史關係經常壓過正面的關係。

但是，對於美國事物、美國財富和美國思想，也有無盡的欽羨。美國和中國在二十世紀有許多共同的地方，雖然今天有這種看法的中國人已不多。中國人時常稱頌中國的傳統，但是過去一百年來卻一直在拋棄傳統，似乎無休無止地轉變為全然不同的樣貌。這種轉變極大部分受到美國的啟發：源自美國的技術、企業、文化和政治概念散布在中國各個角落——即使中共政府已極盡努力要剷除美國所有的影響。中國與美國不僅只是交換，而是發生連結，這個與中國改變的速度之快有關，也與它如何不滿現狀的強烈程度有關，最後，這也關連到中國對於改變的接受程度。就算二十世紀以來中國與美國的政治軌跡截然不同，但它們同樣都能接受它們的日常生活是如何快速地改變。這種朝向現代性的驅力使得中國與美國的知識分子都一同向前，雖然他們發動的理由各有不同：對中國人而言，是要活化過去；對美國人而言，則是創造未來。無論如何，中國人與美國人都有工具論式的目的要去達成現代性，而它們都相信只有自己的國家才能真正而徹底地擁有它。

一九七〇年，毛澤東決定「緩和」（他當時用這個詞）和美國的全面衝突。中國脫離了文革破壞最為慘烈的階段，但是中國外交政策的轉向無關乎毛澤東重新評估他的政治理想。終其一生，他依然堅持中國全面的革命改造。他會轉向的原因是中國與蘇聯衝突上升，擔心蘇聯會進攻中國。大部分的恐懼源自一九六〇年代和莫斯科在意識型態上的衝突；衝突在中國領導人思想中上升到一定會出現巨大的角力、甚至頗有以核子戰一決勝負的態勢。但是，對美國的開放也產生無心的結果——毛澤東預見不到這些結果，若是見到這些結果，他自己也會嚇一跳。中國在二十世紀的最後一段時期，出現「美國年代」：美國這個國家代表的就是大部分中國人所認識的「外國」，這種情況過去沒有、將來恐怕也不會再有。美國的影響舉目所及，無所不在：經濟、政治、藝術和消費型態。有一段時候，似乎中國和世界的關係就是中美關係。

二十一世紀初始之際，即使雙方外交關係偶有齟齬，中國人對美國依然有著嚮往。中國共產黨領導人或許會大談與美國來往上碰到的困難，並且打算要和其他大國合作來制衡華府在國際體系的獨大。但是，從貿易框架到聯合國安全理事會的運作等所有的事務，中共已然多多少少接受了英國、美國相繼建立的這個體系。崛起中的中國或許有志在國際事務上能被視為是美國之外另一選項，可是，崛起歸崛起，中國國內社會、經濟制度卻依循著美國模式在改造，而改造的程度已到了連歐洲人和拉丁美洲人都會看錯的地步。中國的美國夢或許不一致，但依然十分強烈。

當毛澤東在一九六九年中蘇危機的最高點之時下達命令，開始緩和對美關係時，他的高階同僚並沒有太多人感到意外。中共領導人出於本身的狂熱，搞得和莫斯科關係雞飛狗跳。由於文革期間意識型態掛帥，所有的注意力都聚焦在共產黨的不和，不論它是中國之內或之外的共產黨失和。毛澤東那些熬過鬥爭的同僚認為主席只是戰術動作，和他在對日抗戰時期與美方接觸的用意相同：更大的災難即將臨頭時，都該抓住任何能分散危機的機會。中共領導人沒有人認為中國願與美國人合作對抗蘇聯力量的上升，會影響到國內革命的方向。只有消息最靈通的黨內領導人才曉得，在毛澤東政治運動的蹂躪下，中國軍隊已經脆弱不堪，因此走出孤立又是如何的重要。

毛澤東決定和美國接觸，時機上相當幸運。一九六九年出任總統的尼克森是唯一的一位美國冷戰領袖，相信美國需要在歐洲及日本之外爭取更多盟國，才能在和蘇聯爭鋒時搶佔上風。越戰及國內的動亂使得尼克森以及他的國家安全顧問季辛吉相信，除了與巴西、南非、伊朗和印尼等反蘇的第三世界大國合作，向中國開放是美國外交的另一選項。中蘇衝突劇烈化加速了尼克森希望和北京對話的意願。一九六九年十月他拜託巴基斯坦協助安排接觸，也請他們轉告毛澤東，「美國歡迎和中國調解」。北京遲遲沒有回應，使得華府新領導人頗為焦急。但是，儘管毛澤東願意緩和關係，文革造成的混亂幾乎癱瘓了中國的外交，任何新倡議都得慢慢來才能實現。雙方好不容易於一九七〇年二月協議在北京碰面，卻因美國在一九七〇年中密集攻打柬埔寨，讓臨時交涉又拖了好幾個月。當毛澤東終於在一九七〇年十月決定發出訊號時，找不到可靠的管道。毛澤東選在十月一日國慶日在天安門城樓上接見老朋友、美國左翼作家艾德加．史諾，告訴他說，歡迎尼克森總統來中國訪問，並不是接觸共和黨籍總統的最好方法。

後來尼克森本人決定撩下去，做出他一生最大的政治賭博。他在一九七一年五月傳遞秘函給周恩來，表示他願意到北京一談，前提是先安排季辛吉秘訪，找出合適的訪問方式。中方把這項提議解讀為美國示弱的跡象。中共政治局懷疑尼克森這麼做是因為迫於「反對越戰和種族歧視」的「廣大人民群眾」的壓力。但是中國領導人結論是：「既然無法確認美國會爆發武裝革命」，應該接受尼克森的提議。一九七一年七月，季辛吉訪問巴基斯坦，佯裝生病，潛往北京。尼克森旋即在一九七二年二月正式訪問中國。毛澤東本身年邁多病，他的第二號人物林彪逃往蘇聯途中墜機而死，使得他政治聲望下墜。尼克森的到訪，有如天上掉下來的禮物。在許多中國人心目中，最強大的西方國家元首親自到北京來，和毛主席坐下來，聽取毛主席的政治智慧，承認中國的重要地位。美方對於他們新認識的北京領導人也讚不絕口。季辛吉說，毛澤東的首席外交官周恩來，是「生平所見最令人敬佩的外國領袖。我們交談二十個小時，他完全不用看筆記……這二十個小時是我生平最難以忘懷的談話」。毛澤東就沒有這麼阿諛諂媚。他告訴北越訪客：「季辛吉只是個大學教授，根本不懂外交。」[1] 如大家所預期，人人都一致認為尼克森訪問中國那幾天是改變世界的一星期。但是沒有人說的準，究竟真的改變了什麼。

中美雙方幾乎花了整整將近十年的時間，去搞定季辛吉所謂的中、美「修睦」（rapprochement）的內容。中國要的是貿易和軍事技術，前者很快就啟動，後者則慢慢來。兩國開始有限度的合作抗蘇，尤其是在第三世界，中國協助美國中央情報局和南非洲、中東及拉丁美洲人數不多的毛派團體或反蘇團體接觸。最重要的是，北京協助美國從越戰脫身。

北越領導人一聽到尼克森要訪問北京，立刻明白最好趕緊和解。越南人，以及全世界極大多數左翼組織，把毛澤東願意和華府合作，視為背叛，它在第三世界最重要的效應或許就是使得激進政權和組織投向和蘇聯合作。中國不再是希望世界革命的激進運動所能仰望的對象。

儘管雙方都盼望尼克森訪問之後，中美關係可以快快正常化，但是要到七年之後才真正實現全面相互承認。拖延，使得蘇聯有時間在第三世界動員盟友，反制中、美勾結。拖延的主要原因是北京和華府在一九七〇年代都深陷政治動盪。中國方面，文革的政治瘋狂一直鬧到毛澤東於一九七六年去世，然後又陷入不確定的階段。美國方面，由於水門事件醜聞，尼克森在一九七四年被迫狼狽辭職，後繼的福特、卡特兩位總統，既沒有他的政治勇敢，又不像他能對政敵痛下狠手。和台灣的關係成了棘手問題。大部分美國人不願拋棄國民黨這個舊盟友（蔣介石已經年逾八旬，仍然擔任總統），和北京共產黨政權全面關係正常化。儘管貿易和技術轉移增加，中國國營的經濟制度完全缺乏活力，強大關係的發展受到阻礙。中國內部，經過多年的反美宣傳，毛澤東的政策大逆轉，雖然官方勉強解釋說是美國人醒悟了、體會到中國人民的力量，其實它仍造成普遍政治上的懷疑。就到訪中國的美國人而言，譬如美國駐北京代表喬治·布希而言，毛澤東的獨裁專政體現了中國人的集體主義和僵硬意志的表達。同時，中國領導人好用格言諺語談國際戰略，被看做是古老文明務實智慧的表徵、而不是他們其實根本昧於世界大勢。中國在和美國恢復來往的頭幾年，主要的好處或許是現在它有機會和美國的其他盟友（譬如日本、印尼、泰國及西歐國家）關係正常化，增加了它在和蘇聯對陣時的安全。[2]

毛澤東在一九七六年九月九日去世。儘管在他統治的末期造成天下大亂，但是絕大多數中國人仍把毛澤東當做統一中國、使它強大起來的偉大領袖。就和史達林過世後的蘇聯樣，許多人覺得如喪考妣、前途茫茫，要隔好一段時候，毛澤東判斷錯誤及滔天罪行才為人所知。事實上，中共政府從來不曾完全承認毛澤東的過錯，迄今毛澤東的肖像依然荒謬地高掛在天安門廣場。以外交政策及國內政策而言，毛澤東一死，所有的牌都攤在桌上。中國可以繼續往左傾靠，成為和波帕的高棉並無二致的種族屠殺地獄（毛澤東去世時，波帕是中國最親近的外國盟友），它也可以走向更開放、多元的社會主義。毛澤東指定的接班人是才被派為國務院總理不久的華國鋒。華國鋒之所以受到毛主席青睞，除了愚忠之外，似乎因為他也出身主席老家湖南，因此聽得懂主席說的話。華國鋒本身沒有太多見解，經過數星期的不確定之後，他和軍方聯手、發動政變，逮捕毛主席在政治局裡的激進派盟友。軍方深怕又回到文革鬧得最兇時的混亂局勢，堅持把毛澤東生前遭到清算的老幹部，如黨的前任總書記鄧小平及計劃經濟專家陳雲，又請出山。全國各地，遭到下放、整肅、逮捕的人，紛紛回家。對於共產黨的老幹部、以及許許多多的普通老百姓，尤其是城市居民，彷彿一場噩夢終於過去。

第三度掌權的鄧小平劍及履及，不浪費時間。鄧小平比起任何其他中國領導人更了解國家的孤立、加上不斷的政治運動已嚴重傷害到發展。他想要以實驗推動進展。首先他要回到以物質激勵增進農業生產，這是他和劉少奇一九六〇年代初期所提議的路線。他也研究匈牙利、南斯拉夫比較自由的社會主義經濟，看看中國是否可以借鏡。後來他在領導圈內地位穩固，又開始考量比較激進的改革。鄧小平一九七六年下放南方的時候，注意到工廠及集體透過香港進口技術，或利用剩餘品換取他們需要的物資或器材設備。一九七八年，他開始問是否全中國現在需要這樣的改革與開放。鄧小平告訴中國共產黨：那些想要快速發展、以實踐檢驗真理的人，不但不是走私客、叛國賊，還是中國迫切需要的「四個現代化」的英雄。到了一九八一年，毛澤東的接班人華國鋒已失去實權，軍力也堅定支持成長的政策，鄧小平預備再往前走一步。他宣布，中國在農業、工業、技術和軍事這四大方面還是落後國家，黨必須丟掉毛澤東的錯誤，集中在「以經濟建設為中心的現代化」。在這個過程中，「有些人將因勤奮工作，先富起來。」[3]只要中國經濟能成長，這並不妨。

回到中國政治這個戰線，鄧小平清楚表明美國可做為中國技術需求的楷模。鄧小平第二度遭到下放時，曾經花了相當多時間思考一九七〇年代科技方面變化的重要性。一九七七年他和中、比（利時）混血作家韓素音談話時，提到他相當關切中國的落後。[4]

> 一九六〇年代，中國和世界的科技水平差距並不大。可是，一九六〇年代末、七〇年代初……世界水平大幅提升。科學界所有的領域都快速發展。一年的進步等於好幾年的進步。一九七五年，我曾經說過，中國在科學方面落後日本五十年。當時，我想要多注意科學研究，可是我做不到，因為我自己遭到軟禁。我們若不以最新的科學成就做為起點……我怕中國不會有希望。[5]

對鄧小平而言，和美國的緊張和緩可有助於中國的經濟發展。一九七九年訪問過美國幾個城市之後，這位中國領導人被他見到的科技、生產力和消費選擇所懾服。回國後，他告訴他的同僚，他一連好幾天睡不著覺，思索中國要如何才能達成這樣的富裕。有一件事鄧小平很清楚：和美國在外交事務上合作，給中國帶來極大的機會，讓美國的技術、軍用及民用都轉移過來。美國是世界大國，反對它、並沒有意義，即使台灣問題還未解決。鄧小平常常說，有一天中國將在國際事務上舉棋輕重，但時機還未到，中國現在仍衰弱，必須先快速成長。

—

到了一九七九年，即鄧小平訪問美國那一年，兩國之間的關係已開始像是同盟。全面外交關係在這一年恢復，華府切斷和台灣的正式關係（蔣介石一九七五年去世，已由其子蔣經國接班）。但是比外交更重要的是雙方針對蘇聯及其盟友的軍事、經濟合作上升。鄧小平訪美時告訴卡特總統：「只要蘇聯想染指，我們就必須把它們砍掉。」鄧小平說，他斷定一定會和蘇聯爆發戰爭，只是希望儘可能把它往後拖延。鄧小平相信，越南一九七八年攻打柬埔寨、蘇聯一九七九年入侵阿富汗，都預示即將有大事要發生。為了回應越南推翻柬埔寨的波帕政權，鄧小平發動懲越作戰，卻遭遇慘敗。中國必須依賴美國提供中國軍事現代化之所需。張愛萍是參加過革命戰爭的老將，文革期間遭到整肅，現在奉鄧小平之命主持軍事現代化。張愛萍向到中國訪問的美國國防部長哈洛德．布朗（Harold Brown）說：「我們很高興你們要幫我們發展軍事力量。有了你們協助，我們可以發展得快一點……我們要發展武器，不只是為了中國的利益，也是為了世界、甚或美國的利益。」鄧小平向卡特的內閣講得更白：「我希望在座每一位都把你們領域最好的東西交出來。當然你們沒有一九五〇年代的老骨董。我們還有很多那個時期的設施。我希望你們提供七〇年代的東西、不是六〇年代的東西。我更希望是七〇年代後期的東西、不是七〇年代前期的東西。你們明白吧？」[6]

中國的策略就是說盡他們認為美國人愛聽的話，儘可能從美國搬走最多的東西：譬如說，蘇聯威脅世界和平，唯有強大的中國才能在亞洲阻擋蘇聯的推進等等。雷根的強硬路線政府一九八一年當家之後，最初雖表態說不會背棄在台灣的老朋友，但中國這套說詞比起卡特時期仍更為中聽。整個一九八〇年代，美國對待中國有如實質的盟國，和它分享敏感的情報資訊、讓它取得有時候別的國家都得不到的、非常需要的技術。雷根的目的是打造一個能實質威脅蘇聯的中國，讓莫斯科領導人倍感壓力，降低他們在別的地方搗亂的能力。雷根的朋友電影製片人道格拉斯．莫洛（Douglas Morrow）一九八一年訪問中國後，向雷根說，北京領導人「非常關切台灣問題」，只要稍為一重視台灣的地位，美國實質上就不可能和鄧小平及中國領導人合作。可是，這種合作又十分重要；因此莫洛告訴雷根總統：

> 我當然不曉得他們會怎麼辦。我也不以為他們知道。但是他們畢竟就在哪兒呀……現階段最好別太去偏執他們是個共產國家。跡象顯示他們可能發展成為前所未有的變種……我認為他們會彎曲、扭轉、調整以符他們的進展。或許最後會出現他們及世界都沒見識過的突變制度。[7]

雷根政府已主政近一年，向中方表示美國願意和它「戰略結合」（strategic association）。它實質上就是同盟關係。雷根也宣布他本人願意直接出售精密武器給北京。一九八〇年代初期冷戰益加嚴峻，中美安全合作則日漸擴大。美國在阿富汗、安哥拉和柬埔寨的反共作戰，和中方密切協調，雙方增進情報分享。中國從來沒有成為大量輸入美國武器的國家，中國不需要以此壯大其軍事力量。北京所要的是取得美國的武器技術，而中國一九八〇年代在這方面頗有收穫，得到航空及飛彈技術。中國接下來自己生產武器。鄧小平的計劃是讓中國在二十年之內成為世界頂尖的軍事大國之一。他估計，這樣子只要有點運氣、再加美國援助，就可阻止、甚至擊敗蘇聯的進攻。

台灣問題直到一九八〇年代仍是中美關係的一個芒刺，但是中方在一九八二年八月獲得突破。受到和蘇聯在全球衝突升高的推動，華府同意和中國針對美國武器售台發表一項聯合公報。美國在這項聲明中承諾將逐漸退出供應武器給國民黨政府的政策：

> 美國政府表示它不尋求執行武器售予台灣的長期政策，售台武器在性能和數量上將不超過中美建交後近幾年供應的水平；它將逐步減降低對台灣的武器出售；經過一段時間後走向最後的解決。透過這項聲明，美國認知到中國對此一議題徹底解決的一貫立場。[8]

同時，鄧小平企圖以比以前更優厚的條件爭取台北坐上談判桌，以加速兩岸統一。鄧小平沒有成功，部分原因是美國對台仍有相當承諾。美國在售台武器上的妥協，其核心部分後來歷任美國總統都不理會，它迄今仍在中美關係上投下陰影。但是一九八〇年代期間，冷戰先加劇、後來卻走向結束，這項聯合公報構成的框架倒是確保了華府和北京雙邊關係某種形式的穩定。

中國領導人起先都沒有人思索，假如中美同盟真的成功降低或消滅蘇聯之後，究竟會是什麼狀況。這種欠缺戰略思考源自於不做批判就接受毛澤東的教條，以及鄧小平本身對國際局勢的了解不夠全面性。然而，到了一九八三年，北京開始醒悟，冷戰若有某種形式的平衡，或許才真正符合中國的利益。可是，這時候要談和蘇聯達成任何突破都已經太遲了；一九八五年（戈巴契夫在莫斯科接掌大權）已經因中美同盟在戰略上落居下風的蘇聯，開始尋求和它最強大的對手美國和解。中國和美國人結盟，促成較弱的超級強國（蘇聯）受到致命之傷，同時又幫助較強的超級強國（美國）臻至全球霸權。長期而言，這個改變不利中國的外交政策。但是從一九八〇年代的角度看，幾乎和美國所有的接觸都是中方佔便宜。

一九八〇年我第一次到深圳。當時這個地方是幾個典型錯落在珠江三角洲的又窮又小的漁村之一，緊鄰著香港。這一年，鄧小平決定把這個地方開闢為中國對外開放的新櫥窗。深圳做為經濟特區，可以吸引外人投資，建立由外國人擁有和經營的新工廠。任何的剩餘皆可以自由運到海外，這些公司享有免稅特權、優惠稅率、免費土地，還可自訂工資。交換條件是外資同意技術轉移及培訓人才，還要承諾長期投資。幾乎所有的產品都用來外銷。深圳是

任何中國人幾年前根本無從想像的，與全國大不相同的特區，結果出奇的成功。今天的深圳居民一千四百萬人以上，以經濟產值論，排名全國第四大城市，而且每天有數萬人通勤往來香港和深圳工作。

一九八〇年代，中國簽署了兩萬多項國際合夥協議，總價值超過兩百六十億美元。它們幫助中國經濟重新起步，首先是在經濟特區之中及四周，尤其是接近二十世紀上半葉外國租界的地區，後來又遍及到華南及華東沿海地區。財產權逐漸恢復後，中國人的私營企業開始出現，通常也都以經濟特區為基地。甚至有些國有企業也遷到華南的經濟特區。它以及集體化農業的結束，乃是十分了不起的改造。一九八三年中國的經濟成長率已達到兩位數的百分比；在一九八〇年代，中國的國內生產毛額幾乎增加為四倍。鄧小平對批評他的人說：「管牠是白貓黑貓，能抓老鼠就是好貓。」鄧小平的貓理論和一九七〇年代空洞的馬克思主義理論，屬於兩個完全不同的世界。它象徵經濟學及政治方向的反革命，也是世界前所未見的大改造。

和美國的關係在共產中國初期的市場革命是左、右、中兼具。即使大部分資金透過香港進來，然而專家、方法和技術則經常來自美國。美國遠超過其他國家，積極要拉中國加入國際的機制之中。美國也是中國出口的主要市場，中國最早的繁榮要靠它。固然一九八〇年代有許多美國人擔心日本和歐洲的競爭，卻很少人擔心中國。大部分人都認為中國需要經過好幾個世代，經濟才會起飛；他們也和美國政府一樣，認為強化中國是吻合了美國的國家安全利益。有如西歐、日本和台灣在冷戰初期獲得好處，中國在冷戰即將結束之前，也因美國的安全需要而受惠。

一九八〇年代在經濟特區（慢慢也演進到中國城市）的生活，是很詭異的事情。外國專家和企業家（經常是美國人）和中國人混在一起，其實彼此相互並不了解。外國人無法理解中國人已經習慣的惡劣生活環境，而大多數中國人則羞於啟齒、或不敢說出來。資本主義的作法必須披上馬克思主義的名詞。在這些字謎遊戲中，中國人已經精於運用「正確」字詞掩飾極不相同的作法。毛澤東末期中國留下來的這種虛偽造假風氣，倒是幫助某些加入新經濟的人上下其手。和共產黨找得到門道的人，快速致富。然而，就廣大的民眾而言，中國經濟開始改革並沒有任何意義。他們只顧忙著在毛澤東接二連三運動造成的廢墟上打開活路，而他們也感謝在鄧小平統治下，多了一些方法而可以不用再忍飢挨餓。

私人財富在城市逐漸上升之下，外國風味的消費性產品也日益受到歡迎。許多美國公司前進中國投資——可口可樂、漢茲（Heinz）和通用食品（General Foods）都來了。其他公司則協助中國對美外銷出口的大幅增長，到了一九九〇年，中國對美出口已佔中國出口總值約百分之二十。中國境內第一家西式快餐店肯德基炸雞於一九八七年在北京市中心一條熱鬧的大街上開幕。數萬人從店門口慢慢走過去，只想瞧瞧店裡是何光景。幾乎沒有人出得起錢進店裡消費，頭幾個星期北京當局還得張羅「外匯券」（外商只准接受這種特定鈔券）給高級幹部，才勉強讓它有點生意。肯德基炸雞成為西方在中國的表徵，有人討厭它的美式急驚風，但更多人則喜歡它的生意手法靈活。肯德基炸雞大多由台灣出生、美國培訓的幹部領軍，在中國展店十分成功，今天它在全中國已有兩千五百家分店。

今天有些歷史學者誇大了中國在一九八〇年代末期發生的變化。從經濟面來講，絕大多數勞工仍受雇於國有企業，國有企業仍依計劃經濟的原則運作。年輕人從學校畢業後，被派到工作單位上班，而且是終身任職。他們的薪資微薄，但是所有的服務，從住宿到醫療照護、托嬰到養老，全部由任職的工作單位提供。中國根本沒有勞工市場。一般老百姓根本休想向銀行借錢。在北京的夜裡，如果你走過肯德基炸雞，往紫禁城走，你會看到王府井這條購物大街霓虹燈閃耀。但是，你之所以把視線投向這個方向，是因為其他地方一片漆黑。在舊日帝國首都中心撥出一小塊地，似乎出現了新世界，但迄今它的功效除了撩撥起人們對新式生活的憧憬之外，並不太大。

—

中國經濟開始改革之際，老百姓和黨內一些領導人也開始呼籲推動政治改革。一九八〇年代關於中國政治制度的辯論，發生的背景是：社會依然還未走出前幾個年代大屠殺的創傷，國家依然按照緊抓一切的馬列主義原則統治。最關心政治改革的是學生和知識分子，以及稍為知道其他國家人民是如何生活的一部分官員。但是，中共黨內老幹部並不贊同政治改革。他們害怕又會回到文革期間的政治動亂。他們也認為經濟改革的龐大工程需要他們來領導（雖然我們很難說，一輩子都在最極端的馬列主義政黨打滾的他們，有什麼準備可承擔這個任務）。還有不少人擔心會失去特權——包括可以幫助他們家人暴富的特權。到了一九八〇年代末期，政治改革的蹤影依然看不到。一九八七年，經由鄧小平指派擔任中共總書記的胡耀邦表態支持且可以更公開地辯論，鄧小平立刻將他罷黜。

有關政治改革的許多觀念來自國外，尤其是美國。中國向西方開放的時刻，正好也是以雷根及柴契爾夫人為代表的個人主義及私人權利為重的思想在西方崛起的同時，中國的海外留學生也受到這些趨勢的影響。中國的自由派人士宣稱，美國的力量奠基在它的政治制度，特別是公民權利如何被遵行。如果中國要富強，也必須先自由起來。一九八〇年代末期蘇聯及東歐的危機，似乎也證實這個觀點：馬克思主義，不管它是什麼形式，已經過時，因此中共的統治也不符時宜。被罷黜下台的前任總書記胡耀邦一九八九年春天去世，許多學生覺得他是為政治改革理想而死的烈士。全國城市爆發示威活動。學生們要求黨要正確地紀念胡耀邦，並且進而開放政治制度。鄧小平擔心示威活動會爆發為動亂，指示李鵬總理在北京及學生發動大規模集會的城市實施戒嚴。但是派軍隊進入城市的作法，反而使民眾更支持學生，產生要求民主的群眾運動。後來在二〇一〇年榮獲諾貝爾和平獎的異議作家劉曉波，及其聯署夥伴在一篇文章中宣示，他們提倡民主可以上溯到一九二〇年代及一九一〇年代前人的主張：

> 幾千年來，中國社會活在新皇帝取代舊皇帝的惡性循環中。歷史已經證明，不乎民心的領導人下台、換上非常乎民心的領導人掌權，不能解決中國政治的根本問題。我們需要的不是個完美的救主，而是完美的民主制度……整個社會應該運用一切辦法建立合法、全民的自治組織，逐漸形成全民政治力量以反制政府的決定……因為民主的本質就是制衡。我們寧可有十個相互制衡的魔鬼，不要有一個具有絕對大權的天使。[9]

一九八九年六月四日中共在北京鎮壓學生運動，造成天安門廣場附近數百名示威群眾喪生，使得共產黨分裂，也讓它在全世界面前丟人現眼。政府在首都市中心開槍射殺手無寸鐵的學生，絕對不是在國際間討人喜歡的形象。北京屠殺又發生在世界各地共產黨似乎走向政治改革、否則即被歷史遺忘的時刻。天安門廣場的示威群眾立起一座幾乎完全像是自由女神的三十三英尺高紙塑的「民主女神」。他們把它放在面對毛澤東畫像的地方。後來，坦克把它推倒、輾壓過去。在軍方眼中，民主女神代表的就是外國的影響。幾天之後，我到城裡去，見到北京肯德基炸雞店門口那尊桑德斯上校人像，腦袋中了一槍，慘遭「槍斃」。天安門的鎮壓充分表明中國對洋人、洋主意、洋產品應該保持什麼樣的關係。

中國政府如此殘暴鎮壓抗議的學生，一舉就摧毀了中國站在全球變革前沿的印象。幾乎全世界民主國家政府都譴責北京動用武力，包括美國和西歐在內許多國家對中國實施禁運。但是，曾經擔任過美國駐北京代表的老布希，已於一九八九年一月接替雷根出任總統。新政府想方設法維繫跟鄧小平的交情。天安門屠殺之後不到一個月，老布希總統就派他的國家安全顧問史考克羅夫（Brent Scowcroft）秘密訪問北京。史考克羅夫告訴中國人：

> 布希總統認知到中美關係對兩國重大利益的價值。甚且，他個人深刻盼望中國及美國人民之間的友誼能夠維持及加強。這份承諾來自於他在中國的經驗，以及他和許許多多中國領導人的私交。中華人民共和國政府決定如何處理涉及中國最近事件的公民，當然是內政事務。美國政府及其人民如何看待這些活動，同樣的，也是內政事務。兩者都將依彼此特定的傳統、文化和價值處理。10

這可和雷根時代的風格絕對不同。不過，老布希有他的理由。他覺得，沒有中國至少默認的支持，美國不可能持續對蘇聯施加壓力。這裡透露了中國在美國處理國際事務上的重要性非同小可，老布希總統才會甘冒不諱，向中國領導人發出如此有悖多數美國人感受的訊號。

天安門事件使得黨內政治改革派和反對中國政治結構改變的人馬，相互對立。後者（寧願維持現有的列寧主義思想及威權專制作法的人）當中有些人連鄧小平這一派所推行的經濟、社會改革都反對，而且稱之為反革命。把支持政治改革的黨總書記趙紫陽罷黜之後，鄧小平在一九八九年以後向左翼的批評者開火。他在一九九二年到華南視察時，重提轉向市場經濟、要和世界增加互動。

> 我們在向外推動改革開放時應該更大膽、要有勇氣實驗。我們不能像裹小腳的婦人。我們一確定該做什麼之後，就應該敢於實驗，打開一條新路。這是從深圳學習的重要一課……條件允許的話，有些地區或許比別人發展得更快；發展快的人可以協助促進落後者進步，直到大家都富裕起來。11

鄧小平也提醒同志注意外國影響力在中國上升。他引用蘇聯一九九一年的崩潰做為例子：「帝國主義正在推動中國朝資本主義和平演變，把他們的希望放在我們以後的世代。敵對勢力曉得，只要我們老一代還在、還有份量，就不可能改變。但是我們都死了、走了，誰能保證不會發生和平演變？」[12] 鄧小平的解答是透過新世代來加強專政，同時確保國家富強起來。

天安門屠殺的確嚇得各種異議人士噤聲二十多年。但是若無一九九〇年代的經濟大規模開放（以及它讓中國各部門菁英都富起來）專政就不可能早早恢復。鄧小平和老百姓最後的一筆交易（他在一九九七年去世）就是以過好日子換共產黨掌握政治。在區域層面，許多中共領導人投入政府啟動的拆除社會主義舊制度的工作，這有一部分是出於對他們參加一九八九年之後鎮壓異議分子政治運動的悔改心理。一九九〇年代沒有成為有些人所期望的高層政治改革的年代，但它的確成為空前大規模經濟及社會改革的年代。到了二〇〇〇年，中國融入全球經濟的程度已經超越一九二〇年代以來之僅見，這個社會主義國家已被私營企業網（而且往往是國際資本）所淹沒。

天安門事件震撼過後，外資在一九九〇年代初期重返中國，其速度和規模是中國歷史上前所未見。中國的勞動力勤勉又價廉，加上外資希望擠進中國的國內發展，造成中國的外人直接投資以「跳蛙」之勢超越其他所有國家。十年之內，中國吸引外人直接投資的金額僅次於美國——相較於一九八〇年之前，共產中國根本沒有任何外人投資存在，這實在是了不得的大改變。直到今天，中國經濟制度的改變有相當大程度是因為外資創造出來的需求所驅動。例如，中國必須建立所有權的法律架構，才能服務希望到中國投資的人士。同一架構也可以服務中國本身正在孵育的資本家。證券交易、保險安排和品質管制，也全都一樣。中國爭取加入世界貿易組織（很大部分要感謝美國的善意，於二〇〇一年終於成功）意在服務中國的出口潛力，但也使中國承諾對國家補助、工業標準、版權保障、甚至中國市場開放給外國競爭，要遵守嚴格規範。就經濟改革而言，是國際形勢驅使了中國國內去推動改革。

到了二〇〇〇年，中國的社會主義經濟已經輸給了由中共專政所鼓勵的市場經濟，只是它還掛著共產主義的招牌罷了。中國老百姓心知肚明他們活在一個市場力量掛帥的新社會。國有企業出售、裁員或允許破產（自從二〇〇〇年以來，每年至少有五千家國有企業倒閉）。[13]那些存活下來的國有企業辦理股票上市，和中國所有其他的公司接受相同的管理規範。對於一般老百姓而言，這種改變代表舊日雇主未必支付太多薪水、但從國家派他們到單位報到後，就會照顧他們及其子女到死的時代，已經一去不復回。再也沒有免費的醫療照護、幼兒園、學校、宿舍、休假或老人院。現在，大家都必須進入私有住宅市場、尋找好工作、存錢供子女上大學。數以百萬計的人必須離鄉背井找工作。中國的資本主義終於在一九九〇年代出現，它和歐洲和日本的資本主義很不相同，反而一分類似美國的資本主義；前者重視安全網和福利，後者重視社會流動、機會和個人責任。

但是，必須在一九九〇年代和二〇〇〇年代學習新生活方式的，不只是中國人民，國家也必須學習。放棄對經濟的直接擁有之後，它必須創造新的、間接控制經濟的工具，其中大部分整個從西方搬過來，是以立法、法規以及財政貨幣政策為基礎。從很多方面看，

這是回到中國在兩次世界大戰中間那段時期的重點，差別只在於參與工業經濟的人更多而已。某些批評者稱它是反革命，因為國家愈來愈以服務市場導向的經濟發展為主要職責。到了二〇〇〇年代，中國共產政權開始關切起通貨膨脹、利率、融資流動和財產權等極其類似一九八〇年代的雷根／美國或柴契爾／英國所關切的議題。即使中共領導人不肯承認，資本主義已經坐上駕駛座，國家推動資本主義經濟（但是不要選舉的民主）乃是北京的目標。就許多人為自己所訂的志向目標，或是中國政府如何以異於從前的方式運作而言，中國在過去二十年的資本主義革命，已把中國帶到更接近外在世界——尤其是美國，或至少是十三世紀元朝以來的時代。

黨為什麼要這樣做？中國共產黨奠基於反資本主義的信念，中國有許多人（不只限於共產黨員）覺得資本主義除了帶來苦難、剝削和羞辱以外，什麼也不是。現在要脫離毛主義、走向市場，不僅在意識型態上、就連心態上也得有重大的調整。對中國國內外批評中共的人而言，答案很簡單：中共一向自詡的「彈性」其實就是它長久以來操縱真相、欺騙信賴它的人的結果。黨領導人擁抱資本主義，是為了自己及家人自肥，也因為他原本所推動的未來計劃已經完全失敗。這些說法固然有些道理，但它們仍遠離全盤真相。中共之所以選擇市場，其主要原因是，從一九九〇年代初期的立場，它似乎沒有別的路可走。現代性就是資本主義。蘇聯已經崩潰——大大出乎中國人意料之外，東歐的社會主義國家也無一倖免。美國帶領大家走向愈來愈統合的資本主義世界經濟，那些不想參加的人注定要落後。落於人後的危險正是從鄧小平到胡錦濤歷任中國領導人最最在茲念茲的懸念。如果穿上耐吉跑鞋，現代化的賽跑成績會更好，中國共產黨並不介意穿上它（尤其是如果鞋子是在中國製造的話）。

新世代的「海歸派」回國留學生，在中國的資本主義轉型上扮演了重要角色。我們已經看到，即使到了二〇〇〇年代仍有相當多的中國留學生希望留在國外，那些回國服務者有專才和地位先在私營企業、後在國家，甚至是黨內，去開始引入新作法。到了二〇〇〇年代末期，一般印象是中國共產黨本身已從外資企業移植許多管理方法。高級幹部普遍重視可量化的結果。我在二〇〇九年和一位高階中共黨員交談，他提到他在黨校接受的教育，簡直就和哈佛大學或倫敦政經學院的公共行政碩士班或企業管理班的課程一模一樣。同時，從國外深造回來的學者也著手改造中國的高等教育。研究成績攸關升等，而且論文要合乎國際水準。學生所關切的事項愈來愈被教授們重視（畢竟他們是付錢的消費者）。當黨的控制和學術野心衝突時，往往是後者勝過前者。

雖然一九八〇年代末期之前，消費者選擇在中國是聞所未聞的東西，現在則普遍受到重視，甚至連住在偏鄉的人也都具有此一意識。大家心繫、嚮往的東西和第二次世界大戰之前的時代十分相似。現代性（最好是國際級）如何能透過產品表達出來？今天中國的年輕人已可列入全球最注重時裝和品牌的一群。外國製產品通常都佔上風，不過某些中國品牌已開始追上來。音樂通常流行美國音樂。衣飾、髮型都是西式，經由香港和台灣介紹入境。對於其他產品，環保、永續的概念逐漸出現；不過，中國消費者趨之若鶩的重要產品，如購買汽車，這些因素又統統丟到九霄雲外。二〇一〇年，中國躍居全世界最大新車市場——只要老子有錢、儘量買最大引擎汽車的美國式習慣，依然當道（後果可想而見：今天全世界最汙染的三十個城市，中國佔了二十個）。[14]

大眾消費只是中國資本主義革命的一部分。另一部分是人民在此一新經濟的投資方式。

今天中國許多人的主要目標是買房置產。城市青年夫婦若想買房，非得拚死努力不可，因為房地產價格已經飈高到歐洲水平、而薪水卻相當低。即使中國人的儲蓄率仍然十分高，卻有愈來愈多的儲蓄被用來償付債務。同時，許多中國人正直接在市場投資，有時候發現投資可賺的錢並不亞於薪水。愈來愈多中國人投資在股票和房地產。即使他們並沒有比同胞更民主或更不愛國，他們已接受了十分近似西方國家、日本和南韓的中國發展模式。

有一個領域，中國突兀地與東亞其他國家，包括台灣在內，出現極大落差（而且，因為共產黨有一大堆矯飾之詞，益加諷刺）那就是貧富不均十分嚴重。雖然早期的共產黨人夢想中國是現代的、強大且富於社會公義（毛澤東歷次運動都不斷強調平等），中國今天卻是全世界社會層級最鮮明的社會之一。一方面中國有三分之一以上的人口（沒有加入工業經濟的人民）每天靠略高於二美元的所得過日子，另一方面卻有 百二十八個富豪資產破十億美元、以及五十萬個身價逾百萬美元的富人。[15] 中國的吉尼係數（衡量所得不均的標準）高於亞洲地區任何其他國家，與全世界貧富最懸殊的國家（如巴西）相比，也只是略低。[16] 面對貧富懸殊愈來愈嚴重，中共領導人搬出鄧小平「先讓一部分人富起來」的話做辯護。中國某些地區的社會動亂在上升，地方組織者聲稱黨成了外國剝削中國的工具。對於西藏、新疆以及南方的少數民族而言，中國共產黨在文革期間利用鮮血淹沒他們的認同，現在則以消費者產品和市場調整要淹死他們，同時又設法讓更多漢人移入少數民族地區。資本主義在中國雖然告捷，但絕不是沒受到抗拒。

整個二十世紀後期，台灣一直是中美關係的一大芒刺，也是中國在國際事務受挫的主要原因。一九八〇年代初期，鄧小平嘗試與台灣的新總統蔣經國（蔣介石的兒子，曾留學俄國）達成某種協議，但是沒有結果，主要是因為台灣的國民黨領導人曉得，即使卡特總統一九七九年與台北政府斷絕正式關係之後，他們仍可繼續得到美國的支持。鄧小平必須很小心處理台灣問題。中國的現代化遠比與台灣統一來得更加重要。鄧小平本身的態度是，如果中國在國內及國際的改造成功，統一只是遲早的問題。他也明白美國支持國民黨的力量仍然十分強大，尤其是雷根一九八一年出任總統之後，他不希望為台灣爆發衝突，傷害到和美方的全盤關係。令鄧小平氣惱的是，台灣要脫離大陸明明是中國內政問題，可是美國卻隨時隨地干預。他也很清楚，新世代的中國領導人在一九八九年之後努力重建中國共產黨的正當性，雖具有強大的民族主義意識，卻不像他本人在政策上十分苛求。

台灣方面，蔣經國一九七五年接班之後，政治上也有動盪。小蔣是個深思熟慮的人，本身經歷過史達林和他父親兩個威權政府的統治，他對兩者都不甚以為然。因此，他決定把台灣政治自由化。儘管政治上有強大的家庭庇蔭，蔣經國的改革步伐慢、而且間歇進行。他一方面面臨國民黨內的反對，一方面又擔心台灣島內反對大陸人統治的動亂。可是，一九八六年已經染有重病的蔣經國，加快民主化進程。他解除戒嚴，並實質上准許反對黨活動。他選擇本省人李登輝為副總統及繼承人。李登輝在一九九〇年以總統身份回應學生大規模示威，定下全面民主化的時間表。一九九六年，李登輝成為中華民國在台灣第一位經由全民直選產生的總統，台灣也因此成為現代華人世界第一個民主國家，其憲法保障人民有集會、言論和政治參與的權利，它有一個自由選出、並且監督行政部門是否依法治理的國會。

在中共領導人心目中，台灣局勢已由壞升高為更壞。美國國會一九七九年制訂的《台灣關係法》似乎已經固化美國在台灣的影響力。它明白揭示：本法係為「有助於維持西太平洋地區的和平、安全與穩定；授權繼續維持美國人民及台灣人民間的商務、文化及其他各種關係，以促動美國外交政策的推行」而制訂。蔣經國和李登輝的民主改革使得中共某些領導人（包括一九八九年出任總書記、一九九三年又進而接任國家主席的江澤民）相信台灣已朝全面脫離中國而獨立邁進。由於李登輝是台灣人、又相信民主，江澤民對他特別不放心。北京把台灣的民主、打破國民黨政府代表全中國的虛構，甚至李登輝宣布其政府不用武力「光復」大陸，都看成是走向全面獨立的舉動。中共寧可和國民黨爭誰真正代表一個中國，來對付本省人爭取台灣獨立的問題。

當美國國會一九九五年迫使柯林頓總統准許李登輝入境美國、回到母校康乃爾大學發表演講時，北京的惱怒爆發為行動。一九五八年以來，解放軍第一次朝靠近台灣的海域發射飛彈，又在附近進行兩棲登陸作戰演習。它甚至下令與台灣隔海對望的福建之部隊動員。台灣方面，人民開始擔心解放軍會攻打台灣。但是從中國的角度看，如此劍拔弩張的恫嚇，在政治上、戰略上都是失敗的。大陸的壓力使李登輝在一九九六年的民主選舉聲望大增，使他得到比預期更多的票數當選。中共的武嚇也引起美國強烈反應。柯林頓政府派出「尼米茲號」和「獨立號」分別率領一支航空母艦戰鬥群前往台灣海峽。這是越戰以來美軍在東亞最大陣仗的部署。中共領導人抗議美國「干預」，但是他們無能為力阻止一個很清晰的訊息：美國依然是西太平洋的首席大國，它仍有意在包括台灣議題在內的所有的議題上保持這個地位。北京方面，軍方在外交決策上的影響力因而大降。江澤民遭黨內元老批評，指他在外交政策上太大意；這些大老仍堅持與美國衝突不符合中國利益。

一九九六年選出一位同情獨立議題的國民黨籍總統，台灣選民在二〇〇〇年覺得他們或許可以再進一步。因此他們選出一個公開支持台灣獨立的非國民黨籍總統。陳水扁任職到二〇〇八年，是中華民國第一個非國民黨籍總統；他所隸屬的民主進步黨的一部分政綱即是台獨。雖然陳水扁一上台，不提這些觀點，北京領導人卻愈來愈焦慮。中共在一九九〇年代早已把反對任何台獨意向定為黨所支持的民族主義之主幹，一九九六年針對較溫和的李登輝所祭出的作法早已失敗，而今面對陳水扁的挑釁，他們亟需設計一套更棒的戰略。這一次，中共得到三大發展的幫助：一是大陸的經濟成長突飛猛晉（台商尤其因台灣本身的成長數字正在落後，亟需能在大陸市場分到一杯羹）；二是陳水扁政府爆出貪瀆醜聞；三是小布希總統展開反恐戰爭之後，美國需要和中國維持穩定的關係。藉由強調所有的中國人都應該富裕起來、又堅持台灣唯有與大陸合作才能有安全的經濟前途，中共得以幫助為二〇〇八年民進黨在台灣總統大選敗陣鋪好路。今天台海兩岸政府之間的關係，空前未有的良好。中國是台灣最大的貿易夥伴，台商是在大陸最大的投資者。台北和人陸之間的飛行航班全都需要在香港一停的日子已經成為過去。現在乘客在三個小時之內就可以從台灣直飛、抵達北京。二〇〇九年台灣人民一面倒捨棄所有其他選項，支持維持現狀，或許也就不足為奇：百分之六十四支持維持現狀，百分之十九支持台獨，支持兩岸統一的只有百分之五。[17]

一九九〇年代訂下延續到今天的中美關係的方向。兩國都由新一代的領導人出線主政。中國方面，留俄、工程師背景的江澤民以六十三歲之齡在一九八九年被拔擢為黨的總書記，在這個位置上一坐就是十三年。美國方面，以國內政策為重的南方州長柯林頓，從一九九二年至二〇〇一年擔任總統。兩國都訂下新的優先目標，比以前不斤斤計較意識型態，專注在快速的市場導向經濟成長。最重要的是冷戰於一九九一年結束，蘇聯崩潰。今後再也沒有美、中聯合對抗他們所謂的一個崛起、擴張的強權這一回事。蘇聯垮了，東亞的戰略圖像也完全改變。突然間，中國和美國成為本區域最有影響力的兩極。美國透過它的盟國及軍事力量，是主宰的大國；但中國因為它空前的經濟成長也在崛起。就兩國而言，問題是這些趨勢會使他們愈行愈遠，還是趨於親密。自由派的知識分子希望透過經濟上日益互為依存，兩國趨於親密。務實派則認為大國力量較勁，預期會愈行愈遠。

雙方都沒有預料到的是，天安門鎮壓事件的負面衝擊是那麼大。美國方面的反應尤其強烈。天安門事件之前，三分之二以上的美國人對中國持正面看法，到了一九九〇年還有正面看法的人已降到不足三分之一。[18] 美國自由派和新保守派觀點改變十分強烈，即使今天都還影響決策。國會兩院以無從否決的多數票決定經濟制裁中國，有些規定迄今依然有效，使得兩國關係平添複雜因素。但是，美國針對中國動用士兵彈壓北京市民的反應，並不獨特。全世界還有五十七個政府（包括西歐及日本）也都在國內輿論壓力下，對中國祭出制裁措施。問題的重點不只是一九八九年中國發生了什麼，而是它發生的時機。僅僅幾年之內，冷戰結束了，全世界從東歐和俄羅斯到南非和南美洲，似乎都從威權主義走向參與式民主。唯獨中國政府開槍打國內民主人士、還保持住政權。它所製造的負面形象，北京儘管有重大經濟成就，卻甩都甩不掉罵名。

中國國內，在一九九〇年代生長的新世代菁英對於世界和中國的關係，具有近似精神分裂的觀點。雖然他們大部分痛恨政府在一九八九年的行徑，他們卻非常以中國經濟進展為榮，而且很詭異地接受政府的宣傳，一口咬定是美國為了壓制中國崛起才搞經濟制裁。中國民族主義上升之際，一九九〇年代的許多年輕人開始覺得，儘管他們本身不喜歡政府的許多作法，外國人批評它乃是基於錯誤的原因。從政治層面講，或許許多中國人覺得江澤民政府顯得太溫吞，但是它確保穩定、成長，也給人民日常生活帶來更大的自由。固然一九八九年事件無法遺忘，江澤民及中共卻在內政上受惠於空前的經濟繁榮，以及資訊及討論上有遠比任何共產國家更多的自由。

江澤民和柯林頓的關係一開頭就不順。中方正確地擔心，柯林頓新官上任強調人權，或許會把它連結到中國貿易進入美國市場這個議題。果然，柯林頓頭一個任期足足花了近三年時間，才把這兩個議題脫鉤。美國政府也不無道理地懷疑中國供應其化學及核子武器的若干成分給其他國家。就中國來看，出售武器不僅關係到賺錢，還事涉主權，尤其是美國其自己在全世界做軍火生意（包括賣武器給台灣），還在一九八九年之後對中國實施武器禁運。再加上一九九五至九六年的台海危機，這種緊張阻礙了雙邊關係的進展，更助長中國民間的民族主義意識。一九九六年中國的暢銷書是一本陳腐的反美言論文集，書名《中國可以說不：冷戰後時代的政治與情感抉擇》。[19]

包括江澤民在內，許多中國人懷疑，美國政府對中國實施的武器禁運以及愈來愈關切美國先進技術移轉給中國，恐怕不只是人權因素，還更涉及到冷戰結束。蘇聯已經垮了，有些美國人把中國當做未來的主要對手；北京很快就意識到這些看法、予以分析，尤其是獲悉美國在第一次波斯灣戰爭之後部署其極強大的軍事力量之後。有位中國觀察家寫：「中國（現在）必須密切注意那些有違美國利益的國家。中國應該盡全力警告及協助這些國家，防止他們像蘇聯東歐集團那樣被美國摧毀。」中國新世代領導人為單極世界憂心忡忡之際，柯林頓世代的許多美國人卻相信，儘管發生天安門事件，中國會接受美國所領導的國際制度，同時在其國內逐漸變得更開放、更民主。柯林頓一再強調，這樣做才符合中國本身的利益。柯林頓果然又得勝。柯林頓一九九八年訪問中國後的聯合記者會上，江澤民似乎對一九八九年天安門事件也得做出解釋。江澤民當著柯林頓及國際媒體的面宣布：「今天中國政府嚴肅承諾要促進及保護人權及基本自由。至於一九八九年的政治動亂，中國政府若不採取果決措施，我們就不可能享有今天的穩定。」[20]

二〇〇〇年代開始時，中國對美關係陷入矛盾。一方面兩國發展得愈來愈相似，彼此之間的接觸也愈來愈廣泛。另一方面，中國的民族主義上升，美國政策成為它抨擊的特定目標。同時，美國對中國政治制度的性質也愈來愈關心。蘇聯既已崩潰，中國領導人覺得，儘管他們已盡力順應西方帶頭的國際經濟，西方對各種形式共產主義政府的疑慮，卻全都自動轉移到北京身上。美國方面則認為，中國政府的人權紀錄以及它的西藏政策，已遮蔽中國經濟劃時代的轉型。中國國內對美國科技、流行、音樂和教育非比尋常的欽羨，持續勝過對來自其他地方同類項目的嚮往，可是在國際舞台上，雙方愈來愈把對方當成敵人看待。

在世紀交替階段，有三件事象徵中、美兩國之間的矛盾。一九九九年五月，美國在攻打塞爾維亞的戰事中，轟炸機朝貝爾格勒的中國大使館投擲一枚兩千英磅的精準導向炸彈，炸死三個中國人、另外傷了二十一人。二〇〇一年四月，美國海軍一架間諜機在中國海岸外七十英里之處，與一架攔截它的中國噴射戰鬥機擦撞。中國飛行員喪生，美國機組人員被扣押在海南島一座空軍基地，近兩個星期後才獲釋。但是，這些衝突發生之同時，中國也正在悄悄地與美國及世界各國談判加入世界貿易組織事宜。在美國大力支持下，出現前所未有的協議，中國得以在二〇〇一年十一月「入世」成功。互不信賴似乎使得兩國政府的間隙擴大，可是經濟利益似乎又把雙方距離拉近。

美國轟炸貝爾格勒中國大使館，導致中美兩國發生天安門事件以來最嚴重的衝突。雖然沒有證據，許多中國人卻相信美國是故意攻擊，內情並不是美國空軍所宣稱的溝通不良、誤用舊地圖才造成誤炸那麼單純。中國已經譴責美國和北約組織攻打塞爾維亞獨裁者米洛塞維奇（Slobodan Milosevic）政府，構成「窮兇極惡違反聯合國憲章」。中國某些民族主義者相信，轟炸使館目的在於警告中國不要攔阻美國的國際霸業。轟炸使館導致中國境內主要城市爆發憤怒、甚至訴諸暴力的示威活動——有些更是由當局策動。美國駐成都總領事的住所遭人縱火燒毀。江澤民又火上加油地說，示威活動出自「中華民族偉大的愛國精神和凝聚力，以及他們有維護世界和平、反對霸權的強烈意志。偉大的中華人民共和國絕不會屈服於暴力。」中共黨的機關報《人民日報》說：北約組織已「成為西方文化邪惡傳統的傳人」。《人民日報》一篇社論明顯影射義和團事件，標題赫然就是「這不是一八九九年的中國」。[21] 針對北京大學生的一項民意調查發現，七成以上受訪者認為美國炸大使館是故意的，學生示威活動的標語也批評江澤民在外交事務上太軟弱。北京《光明日報》上出現一首詩，表達出民族主義的情緒：

當我們以穿皮爾卡丹、耐克為榮，
當我們坐著卡迪拉克，林肯，到肯德基、麥當勞大嚼一通時，
我們問心無愧嗎？
不！！！……
我們還能心安理得地以使用洋貨為榮嗎？
不！！！

替在華外商公司做民意調查的人，發現在轟炸事件剛發生之後，西方產品的銷售量大幅下降。不過，這個趨勢只有一個星期。

兩年之後發生的美國間諜機和中國噴射戰鬥機擦撞事件，遭到一些中國人以針對貝爾格勒使館事件同樣的角度解讀。小布希總統的政府表示，美國飛機是在中國領海之外的上空執行例行任務，引來《人民日報》痛罵。它「嚴正警告美方不應該用霸權邏輯替它的作威作福行徑開脫責任」。大多數中國人覺得太不公平了。中國並沒有在美國海岸周圍鑽進鑽出、進行偵察飛行呀！小布希否認此舉有何不當，正好證明國際關係的瑕疵——美國可以為所欲為，別的國家卻必須遵照美國訂的規則動作。不過，私底下中國情報機關樂壞了。南斯拉夫

人已經提供他們，它和北約組織交戰時打下一架美國匿蹤戰鬥機的零件；他們又有好幾個月時間拆解、研究迫降在海南島的那架美國偵察機。[23]

雖然誤炸大使館和間諜機事件顯示中、美之間衝突增加，二〇〇一年十一月，美國支持中國「入世」卻指向另一個方向。中國政府為了達成它吵嚷了許久的全面加入世界貿易機制的目標，所做的讓步遠超過任何民族主義宣傳所能想像的地步。中國必須開放它的國內市場准許外國進口，也必須准許外國資金進入所有的生產及服務領域。因此，中國的金融、電信、配銷及法律服務業，外資統統可以進入。它必須停止對國有企業的優惠待遇。它必須取消絕大部分農產品的配額，也必須取消所有農產品的出口補貼。它必須建立合乎國際標準的透明化的財金規範及法律。世界貿易組織協議所加諸於中國的改革要求，遠比其他國家來得大，這有一部分是因為中國堅持它要被當做開發中國家所創造出來的複雜性。有位南亞國家的世貿組織談判代表告訴我，從談判會場窗子望出去，浦東（上海新金融區）閃亮的摩天大樓天際線說什麼也不能讓他相信中國是個開發中國家。整部協定包括了數千項關稅及其他特定協議，那是中國與世貿組織一百四十二個會員逐一談判彙整出來的結晶。和海地談判啤酒、和斐濟談判糖，中國外交官學到了國際事務除了大國協商之外，還有許多門道。即使中國高階領導人對結果有不同的看法，他們大家一致認為「入世」使他們可以做本來就想做的事：廢除向賠錢的農業及工業轉移，以及降低進口商品關稅。和其他國家一樣，中國領導人可以把做出如此不討民意喜歡的決定，推諉給外國壓力。

新世紀開始時，中、美雙方都對對方小心提防。許多中國人（包括曾在國外居住過的人）很驚訝壓力團體對人權或西藏議題的主張，竟然對美國政治制度及美國民眾有那麼大的影響力。大部分美國人看待中國若在當今政府繼續領導下，未來一定會威脅到美國，因為它不民主、又高壓。美國人開始擔心中國的經濟成長率是美國的兩倍以上，而且美國的成長率在一九九〇年代這幾年的榮景下已算不賴。他們不曉得中國決定接受加入以美國為首的世界經濟，在中國所產生的根本大變革的重大意義。二〇〇一年，小布希就任美國總統、胡錦濤即將接江澤民的棒（這是中國大陸第一次和平轉移權力），此時出現一種中美關係已來到分水嶺的意識，一邊是亂流洶湧，另一邊是緩慢、穩定地往下游走。但是在決定路線方向時，二〇〇一年初卻出現了任何人都想像不到的、非常不同的變革風向。

——

有些歷史學家說，九一一恐怖分子攻擊紐約和華府，改變了所有的國際事務。這個說法或許不對。但它們的確幾乎在一夜之間改變了中美關係。小布希抨擊他的競選對手副總統高爾（Al Gore），指責他是柯林頓政府寵溺中國共產黨的共謀者。但是，北京當局已經習慣美國選戰期間在野黨候選人這一類的言論，大體上並不理會小布希說些什麼。他們選擇記住小布希和中國的長久淵源。這可以追溯到他父親一九七四至七五年間擔任美國駐北京代表時（老布希後來也出任美國總統），他曾經到北京住過。間諜機危機很快就引起北京領導人的關切。但是最讓江澤民和胡錦濤不痛快的是，新總統堅持稱呼中國是「戰略競爭者」，也是美國安全的主要挑戰。接下來就爆發九一一事件。小布希政府轉而在中東及國內展開「反恐戰爭」，它不僅把注意力從中國身上移走，還使中共成為美國全球反恐運動的夥伴。中國領導人喜出望外，能夠脫離關係緊張、美國不再緊盯著中共侵犯人權。江澤民九月十二日打電話給小布希，表示「中國預備加強與美國及國際社會的對話及合作，共同與各種的恐怖暴力作戰」。[24]

九一一事件之後，中國支持美國攻打阿富汗境內恐怖分子基地。它接受推翻神學士（Taliban）政府，因為喀布爾（Kabul）支持奧薩瑪．賓拉登（Osama bin Laden）。事實上，北京樂見神學士垮台，是因為神學士疑似和穆斯林人口眾多的新疆省內伊斯蘭主義組織來往密切。美國發動對付伊拉克戰爭之前的交涉，使中美關係緊張，但即使美國的入侵沒有得到聯合國安全理事會的支持，中國領導人明白，不要太強烈反對，才符合中方利益。果然，中國只是站在安全距離之外口頭反對入侵及佔領伊拉克，讓俄羅斯及美國自己的歐洲盟國（德國及法國）企圖阻止軍事行動，觸怒華府。中國新任國家主席胡錦濤是個嚴謹的官僚，不願在這場他認為不論中國怎麼說、怎麼做都擋不住的戰爭，去冒任何風險。難怪小布希的國務卿柯林．鮑爾（Colin Powell）會在二〇〇三年九月把美中關係評論為「自從尼克森總統首度訪問以來最好的一刻」。[25]

北京領導人利用美國新政府侵略性強烈、民族主義精神旺盛而不去注意中國的空檔，努力強化自身的經濟和軍事力量。美國在阿富汗和伊拉克作戰之同時，中國的國內生產毛額幾乎增加為三倍。二〇一〇年，它成為全世界第二大經濟體、僅次於美國，但超越其他所有國家，包括日本和德國都不如它。它是全世界最大的商品出口國家、第二大的進口國家，很快就將成為美國和歐盟最大的貿易夥伴。從日本和澳洲到印度和巴西，它早已是許多大國的主要貿易夥伴。可以預料得到，中國的貿易順差非常的大，中國的投資開始向外流動。二

○○八至二○○九年全球經濟危機期間，中國企業到海外大肆蒐購汽車公司（如瑞典的富豪〔Volvo〕和英國的路華〔Rover〕）、金融公司、科技大廠。中國的機構是美國政府公債最大的買主，約佔總額的百分之二十。[26]

但是中國經濟並不是情勢一片大好。我們將在本書最末一章看到，中國的經濟前景並不確定，與世界經濟廣泛聯結，帶來機會、也帶來風險。在其他國家中，最重要的是美國，抱怨中國操縱貨幣、政府干預國內經濟，希望看到中國降低貿易順差。中國國內許多人關心貧富差距愈來愈大、某些產業勞動條件十分惡劣，還需要替每年進入產業就業市場的數以百萬計的人創造新的就業機會。以人均國內生產毛額而言，中國在全球各國依然排名第一百零名。中國人均國內生產毛額七千四百美元，仍低於阿爾巴尼亞、厄瓜多和阿爾及利亞。美國的人均國內生產毛額是四萬七千五百美元。

我們已經知道，中國的軍事現代化從非常低的水平開始。一九八○年改革開放時期開始時，中國實行徵兵制，有高達四百五十萬的兵員，但戰鬥力很差，從懲越戰爭已可見一斑。解放軍的技術水平與其他國家軍隊一比，慘不忍睹；它的機械化師團一團亂；它的防空能力幾乎毫無作用；它的空軍和海軍幾乎沒有現代作戰的能力。中國花了一個世代的時間急起直追，但是它今天的軍事力量仍然遠遜於美國，或甚至日本。不過，它倒是從十五世紀以來首次有了遠洋海軍；它有五十艘潛水艇（其中十艘為核子動力），以及七十艘主力軍艦。二○一一年，中國測試一款類似美國F－117的新式匿蹤戰鬥機。解放軍對本身的成就十分自豪，但是恐怕要澆一盆冷水的是，它是在美國空軍開始讓F－117除役之後兩年才測試它的匿蹤戰鬥機；美方的F－117是在一九八一年首度試飛。中國若想要花另一個世代時間追上美國的軍事力量水平，只要它持續目前的軍事投資模式的話，其機會就微乎其微。美國國防支出在二〇一〇年至少有一兆美元。中國只有這個數字的十分之 ，而且要從非常低的訓練及軍事硬體水平做起。因此中國今天的軍事力量只能和日本或英國比，離美國的水平還很遙遠。[27]中國努力進行軍事現代化會有什麼樣的結果，主要將受到東亞局勢的影響，這一點我們將在下一章討論。但是，沒有疑問的一點是，中國過去和美國的錯綜複雜關係，會影響到中國對其未來國家安全的思維。

——

整個二十世紀末期，中國熱切地注視著美國。之所以如此，只因為美國在幾乎所有的事情上，從醫藥到音樂到軍事力量都最出類拔萃。許多初次到中國訪問的外國人，很驚訝地發現，不論是對好或壞的一面，中國年輕人竟是如此地重視美國，以及此般重視之下所創造出來的扭曲世界觀。美國的霸主地位當然在全世界都可以明顯看到，但是柏林或布宜諾斯艾利斯的市民絕沒有像北京市民這樣看重美國。或許這是因為有些中國人覺得美國佔了應該屬於中國的世界地位？也或許是因為有許多中國年輕人想成為他們所認為的美國人——現代、獨立、為目標奮鬥、有錢、又不失粗獷（電視劇得來的印象）？不管中國目前是為了什麼如此迷戀美國，它都受到兩國共有的歷史經驗的影響，這裡指的不只是外交或軍事關係，還有人民思想及行動的交流及互動。或許未來有一天中國會變得十分像今天的美國。但是，政治關係及兩國人民彼此的觀感，將很可能會綁得更緊。

如果中國想在亞洲當區域領袖，

即使不想沿襲美國和蘇聯的干預作法，

它必須有所作為、不能聽任事態發展。

北朝鮮或緬甸出亂子的可能性很高，北京非常沒把握要如何處理狀況。

現在中國安於自命，

願意就行政、管理、金融、生產、技術和教育等方方面面向先進國家學習的國家。

但是它十分忐忑，不知如何應付阿富汗和伊拉克等地方的混亂。

第十一章

中國與亞洲

CHINA'S ASIA

中國過去三十年國際發展最精彩的一面，就在它和亞洲其他國家重建往來關係。直到三十年前，中國一直把自己閉鎖在亞洲大陸之外。它唯一的密切關係是北朝鮮，但即使在北朝鮮這個貧窮的首都平壤，北京還得和蘇聯較勁。彷彿外交孤立還不夠，中國和它所有的鄰國，北朝鮮也在內，都有領土爭議。北方邊界，中、蘇軍隊沿著三千公里長互不往來的國界相互對峙。南方，中國才和越南打了一仗，折兵損將至少兩萬人；可想而知，東南亞其他國家對中國相當疑懼。中國西南方的鄰國印度，政治上和蘇聯親善；自從一九六二年戰爭之後，印度視中國為死硬敵人。亞洲世界似乎處處容不得中國。中國不再位居中央，但明顯的居於亞洲大陸的邊陲。

中國邊陲化的主要原因是它本身政治的反覆，但另一個重要因素在經濟面。亞洲其他經濟體都往前強大成長時，中國卻停滯下來。日本當然是亞洲地區發展的前鋒，即使在二十世紀初期已經大幅成長。從一九五三年至一九七〇年，日本經濟成長率每年平均值百分之十，台灣也是。新加坡、南韓和香港每年成長率平均值為百分之八。中國一九七三年的人均國內生產毛額為八百美元左右，日本是一萬一千五百美元，香港為七千美元，新加坡有六千美元，台灣則是四千美元。中國遠遠落後在亞洲主要經濟體之後，即使大多數亞洲人樂見中國開放，准許其產品輸入大陸，其實他們並不認為這會迅速出現。

我們再看看今天的情況。自從一九八〇年以來，中國本身的經濟成長就很壯觀，每年平均成長率將近百分之十，而且它又已加入東亞整合的貿易、財金和投資體系。甚且，這一成長發生在人口十三億的大國，把整個東亞、東南亞各國人口統統加總起來，也不及中國的一半。中國過去一個世代所走的路，和它與鄰國的關係（先是近鄰、再來是南方及西方的鄰國）

有密切的關聯。的確，中國若沒有重新復活這些關係，它是不可能崛起的。中國現在是個經濟大國，整個亞洲都唯他馬首是瞻，它對一切事務的政策在整個區域都舉足輕重。

為了理解中國今天與其鄰國的互動關係，我們需要檢視它最近的歷史。過去三十年本地區所出現的變化，遠遠超過以前任何世代的發展，而且目前變化還在進展中。一九九一年，蘇聯突然崩解。北方的新俄羅斯，以及西方與中國接壤的其他後蘇聯國家，除了恐怖分子活動之外，不再是安全的威脅。南方的越南，現在不再是蘇聯的盟國，已經是愈來愈整合的東南亞國際社群——東南亞國家協會（東協，譯按：中國稱東盟）——的一員。東方的日本，雖然仍是美國親密盟國，它的外交政策已愈來愈獨立。至於朝鮮半島，中國現在是南韓最重要的出口市場，韓國人在中國的投資多過他們在任何其他地方的投資。整個區域與中國的關係已出現深刻的變化，而其他國家彼此的關係也都出現變化。東亞已經成為世界經濟發展的中心，東亞本身（以及中國在其中的地位）也不斷在演進。

中國外交關係最顯著的變化出現在南方。中國最近一次的邊界戰爭是與越南干戈相見，而毛澤東時代中國曾支持它對抗法國與美國，爭取統一。一九七九年中越之戰給中國留下深刻的傷疤。對許多中國人而言，它反映的是越南人忘恩負義、俄國人背信棄義、中國人軍事衰弱。我在戰爭結束後不久到中越邊境訪問，感受不到太大震撼。當地人很清楚，中國打了敗仗，或至少是沒打贏。鄧小平在北京一定想到兩百年前的越南戰爭，以及乾隆皇帝贏不了

是如何傷害到他的歷史地位。他可能也想到美國人和越南交戰，打得焦頭爛額。我們已經看到，鄧小平的回應是趕緊結束戰爭，不讓軍隊介入政治，同時加速整備、改進解放軍的作戰能力，希望來日不再發生同樣的災禍。

中國的外交愚蠢造成一九七九年這場短暫、但丟人現眼的中越戰爭。整個一九六〇年代末期及一九七〇年代，毛派人物支持高棉激進的「赤棉派」（Khmer Rouge），尤其是它在一九七五年掌握金邊政權、建立毛派型態的國家之後。赤棉領袖波帕一再攻擊越南領土時，由於北京關切河內與蘇聯關係愈來愈親密，只好力挺波帕。整個一九八〇年代，中、越雙方在柬埔寨透過代理人交戰。越南軍隊扶植一個金邊新政府。中國支持的赤棉，它最惡名昭彰的罪行就是針對自己的人民實施種族屠殺。赤棉一九七九年被越軍趕出首都後，竄入柬埔寨西部叢林奮戰，中國雖然不是直接或間接支持赤棉的唯 國家，它卻是與波帕勢力維持密切政治關係的唯一國家。康克由（Kaing Khek Eav，或稱達克〔Duch〕）因為在赤棉統治期間主管毒樹嶺（Tuol Sleng）集中營，殺害一萬四千人而於二〇〇九年遭起訴；他在一九八〇年代中期曾在中國居住了一年。波帕本人亦以治病名義在中國住了兩年。中國在一九七九年之前和之後都曾提供相當數量的武器和金錢給赤棉。越南在 九八九年退出柬埔寨，此時冷戰已將結束，可是赤棉的恐怖統治持續到該黨於一九九七年內鬨而自我毀滅才停，此時波帕殺了他手下第二號人物，稍後他本人自殺或被謀殺。柬埔寨慢慢才走出它的夢魘。

冷戰結束對中越關係有很深的影響。蘇聯已經崩潰、越南人也贏了柬埔寨戰爭（雖然代價極高），河內和北京都盼望找到台階下，可以達成協議。眼見中國經濟擴張，越南共產黨領導人認為越南亟需改革本身的經濟。到了二〇〇〇年代初期，以中國為樣板，河內已把它呆滯的計劃經濟改造成市場導向的擴張，以亞洲的相對狀況來講，成績已經僅次於中國。但是越南領導人心理上對中國企圖控制越南的長期擔心，從來不曾減退。他們對華人投資抱持疑心，就連越戰期間逃亡出國、而今回來投資的華裔越南人，他們也不信任。即使如此，中國已成為越南最大的貿易夥伴，各種形式的經濟交流都迅速增加。

儘管經濟關係良好，整體雙邊關係也相當平順，某些歷史傳下來的中越緊張關係依然持續到今天。河內特別關心中國對南海提出的領土主張。我們稍後會說明，這是一項會威脅到中國與南方鄰國關係的棘手問題。但是就越南而言，才和中國打了一仗，這些主張事涉國家安全與經濟利益。如果越南接受中國立場，即使只是部分立場，幾乎整個越南海岸都要毗鄰著由中國海軍所控制的海域。河內許多人認為，越南也將無法參與海床底下豐富的天然資源之探勘，以及海上豐富的捕魚事業。越南一九九五年加入東協，並且戲劇性地改善它和美國、澳洲、日本的關係之後，正試圖把這個議題多邊化，以便平衡中國上升的力量。中國方面則擔心越南謝絕它提出的雙方友好、合作的提議，或許會成為美國領導的對中國圍堵政策的一塊基石。

中國已經走了很長一段路，來正常化長期而言可能是它在本地區最重要的鄰國關係。但歷史留下來的問題卻阻礙雙方發展完全的夥伴關係。兩國目前都還由共產黨當家主政，三不五時就為歷史問題吵架。雙方領導人都認為對方應該約束網際網路或部落格上的民族主義激情。問題的關鍵在於，北京或河內都沒有完全忘掉或丟掉的一個觀點：中國是本地區的龍頭老大，因此期待或要求其他國家聽話。中越確認陸上邊界協定於一九九九年簽訂，卻花了十年工夫才得以執行，其間雙方曾互控對方趁半夜偷移有數百年之久的界碑，想佔便宜。[2] 中、越兩國要達成均衡的關係，絕非易事。

——

中國在本區域最複雜的關係當屬它和北朝鮮的關係。朝鮮遠比越南更和以清朝為中心的國家系統有密切關聯。中國文化和政治思想對朝鮮長期以來都有很大的影響。由於冷戰的結果，以及朝鮮人意識型態的差異，朝鮮半島自從一九四七年以來即分裂為兩個勢不兩立的國家。一九五〇年代初期，共產中國打了一場犧牲最為慘重的大戰，拯救共產黨統治的北朝鮮民主主義人民共和國，免被其南方敵人和美國盟友打垮。許多中國人仍然引以為傲，中國和全世界最強大的國家交戰，打成平手。可是，中國得到的卻是一個靠不住的北朝鮮盟友。它由金日成及其後代獨裁統治，而且有好長一段時候中國必須與蘇聯競爭對它的影響力。蘇聯在一九九〇年代初期崩潰時，北朝鮮的經濟有如自由落體向下猛墜，創造出人為的飢荒，至少有一百萬人因而死亡。靠著中國援助，它才免於淪入更悽慘的境地。今天北京領導人私底下稱北朝鮮是中國脖子上的信天翁（編按：指帶著不祥之氣的沉重負擔）而不是戰略資產。它很難擺脫，處理稍有不慎，恐怕就會在本地區產生衝突、甚至爆發戰爭。

同時，大韓民國（南韓）已轉型成為世界主要經濟體之一，也是本地區最先進的工業國家之一。中國很慢才認識到南韓的重要性上升——一部分出於意識型態，一部分是因為中共認為它受到美國控制。即使中國已展開改革開放，北京還是隔了十五年才承認南韓政府，開始和它直接來往。一九九二年，雙方互相承認之後，起先關係仍進展得很慢，因為中國的盟友北朝鮮強烈阻礙，而且北京擔心漢城和華府有親密的同盟關係存在。但是到了一九九〇年代末期，雙方經濟交流增大和政治接觸頻繁，尤其是南韓總統金大中和盧武炫在一九九八年至二〇〇七年期間試圖執行對北朝鮮和解的政策。中國不僅是南韓最重要的貿易夥伴，今天已有五十萬以上南韓人住在中國，人數之多居世界各國之冠。南韓人這麼多，是因為南韓在中國工業化進程有極大投資的結果。韓國人覺得文化上、歷史上，和中國十分親善的緣故。二〇〇五年南韓一項民意測驗顯示，中國和美國（南韓和美國有長期盟友關係）並列第一，是南韓人最有好感的國家。在不滿四十歲的南韓人民當中，中國領先其他國家，被視為友好國家。[3]

過去二十年，中國與朝鮮半島關係上最大的頭痛是它和北朝鮮的關係。財務上窮得脫底、資不抵債，對內高壓統治，對鄰國則張牙舞爪，北朝鮮代表的是中國在擴張區域勢力時、避之唯恐不及的種種缺點。直到二〇一一年，北朝鮮一直由獨裁者金正日統治，而金正日是在一九九四年從父親金日成手中接下大位。神秘兮兮的北朝鮮不顧中國的反對，發展核子武器，而且它的領導人若覺得受到壓力，就威脅說要動用核子武器。你或許要問，中國為何不乾脆和金氏王朝（現在由金正日的兒子金正恩接班）切斷關係，與繁榮的南韓增進良好關係呢？原因很複雜，但若要了解中國在外交政策上的兩難，倒值得細加研究。

第一是歷史因素。我們已經知道，中國和它朝鮮半島的鄰人已有一千年以上的密切關係。中共在二十世紀中葉派出士兵到朝鮮半島不惜性命犧牲作戰，力挺北朝鮮，阻止（他們認為的）美國的侵略。平壤政府依然宣稱堅持共產主義，強調中國是它的老大哥。即使它不理會中國的勸告，它仍向老大哥維持相當的禮數，保持住儒家意義的兄弟交情。即使中國領導人曉得這麼做有重蹈蘇聯在東德覆轍之虞（力挺它，直到要脫身已來不及），直到胡錦濤這一世代的北京領導人也覺得很難批評北朝鮮、或被認為反對它，尤其是不能和南韓、日本或美國同聲指責平壤。

第二是風險考量。中國領導人相信，若是中國和北朝鮮維繫住密切關係，比較可以控制住北朝鮮及其核子武器。第三涉及到中國在本地區和美國有戰略敵對關係。中國領導人深怕一旦北朝鮮倒了，他們將面對一個統一的韓國，美國則在它背後下指導棋。第四又涉及到朝鮮半島的談判以及中國未來的影響力。我們將在結論詳細討論這個問題。但是要了解中國在朝鮮問題的立場，我們一定要了解到過去與未來都對現狀有著極大的影響，而此一影響阻止了中國去解決它這個外交政策上的棘手問題。

同時，自從二〇〇七年以來，中國與南韓的關係開始惡化。今天愈來愈多南韓年輕人覺得，北京支持北朝鮮侵略成性的獨裁政權，使他們愈來愈難對中國友善。南韓選民於二〇〇八年向右轉，選出一位強硬路線的新總統，它和中國某些關係（雙方過去近二十年辛苦建立）似乎急速下墜。連有關古代史的爭議也鬧上檯面。南韓學術界指控中國竟把兩千年前的高句麗王國描寫為中國的一部分，可是絕大多數韓國人認為它是大韓民族創始的國家。許多政治人物（包括某些過去和中國相當親近者）開始擔心有關高句麗的爭議是個訊號，反映中國不顧首爾的主張和行動，有意維持北朝鮮做為中國的附屬國。[4] 不論北朝鮮下一步發展是什麼，中國領導人面臨一個艱鉅的問題：它要如何說服南韓民眾，中國在他們盼望南北統一之中，是和他們站在同一邊呢？

我們在本書的各篇章中一再地看到中國和日本過去一百五十年的恩怨情仇，複雜又無從解決，有時親善、有時暴力衝突。兩國之間的共同事務似乎總是不脫一種儀式性質，中國人一直懷疑日本的真正目標過去是、目前也仍然是：取代中國，成為本區域中心大國。許多中國人覺得這一點有悖反於自然之理。儘管他們佩服日本人的能力和技巧，但再怎麼說，日本還是邊陲島國，根本不該覬覦中國的地位，這裡頭的規範面很重要。逐漸地，中、日關係演變成誰對誰錯的問題，而不是要怎麼樣合作、雙方才能互利。這裡頭有儒家的長幼有序的意識，結果在外交上就陷入無解的困境了。從中唯一可以得到戰略利益的大國是美國，它可以利用中、日雙方互相害怕來漁翁得利。然而，儘管仍有爭議，中、日兩國之間過去一個世代的交往，卻是十九世紀中葉以來最穩定，雙方目前都因經濟、科技重大交流而受惠。

中、日之間的新關係始於一九七一年，即日本新聞界所謂的「尼克森震撼」之後。首先，美國決定與北京展開對話。其後華府又急急推出只顧自己的經濟政策，處理其收支平衡問題。華府做這兩項決定之前，都沒有告訴日本政府，而它們的效應嚴重影響日本——前者影響外交政策，後者衝擊對外出口。日本新任首相田中角榮出身自由民主黨右翼，民族主義色彩鮮明，長久以來即希望日本不要太依賴美國。田中抓住這個時機，自行開始與北京談判，促成兩國一九七二年發表聯合公報。中方從公報中幾乎得到它所要的一切：雙方互相外交承認、日本接受台灣是中國的一部分，以及「反霸條款」——雙方承諾合作反對「任何其他國家或國家集團」在亞洲建立「霸權」的努力；它明顯針對蘇聯而言，但也不無暗示警告美國的意味。日本方面得到中國開放市場，開頭進展緩慢，但是中國一九七〇年代末期展開改革開放之後就突飛猛進。

一九八〇年代是中、日合作的黃金年代。它在很多方面類似二十世紀頭十年的狀況，雙方人民有極大的合作機會。在一九八〇年代，貿易大幅成長，日本科技可以輕鬆、自由輸入到中國。旅行及各式各樣的交流增加，從知識層面講，前面三個世代的趨勢繼續走下去。不久，中國留學生人數已在日本躍居各國之首。今天日本全國外籍留學生，中國人佔了三分之二。一九八〇年代，七成的日本人對中國有好感，遠超過對其他任何國家的感受。兩國對關係正常化都出現強烈的正面感情，而且或許在日本還更強烈。日本民意調查顯示，大多數人希望兩國能放下過去，重新交朋友、當夥伴。但是雙方政府都非常緊密管理民眾對新關係的看法。中國不允許中國境內有任何反日抗議，日本當局也設法讓報紙只刊登中國的正面故事。

但是，這樣造作的關係遲早會走向下坡。一九九〇年代，經濟互動持續上升，但是並沒有伴隨著出現社群意識上升。反倒是到了九〇年代結束時，雙方人民比起十年前對對方增多了負面觀感。第一，日本對中國一九八九年事件反應強烈。（然而，很難說得清楚，在華日本人是對中共政府的鎮壓反感大，還是對整體「失序」反應強烈。）認為中國將是潛在威脅的日本人人數激增。中國方面則因為對公開資訊接觸增多，對於日本的負面觀點浮現，而且大多集中在歷史問題。有些人寫說，日本人從來沒有就佔領中國一事公開道歉，或支付適當賠款，並且日本士兵在大戰中犯下的獸行也沒被適當揭露。有意思的是，持這種觀點的以年輕人居多，他們並沒有經歷抗戰。兩國政府沒有去妥當處理關係，反而利用其負面部分爭取自身佔據上風。中共一旦需要把注意焦點從本身缺點移開時，就允許民眾批評日本。當日本政府在國內或國外推出不受歡迎的倡議時，就訴諸日本人的獨特感和樂於犧牲的精神，有時候更藉著首相參拜有十四名戰犯入祀的靖國神社做為象徵。中、日關係為此陷入「歷史問題」的波濤洶湧。此後十年，為這些問題爭執不下，頗有推翻前一個世代努力打造的關係之虞。

過去十年對中、日關係傷害最大的議題，莫過於學校如何教授歷史課。日本學校所用的歷史教科書在描述第二次世界大戰及其起因、甚至日本佔領中國時對平民的暴行時，閃爍其詞或不說實話。而中國學校的歷史教科書一碰到現代史，也統統一塌胡塗，講一些充滿民族主義情緒的謊言，以迎合政府政策。中國歷史學者、哲學家袁偉時在二〇〇六年指出，中國歷史書裡「如果中國和別國發生衝突，中國一定對；愛國主義指的就是反對其他列強。選擇與呈現歷史材料時，我們只採用有利中國的，不問它們真假」。[5] 中國教科書還在談狡的傳教士、愛國的義和團，以及日本在怯懦的國民黨領導人協助下一直在擴張勢力。關於一九四九年以後的歷史，那就更不忍卒睹。毛澤東歷次運動死了多少人，絕對隻字不提。大躍進造成什麼樣的浩劫，當然也付之闕如。根據這些教科書，中國純粹是出自愛國原因而與蘇聯決裂，至於文革則是一連串誤會、再加上毛澤東妻子江青瘋狂的野心所鑄下的後果。中國教科書中的朝鮮戰爭黑白分明。中國高中歷史課本有一章標題是「抗美援朝．保家衛國」，它說：

> 新中國建立後不久，國家面臨外敵侵略的威脅。一九五〇年夏天，朝鮮內戰爆發。美國急忙動用武力介入朝鮮內政事務，組成一支美國為首的「盟軍」入侵朝鮮。他

們越過三十八度線，把戰火帶到中國邊界。同時，美國太平洋第七艦隊進入台灣海峽，干預了中國的內政。朝鮮局勢危殆，傷害中國的安全屏護……面對此一嚴峻局勢，朝鮮民主主義人民共和國要求中國政府派兵援助。一九五〇年十月十日，為了抗美援朝、保家衛國，彭德懷率領中國志願軍進入朝鮮。中國志願軍和朝鮮軍民並肩作戰，擊退美國侵略者，把他們推到三十八度線以南，中／朝和美國侵略者自此進入僵持狀況。由於中／朝的猛烈抵抗，美國別無選擇，只好在一九五三年夏天簽署停戰協定。美軍落敗、抗美援朝戰爭勝利，中國志願軍凱旋復員。[6]

同樣的，日本教科書也對年輕人扯謊，對於日本在二十世紀攻打及佔領中國及亞洲其他國家不說實話。它們企圖淡化或遮掩一九三七年南京人民遭受的苦難，尤其令人生氣。二〇〇五年出版的一本教科書就說：「這時候，許多中國軍民已被日軍殺死或殺傷（南京事件）。文獻證據對於所宣稱的事件實際受害人數提出懷疑。這項辯論迄今仍繼續不停。」[7]這本教科書也把攻打珍珠港描寫為大戰的結果、而不是原因。它記載日軍在東南亞被視為解放者，但是對日軍的暴行隻字不提。這種民族主義的教科書，以及環繞它們所衍生的爭論，一再挑動年輕人的反外運動，尤其是中國，許多年輕人只見日本之過、不見本身之失。

除了教科書爭議之外，雙方還因領土及如何補正戰時的虐待而有所爭執。關於東海分界線的爭議，因為二〇〇〇年代初期中國公司開始在爭議地區開採天然氣，鬧得更兇。雙方都宣稱對釣魚台／尖閣群島擁有主權，不過從歷史而言，中國的主張比較強而有力。就賠償問題而言，自從一九九五年以來中國人就在日本法院向東京政府及公司提出告訴，要求就戰時罪行賠償。這些案子在兩國都是大新聞。中國新聞界聲稱訴訟過程進行得很慢。日本傳媒則批評賠償要求是天文數字，甚至有些案子日本法院已同意原告的主張，也認為索賠金額太大。目前法院已裁決原告們可得到八億日圓以上的賠償。[8]當然，挺諷刺的是，中國人民依然不能到法院去告自己的政府（更不用說也告不了中國共產黨），當局也從來沒有人出面為一九五〇年代及一九六〇年代中共倒行逆施害死數以百萬計的人道歉認錯。兩國的民族主義者反而利用涉及到對方人民的案子，來證明對方依然不懷好心眼。

中、日處理雙方關係欠缺想像力，對彼此都不利；問題是未來恐怕也將繼續無解。今天最令人驚訝的是，雙方都完全沒有戰略觀點。北京和東京領導人都曉得繼續把對方妖魔化，自己也沒有好處。事實上，雙方現在都更依賴對方才能有所成就：中國的大國野心和日本需要克服經濟停滯，都有賴對方合作。但是，截至目前為止，沒有一方能夠或者願意擱置過去，以雙方關係為重。

中國開始走出多年的孤立之際，它的領導人鄧小平集中心力與東南亞打造更緊密的關係。本地區不僅有許多事業有成的華人移民，也有許多企業及個人可以透過貿易與投資，對中國的現代化有所貢獻。鄧小平覺得它們涉入中國，比起美國人、日本人及韓國人，在政治上的問題比較小。中國面臨的問題是，大部分東南亞國家的領導人認為中國是威脅。他們擔心本身境內居於少數民族地位的華人，政治影響力太大。他們痛恨中國，原因是過去一個世代中

國支持他們國內的共產黨反政府。在馬來西亞、泰國、緬甸和菲律賓等國家，中國供應共產黨領導的游擊隊金錢、武器和訓練，以進行內戰。要和現有政府開啟理想的關係，寸步難行。

打開關係的方式不只有一種，中國非常幸運的是它還可以接觸到東南亞各國的許多舊菁英，它受益於與華僑仍有的聯繫，文革期間並未完全打斷這方面的一些聯繫。中國也從本地區富商心理上普遍的假設下手，這些富商認為中國可做為東南亞商品巨大的市場，如果他們能比其他更強大的外國人搶先進入，將可以提前卡位。從一九八〇年代初期起，東南亞公司在非常的程度上受到華僑的帶動，紛紛進入中國。有些業者，如泰國的卜蜂／正大集團，現在已躋身中國最大的外資企業之列。越南人一九七九年推翻柬埔寨的波帕政權，在這方面也幫了中國的忙。中國可以扮演保守的東南亞政府實際的盟友，對抗他們所擔心的越南及蘇聯想控制整個區域的企圖。反共的新加坡領導人李光耀對來訪的西方客人說：「若不是中國出手懲罰越南，整個東南亞都將受到蘇聯的影響。現在它爭取到十至十五年的時間。譬如，泰國總理在中國懲越戰爭之後就輕鬆多了。」中國「教訓河內」之舉從中國軍方角度去看，可能是一場災難，但是北京因之得到南方各國的讚揚，使鄧小平有時間悄悄收起中國對國外共產黨叛軍的支持。[9]

做為華人佔多數的國家、又是東南亞最活潑的經濟體，新加坡扮演了對中國特別重要的角色。鄧小平一九七八年訪問新加坡，這是他復出掌權後首度出訪外國。主張強力成長的

鄧小平，對於他所見所聞印象深刻。鄧小平曾在一九二〇年到過新加坡，當時它還只是不起眼的殖民地，華人在此以替英國當局服務混口飯吃。一九七〇年代末期的新加坡已經判若兩人。它在許多方面，都是鄧小平希望中國能夠成就的榜樣。回到北京後，鄧小平強調需要向新加坡學習它的社會秩序和安定、經濟的多才多藝，以及政府在促進和指導成長所扮演的角色。對於三個世代的中國共產黨員而言，照理講新加坡代表的都是中國應該痛恨的東西：資本主義、階級壓迫和與美國親善。可是，一九八〇年代和一九九〇年代，新加坡成為模仿的對象，特別是一九八九年的社會和政治動亂差點使鄧小平的計劃脫軌之後。新加坡也成為中國的經濟夥伴。新加坡現在是中國境內第五大投資國，是進口科技的主要中介人，尤其是中國在別的地方難以取得的技術。

李光耀教導中國新領導人認識東南亞。到了一九九〇年代，他強調區域組織東協的重要性。東協成立於一九六七年，原本是各國反共政府之間的合作架構，但很快就在區域整合上扮演更重要的角色。（譯按：東協原始會員為泰國、馬來西亞、印尼、新加坡和菲律賓五國，後加入汶萊。）冷戰之後，它展開一系列計劃，深化會員國家彼此合作。另外，它又增添新會員：越南一九九五年加入，緬甸和寮國一九九七年加入，柬埔寨一九九九年加入。今天的東協會員國，合計人口近六億，正朝向無異於歐盟的經濟共同體發展。

對於中國而言，東協的崛起代表威脅、也代表機會。李光耀和其他東南亞領袖被告知，中國偏向與個別國家打交道，不想和區域組織交涉。但是，一則是東協不肯接受分而治之的作法，二則是東協愈來愈成為區域穩定的整合力量，中國政府見風轉舵。自從一九九〇年代末期以來，中國和東協之間的合作日增，實質的進展更突顯出所謂的亞洲價值和共同傳統。

就經濟議題而言，透過一系列新的正式與非正式機制，這個北方大鄰國逐漸被當做是夥伴、而非威脅。一九九七年至一九九八年的亞洲金融危機期間，中國支持區域貨幣的立場，使得過去批評中國政策的人，也轉而相信北京現在無意製造南方鄰國的經濟紛擾。東協／中國自由貿易區於二〇一〇年生效，但是在貿易關係上仍有些困難有待解決。

我們以越南為例，它現在已成為東協重要成員，體制上的合作並不是一定就化為安全上高枕無憂。如果你和東南亞區域的領導人談話，你會發現住在巨人鄰居的大問題永遠存在。以廣義的角度看，這種關係和美國與拉丁美洲的關係無殊。但是，中國的南方鄰居相對而言，遠比美國的南方鄰居強得多，倒不是因為比較有組織。不過，誰有地位來開發東南亞區域周邊資源，這個問題一直懸而未決，造成相互猜忌以及潛在衝突。例如，東協會員國擔心中國和緬甸的關係，緬甸雖也是東協會員，資源豐富的它卻由特別無能的一個軍人獨裁政府統治。東協一直促請緬甸要改革，可是中國卻似乎樂於維持現狀。

但是，東協主要會員國最大的關切是北京宣稱對南海絕大多數小島具有主權。這片廣大的海域有極大的豐富資源（石油、天然氣和礦砂）東協國家和中國都想要開發它。這片海域也是全世界最忙碌的商業航線通過的地區。中國和越南已為了幾座島嶼的所有權發生衝突；中國佔領南沙群島九個島嶼，而越南聲稱對它們擁有主權。現在其他東協國家愈來愈關心中國的動機和行動。中國的地圖顯示黃岩島（Scarborough Shoal）——距離菲律賓蘇比克灣（Subic Bay）約一百二十英里——是中國的領土，又主張與婆羅洲海岸僅有三十英里的一些島礁，基於「歷史權利」為中國所有。從二〇一〇年起，有些東協會員國強烈傾向把這些議題國際化，爭取美國和其他大國（如印度）的支持。過去所有類似的嘗試都遭到北京嚴峻反彈，現

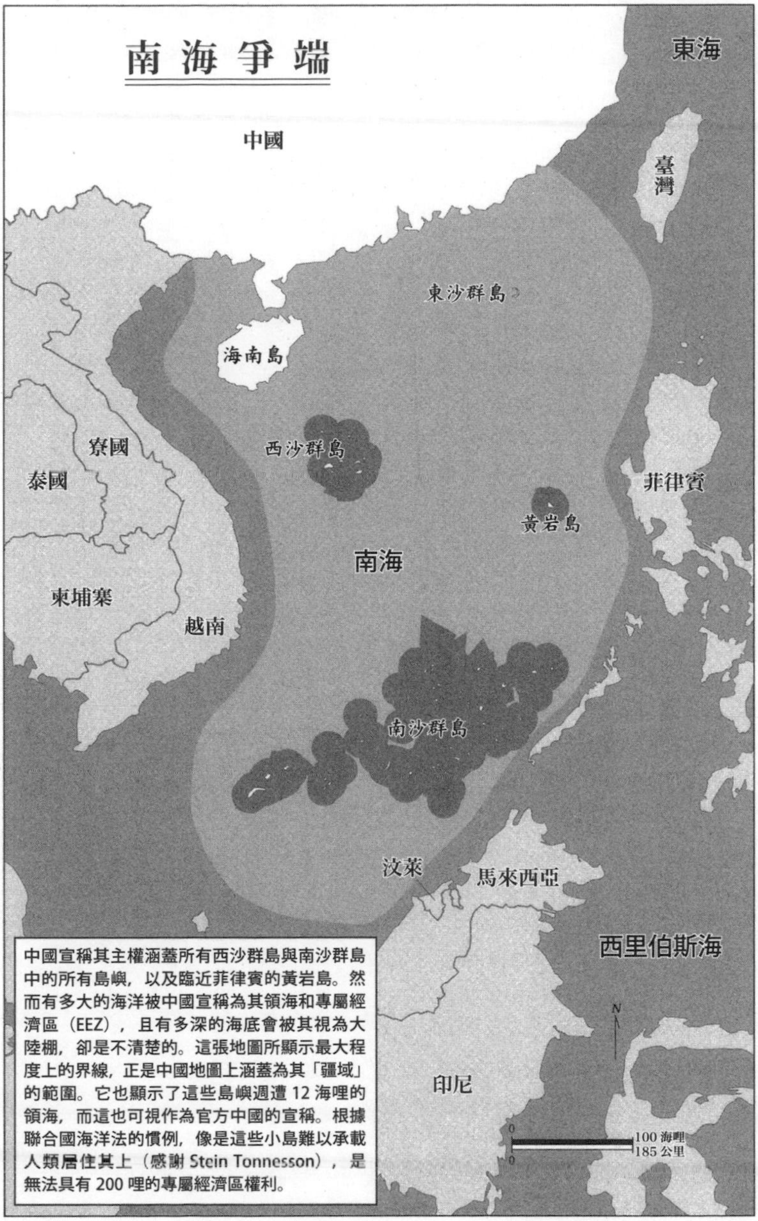

中國宣稱其主權涵蓋所有西沙群島與南沙群島中的所有島嶼，以及臨近菲律賓的黃岩島。然而有多大的海洋被中國宣稱為其領海和專屬經濟區（EEZ），且有多深的海底會被其視為大陸棚，卻是不清楚的。這張地圖所顯示最大程度上的界線，正是中國地圖上涵蓋為其「疆域」的範圍。它也顯示了這些島嶼週遭 12 海哩的領海，而這也可視作為官方中國的宣稱。根據聯合國海洋法的慣例，像是這些小島難以承載人類居住其上（感謝 Stein Tonnesson），是無法具有 200 哩的專屬經濟區權利。

在它開始稱南海是中國的「核心利益」。中國和東協的關係雖有一個好的開端，但顯然仍隨時可能出岔錯。

東協會員國家當中，印尼不但是最大的經濟體、也具有最強大的軍力。印尼人口增長迅速，現在已將近兩億五千萬人，它成為本區域關鍵大國；我們也看到，印尼和中國並不是一向都很和諧。中共曾經支持印尼共產黨，而印尼共產黨在一九六五年遭軍方粉碎。軍人政變之後發生大屠殺，華裔印尼人社區被鎖定為目標，數萬名的無辜者遭到殺害。印尼憲法包含反華的限制條款，直到一九九八年重建民主政體。華裔在政治、軍事方面依然聲音很小，但在企業方面卻具備極大的勢力；傳說印尼的民間經濟高達三分之二由華裔印尼人控制。[10]雖然北京和雅加達在東協架構內合作，雙方關係還存在太多的不確定。

中、印關係的矛盾在一九九八年、即印尼人慶祝國家民主的那一年浮上檯面。強烈反共的蘇哈托獨裁政府終結，全國各地華裔印尼人紛紛遭到暴民攻擊，他們被套上的罪名是在獨裁者治下聚斂不法財富。老一輩的華人，三十年前見過親人被獨裁者部隊以共產黨之嫌殺害，現在一九九八年華人又遭屠殺和強姦，足證華裔在印尼不論你是什麼樣的行業，永遠會有危險。有一則報導敘述雅加達郊區一個經營雜貨店的華裔印尼人家庭的際遇：「搶劫者當中有些人和店家認識，其中有個本地肉販子就扛走一架電視機。還有人搬走店裡頭的影印機，然後要抬高價錢再賣回給店家。一年之後，這家人恢復營業，繼續賣東西給街坊鄰居。」和一九六五年不同的是，這次中國政府的反應很小心節制。它強調華裔印尼人畢竟是印尼公民，應該由他們自己的政府保護。北京學生的示威抗議被當局勸止，它希望與後蘇哈托的印尼政府維持良好關係。[11]

中國今天擔心的是，由於北京經濟力量上升、又有日益強大的國際地位，印尼會增強和美國的合作。我曾經交談過的軍事與外交規劃人員認為這種發展可能性相當高。一九六五年至一九九八年蘇哈托獨裁統治期間，美國和印尼保持親密的戰略關係；大多數印尼領導人也在文化上、教育上與美國親善。他們也明白歐巴馬總統童年曾在印尼住了四年，對印尼有正面的影響。北京試圖以它的經濟新力量讓雅加達覺得至少和美國地位相當。歐巴馬二〇一〇年以總統身份首次訪問雅加達之前不久，中國提議投資六十六億美元到印尼迫切需要的基礎建設改善項目。但是這樣的經濟合作也只能十分緩慢地扭轉現有情勢，尤其是美國結束它在伊拉克和阿富汗的戰爭後，將要把注意力又轉回到東亞來。

南海問題在印尼心目中，沒有某些其他東協國家認為的那麼重要，不過雅加達已表態整個東協對此立場一致。對兩國都很不幸，尤其是長期而言，中國對南海的主權主張在一個地方與印尼的專屬經濟區發生重疊，而它又位於全世界最大天然氣田納土納群島（Natuna Islands）附近。印尼政府對它認為的中國企圖恐嚇其鄰國，已經有十分負面的反應。當某些東協國家在二〇一〇年的東協區域論壇會議提起海洋法的問題時，中國外交部長很尖銳地提醒各國外長，中國和它的南方鄰國面積相差不知多少倍。印尼吞不下這口氣；有位前任外交決策官員後來告訴我說：「印尼也是堂堂大國，哪裡會被嚇倒。」

印尼武裝部隊二〇〇九年與美國進行代號「金翅大鵬盾牌」（Garuda Shield）的聯合作戰演習，也就不足為奇。他們以及其他東協國家軍方，強調他們認為需要美國在本地區駐軍，以便制衡中國上升中的力量。印尼人也試圖友好印度——更往西邊去的中國之大敵。中國的反應有點遲疑。中國大部分領導人認為，逐步、審慎對待東南亞，加上中國經濟力量上升，將阻止大國在本地區敵對。他們傾向於強調中國和本地區的歷史關係，以及他們的長期和平發展。可是北京絕不會以它認為的中國人之權利，去換穩定的關係。二〇一〇年中國也在南海舉行了最大的海軍演習，從三大艦隊都調艦艇參加演習。從十五世紀以來第一次，中國在南洋海域亮出優勢的海軍兵力。

——

中國在國際事務上轉運，最戲劇化的莫過於它和俄羅斯的關係。本書開始的十八世紀，清朝在北方邊境是獨霸局面。接下來將近兩百年，俄羅斯日益擴張，中國節節後退。現在，進入二十一世紀初，中國又回到主導地位，決定它和北方鄰國的互動方式。這一切變化全都發生在三十多年的時間裡。中國增強它的經濟及國家機制時，蘇聯卻垮了，使得俄羅斯陷入政治紊亂、經濟也一蹶不振。但是中國的新實力固然強勁，它和繼承蘇聯的各個國家之關係也並不是毫無問題。它們的政治紊亂意味著和中國各方面的關係，如原物料的取得及反恐怖主義，都不穩定。我們很難預期中國的北方政策會平順發展。

蘇聯時代的晚期，中國和莫斯科的關係陷入有將近二十年的停滯。中國出於過度誇大的意識型態因素，害怕紅軍的力量強大。鄧小平試圖限制一九八〇年代中期的衝突，主因是擔心美國在國際事務上會獨步全球。即使是之後戈巴契夫在一九八五年成為蘇聯共產黨總書記，但當時中國與蘇聯的關係仍然沒有什麼進展。中國領導人擔心戈巴契夫會和美國、西歐達成協議，使得蘇聯可以放手增強在東亞的兵力部署。一九八八年，情勢顯示蘇聯不僅計劃退出阿富汗，也要越南從柬埔寨撤兵，鄧小平增強和莫斯科的外交接觸。這些接觸以戈巴契夫一九八九年春天訪問中國，臻至頂點。戈巴契夫到訪，有強烈的象徵意義。毛澤東在宣布中華人民共和國建政之後，要立刻到莫斯科去。現在戈巴契夫要到北京來拜會鄧小平。

戈巴契夫來訪一定讓鄧小平躊躇滿志。它依據中國提出的條件，完成了中蘇關係正常化。但是北京峰會的時間點實在太尷尬。一九八九年五月，中、蘇領導人在人民大會堂會談時，外頭的天安門廣場已遭數萬名學生佔領。許多人高舉標語支持戈巴契夫在蘇聯的民主改革。但是鄧小平不會被鬧得分心。八十五歲的他向這位蘇聯領導人說教，大談需要放下過去。鄧小平說：「回顧過去，雙方所講的許多話都是廢話……問題不在於意識型態差異。我們都錯了。」鄧小平堅持問題不在對共產主義有不同觀點，但是莫斯科接受中國立場。「讀我（一九六三年在莫斯科會議）的演講稿……它的主旨就是蘇聯看錯了中國的世界地位。」鄧小平列舉過去俄羅斯多次奪佔中國土地的史實，結語是：「中國的外蒙古今天叫做蒙古人民共和國。」[12] 鄧小平願意讓過去成為過去，但是要依據北京訂下的歷史記憶為條件。

蘇聯一九九一年快速崩潰，對中國領導人而言構成無比的震撼。他們根本無法想像一個共產黨的總書記不開一槍一彈就接受解散共產黨、解散蘇聯。中國在一九八九年必須動用龐大武力粉碎無武裝的抗議，而今戈巴契夫卻接受由底下發動的變革，先解除莫斯科對東歐的控制，再允許各個蘇聯加盟共和國和平獨立出去。中國共產黨對此出現三種解釋，它們對未來都有很重要的意義。第一，戈巴契夫太笨，被美國巧言甘詞所騙，又因自大，竟讓蘇聯人民無法抵禦外國人的剝削。第二，蘇聯版的社會主義沒有建設性、趕不上時代，因此自掘墳墓。第三，蘇聯過度擴張，他們在海外急欲有所建樹，等到終於回頭要進行國內改革，已經太遲。這三種解釋彼此並不相互排斥，但領導人強調哪一個說法卻顯示他們將來要如何處理中國的發展。即使今天，蘇聯崩潰在中國領導人當中仍是一個受到熱切討論的題目。他們希望從蘇聯出事學習教訓，以免重蹈覆轍。

蘇聯崩潰，在一九九二年換上十五個共和國之後，中國領導人目不暇給，拚命要追上北方邊境的快速變化。中共急欲以亂世當中穩定的砥柱自許，它在一九九〇年代末期指出有兩個例子千萬不能發生。前南斯拉夫的戰爭證明後冷戰的歐洲並不安定。前蘇聯的混亂顯示大國崩潰的話，亂象可怕。不過，中國很快就試圖與俄羅斯建立共同有利的關係。江澤民和他的接班人胡錦濤為了和俄羅斯第一任總統葉爾辛（Boris Yeltsin）打交道，傷透腦筋。葉爾辛不喜歡中共的專橫，中共則責怪葉爾辛是個酒鬼。但是中國領導人發覺與葉爾辛的接班人、國家安全委員會（KGB）特務出身的普丁（Vladimir Putin）合作就容易多了。普丁一點兒也不掩飾他欣賞中國的集權政府、社會秩序和經濟成就。二〇〇一年七月，俄羅斯和中國簽署一項親善友好合作新協定，取代一九七九年在爭議聲中屆期失效的條約。新條約強調在能源及軍事技術等領域，要相互諮商及經濟合作。條約文本隱約有反美意識，保證要合作反對「以各種藉口為掩飾，干預主權國家內政」的國家。它也禁止對對方國內「恐怖分子、分裂分子及極端分子」的支持。最後，俄羅斯承認台灣是中國的 部分，中國也重申它不會對俄羅斯提出領土的主張。這份條約象徵雙方關係進入新時代，但沒有逼迫雙方做出不想做的事、或阻止他做已有權力去做的事。[13]

一九九一年之後中國對俄羅斯的興趣主要在經濟方面。中國本身人口眾多、成長率高、資源有限，領導人把俄羅斯——人口較少（而且縮水）、成長率低、原料豐富——看做中國現代化所需資源的供應者。中國領導人傾向於認為這種關係對雙方都有利，因此對俄羅斯總在關切中國在俄羅斯遠東地區的強盛影響力，頗感困擾。中國生意人赫然驚覺在俄羅斯做生意或和俄羅斯人做生意，竟然那麼複雜：官僚、貪腐、甚至連個最簡單的交易都要拖上相當長的時間。從西方的角度看，還真有意思：中國人（經常被責備做生意不按常規來）竟然向俄羅斯人及中亞人說教，大談適當的財務作法、責任和國際標準。中國愈來愈明瞭，中國未來任何發展計劃勢必倚重俄羅斯，但是雙方經濟互動的發展遲緩。然而，中國迫切需要能源，或許可以終止這種昏沉沉狀態。兩國已在談判巨型的新建石油及天然氣輸送管計劃，只不過價錢和數量還談不攏，因此拖延了興建及出口。

直到一九九一年之前，中國看待中亞，只關切蘇聯的一舉一動，因為這個不友善的大國乃是中國安全的最大威脅。當時，位於中國西邊的穆斯林區域是蘇聯的一部分，而位於東邊的蒙古人民共和國又在蘇聯嚴密的控制下。中國本身控制西藏及內蒙古。從朝鮮邊境到裏海這一大片地區（距離幾乎為地球圓周的一半）似乎凍結在時間裡。然後，蘇聯瓦解了，所有的事物都解凍了。這個變化讓中共領導人猝不及防。比起發展和新俄羅斯的關係還猶豫，北京在制訂中亞政策時又舉棋不定。一直要到二〇〇〇年代初期，中國才開始在它北邊的亞洲鄰國擴張勢力。

蘇聯崩垮，中國第一個反應是關心軍事及安全議題。北京有兩個目標。第一，它要確保精密武器系統（包括位於哈薩克的核子武器）的控制權突然分散，不會危及中國或其區域利益。第二，它要避免中亞新興獨立國家支持中國境內有心鬧獨立的同族裔弟兄，或是以穆斯林或佛教為號召的跨國政治計劃。到了一九九〇年代末期，這些威脅似乎都已避開。中國與美國配合，支持美國領導的和平去除中亞承接自蘇聯的大規模毀滅性武器的計劃。它也和俄羅斯合作，遏制分裂主義。一九九六年，中、蘇兩國與哈薩克、吉爾吉斯、塔吉克簽訂一項深化邊境地區軍事互信協定（Agreement on Deeping Military Trust in Border Regions）。五年之後，從這個條約衍生出「上海合作組織」（Shanghai Cooperation Organization，簡稱為上合組織）。上合組織會員國在憲章中宣示：尋求「多極化」（意即避免美國獨霸世界）、要和「恐怖主義、分裂主義和極端主義」作戰、要支持「會員國家領土完整及會員國家邊境不可侵犯」。中國、俄羅斯以及在這些新興國家掌握權柄的威權領導人提出新倡議的時機十分幸運。美國遭受九一一攻擊之後，小布希政府願意不計較這個組織的反美性質，集中精神和它合作以打擊實質或想定的伊斯蘭主義威脅。中國特別因為這個組織秘書處設在它的經濟首都而受惠。上合組織協助中國安定其邊境及打敗國內反對勢力。在這個架構下，中國開放接受與小國家解決領土、領海爭議。上合組織也凸顯中國在中亞的中心地位。經過一個世紀之後，中國在本地區又回到主導地位。[14]

中國與蒙古的關係，比起它和後蘇聯幾個新興共和國的關係，更加複雜。蒙古面積遼闊，約為半個印度大，但人口還不到三百萬。七十年來，它雖號稱蒙古人民共和國，實質上是蘇聯的一部分。蘇聯在當地駐軍，獲得蒙古人相當大的支持。外蒙古族裔同質性極大，他們強烈反中，主因是清朝治理蒙古直到帝國終止都不孚民心　又因為非常多的蒙古人認為中國從來沒有真正放棄對其領土的權利主張。即使如此，經由民主程序產生的烏蘭巴托政府也抵擋不了中國經濟的吸引力，今天中國已是蒙古最大的投資人。然而，蒙古人試圖抵銷他們對中國愈來愈大的經濟依賴。他們邀請美國、俄羅斯，乃至歐洲、亞洲各國公司進來蒙古，協助開發豐富的天然資源。這個策略或許會成功，因為基於內部因素，中國必須謹慎對待蒙古人——中國境內的蒙古人就有北方這個獨立的蒙古人民共和國的兩倍。

經濟計劃和需求愈來愈成為影響中國和所有中亞國家關係的主導因素。它們使得這個地區更深刻關係到中國的發展。二〇〇八年全球經濟危機使得中國許多規劃人員，不分公家或民間，一致認為需要取得中亞豐富的天然資源。中國公司大量在哈薩克、土庫曼投資在石油及天然氣業，並且巨額貸款給那些陷入危機的政府以換取訂立合約。全世界最長的一條天然氣管現在從土庫曼向中國輸氣。其他的大國（包括印度在內）都憂心地注視著中國在中亞愈來愈大的經濟優勢。但是只要中國可以、也願意在中亞地區比其他國家大量投資，他們也無可奈何。

——

和今天的中國一樣，當今的印度也是從一九四〇年代的流血和紊亂之中誕生。中國花了很久的時間才達到某種形式的穩定，但是印度打從開頭就發展民主及持久的政治制度，使得國家大體上都很平穩。毛澤東時代的中國共產黨看不起印度，認為印度的政治和整體發展太仿效舊殖民主子訂下的模式。毛澤東本人覺得印度缺乏革命精神，而且廣土眾民，未來頗有可能威脅到中國。短期之內，他利用他所認為的尼赫魯外交政策的天真，以及印度人的不團結，把印度導引到不和中國衝突的狀態。毛主席告訴他的副手，他很懷疑印度這個國家要怎麼存活下去；他認為印度比較像「抽象概念」、不像國家。一九六二年的中印戰爭其實對中國是個震撼；中國領導人沒料到印度人對邊境問題會有那麼強烈的態度。儘管中方戰勝，北京明瞭印度（尤其是做為蘇聯的實質盟友）將是個棘手問題。

一九七一年爆發的印度、巴基斯坦戰爭，證實了中國原本對印度目標的一切猜疑。中國沒有把印度軍隊進入東巴基斯坦支持當地民眾叛亂視為解放動作，中國堅稱這是赤裸裸的奪權動作。鄧小平告訴美國人：「這是尼赫魯的夢想，要把整個南亞次大陸納入囊中，而他的女兒繼承了這個夢想。」[15] 印度一九七四年首次核子試爆，也令中國大為驚訝。北京不認為印度有這種能力，懷疑是蘇聯提供技術。印度總理甘地夫人（Indira Gandhi）一九七五年接受緊急權力也被中方視為蘇聯搞鬼，尤其是它緊接在蘇聯支持印度兼併錫金之後——關鍵在於中國也主張對錫金有主權。雙方邊境為此暫時緊張上升。一九八六年，印度在東北地區設置一個新省「阿魯納查爾省」（Arunachal Pradesh），包含中國認為是屬於他們的領土。（譯按：中方稱之為藏南。）緊張再度升高，但總算避免公開衝突。兩國之間的關係又和一九五〇年代末期以來一樣冰凍。

冷戰結束，中、印關係才告解凍，走向依然不確定的新路。一九八八年，印度總理拉傑夫·甘地（Rajiv Gandhi，譯按：尼赫魯的外孫）訪問北京，但是要到他的繼任拉奧（Narasimha Rao）五年後訪問中國，才真正使雙方關係走上新的方向。雙方開始從邊境撤軍，加速貿易往來。但是，即使外交關係有所改善，戰略敵對態勢猶在。一九九八年印度進行新一輪核子試爆，使得關係又跌入低點，尤其是印度官員也不避諱　坦承印度提升軍事力量是針對中國可能的威脅做準備。印度總理瓦傑帕伊（Atal Bihari Vajpayee）寫給美國總統柯林頓一封信，歸納他的基本看法：

> 我一直非常關切印度在過去幾年所面臨的安全環境惡化、尤其是核子環境的態勢。我們的邊境有個公開的核子武器國家，它在一九六二年曾經武裝侵略印度。雖然我們和這個國家的關係在過去十多年已有改善，由於邊境問題猶未解決，互不信任的氣氛仍然存在。除了互不信任，這個國家還實質上協助我們另一個鄰國成為秘密的核子武器國家。我們過去五十年，已經遭受這個宿敵鄰國三次侵略。[16]

同時，中國開始把害怕遭到包圍的對象從蘇聯轉到美國身上。它擔心印度和美國關係改善，尤其是瓦傑帕伊這樣的印度教（Hindu）民族主義者在德里當家掌權。不過，中國還是強烈感覺別讓這些關切及印度的言詞害得關係又重回冷戰時期。一九九九年，巴基斯坦部隊滲透進入喀什米爾的印度控制區，印軍與他們交戰之際，北京設法勸阻其巴基斯坦盟友，避開全面開戰。相互有利的貿易在二〇〇〇年代持續上升，中國在二〇一〇年成為印度最大的貿易夥伴。由於貿易擴張，印度對中國貿易赤字上升，現在約佔全部貿易值的一半。中國現在力推進一步開放貿易，但許多印度人猶有疑慮，深怕它會不利本國的生產商。

印度民眾對中國的態度恐怕是今天雙邊關係最大的麻煩。只有百分之二十二的印度人對中國的成長持正面看法。儘管印度本身的經濟成長亦突飛猛進，他們擔心中國擴張在先，恐怕不會在全球經濟留下太多空間讓印度發展。印度人，包括他們的安全防務官員，也仍然

南亞的領土爭議
中國
西藏自治區
阿魯納查爾省
(印度管理，中國宣稱具有主權)
不丹
孟加拉
緬甸
0
500 海哩
0
500 公里
N

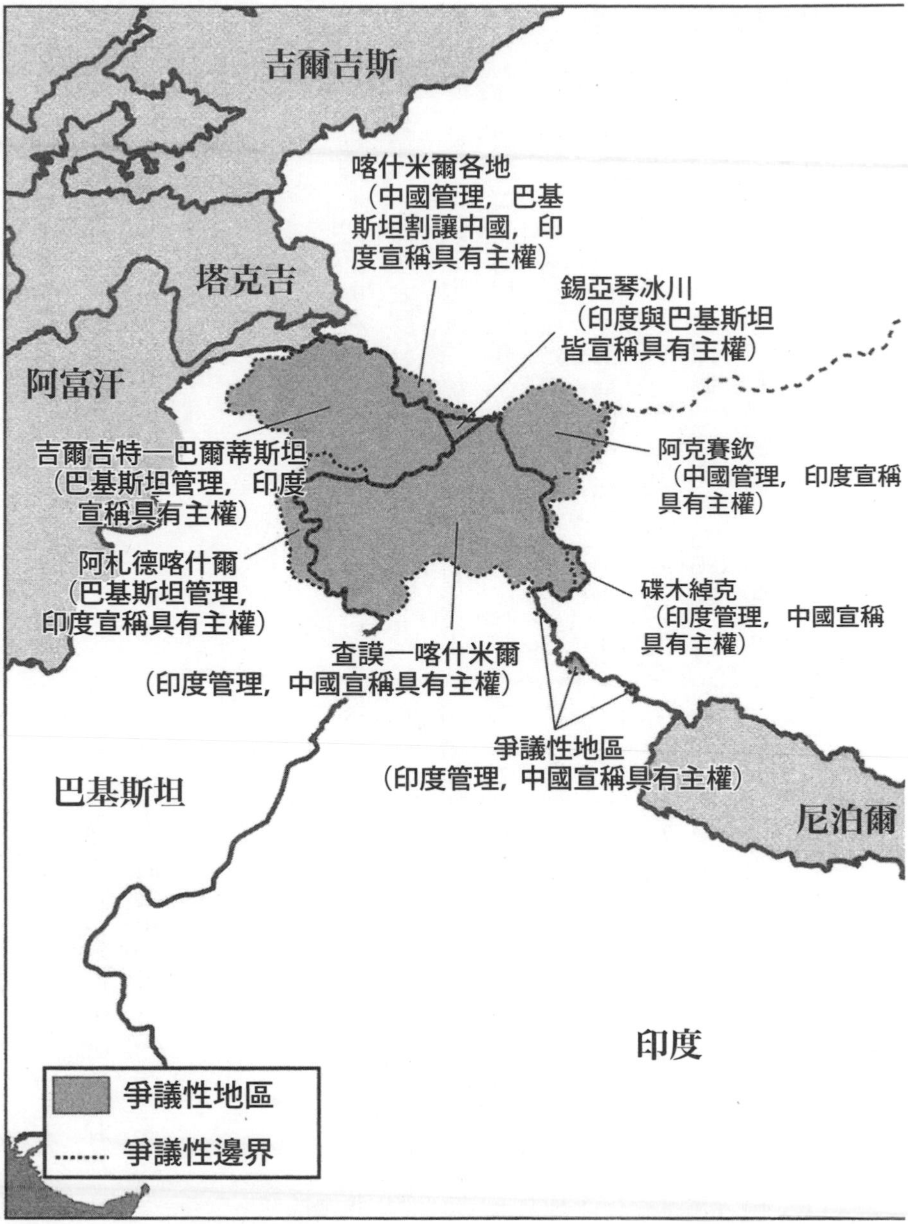
吉爾吉斯
喀什米爾各地
（中國管理，巴基斯坦割讓中國，印度宣稱具有主權）
塔克吉
錫亞琴冰川
（印度與巴基斯坦皆宣稱具有主權）
阿富汗
吉爾吉特—巴爾蒂斯坦
（巴基斯坦管理，印度宣稱具有主權）
阿克賽欽
（中國管理，印度宣稱具有主權）
阿札德喀什爾
（巴基斯坦管理，印度宣稱具有主權）
碟木綽克
（印度管理，中國宣稱具有主權）
查謨—喀什米爾
（印度管理，中國宣稱具有主權）
爭議性地區
（印度管理，中國宣稱具有主權）
巴基斯坦
尼泊爾
印度
爭議性地區
爭議性邊界

關切中國的日益強大會對印度會造成什麼樣的影響。現在不僅是巴基斯坦和中、印邊境有問題，就連緬甸和尼泊爾（兩者都和印度毗鄰），中國在當地的影響力也在上升。北京現在倒比較不擔心中、印雙邊關係，也愈來愈了解需要考量到印度的安全顧慮。雖然如此，中國領導人關切德里和華府關係日益親善，印度和印尼也比以前交往密切。印度公開支持西藏人也使中方不痛快，他們不能理解印度社會的多元化。中國現在是聯合國安全理事會五大常任理事國唯一一個還未支持擴大常任理事國席次、納入印度的國家，而這可能算是一個惡兆。

以蘇聯崩潰起始的穆斯林世界危機，今天已蔓延到中東和北非，它深刻影響中國在新世紀的外交關係。即使大部分中國人同情美國在九一一事件後的困境，美國帶頭干預阿富汗和伊拉克，使得中國領導人相信美國先天具有侵略性。問題在於過去（以及現在的）中國沒有另一套的國際策略可以推薦，用以處理危機，除了只會強調和平談判、以解決所有的問題。它沒辦法解釋為什麼談判卻使「基地組織」（al-Qaeda）恐怖分子二〇〇一年從阿富汗冒出來，也沒辦法解釋為何不能勸阻薩達姆．海珊（Saddam Hussein）發展大規模毀滅性武器——中國及美國在二〇〇三年都相信海珊正在研發它們。在這些衝突發生過後，中國不像是個取而代之的超級大國，反倒像個受到驚嚇的國家，只想到安全和主權。既沒有大戰略去改變世界，中國似乎只能表示堅定相信自由貿易和領土不可侵犯。這種深刻保守的理論在小布希總統十分不孚民意的戰爭之後，或許無可厚非。但是中國多次在聯合國安全理事會重大投票上

棄權，使人覺得它在國際社會逃避責任、而不是勇於承擔責任。17

中國領導人其實很關心九一一事件之後美軍進入阿富汗會產生的效應，但是它明瞭，反對美軍入侵對它在國際上有百害而無一利。因此，北京克制自己，只建議成立一個基礎較廣的聯合政府，在聯合國監督下執政，以取代神學士政權。中國樂於見到這個反動的宗教狂熱政權垮台，因為神學士也表示支持新疆的伊斯蘭主義團體。但是中國領導人擔心西方涉入阿富汗，會使整個區域更不安定。中國主要關切的是它長久的盟友巴基斯坦，其政府因來自華府及本身民眾反美情緒的壓力，十分緊繃。固然中國領導人對阿富汗問題的分析沒有太大錯誤（其實比起華府的分析，正確多了）中國並不想在當地承擔積極角色。它寧願加強與巴基斯坦的關係，同時參與有限度的援助計劃和跨國商務活動。

二十一世紀初期國際事務上最大的分界線是，小布希總統決定針對伊拉克發動戰爭。胡錦濤和他的顧問群早已經嗅覺到戰爭即將發生。二〇〇二年十月之前，北京已經確信即使沒得到聯合國的支持，美國及其同盟仍將會攻打伊拉克。中國必須很小心站穩立場。一方面，沒有疑問，中國將反對聯合國安理會准許攻打海珊的決議。另一方面，中國不希望被認為是反對美國片面行動的主力，樂於把這件事交給俄羅斯及美國自己的歐洲盟友法國和德國出頭反對。美軍攻進伊拉克之後，中國秘密地與美國在聯合國合作，促成一項決議，追認外國佔領伊拉克「合法」，因此它的石油可以繼續出口。此時，中國是伊拉克主要的債權國家。讓新的佔領政府有收入，讓伊拉克石油持續外銷（包括輸出到中國），符合中國的利益。雖然反對戰爭的其他大國佩服中國的現實政治手腕，他們卻很不爽北京不願意更大聲反對美國的政策。然而，就中國而言，為了伊拉克和美國正面衝撞，並沒有道理。我們已經看到，它利用華府在伊拉克戰爭後外交上必須更依賴北京，爭取到美方在東亞議題（如北朝鮮和台灣議題）方面有更多讓步。

胡錦濤的外交政策團隊也得出結論：伊拉克和阿富汗這兩場戰爭把美國打得國勢衰疲、而不是愈打愈雄健。即使美國的軍事力量令北京的解放軍觀察家感到佩服，但他們已經沒有當年一九九一年第一次波斯灣戰爭時那樣令人震撼。雖然在執行面未必精嫻，中國在軍事科技方面的知識已大幅追上。但是北京得到的結論卻是，美國捲入穆斯林世界的戰爭就無暇圍堵中國勢力之崛起。二〇〇八年開始的全球金融危機更映證北京這個觀點。美國聯邦預算赤字被形容是帝國擴張造成的惡果、美國貿易赤字則是公部門和私部門都只會亂花錢的結果。到了二〇一〇年，中國對美國從事的戰爭之批判，愈來愈像是在替溫和政策和自由貿易做辯護，像亞當．斯密（Adam Smith）的成分、大過像馬克思的立論，像「隨它去吧，世界自有其運作」的成分、大過「歷史需要推動」。

但是穆斯林國家的危機也提醒中國領導人，他們在自己區域或許也會面臨問題。如果中國想在亞洲當區域領袖，即使不想沿襲美國和蘇聯的干預作法，它必須有所作為、不能聽任事態發展。北朝鮮或緬甸出亂子的可能性很高，北京非常沒把握要如何處理狀況。現在中國安於自命是，願意就行政、管理、金融、生產、技術和教育等方方面面向先進國家學習的國家。但是它十分忐忑，不知如何應付阿富汗和伊拉克等地方的混亂。中國有許多聲音主張要遠離「失敗國家」，其理由有三：他們殺害、傷害中國人。他們是西方國家的責任，西方國家先在哪裡製造混亂。中國何必管閒事去緩和外國亂七八糟地方的混亂。不論你怎麼看待這些反干預的論調，中國過去的迴聲是不會錯的。

中國正在發展它獨具一格的現代性，

既與北美、歐洲和日本的經驗結合，卻又另有風味，

只因為它源自非常獨特的中國淵源。

中國人喜歡提醒我們，中國有悠久的歷史，源遠流長，

有時候反而壞事，成為知覺上的障礙，害得無法有效處理當今的事物。

即使我們應該尊重中國對過去的執著，也不應被它所嚇倒。

中國今天最重要的方面是，它要如何接受全球在十九世紀及二十世紀發生的一系列變化，

使它成為今天中國的一部分。

結論

現代性

MODERNITIES

中國在過去兩百五十年來的轉變，已然成為它國際化不可或缺的一部分。很長一段時候，列強搶佔中國的便宜，這段過程無疑使許多中國人萌生怨恨。但是同時，有些住在國內的人利用從國外學得的東西改變中國、改變自己。今天的中國已經成為從內在發展了數百年又加上晚近海外影響的混雜體。我們在本書已經看到，相當多中國人頗能處理這種混雜的形式。他們足智多謀，既掌握傳統、又學到（有時候付出慘重代價）在面對重大挑戰時要知所權變。中國正在發展它獨具一格的現代性，既與北美、歐洲和日本的經驗結合，卻又另有風味，只因為它源自非常獨特的中國淵源。

歷史學者在討論中國的現代性和未來所遇上的問題在於，過去發生的經驗往往淹沒現在。中國人喜歡提醒我們，中國有悠久的歷史，源遠流長，有時候反而壞事，成為知覺上的障礙，害得無法有效處理當今的事物。本書有一個主要論述是：即使我們應該尊重中國對過去的執著，也不應被它嚇倒。中國的確歷史非常悠久，有些也被視為綿延不斷，的確不是歐洲、更肯定不是美國所能企及。但是中國今天最重要的方面是，它要如何接受全球在十九世紀及二十世紀發生的一系列變化，使它成為今天中國的一部分。它已經擁抱改變，但是以易變、可變的程度而言，也不遜於美國。以我這樣一個稍嫌老派的歐洲人而言，今天中國變化之快速、一切都不是那麼篤定、樂於抄襲、什麼事都不會永久存在，這些特徵很突出、但也有些尷尬。

即使中國想把它的政治制度改造成類似美國、或甚至日本的制度，就它和外在世界的關係而言，它還是一如本書一開始所說，是個混成社會。部分向外看，尋找機會。另一部分則向內看，注意危險。假如認為前者好、後者壞，不論是中國人或外國人，恐怕都搞錯了。歷史不會如此涇渭分明。有些向外看的人，如毛澤東或甚至抗戰期間和日本人合作的汪精衛，都見到機會，可是這些機會對中國人或外國人都一樣，竟然是一場夢魘。有些向內觀看的人，企圖重建中國及世界與中國之關係都迫切需要的一致性和均衡性。

我們在本書最後這一章，將依據今天我們所知的資訊，檢視中國與外在世界的關係可能會如何發展。它和所有的預測一樣，純以推測為本。我們在本書開頭就提到，當前有許多估計認為，在二十一世紀中期某個時點，中國將成為全世界最大的經濟體、以及全世界最強大的國家。但是即使是如此，它也不會有助於我們預測中國到達這些崇高地位時的行為。對過去歷史有點了解是會有幫助，至少可猜測方向及可能的選擇。可是，中國現代經驗中所內建的矛盾，即使地位升高，也不會消失；有些甚至會變得更尖銳。中國轉型的程度將大得不得了。某些部分（譬如中國境內少數民族的關係或階級調整的問題）頗有可能變成暴力、爭議極大。其他部分，我則相信比較沒有大家想像那麼有衝突。和台灣的關係、或和統一後的朝鮮之關係、和更獨立的日本之關係、和更有自信的越南之關係，只要中國內部的發展有可能的話，都會減少衝突、多點妥協。中國未來外交事務的中心問題是：它是一個耐久的帝國，行為卻愈來愈像現代民族國家。長期下來，它說不定變得像美國，融合了少數民族、也控制了鄰國；或者像英國、法國或俄羅斯，放棄帝國的虛偽。不論它如何轉變，中國在追尋它本身的現代性時，是無法區分內或外的。

有意了解中國的選擇的人，必須先觀察新加波、台灣、香港和澳門這四個沒有受到中國

共產黨直接統治的華人社會。香港和澳門現在是中國的一部分，但仍保有自己的司法制度和政府機關；它們已表現出來，相當抗拒中國想改變它們的企圖。新加坡當然是個獨立的、多元族裔的國家，地理位置遠離中國，可是華裔佔其人口絕大多數。台灣是個民主的華人共和國，與中國大陸一水之隔（由於歷史的偶然）已獨立於人民共和國之外達六十多年。他們都是華人國家，中國人思索人民共和國前途時，他們永遠居於核心地位。中國非常需要良好治理的構想，它的領導人相信他們可從其他華人社會得到這些理念，一如過去北京的統治者的作法。

向國外華人世界「取經」人士所提出的建言，走的方向很不一樣。主張需要菁英控制的人士，通常都指向新加坡及它在李光耀主政下的經驗。今天的新加坡是個非常有規律的社會，帶有威權主義色彩，許多中國去的訪客（尤其如果是第一次到訪的話，大都驚訝地）讚歎在安定和組織方面，實在比中國高明太多了。李光耀及其團隊表現不俗——不只消除貧窮、促進經濟成長，也能為未來規劃綢繆：新加坡的主權基金操作成績，舉世佩服。但是新加坡是個城市國家，它的管治模式不能套用在具有地球五分之一人口的大國。因此新加坡只是中共黨內某些人欽羨的楷模，不是可以輕易仿效的現實。即使今天的獅城（它禁售、禁咬口香糖，實行「管理式」民主）事事管制讓西方人震驚，它依然和中國差異極大。新加坡會遭到巨額罰款的犯行，在中國有可能被處決。今天在中國會遭到兇猛鎮壓的辯論，在新加坡可能根本沒人皺眉頭。

香港和澳門則是奇特的例子，它們是殖民帝國在中國的殘餘，不過已分別在一九九七年和一九九九年於萬方矚目下主權回歸中國。可是主權回歸並不代表它們的政治和司法受到壓制。北京非常清楚，香港尤其是會下金雞蛋的母雞。它把貿易與工業（尤其是華南省份）和國際市場串聯起來，英國殖民政府留下來的司法和秩序有助於它的金融中心角色，對中國的成長頗有貢獻。港英政府在和中國談判主權回歸時，於一九九〇年代似乎才想到在香港推動民主，北京對這一點可就敬謝不敏。但是中國固然急切避免香港的政治多元化，共產黨還是尊重這個前殖民地，保留它在共產黨國家境內以英國普通法治理的獨特地位。根據美國國務院的報告，二〇一一年，「香港仍然是個自由、開放的社會，人權受到尊重、法院獨立，尊重法治已經成為常態」。[1] 雖然上海急起直追，將成為中國的商業首都，香港卻因為它的法治、良好行政和相對言論自由，可能保留住重要地位。本章寫作之時，兩者的市值大約相等；它們的證券交易所分別位居全世界第五大及第六大。

然而，最堪可與中國比較的，卻不是任何一個上述舊殖民地，反而是台灣。中華民國退據這個與大陸海岸相距一百英里的海島，人民幾乎全是漢人，國民所得水平高、社會安定，又有民主政府。我們已經看到，台海兩岸的軍事和政治緊張近年來已漸趨緩和，許多人（大陸、台灣都有）希望雙方能夠緩慢達成某種形式的和平統合。但是，台灣人民高度不可能願意放棄他們本身良好的體制（經過兩個世代的奮鬥才發展出來）換取與大陸的統一。反倒是中國愈來愈多人向台灣找靈感，思考如何改革大陸的貪腐、不恤民情和體制浮腫的問題。愈來愈多中國人有機會訪問台灣，他們將感受到台灣和大陸公共行政之間有巨大的質性上的差異，更不用說台灣還有完全的言論自由。有些人還會堅稱台灣是美國的殖民地，或者堅稱中國太大了，沒辦法套用或許適合小島的模式。甚至有些人更大膽（或者是勇敢）宣稱，台灣在日本殖民統治下有了不同的傳統，替今天不同的發展奠下基礎，這些不是中國所容易拷貝的。但是這些聲音將逐漸淪為少數派，愈來愈多人會問：為什麼中國有那麼多資源（人力與經濟）卻做不到台灣政府給予其人民的服務。

中國人今天看看中華人民共和國之外的華人如何過日子，就會發現別人有高度的個人自由和政治多元化。但是（甚至更重要的是）他們也看到安定、有組織的社會，那不就是過去四個世代天下大亂之下，中國人心心念念所追求的嗎？中華人民共和國政府試圖告訴他們，如果他們不追隨中國共產黨，只會有混亂。但是當他們抬頭看看其他的華人社會，中國公民很自然會得出結論：他們的社會才是混亂的，有的是掠奪式的市場制度、法律不能執行、政府一念之間就可以改變行為規定。聽北京有些青年談論台灣前任總統因貪腐和侵吞公款被捕、坐牢，我只聽見少許人認為陳水扁被捕是台灣情勢不好的跡象。許多人都驚訝於竟然有這樣的社會可以針對有權有勢的達官顯貴祭出這樣的措施。

***

中國經濟的發展將是下一個世代中國國際事務的重心，不論其國內政治和外交是如何轉折變化。原因不僅是中國現在是全世界第二大經濟體，還因為它所擔負的角色有可能。中國今天是世界的工廠，製造各種東西的地方，產品上了美、歐、亞各洲消費者的採購單上，幾乎人人都想擁有它們。這是中國目前的角色，它能達到這個角色是因為它願意依據英國在十九世紀訂立、美國後繼又在二十世紀主導的規則，玩起全球市場遊戲。儘管政府名義上仍奉共產主義為正朔，實際上即使在國內未必全是、但在國際上中國則是個道道地地擁護自由市場資本主義最力的國家。它努力接受遊戲規則，愈來愈關心其他國家，不論是非洲或歐洲國家，不是永遠照規矩來。從西方的角度看，我們很難不認定中國現在「玩我們的遊戲」。[2]

但是當中國崛起成為國際資本主義的重要主角時，很明顯可以看到遊戲規則也在中國境內改造。儘管對中國有疑慮的人提出觀察，這些中國化的規則到目前為止很少走向「社團主義」（corporatism）[①]或國家控制的方向，最好只是走向集體決策和妥協、最差就是貪腐和裙帶關係。目前非常不清楚，中國資本主義將如何影響其他國家的作法，尤其是與中國有重大文化歧異的國家。由於過去十年有極大數量的外人投資湧入中國，咸信中國的財金作法長期下來將會影響到在大陸經商的外國公司。但是目前中方忙著推行外國規則，譬如勞資關係的規則，它們正對中國社會產生深刻影響。

中國政府今天希望在國家經濟發展過程中扮演強大的監管角色。由於中國政治上是獨裁國家，所有的機構，包括私營公司在內，無不密切注意政府的指示。但實際上儘管擁有高壓手段可資運用，國家能影響民間決策的能力仍然有限。南韓或台灣，政府可以訂定方向，因為他們控制了融資和資本流動，也因為他們（唯有他們）可以便捷進入外國市場。外人直接投資注入其工業化過程的數字不大，他們的融資公司受到國家控制，他們的大公司在國內投資為的是要擴大出口。在中國，這些工業化的重大部分卻恰恰顛倒。外資推動相當大的工業

①社團主義是一種政治體制，在這個體制裡，立法權力交給工業、農業和職業團體產生的代表。和多元論相較，在多元制度下的團體經由民主競爭過程才取得權力。但是社團主義制度下，未經過選舉的組織實體掌控了決策過程。政治學者也用社團主義一詞描述獨裁國家，指國家藉由管理執照許可，由官方法人控制社會、信仰、經濟或群眾組織。由於國家是這些組織唯一合法性來源，國家可以派任這些組織的領導人。這個用法常見於東亞及拉丁美洲的研究。

化進程，外國銀行在中國營運，中國的銀行有許多手段可以抗拒政府壓力，而且中國最大的公司已經成為跨國公司，在海外有龐大投資。一九九〇年以來中國國內成長過程就不由國家優先項目或五年計劃（規劃）所主導，而是由紊亂的市場力量互動所決定。這一切都發生在國家投資在會獲利的產業，擁有或部分擁有中國許多最大的公司的情況下。但是，有位經濟規劃官員最近告訴我，在市場上，國有企業的行為愈來愈像私有企業；它們從同樣的人才庫延聘經理人，它們也同樣要為盈虧負責。它們或許會聽政府的話，但前提是公司得有穩健的獲利才行。

目前有些全球投資家及企業高階主管同意本書指出的大體方向：中國將會創新全球資本主義、而非毀了它。在二〇〇八／二〇〇九年全球金融危機之後，中國官員和企業界人士都開始向西方國家說教，談起需要市場和貨幣穩定、避免企業貪婪、呆帳、過度赤字和奢華消費。有些話聽來令人發噱，因為中國本身企業就有一大堆問題。但是它顯示許多中國菁英人士開始自認在國際經濟體系內休戚與共，彼此有唇亡齒寒的關係。中國有許多人（外國也不少）夢想未來的中國資本主義比起啟發它的西方國家，將會更有組織、更平衡、更少破壞性。目前很少跡象告訴我們有這種可能。但是，過去的世界經濟不乏先例，身為啟動全球成長的肇始者不僅會仿效、也會創新。未來的中國領導人，不論是公部門或私部門，可能受到他們經歷的危機之刺激，選擇大過我們已知的舊版世界資本主義更多的規範和政府設計。

二〇〇八／二〇〇九年全球金融危機顯示，中國已崛起為世界經濟的主角。中國總理溫家寶在二〇一〇年達沃斯（Davos）世界經濟論壇上，把危機歸咎在西方國家宏觀經濟政策「失調」……

> 以及他們不可持續的發展模式，其特色就是長期的低儲蓄、高消費；金融機構盲目追求利潤、過度擴張；金融機構和信評機構缺乏自律，以致扭曲風險訊息和資產評價；金融監理跟不上金融創新，允許衍生性金融風險出現及散布。[3]

很精彩：學徒回過頭教訓老師傅。但是，中共本身開出的藥方並未指出資本主義有這方面的不當。它反而推行有史以來最大規模的政府支出刺激計劃，試圖為中國企業、為中國人民擋掉危機最惡劣的後果。危機過後中國的成長極可能不再會有和以前同樣的規模，因為有國際競爭，以及必然的國民年齡老化。但即使平均年度成長率「只有」百分之六，中國仍然可能將在二〇三〇年代中期某時候成為全世界最大經濟體。

二十一世紀中國的國際地位將取決於國內及國外局勢的影響。中國國內最大的問題是成長不均衡，使得廣大地區落後於先進的省市，再加上缺乏適當的福利制度和保障工人不受剝削的辦法，導致貧富極其懸殊。溫家寶等人抨擊西方國家的缺失，可是中國的貧富差距程度至少是美國及英國的兩倍高，也比德國和法國高。雖然緩慢、也不是很肯定地試圖對付這個惡劣情勢（例如，重新實行某種形式的教育和醫療照護補貼）中國也搬出鄧小平說，要發展社會「某些人必須先富起來」，替自己辯護。這套「水漲船就高」的說法卻出現一個問題：

中國貧富差距並沒有降低的跡象；反而是在貧窮地區益加嚴重，很多地方工人因薪資低、工作環境差，頻頻發生動亂。

雖然因為中國整體經濟成長得到好評，卻少有跡象可以說中國共產黨有能力處理成長所產生的某些社會緊張。黨一再拒絕增加政治的多元主義，失去可做為發洩不滿的安全閥作用，使得中國的政治分歧長期下來不得解決。今天的中國共產黨無法像毛澤東時代對自己的城市居民展開暴力鎮壓，多少也害怕動粗會動搖全國經濟。有位黨領導人告訴我，他認為即使重演一九八九年事件於今都是無法想像的事。他說：「你想想看，它對中國的信用評等會有什麼衝擊！」黨的領導人孤注一擲搞全面經濟發展，好讓人民不會起而反抗黨。我們已知道，歷史上這樣賭博罕有勝利。

中國在海外會如此招致疑慮，主要原因是它由共產黨統治。但是，今天的中國政府根本與過去的共產黨人天差地遠。事實上，這個政府已經變得很像民主化之前的台灣或南韓——威權專制，有時候也相當粗暴，但是即使要自衛，已無法搞過去那種暴行。固然我們無法預測中國政治將會如何演變，但是中國若是遵循類似本地區其他國家民主化的模式，只是時間需要拉長一點，我也不會太驚訝。不論情勢如何發展，中國共產黨不會永久存在，那些今天仍把黨和國家拉上等號的外國觀察家可謂犯了大錯。歷史顯示中國能夠做到政治改革，就跟他們近來能完成經濟和社會改革一樣，它並沒有根深柢固的價值和態度，非得和鄰國或西方勢不兩立不可。和歷史上的往例一樣，中國的方向終究將是它領導人的政治抉擇。

有一個非常有意思、值得注意的議題，就是民事法在中國的發展。法治一向是中國現代轉型工程中落後的一環，共產黨也知道，因此它可以任意綁架或監禁其敵人。但是就和二十年前它週邊的國家一樣，民事法的不足愈來愈受到迅速發展的商事法之壓力。外國和中國投資人都盼望他們的財產能受到保障。他們播下去的種子，已經有相當大收穫。中國今天的商業法令在某些重大議題上非常類似西方國家，如契約法、公司法、銀行法和商業爭端解決等。甚且，商業法令不僅在中國境內得到接受、還被遵行，它的法院裁定通常並不歧視外國公司或外國投資人，或者是偏袒國有企業。固然中產階級崛起會比其他團體更有民主傾向這個論述在歷史上未必成立，保護財產的需求，有如馬克思十九世紀從歐洲的觀察心得，是資產階級建立法治的原因之一。至少在絕大案例上，長期下來，愈來愈難辯論說，財產的權利要比人的權利來得大。

本書一再說明，中國是多面向的，唯有尊重它的多元性的人才可能長久執掌政權。清朝國祚長久，是因為他們明白中國是個多元社會，必須依據它的差異性統治。國民黨不懂這一點，因此很快就仆倒。中共也不了解，而且還深信現代環境就是一致、同質，因此預期歷史會證明它沒有錯。它的領導人也認為中國同質化是吻合大多數人民實際希望，因此也是吻合中國的傳統。他們在這兩方面恐怕都錯了。中國人希望安定和可以預料的政府，但是他們也希望他們的偏好和作法會得到尊重，不希望國家不必要地干預他們的生活，或不正當地庇護太子黨、官二代致富。中共和他們之前的國民黨無異，在劇變的時代，最需要爭取盟友的時候卻大量樹敵。

北京當前領導人非常擔心政治上的歧異和種族或宗教的異論。或許因為他們知道他們能管治經濟的力量有限，他們堅持要控制政治層面。目前中國並沒有政治選擇存在，雖然工人運動和專業組織從許多不同方向對政府施加壓力，政治異議人士人數極少。即使如此，中共只要感到受到反對者挑釁，仍然反應過度，以致對其政權的國際聲望造成災難的後果。說話輕柔的異議分子劉曉波已因和平抗議被判入獄服刑十一年，可是卻獲得二〇一〇年的諾貝爾和平獎。中共當局連忙把他妖魔化，指劉曉波是個罪犯，諾貝爾委員會頒獎給他，使這項大獎蒙羞。法輪功一九九九年遭到取締，中共譴責它「封建迷信和墮落思想」。[4] 數千名成員被抓去坐牢。中共似乎天生不懂得處理批評，因此害怕在經濟範圍之外出現未經過它核准的任何人或任何事。

中共對待西藏人及維吾爾人的政策，以及對待宗教復興派的政策，將是涉及到它對待少數族群（不論是政治、宗教、族裔或文化的少數族群）的兩個最重要的議題。黨如此害怕宗教自主的一部分原因是，它害怕這種自由會被中國境內宗教極端分子所利用。在國際上，中共嚴厲對待西藏及維吾爾反對派是它最大的問題——根據最近的民意調查，它們是美國、歐洲和穆斯林世界看待中國時，遠超過其他問題的更重要問題。許多中國人，而且還不只是支持政府的中國人，認為外界的批評不公平：他們認為中國的經濟改造當然更重要，華西的西藏人及穆斯林至少和大多數漢人同樣受惠於經濟成長。這些替現狀辯護的人所沒有看到的是，因為中共對少數民族的宗教信仰和民族意識置之不理，才使這些問題出現在國內外。我們已經看到，中國近代史上，中國共產黨不是唯一不了解少數民族的統治集團。但是透過現代媒體散播領導人退步的觀點，卻使事態更加快速惡化。

已經有很清楚的跡象顯示，中國若要開始允許其主要的少數民族多點自主、少加干涉，恐怕已經來不及了。現在，大多數西藏人及新疆穆斯林若能獲准管自己的宗教事務才會滿足（主要是因為完全獨立已經如同癡人作夢）。但是，中共詆毀藏人宗教領袖達賴喇嘛是「披僧袍的狼」、流亡國外的維吾爾人領袖熱比婭（Rebiya Kadeer）是「利用不法財富搞分裂活動的家庭主婦」，看來想尋求和解，恐怕一時半刻還不可能。[5] 年輕世代的西藏人及維吾爾人將要求在中國境內提升他們的身份認同，不會滿意於更有限的作法。派遣政治教育組進駐喇嘛寺、以所謂維修為名義關閉新疆的清真寺，只會使華西省份的少數民族和非藏人／非回民之間關係更緊張。中共政府屆時將被迫代表從中國其他地區移入的人民出面干預，這種對立對中國國際形象勢必有負面結果。

中國共產黨及中華人民共和國的國際聲譽，也受到中國本土出現的宗教復興之挑戰。法輪功現象可能只是佛教徒、穆斯林和基督徒復興的開端。我們已經知道，中國過去兩百五十年都苦於這些「迷信教派」——這是從中國角度的看法。但是今天的挑戰似乎比以往更大，因為國家本身給予人民太少可以信從的東西——除了物質進步以外，而它又罕能打動人心。我個人偶爾會參加北京海淀區一個基督徒聚會活動。它沒有向當局註冊登記，因為它的成員不希望有外來的控制，可是成員人數卻逾一千人。這是一個基督新教聚會所，成員大多是年輕、白領華人、受過良好教育、沒有政治野心，只關心賺錢。和其他的宗教聚會所一樣，當局要如何對待這群基督徒，頗費思量。如果當局聰明，不去理他們，沒有理由會出現事端。但是當局若是橫加取締，毫無疑問，這些人選擇遵循他們認為的上帝的意旨，恐怕會大過遵循共產黨的意旨。

其他社會團體也受到同樣的模式阻滯。有些中國年輕人或許相信中共的宣傳，認為西藏人傲慢、穆斯林不忠，是外國勢力在背後搞鬼。但是同一批人如果必須和國外的親朋好友談論中共對網際網路的檢查，就十分尷尬。我在中國教歷史那些年，親眼目睹中國學生最尷尬的一刻，並不是討論毛澤東搞清算鬥爭或是一九八九年鎮壓事件。最難為情的一刻是他們必須向新來的外國同學解釋「臉書」在中國為什麼遭到封鎖。中國年輕人很氣憤不能像別的國家的同儕接觸相同的網路連結。儘管政府竭盡全力建立中國防火牆長城，年輕人練就「翻牆」本事。他們曉得自己錯失了什麼、也痛恨當局封鎖。有些觀察家會說，在一個依然把信仰不見容於當局的人抓去坐牢的國家，不能隨意取得電玩遊戲或進出網路聊天室，根本是不足掛齒的小事。殊不知中國近代史上長久惹惱其年輕人的政府，無不付出代價。因此，防火牆長城其實象徵政府的無能，並不能保障國家不受外國顛覆影響。

由於經濟快速擴張，中國未來的國際地位有相當大程度取決於它取得的知識是否跟得上其他國家的水準。到目前為止，中國在這方面乏善可陳。中國年輕一代的閱讀和代數很強：根據最近的統計調查，上海高中生這兩項的水平是全世界第一名。但是，中國高等教育機構卻經常讓他們失望，他們必須出國唸書。很快地，中國一流的年輕人在外國大學出類拔萃，留在國外相當長一段時候。這種情況在人文、社會科學方面最為明顯，理工科學方面也很常見。

中國頂尖的大學與美國、歐洲一流大學一比，就吃了虧。它們有許多才智之士，但是它們的運作方式非常像從前的蘇聯大學。平庸但聽話、反而比才華洋溢容易出頭。黨和它的觀點籠罩一切，雇用與昇遷看門派、不講才學。問題不只出在檢查本身。頂尖學府的辯論和討論，自由的程度幾年前還無法想像。問題在於高等教育機構製造出來因循之風，以及創新知識出現空隙。中國今天根本無法在各種知識領域生產出足夠的一流人才來維持其未來成長。

中國要和世界交流來往，這就成了嚴重問題。要克服它，中國政府需要改造其高等教育體系，或者（比較不太可能）允許這些機構從內部展開深刻改革。鑒於教育在政府本身的發展計劃中居於中心地位，迄今還未有重大改進作為才真的很奇怪。事實上，中國同時也大量流失人才。報紙和大學、研究中心經常發表報導說，出生在中國、或有華人血統的世界著名學者回到中國教書。其實，這種人不多，而且通常也都是走到生涯末端的人。海外深造的青年學人也有人回國服務，但是我們已經看到，人數其實不多。可是他們又只停留少許幾年，因為他們若是頂尖人才，又有國外機構來挖角。中國高等教育體系的問題和複雜性，令他們吃不消。他們覺得在耶魯、劍橋或加州理工學院都如魚得水，可是在中國的大學卻覺得遭到邊緣化。

在國外培訓的學者回國、留在中國耕耘，是有可能最後改變了制度。中國的研究的確在某些領域有極優異的表現，有時候也出現在令人意想不到的地方。我的領域有個例子，那就是中國共產黨中央黨校。中央黨校內可以不受限制的討論（不過出了北京市西北的校園就不能隨意開口了），它吸引了第一流的人才來教導黨未來的領導人。在中國設立外國大學，也有可能獲致十九世紀末同樣的效果，改造中國高等教育的地貌。目前最大的外國大學就是英國諾丁漢大學（University of Nottingham）設在寧波的校園，可以收八千個學生，在類似國外的大學環境中教學。

長期下來，或許中國在追求知識的過程最大的問題是，它未能從國外吸引第一流的人才。戰後時期三分之一以上美國諾貝爾醫學獎得主，出生在美國境外。[6] 在中國，遍尋全國頂尖大學任何領域，大概也找不出十來位外國出生的正教授。原因之一是中國還不是足以吸引世界頂級科學家安家居住的地方。但是，這裡頭也涉及到今天中國的態度。全世界有許多人可以設想自己歸化為美國人會是怎麼樣，但即使今天經濟成長已使中國受到舉世矚目，很少有人會想歸化為中國人。和本書開始時的十八世紀情況不同，今天中國當局和體制似乎全力窄化什麼才是中國人。如果這種態度持續不改，中國將發現它很難在創新和知識上與外國競爭、也不會重現它在生產製造方面的強勁競爭力。

我們已經看到，趨近於西方式的民族主義，在中國是十分晚近的現象。它大體上是動盪不安之二十世紀的產品。然而，今天我們看到中國政治界出現各式各樣的民族主義，是十九世紀歐洲人很容易辨識的種類。不過它們並非全都是負面的東西。以身為中國人及中國有悠久歷史為榮的意識，可以制衡政府的予取予求、發號施令，或是平衡妨害中國與外界關係的不安全感。問題始於民族主義受到政府為政治目的而操縱，或者是它針對長相不同、行為不同的外國人製造仇恨之時。最危險的民族主義是宣稱「世界仇視我們，但是我們一點也不在

乎」，因為它有可能激生以不人道的方式去對付被界定為非我族類的人。[7]

與民族主義的問題相關（但並不相等）的問題是，中國人愈來愈講究種族或族裔特性。我們也已經看到，這是近年來若干中國人的偏執，而它是受到中國共產黨需要找個論據支持黨持續掌政所刺激。這一套理論說，中國人和其他民族不同——中國人重視大我、一貫政策和可敬佩的目標。他們不喜歡紊亂和不確定，他們喜愛析理和準確預測。其他民族很容易陷入怠惰或易變，中國人則認真、勤奮。由於歷史悠久，他們也比其他民族較為可靠、正直。所有這些無稽之談妨礙中華人民共和國發展合理的外交政策，也妨礙其人民正視自己的問題，最重要的就是中國內部的民主赤字。[8]

中國共產黨有時候會向人數極少的極端民族主義者借用詞彙。但是黨對他們也十分忌憚，深知本身進口的意識型態和遵行開放的國際市場，也有可能遭到極端民族主義者的攻擊。的確，在一九八九年及近年都有人用民族主義的口號抨擊黨及其統治。中共希望利用民族主義做為它繼續掌控中國的合法性基礎，但是它又沒把握要怎麼運用才沒有風險。不過我們必須要說，黨對中國人特性的一些宣傳倒是引起需要有某種信仰的青年人的共鳴。有個學生二〇一〇年和我談話時，有過簡潔的說明。她說，即使她這個世代的許多年輕人明白一黨統治產生缺陷，他們卻愈來愈不願討論它，尤其是有外國人在場的話。中國愈來愈國際化，因此某些年輕人覺得，一定有些很特殊的中國特色，不是淨仿效外國模式，可以協助說明中國目前的大進步。西方已經有了繁榮和民主。或許沒有民主的繁榮是中國人可以自豪的特色，因為它已創造空前未有的經濟進步。但是我這位學生趕緊又補充說，他們這夥人只有在拿中國和其他國家做比較時才會這樣想。只要話題轉到中國本身，黨在治理上的許多缺失立刻招致廣泛譴責。

中國對外關係存在這種雙元看法，得到近來民意調查的支持。我們對於獨裁政體下蒐集的資料必須很小心，但某些一般趨勢很明顯。年輕人比起上年歲的人更覺得受到外在世界的威脅。近來有一項民調，將近三分之二的十八歲至二十四歲受訪者一致認為，美國構成威脅，但是五十五歲以上的受訪者只有三分之一有同感。男性以及教育程度高的人比較認為美國人（和日本人、印度人）構成威脅。然而，所有的受訪者都一致認為氣候變遷、水或糧食匱乏等全球現象，比起任何外國軍事力量都更具威脅。被問到為什麼認為美國對中國構成威脅這個問題時，整個樣本都答說，美國可能尋求限制中國在全球影響力上升；在兩岸爭端中，美國可能會和台灣站在同一邊；以及美國的軍力比中國強大。[9]

對於中國在國際舞台未來地位悲觀的人，著重在它的民族主義高漲，但是抱持比較樂觀看法的人則指出另一股相反的潮流。他們認為，中國的利益和方向與國際法的發展，以及國際事務的和諧和平衡，有密切關聯。想要追尋一個組織良好的國際社會，能夠接納中國向國際擴張經濟，比起今天的民族主義已在中國歷史有更深的根源。我們很驚訝地發現，中國的外交政策分析家和外交官員在形容他們所追求的國際事務行為時，竟然頻頻使用「國際社會」這個字詞。很有影響力的北京大學國際研究學院院長王緝思主張：「中國若能向國際社會提供更多的共同善意、並與其他國家分享更多的價值，將更吻合其利益。」[10]但是，王緝思一定也會率先同意，唯有丟掉中國通向現代性有一條「特殊道路」的觀念，以及外國人天生就敵視中國崛起的想法，這才會有可能。

有些熟諳歷史的評論家認為，亞洲、或至少是東亞，正在回到本書開始所存在的國際體系：一個以中國為中心的世界，其他國家都順服接受中國的權力象徵。即使兩百五十年前的情勢與今天的情勢有相似的地方，我也不認為會是如此。中國毫無疑問已經是本區域的中心大國和經濟強權，將界定至少未來兩個世代的亞洲之成長。但是，除非在極端危機下，它不可能輕易就讓別人接受它的意志。我們已經看到（這一點和一般的普遍看法大相逕庭）即使在乾隆皇帝時期，也沒有一套固定的朝覲制度，中國可透過它控制周邊國家。今天中國若試圖主宰及控制其鄰國，將面臨難以克服的障礙。今天的中國，民族主義掛帥，不是普世主義當家。中國今天的民族主義和本區域其他國家的民族主義相互較勁，但就各國國內的意識型態而言，其他國家的民族主義和中國的民族主義皆同樣強大，只要想想朝鮮或越南的狀況，就可見其一斑。而美國也不會消失而從此不再是個亞洲強權。而且，從文化層面講，中國很明顯地欠缺軟實力：東京、首爾或甚至台北、新加坡神智清醒的年輕人，沒有人會向中國大陸找尋音樂下載、觀賞電影或嘗試仿效。

中國在亞洲的中心地位因此將愈來愈以經濟面表現出來，不再只是生產重鎮、也將是消費重心。二十一世紀初的一個大故事將是亞洲內部貿易大增，區域內的經濟體持續快速成長。亞洲國家彼此之間沒有太多東西可以貿易往來，這個觀念其實是所有歷史時期的迷思。即使中國國勢最弱的時期（一八八〇年至一九一〇年代）亞洲內部、也就是經濟史學者所謂的非正式華人商業圈之內的貿易成長比起東西貿易都來得更快。[11] 除非政治災難冒出來阻止它，我們或許可以想像未來亞洲相當大部分的成長有如接力賽，不同國家的科技、生產和市場一棒接一棒、一年又一年遞延下去。如果以歷史為證據，沒有任何一種亞洲的民族主義，不論它有多兇猛，曾經阻擋得住這個進程。

短期而言，中國最重要的區域關係將是和日本的關係。儘管近年來彼此對對方的觀感急遽惡化，仍有理由相信雙邊關係將更加親密，尤其是經濟方面。兩國彼此需要對方。日本人口老化之後，產品亟需擴大外銷，需要中國市場，甚且愈來愈倚重中國做為生產基地。中國需要日本的技術，以及中國軍力成長下、日本不予作梗的政策。長期下來，中、日雙方力量呈現日消中長之勢，殆無疑問。但是除了透過維繫和美國的同盟關係之外，日本不太可能試圖以其他方法制衡中國此一崛起過程。另外頗有可能的是，雙方相互依賴上升之際，中、日關係還是會有口角。在亞洲歷史上，邊罵邊做生意，並非不尋常的事。

南北兩韓一旦統一，可能將維繫和美國的軍事同盟。當然，中國透過某種戲劇性的外交斡旋，或許可以管控好北朝鮮的瓦解，提供南韓一個它可以有極大影響力的統一方案。不過，後面這個劇本非常不可能，主要即是我們在本書前文已探討過的歷史因素。比較可能的狀況是，平壤錯失改革時機，北朝鮮從內部瓦解，而不論南韓是否想要，它將面臨快速、而又大部分控管不了的統一。中國在這種情況下如何作為，將對它未來在本區域的地位有決定性的影響。如果中國領導人體會到，統一的韓國其領導人自由選擇外交政策走向，可能要比恫嚇外交所取得的功效，對中國更有好處。那麼，北京在國際事務上就真的成熟了。

北京的牌如果打得對，東南亞或許會是中國國際政策上順利推展的地區。東南亞國家協會是我們這一代區域合作的偉大實驗。雖然它可能不會是像歐盟那樣的超國家組織，它為後殖民國家建立的合作架構，就形式和深度而言都相當獨特。對於中國而言，主要的考驗在於它是否願意接受刻意把北京排除在區域架構外的這個東南亞深化整合的過程。私底下，北京決策人經常承認，他們十分偏好與個別國家打交道、不想和區域組織打交道。當然他們明白，儘管有種種議題規劃，讓中國成為東南亞發展和安全的夥伴，東協之所以成功至少部分原因是，出於害怕中國崛起對區域會有不利結果的心理。而且，東協也頗有可能和美國、印度增進合作。但是如果牌打得對（強調經濟互利、而非領土爭端）中國是有機會與本區域建立可長可久的關係，這種關係可以經得起中國政治變化、以及東南亞整合起伏的考驗。

中國未來在國際上最大的挑戰將是印度，而且將是非常巨大的挑戰。我們已經看到中、印關係如何因邊境問題及彼此的負面觀感而苦惱。過去十年，中國和印度在競爭國際組織影響力上已愈來愈成為敵手。目前來講，中國在經濟發展方面遙遙領先，但印度有它的優勢。中國由於一胎化政策的後遺症，人口正在老化。（有些人口學家說：「中國將在富起來之前，就先老了。」）印度則有年輕及愈來愈健康、且受過良好教育的人口。到了二〇五〇年，印度人口將超過其北方鄰國百分之五十。印度也有穩定的政治制度，異議人士也有發抒意見的管道。英文是它的官方行政語文之一。印度已經有可以完全轉換的貨幣，而且雖然市值比較小，印度資本市場的透明度和可預測度卻比中國大得多。印度的勞動力移動也比中國強。[12]

今天有許多經濟學家主張，基於上述因素，五十年之內印度的國內生產毛額將超越中國，中國則可能可以追得上。中國如果能夠深化改革，尤其是政治部門的改革，並且除去後遺症已出現的一胎化政策，就有可能跟得上。今天的中國在基礎建設、公共衛生和教育方面做了明智的投資，因此大幅改善其人民的生活品質。印度嬰童夭折率是中國的兩倍高，中國兒童平均就學時間幾乎是印度兒童的兩倍（中國兒童唸了七點五年的書，印度兒童只上了四點四年的學）。中國的製造業基礎也遠勝過印度。如果中國持續吸引投資，其工業產出的水平與品質，平均而言，將維持相當高出印度的表現。但中、印關係最重要的將是，彼此是否能夠接受對方近乎同步的崛起。印度必須小心處理它在喜馬拉雅山地區、尤其是西藏的關係。但是中國的挑戰恐怕比較大。印度不無道理認定它在外交政策上絕大部分問題，源自它和巴基斯坦積不相容。而中國是巴基斯坦的親密盟友，很可能輕易就被牽扯進印、巴之間的任何衝突。二〇一一年巴基斯坦總統形容中、巴關係之親善，「不是任何其他兩個主權國家之間的關係所可匹比」。[13] 如果情況依然如此，北京將來就很難避免和亞洲另一個崛起的大國為敵。

中國未來的國際地位不僅要看中國本身的作為，也要看別的國家如何對待中國。最有能力影響中國、乃至世界的大國，非美國莫屬。當中國在二〇三〇年代某一年成為世界最大經濟體時，美國仍將是世界最強的軍事大國，而且勢必還至少保留這個地位一、二十年以上。甚且更重要的是，中國果真成為世界最大經濟體時，它仍有百分之四十左右的人口依據國際

標準屬於貧窮之列。它的人均所得將不及美國的一半（並且不及新加坡的三分之一，依據估算，屆時新加坡將取代挪威，成為全世界人均所得最富有的國家）。美國將因為其財富及兵力，能夠擁有其他國家不具備的力量影響中國的崛起。問題在於美國是否將願意接受中國地位上升，或是企圖把它搞下去。

儘管中國人猜疑，美國因為大多數人民不喜歡中國人而希望圍堵中國（這一點有歷史根據）可是現今並沒有證據說美國人有此偏見。反而是調查顯示美國人對中國人及華裔美國人在各種選項上評價都很高，但不容否認，也還存在一些種族成見。不過，談到對當前中國政府的態度時，情況就不同了。大約三分之二的美國人認為，美國領導人和中國政府將來很難相處。一般相信，會起衝突的主要關鍵是人權、西藏和貿易的問題。[14] 多數人相信，如果北京變得更民主的話，中國可以做為美國的夥伴，但是他們擔心美國政府做得不夠，不足以保護美國的就業機會和財富，對抗中國的競爭。就像中國民族主義者對其他國家的觀點一樣，後面這項關切其實責備華府的程度大過責怪北京。可是，即使美國政府想要和中共政府合作，關切中國不民主及它對待本國人民的方式，乃是更難解決的根本問題。

我們已經提到，中國人對美國的欽羨近乎無邊無際。它攙雜畏懼與吸引、敬佩與厭惡。大部分中國人分得清楚對政府的批評，不同於對人民、民族或甚至國家的批評，可是中國新的民族主義經常妨礙冷靜評估美國政策。台灣問題也一樣，中國極大多數人民相信中國不能統一，要怪美國，從過去到現在都是美國在作梗。很有可能未來中國民眾對美國的看法會更加負面，不管美國政府怎麼說、怎麼做。

中國人民的反美態度，對中國共產黨乃是一把兩面刃。儘管它希望人民反美態度可用來鞏固國內對現有中國領導人的支持，但是民眾在這個議題情緒一上升，北京就很頭痛。中共不希望與美國持續對抗，因為它相信這會妨礙中國的經濟擴張。我們已經看到，目前的中國政府相當滿意中國的經濟在美國領導的全球經濟體系內運作。美國的舉措畢竟還推動中國的成長。中國最不需要的一件事，就是與世界最強大的國家有長期的戰略對抗，中國不能重蹈蘇聯在一九七〇年代和一九八〇年代和美國對抗、最後招致崩潰的覆轍。

因此，中國不會走向和美國冷戰的路。儘管北京和華府領導人有時候會嚷嚷，雙方之間對世局發展看法的距離還沒大到出現冷戰的地步。不錯，雙方會發生意外事故、也會較勁，而且朝鮮或台灣問題（中、美關係兩個常年無解的死結）也有可能破壞建立戰略互信。但是，長期、有系統地以僅次於全面戰爭的手段破壞對方，有如華府和莫斯科在第二次世界大戰之後用的手法，卻絕對不致於出現。北京能否創造獨具一格的合作方式，當然又是另一回事。想要衷心合作，北京就不能在國際事務上抵制美國政策，這一點在現今政府下能否出現，還不確定。中國人在談論外交政策時，令許多美國人驚訝的是，它的核心話題相當老派：主權，當然會談到，北京還會提榮譽、信實和國際尊重。口中宣講這些觀念，固然替中國在海外贏得朋友，但把它們派上用場，保護辛巴威的羅伯．穆加比（Robert Mugabe）、蘇丹的奧馬．阿巴什爾（Omar al-Bashir）或緬甸的軍人執政團等小獨裁者，卻在國際上招致惡評，傷害到與華府的關係；華府的自由派和保守派都覺得中國唯一目標是協助美國的敵人，不問他們是誰，凡反美就予以支持。中國必須明白，挑戰世界超級大國或許帶來短期滿足，但絕對不合國際政治的大戰略。

中國在新世紀的外交事務正在快速地跨越原有的領域。中國未來任何領導人有一項主要挑戰，即是如何發展「全球」外交政策及回應區域的關切，而這些區域在過去為中國所不了解、可是卻以前所未見的程度將會影響到中國的經濟成長、也會受到中國經濟成長的影響。非洲、拉丁美洲和中東，都需要北京端出超越貿易和資源開採的政策。但是，要中國共產黨或其他任何中國領導人創造這種有效的政策，洵非易事。中國人對外交事務相對不感興趣，而且愈是遠方異域的事就愈發沒有興趣。況且，中國目前除了經濟角色重大之外，也沒有太多可以貢獻的。有位非洲官員告訴我，中國沒辦法啟發別人學習善良治理或反貪腐措施。和美國不一樣，中國似乎對和平計劃、區域合作或種族和解等不感興趣。它反而在經濟愈加發展之下，限制自身的政治角色。這種作法對中國不會有好處。

世界或許厭倦美國動輒干預，但是肯定也不會歡迎一個只管門前雪的超級大國。危機來臨時，大部分人期待大國出來「領導」。中東在未來數十年必定還是個麻煩不斷的區域，中國需要一個正視問題起因的政策，需要運用其經濟影響力把這個政策付諸實行。中國也必須回應一些未來數十年將會講話的非洲領導人，他們一定會問：北京怎麼只會跟著帝國主義走呢？它現在只拿些好處去換取非洲的天然資源，沒有和非洲結為夥伴，致力於降低貧窮。若要改進，中國需要汲取華僑的專才，強化國內的知識中心，使它們對民眾更自由、更開放。它需要不只圖中國本身利益的政策和決策工具。

我的一些中國朋友聽了這些論述之後頻頻搖頭。他們問說，中國怎麼可能發展這種政策？它自己本身還有許多未解決的難題呢！中國沒辦法教別人多元論和寬容，因為它本身的政府獨裁專制、毫不寬容。它沒辦法解決國外的族裔和宗教衝突，因為它對中國境內這類爭議也束手無策。中國人民或許希望國家富強、躋身全球大國，可是它本身在外交事務上不成熟，經常貶抑別的國家。其實要反駁上述論述很簡單：除了並沒有說有解決本身問題之後才能發展全球政策這個道理之外，中國並沒有選擇。天底下沒有一個國家在它的經濟已經幾乎影響到全球每一個人的時候，還能見到問題出現，即使出現在自家境外，視若無睹。敏感的中國外交政策領導人說，中國不希望以美式作風面對世界問題，自以為天底下的問題都可以、也都應該由美國來解決。他們或許沒有錯，但也不能因為這樣就像駝鳥把頭埋進沙裡，甚至對別人的犯錯幸災樂禍。這種作法或許會達成小目標，但夠不上是外交政策，更不是戰略。

中國的外交政策有個很大的諷刺，就是北京已開始體會到巴格達和布宜諾斯艾利斯的重要性，卻忽略了布魯塞爾和柏林。雖然歐盟現在是中國最大的經濟夥伴，中國和歐盟的關係卻幾乎完全集中在貿易、技術轉移這些狹隘的議題上。中國外交官其實有點心虛地辯解說，中國傳統上喜歡和個別國家打交道，不愛和區域組織交手。但是我們從東協的例子就看到，過去這個政策並不成功，而且對於在國際事務上愈來愈團結的巨人，也更不像有成功的機會。即使中國對歐洲個別國家的政策主要集中在刺激經濟交流，它也不時充滿著反對達賴喇嘛或其他北京不歡迎的人物到訪的抗議。

如此忽視全世界第三大權力群體，會給中國帶來麻煩，除非它大幅改變作法。中國外交決策圈的聰明人已經強力主張這個觀點。中國有可能在未來一、二十年調整其歐洲政策，雙方關係將會親近。中國在接受改變上愈來愈像美國之際，它卻愈來愈像歐洲厭惡風險。這種雙重性，乍看矛盾，其實不然。改變被認為限於內部，因此以為它們可受到控制。風險，至少含有外來因素，因此被認為難以控制。中國和歐洲有可能在如何才能與外在世界有最好的互動上的看法完全分歧，但毫無疑問的是他們的作法有相同的地方，長期下來它們會使雙方更加親近。

——

我們已經看到，中國在國際事務上還有許多地方有待急起直追。除非中國有了比較能代表民意的政府，某些調整將很難達成。目前的中國共產黨領導人主張，中國有它的獨特性，支持這些自我派任的菁英繼續統治。想要永續維持這樣的安排，幾乎是不可能的事。中國人沒有比別的民族傻，不懂管理自己，必須由一小群人替他們做決定。由於中國的歷史，我們可以合理假設，唯有擴大政治討論及參與政府，才能克服當前中國外交政策的不足。但是即使有了這樣的改變，有一件事對外國人很重要，必須要記住，中國的外交事務將有一段很長的時間，由在目前政治制度之內培訓出來的人主持。這種幾乎必定的持續性，意味今天讓中國外交政策的菁英多參與、多辯論，未來政策就愈有機會反映世界的利益、而非僅只於中國的利益。

中國即使成為全世界最大經濟體，也不可能領導全球政治。比較可能的劇本是，美國國力緩慢衰退，在這段過程中，我們走向一個更多極的世界。全球經濟以中國為中心、而美國仍是全世界最強大的國家，這將是一段危險時期，兩國必須很小心避免衝突。明智的領導人將以人民福祉為重、相互依賴，也將借重別的國家的經驗來努力。歐洲和印度絕對不在話下，將提醒北京和華府領導人，他們的雙邊關係影響所及非常的大。多極世界出現或許會推動中國和美國走向合作，或至少相互容忍，儘管雙方政治制度大不相同。

中國不可能在本書讀者平均壽命期內出現西方式的政府 但是中國共產黨也不可能在未來數十年繼續以今天的方式當家主政。最可能的結果是，中央有個相當威權的政府，它會不情不願地勉強允許各省多點自決、少數民族多點少文化上的自主。這樣的混合（即使不是中國的多數外國朋友所樂見）可以維持中國有一段長時間的政治秩序，以非抗爭的方式打造它和國際社會的關係。但這只是一個歷史學者的看法，視野未必比其他熟悉中國及其人民的人士來得更為高明。但是有一點可以肯定的是，預期中國在很長一段時間仍會維持今天現狀的人士，將被證明看錯了。中國動盪的歷史指向一個會有變化的未來，本國人和外國人都會驚訝中國人民竟然能不斷地通權達變、隨時調適。

10. Wang Jisi, "China's Search for a Grand Strategy," *Foreign Affairs* (April 2011).

11. 充分回顧請參見 the Columbia University site *China and Europe 1500–2000: What Is "Modern"?* http://afe.easia.columbia.edu/chinawh/web/s6/s6_3.html.

12. 請參見 United Nations, Department of Economic and Social Affairs, Population Division, "World Population to 2030" (UN, 2004); Amartya Sen, "Quality of Life," *New York Review of Books* (May 12, 2011).

13. "Pakistan and China: Sweet As Can Be?," *The Economist*, May 12, 2011.

14. "General Attitudes Toward China," WorldPublicOpinion.org, http://www.americans-world.org/digest/regional_issues/china/china1.cfm.

Affairs 13, no. 2 (2000): 195.

12. Mikhail Gorbachev, *Zhizn i reformy* [Life and Reforms] (Moscow: Novosti, 1995).

13. "Treaty of Good-Neighborliness and Friendly Cooperation Between the People's Republic of China and the Russian Federation," 24 July 2001, http://www.fmprc.gov.cn/eng/wjdt/2649/t15771.htm.

14. 尋求「多極化」: "Charter of the Shanghai Cooperation Organization," at the organization's website http://www.sectsco.org/EN/show.asp?id=69. 經過一個世紀之後，中國⋯⋯: A quick visit to the website of STO (http://www.sectsco.org) shows its name in Chinese throning over smaller versions in Russian and English (with no Kazakh, Tajik, or Uzbek). In practical terms, the organization's influence has so far been limited; its only common institution is the Regional Anti-Terrorist Structure (with the somewhat unfortunate acronym RATS), headquartered in Tashkent.

15. Memorandum of Conversation, Beijing, 27 November 1974, Foreign Relations of the United States, 1969–1976, Volume XVIII, China, 1973–1976, document 97.

16. Jonathan Holslag, *China and India: Prospects for Peace* (New York: Columbia University Press, 2010), 51.

17. 中國在 1998 年譴責南斯拉對科索沃一事，對緬甸和辛巴威的制裁，聯合國於 2006 年在達佛的任務，以及 2011 年在利比亞設禁飛區這些提案上都棄權。

結論｜現代性 MODERNITIES

01. Bureau of East Asian and Pacific Affairs, US Department of State, "Background Note: Hong Kong, 15 March 2011," http://www.state.gov/r/pa/ei/bgn/2747.htm.

02. 儘管政府名義上: This was of course once the case with the UK and US, too. 從西方的角度看: Edward Steinfeld, *Playing Our Game: Why China's Economic Rise Doesn't Threaten the West* (Oxford: Oxford University Press, 2010).

03. "Full text of Chinese Premier's Speech at World Economic Forum Annual Meeting 2009," 29 January 2009, http://news.xinhuanet.com/english/2009-01/29/content_10731877_1.htm.

04. "President Jiang Zemin Comments on Falun Gong's Harms 25 October 1999," http://www.china-embassy.org/eng/zt/ppflg/t36565.htm.

05. "Dalai Lama 'Wolf in Monk's Robes': Official," *China Daily*, 7 March 2011. The comments are by Zhang Qingli, the long-suffering Chinese party boss in Tibet, who is a constant voice within the CCP against "splitters and deviationists."

06. Jan Vilcek and Bruce N. Cronstein, "A Prize for the Foreign-born," *The FASEB Journal* 20, no. 9 (July 1, 2006): 1281–1283.

07. 改編自米爾沃足球隊的歌曲（雖然我對柏蒙賽獅子與中國民族主義的關係毫無責任）。

08. 詳細討論請參見 Martin Jacques, *When China Rules the World: The Rise of the Middle Kingdom and the End of the Western World* (London: Allen Lane, 2009), 244–252.

09. Fergus Hanson and Andrew Shearer, *China and the World: Public Opinion and Foreign Policy* (Sydney: The Lowy Institute, 2009).

第十一章｜中國與亞洲　CHINA'S ASIA

01. Angus Maddison, *The World Economy: A Millennial Perspective* (Paris: OECD, 2001), 216–217.

02. 亞洲時報 2009 年 1 月 14 日。當原始協議在 1999 年簽定時，雙邊同意中國可以多獲得一平方公里象徵性的爭議領土，以彰顯傳統友誼。(Alexander Vuving, "Grand Strategic Fit and Power Shift: Explaining Turning Points in China-Vietnam Relations," in *Living with China*, ed. Shiping Tang et al. (New York: Palgrave Macmillan, 2009), 229–245.

03. "Dong-A Ilbo Opinion Poll on South Korean Attitudes Toward Japan and Other Nations," 26 April 2005, http://www.mansfieldfdn.org/polls/2005/poll-05-2.htm.

04. 例子請參見 US Assistant Secretary of State Kurt Campbell's conversation with South Korean experts, 18 February 2010, WikiLeaks, at http://213.251.145.96/cable/2010/02/10SEOUL248.html.

05. "Xiandaihua yu lishi jiaokeshu" [Modernization and History Textbooks], *Bingdian*, 11 January 2006. The journal was closed down for its efforts.

06. "On Memories of Violence, Part 2: Chinese Textbooks and Questions About the Korean War 60 years Later," at Jeremiah Jenne's blog http://granitestudio.org/2010/06/25/.

07. New History Textbook (Chapters 4 & 5), 2005 version. Prepared and translated by Japanese Society for History Textbook Reform from *Atarashii rekishi kyôkasho wo tsukuru kai* (The Japanese Society for Textbook Reform), published by Fusosha, Tokyo, at http://www.tsukurukai.com/05_rekisi_text/rekishi_English/English.pdf. Most Japanese textbooks are more critical toward Japan's wartime guilt.

08. 釣魚台／尖閣群島 : On the background for the dispute, see Unryu Suganuma, "The Diaoyo/Senkaku Islands: A Hotbed for a Hot War?" in *China and Japan at Odds: Deciphering the Perpetual Conflict*, ed. James Hsiung (New York: Palgrave Macmillan, 2007), 155–172. 目前法院 : Ming Wan, *Sino-Japanese Relations: Interaction, Logic, and Transformation* (Stanford: Stanford University Press, 2008), 304–326.

09. 反共的新加坡領導人 : Record of conversation, Lee and FRG Chancellor Helmut Schmidt, 11 June 1979, in Ilse Dorothee Pautsch et al., *Akten zur auswärtigen Politik der Bundesrepublik Deutschland 1979: 1. Juli bis 31. Dezember 1979* (Oldenbourg Wissenschaftsverlag, 2010), 173–174. 中國「教訓河內」之舉 : Nobody has yet written the history of China's involvement with these insurgencies.

10. 現在其他東協國家愈來愈關心中國的動機和行動 : The reader can find excellent maps at http://www.globalsecurity.org/military/world/war/spratly-maps.htm. 華裔在政治、軍事方面依然聲音很小 : "Indonesia: Chinese, Migrants," *Migration News*, 5, 6 (June 1998), http://migration.ucdavis.edu/mn/more.php?id=1559_0_3_0.

11. 有一則報導敘述 : Contemporary report, quoted in Jemma Purdey, *Anti-Chinese Violence in Indonesia, 1996–1999* (Honolulu: University of Hawaii Press, 2006), 1. 北京學生的示威抗議 : Nationalist sentiment in China migrated to the internet in the 1990s; the first hacking attack by China's emerging cyber-militia on foreign networks was against Indonesia in 1998, in response to the racist violence there; see Christopher R. Hughes, "Na- tionalism in Chinese Cyberspace," *Cambridge Review of International*

16. 請參見 UNDP's Human Development Report 2010, at http://hdr.undp.org/en/statistics/.

17. TVBS Poll Center, March 2009, at http://www.tvbs.com.tw/FILE_DB/DL_DB/yijung/200905/yijung-20090508145032.pdf. Accessed February 2011.

18. Robert Suettinger, *Beyond Tiananmen: The Politics of U.S.-China Relations, 1989–2000* (Washington, DC: Brookings Institution Press, 2003), 87.

19. Song Qiang et al., *Zhongguo keyi shuo bu: Lengzhanhou shidai de zhengzhi yu qinggan jueze* [The China That Can Say No: Political and Emotional Choices in the Post Cold War Era] (Beijing: Zhonghua gongshang lianhe, 1996).

20. 「中國（現在）必須密切注意……」: S. Mahmud Ali, *U.S.-China Relations in the "Asia-Pacific" Century* (New York: Palgrave Macmillan, 2008), 15. 聯合記者會上 : http://www.zpub.com/un/china27.html.

21. 轟炸使館目的在於 : UN Press Release 6659, 26 March 1999. The Hong Kong magazine *Qianshao* has reported that Jiang Zemin's unpublished memoirs acknowledge the stationing of Yugoslav intelligence personnel inside the Chinese embassy compound before the attack and close cooperation with Milosevic in the lead-up to the war (*Qianshao*, no. 240 [February 2011]). 江澤民又火上加油地說 : Ali, *U.S.-China Relations in the "Asia-Pacific" Century*, 94. 《人民日報》一篇社論 : *Renmin ribao*, 12 and 13 May 1999.

22. Simon Shen, *Redefining Nationalism in Modern China: Sino-American Relations and the Emergence of Chinese Public Opinion in the 21st Century* (Basingstoke: Palgrave Macmillan, 2007), 63. 此書充分介紹了當代中國之國族主義的討論。

23. 小布希總統的政府表示 : 同前註，73. 南斯拉夫人已經提供他們 : The PLA also learned to scale down its pursuit of US spy planes to avoid confrontation; see *The Guardian*, 30 July 2001.

24. Press Release of the Chinese UN Mission, 13 September 2001, "Chinese President Jiang Zemin Expressed Condolences by Telegraph over Terrorist Attacks on America and Talked with President Bush on Telephone to Show China's Position against Terrorism," at http://www.chinaun.org/eng/chinaandun/securitycouncil/thematicissues/counterterrorism/t26903.htm.

25. US Secretary of State Colin Powell, "Remarks at the Elliott School of International Affairs," September 5, 2003, http://www.state.gov/secretary/rm/2003/23836.htm.

26. Inter-Agency Group on Economic and Financial Statistics, *Principal Global Indicators*, at http://www.principalglobalindicators.org/default.aspx; International Monetary Fund, *Country Information*, at http://www.imf.org/external/country/index.htm; US Department of the Treasury, *Major Foreign Holders of Treasury Securities*, at http://www.treasury.gov/resource-center/data-chart-center/tic/Documents/mfh.txt; and European Commission, *Trade: Bilateral Relations*, at http://ec.europa.eu/trade/creating-opportunities/bilateral-relations/. See also JC de Swaan, "China Goes to Wall Street: Beijing's Evolving US Investment Strategy," *Foreign Affairs*, April 29, 2010.

27. 若要作出比較，請參見 the website of the Center for Arms Control and NonProliferation, at http://armscontrolcenter.org/. For all countries, I have included that part of payments to veterans that is exclusively used for military veterans' purposes.

the Cold War: U.S.-China Diplomacy, 1954–1973, ed. Robert S. Ross and Changbin Jiang (Cambridge, MA: Harvard University Asia Center, 2001), 346. 季辛吉說：Kissinger, Briefing of White House Staff, 19 July 1971, box 1036, China-General July-Oct 1971, NSC files, Nixon Presidential Papers Project, Washington, DC. 毛澤東就沒有這麼阿諛諂媚：Mao Zedong and Pham Van Dong, Beijing, 23 September 1970, in Westad et al., *77 Conversations Between Chinese and Foreign Leaders on the Wars in Indochina, 1964–1977*, 175.

02. 法國是西歐諸國中唯一自 1964 年起，就和中華人民共和國有大使級外交關係的國家。

03. 中國在農業、工業、技術和軍事這四大方面：*Resolution on Certain Questions in the History of Our Party Since the Founding of the People's Republic of China* (Beijing: Foreign Languages Press, 1981). 在這個過程中："Muqian de xingshi he renwu [The Present Situation and Tasks]," 16 January 1980, *Deng Xiaoping wenxuan* [Selected Works of Deng Xiaoping], vol. 2 (Beijing: Xinhua, 1983).

04. 諷刺地是，韓素音成了毛文化大革命的頭號悍衛者，請參見她的兩本著作 *Wind in the Tower: Mao Tse-tung and the Chinese Revolution, 1949–75* (London: Jonathan Cape, 1976) and *Lhasa, the Open City: Journey to Tibet* (London: Jonathan Cape, 1977).

05. Li Jie, "China's Domestic Politics and the Normalization of Sino-US Relations, 1969–1979," in *Normalization of U.S.-China Relations: An International History*, ed. William C. Kirby, Robert S Ross, and Li Gong, Harvard East Asian monographs 254 (Cambridge, MA: Harvard University Asia Center, 2005), 79.

06. 「只要蘇聯想染指，我們就必須把它們砍掉。」: Record of conversation, Carter and Deng, 29 January 1979, China, box 9, Geographic File, Brzezinski Collection, Jimmy Carter Presidential Library, Atlanta (hereafter JCPL). 「我們很高興……」: Record of conversation, Zhang Aiping and Harold Brown, 8 January 1980, box 69, Sullivan - Subject File, Staff Material-Far East, Collection 26, National Security Affairs, Presidential Papers, JCPL. 鄧小平向卡特的內閣講得更白：Deng's meeting with the Cabinet, 31 January 1979, China, box 9, Geographic File, Brzezinski Collection, JCPL.

07. Morrow to Reagan, 30 November 1981, Meese Files, box 19, Ronald Reagan Presi- dential Library, Simi Valley, CA (hereafter RRPL).

08. Statement on United States Arms Sales to Taiwan, 17 August 1982, The Public Papers of the President: Ronald Reagan, 1981–1989, at http://www.reagan.utexas.edu/archives/speeches/publicpapers.html.

09. Liu Xiaobo, Zhou Duo, Hou Dejian, and Gao Xin, "June 2 Declaration," in Suzanne Ogden, *China's Search for Democracy: The Student and the Mass Movement of 1989* (Armonk, NY: M.E. Sharpe, 1992), 358–359.

10. State Department document 29 June 1989, copy held at the National Security Archive, Washington, DC (hereafter NSecArch).

11. *Deng Xiaoping wenxuan*, vol. 3.

12. Excerpts from Talks Given in Wuchang, Shenzhen, Zhuhai and Shanghai, 18 January21 February 1992, in *Deng Xiaoping wenxuan*, vol. 3.

13. *Renmin ribao*, 14 September 2009.

14. "China Quick Facts," at http://www.worldbank.org/.

15. *Huanqiu shibao*, 23 June 2010.

dissertation, Princeton University, 2011), ch. 3.

21. Statement by Fidel Castro Ruz, *Prensa Latina*, 6 February 1966 at http://lanic.utexas.edu/project/castro/db/1966/19660206.html.

22. 希特勒的信徒可以：Quoted from Friedman, "Reviving Revolution," ch. 3. 當他們向：Radchenko, *Two Suns in the Heavens*, 193.

23.「資產階級專政」: *Renmin ribao*, 4 June 1967.「蒙古修正主義者」: Michael Schoenhals, ed., *China's Cultural Revolution, 1966–1969: Not a Dinner Party* (Armonk, NY: M. E. Sharpe, 1996).

24. Anne-Marie Brady, "Red and Expert: China's 'Foreign Friends' in the Great Proletarian Cultural Revolution, 1966–1969," in *China's Great Proletarian Cultural Revolution: Master Narratives and Post-Mao Counternarratives*, ed. Woei Lien Chong (Lanham, MD: Rowman & Littlefield, 2002), 121.

25. "Interrogation record: Wang Guangmei, 10 April 1967," in Schoenhals, *China's Cultural Revolution, 1966–1969*, 105–106.

26. Ma Jisen, *The Cultural Revolution in the Foreign Ministry of China* (Hong Kong: Chinese University Press, 2004), 108.

27. Sergey Radchenko, "The Sino-Soviet Split," in *The Cambridge History of the Cold War*, ed. Melvyn P. Leffler and Odd Arne Westad, vol. 2 (Cambridge: Cambridge University Press, 2010), 349–372.

28. Barry Naughton, "The Third Front: Defence Industrialization in the Chinese Interior," *The China Quarterly*, no. 115 (September 1988): 351–386.

29. Yang Su, "Mass Killings in the Cultural Revolution: A Study of Three Provinces," in *The Chinese Cultural Revolution as History*, ed. Joseph Esherick, Paul Pickowicz, and Andrew G. Walder (Stanford: Stanford University Press, 2006), 96–123. For a more sensationalist account, see Zheng Yi, *Scarlet Memorial: Tales of Cannibalism in Modern China* (Boulder: Westview Press, 1998).

30. "Mao Zedong's Speech at the First Plenary Session of the CCP's Ninth Central Com- mittee," *Cold War International History Project Bulletin*, no. 11 (n.d.): 163–165.

31. "Conversation between Mao Zedong and E. F. Hill, 28 November 1968," *Cold War International History Project Bulletin*, no. 11 (n.d.): 157–161.

32. "The CCP Central Committee's Order for General Mobilization in Border Provinces and Regions, 28 August 1969," *Cold War International History Project Bulletin*, no. 11 (n.d.): 168–69.

33. 但是因為中國及美國皆："Report by Four Chinese Marshals—Chen Yi, Ye Jianying, Xu Xiangqian, and Nie Rongzhen, to the Central Committee, 'A Preliminary Evaluation of the War Situation' (excerpt), 11 July 1969," *Cold War International History Project Bulletin*, no. 11 (n.d.): 166–168.「我們有必要利用……」: Personal Appendix to Marshals' Report, Chen Yi, 17 Sept. 1969. 接下來兩年：Gordon S. Barrass, *The Art of Calligraphy in Modern China* (Berkeley: University of California Press, 2002), 98.

第十章｜中國與美國　CHINA'S AMERICA

01. 但是中國領導人結論是：Gong Li, "Chinese Decision Making and the Thawing of U.S.-China Relations," in *Re-Examining*

說：Zhou Enlai's speech at the Tenth Plenum, 26 September 1962, quoted in Yang Kuisong, *Changes in Mao Zedong's Attitude toward the Indochina War, 1949–1973*, Cold War International History Project Working Paper 34 (Washington, DC: Cold War International History Project, Woodrow Wilson International Center for Scholars, 2002).

07. Mao Zedong, *Mao Zedong Poems* (Beijing: Foreign Languages Press, 1998). The poem was completed 9 January 1963.

08. John Garver, "China's Decision for War with India in 1962," in *New Directions in the Study of China's Foreign Policy*, ed. Alaistair Ian Johnston and Robert S. Ross (Stanford: Stanford University Press, 2006).

09. Shi Bo, ed., *ZhongYin dazhan jishi* [Record of Events in the Big China-India War] (Beijing: Dadi, 1993), 189.

10. Deng Xiaoing's introduction 8 July 1963, in Records of meetings of the CPSU and CCP delegations, Moscow 5–20 July 1963, Aktenband 696, Bestandssignatur DY J IV 2/201, Stiftung Archiv der Parteien und Massenorganisationen der ehemaligen DDR im Bundesarchiv, Berlin.

11. Sergey Radchenko, *Two Suns in the Heavens: The Sino-Soviet Struggle for Supremacy, 1962–1967* (Washington, DC: Woodrow Wilson Center, 2009), 112–113.

12. 現在中國有了自己的核子能力：It took another twenty years, though, before China got mis- siles that could threaten western Russia or the continental United States, Dongfeng (East Wind) 5, of which there are still about twenty on active service. 一九六五年十月：*A Concise History of the Communist Party of China,* ed. Hu Shi (Beijing: Foreign Languages Press, 1994), 318.

13. Lin Biao, *Long Live the Victory of People's War,* at http://www.marxists.org/reference/archive/linbiao/1965/09/peoples_war/ch08.htm.

14. Record of conversation, Zhou Enlai and Pham Van Dong, 9 October 1965, Odd Arne Westad et al., eds., *77 Conversations Between Chinese and Foreign Leaders on the Wars in Indochina, 1964–1977*, Working Paper 22 (Washington, DC: Cold War International History Project, Woodrow Wilson International Center for Scholars, 1998).

15. Record of conversation, Zhou Enlai, Deng Xiaoping, Kang Sheng, Le Duan, and Nguyen Duy Trinh, 13 April 1966, in 同前註。

16. All quotes from Bernd Schaefer, *North Korean "Adventurism" and China's Long Shadow, 1966–1972*, Working Paper 44 (Washington, DC: Cold War International History Project, Woodrow Wilson International Center for Scholars, 2004), 6–9.

17. Record of conversation, Mao Zedong and Head of Indonesian Congress, 9 June 1964, 105-01336-02, Chinese Foreign Ministry Archives (CFMA), Beijing. I am grateful to Zhou Taomo for alerting me to this document and those below.

18. 毛澤東一九六一年六月和蘇卡諾會面時：Record of conversation, Mao Zedong and Indonesian President Sukarno, 13 June 1961, 204-01469-02, CFMA. 一九六三年一月，劉少奇宣稱……: Briefing on Subandrio's visit, 13 January 1963, 204-01504-01, CFMA.

19. 中國認為：British relations with India and Malaysia, 31 January 1964, 11001696-03, CFMA. 中國因而愈來愈：Record of conversation, Luo Ruiqing and an Indonesian military delegation, 24 January 1965, 105-01910-07; record of conversation, Yao Zhongming - Subandrio], 11 February 1965, 105-01319-05, both CFMA.

20. 中國建議：Alaba Ogunsanwo, *China's Policy in Africa 1958–71* (Cambridge: Cambridge University Press, 1974). 中國外交部：Quoted from Jeremy Friedman, "Reviving Revolution: The Sino-Soviet Split, the 'Third World,' and the Fate of the Left" (PhD

hawaii.edu/powerkills /NOTE2.HTM). 我的數字來自中華人民共和國研究此時期的歷史學家所估算數值的加總。

34. Rosemary Foot,"The Eisenhower Administration's Fear of Empowering the Chinese,"Political Science Quarterly 111, no. 3 (Autumn 1996): 517.

35. 保守黨籍英國首相：Mao-Iudin, memorandum of con- versation, 25 May 1955, p. 112, d. 9, papka 393, op. 48, f.0100, AVPRF. 毛澤東告訴他的副手：Mao conversation with Zhou Enlai and others, 12 November 1959, quoted in Bo Yibo, *Ruogan zhongda juece yu shijian de huigu* [Recollections of Certain Major Decisions and Events], 2 vols. (Beijing: Zhonggong zhongyang dangxiao, 1991), vol. 2, p. 1144.

36. 絕佳的翻譯是 Nikita S. Khrushchev, *The Crimes of the Stalin Era: Special Report to the 20th Congress of the Communist Party of the Soviet Union*, ed. Boris I. Nicolaevsky (New York: New Leader, 1956).

37. Wu Lengxi, *Shinian lunzhan 1956–1966: ZhongSu guanxi huiyilu* [A Decade of Polemics 1956–1966: A Memoir of Sino-Soviet Relations] (Beijing: Zhongyang wenxian, 1999), 35–36.

38. *Renmin Ribao*, 29 December 1956.

39. "Report Made by the Party Organization of the Chinese National General Labourers' Union on the Situation of the Strikes of Workers," vol.141-1-840, p. 16, Hunan Provincial Archives, Changsha. See also Zhu Dandan, "The Double Crisis: China and the Hungarian Revolution of 1956" (PhD thesis, London School of Economics, 2009), 180.

40. Mao Zedong, *Jianguo yilai Mao Zedong wengao* [Mao Zedong's Manuscripts since the Founding of the People's Republic], vol. 6, 630–644.

第九章｜中國孑然獨立　CHINA ALONG

001. Frank Dikötter, *Mao's Great Famine: The History of China's Most Devastating Catas- trophe, 1958–1962* (New York: Walker, 2010).

02. Mao Zedong, *Mao Zedong waijiao wenxuan* [Selected Diplomatic Papers of Mao Ze- dong] (Beijing: Zhongyang wenxian, 1994), 223–224.

03. "Memorandum of Conversation of N. S. Khrushchev with Mao Zedong, Beijing, 2 October 1959," *Cold War International History Bulletin*, no. 12/13 (2001): 269.

04. "Lieningzhuyi wansui! [Long Live Leninism!]," *Hongqi* (April 22, 1960).

05. Tang Zhennan et al., *Liu Shaoqi yu Mao Zedong* [Liu Shaoqi and Mao Zedong] (Changsha: Hunan renmin, 1998), 357.

06. 毛主席堅持：Stuart R. Schram, *Chairman Mao Talks to the People: Talks and Letters, 1956–1971*, first American ed. (New York: Pantheon Books, 1975), 192.「關於修正主義是否……」: Xiao Donglian et al., *Qiusuo Zhongguo: "wenge" qian shinian shi* [Exploring China: The History of the Ten Years before the Cultural Revolution] (Beijing, 1999), 1000. 周恩來又

Urban planning (internal publication; Beijing: Beijing jianshe shishu bianji weiyuanhui bianjibu, 1987). 下面的段落根據這系列重要的內部流通資料中全部七冊裡的素材。

20. 他在當時的筆記：See his writings in Liang Sicheng quanji [Collected Works of Liang Sicheng], vol. 6 (Beijing: Zhongguo jianzhu gongye, 2001). 他的兒子記得：Quoted in China Daily, 1 October 1999. 不論梁思成的動機是什麼：Wang Jun, Cheng ji is excellent on this, esp. 22–65.

21. 「喔，顯然皇帝可以住北京城，我就不行喔！」: Wang Jun, "1950 niandai: dui Liang- Chen fangan de lishi kaocha" [1950s: A Historical Investigation of the Liang-Chen Proposal], at 應該享有完全平等：See *Jianguo yilai de Beijing chengshi jianshe ziliao. Di yi juan.*

22. Stalin, *Marxism and the National Question*, first published in *Prosveshcheniye*, Nos. 3–5, March–May 1913.

23. Xiaoyuan Liu, *Reins of Liberation: An Entangled History of Mongolian Independence, Chinese Territoriality, and Great Power Hegemony* (Stanford: Stanford University Press, 2006) gives an excellent overview of the development of CCP attitudes.

24. 有關 1940 年代晚期與 1950 年代的關件資料可以去找 *Minzu wenti wen- xian huibian* [A Collection of Documents on the Nationalities' Question] (internal circula- tion; Beijing: Zhonggong zhongyang dangxiao, 1991).

25. 我沒有關於蘇聯的文學理論到 1955 年為止，被翻譯出來的比例有多少，但粗略估計多達 30%，參見 Greg Guldin, "Anthropology by Other Names: The Impact of Sino- Soviet Friendship on the Anthropological Sciences," *The Australian Journal of Chinese Affairs*, 27 (1992): 133–149.

26. 中共本身過去對中國不同的少數民族之觀點：For this, see Chen Yongfa, *Zhongguo gongchan geming 70 nian* [Seventy Years of Chinese Communist Revolution], vol. 1, second ed. (Taibei: Lianjing, 2001). 蘇聯顧問大體上同意這個政策：See the undated Soviet embassy report (early 1954), pp. 25–35, delo 7, papka 379, opis 417, fond 0100, AVPRF.

27. 從中華人民共和國建國時來看，請參見周恩來與蘇聯大使的對話記錄，1949 年 11 月 15 日，pp. 57–66, delo 220, papka 36, opis 22, fond 07, AVPRF

28. 我的少數民族朋友為什麼喜歡諷刺中國政治史的原因，在「漢人為難漢人」中呈現，

29. Shu Guang Zhang, *Deterrence and Strategic Culture: Chinese-American Confrontations, 1949–1958* (Ithaca, NY: Cornell University Press, 1992), 185; see also Shu Guang Zhang, "Constructing 'Peaceful Coexistence': China's Diplomacy Toward the Geneva and Bandung Conferences, 1954–55," *Cold War History* 7, no. 4 (2007): 509.

30. Wang Ning, "The Great Northern Wilderness: Political Exiles in the People's Republic of China" (PhD thesis, University of British Columbia, 2005), 54.

31. Zhonggong zhongyang wenxian yanjiushi, ed., *Jianguo yilai zhongyao wenxian xuanbian* [A Selection of Important Documents since the Founding of the People's Republic] (Beijing: Zhongyang wenxian, 1992), vol. 10, 613.

32. "Liu Shaoqi's report at the first national conference on propaganda work, 7 May 1951," document no. 123/25/2/5, Archives of Shaanxi Province; quoted in Yang Kuisong, "Reconsidering the Campaign to Suppress Counterrevolutionaries," *The China Quarterly* 193, no. 1 (2008): 105.

33. 大屠殺學者 R. J. Rummel 估計死亡人數幾乎是兩倍，接近 850 萬（請參見 Rummel's website, at http://www.

[Soviet Experts in China, 1948–1960] (Beijing: Zhongguo guoji guangbo, 2003). 我的數字則是根據我與中國研究補助計畫效應的經濟學家的訪談而得出。

09. 關於上海，請參見 Li Dehong, ed., *Shanghai shi zhongxue jiaoshi yundong shiliao xuan* [Selected Materials on the Secondary School Teachers' Movement in Shanghai] (Shanghai: Shanghai jiaoyu, 1997).

10. 請參見Cui Xiaolin's fascinating Chongsu yu sikao: *1951 nian qianhou gao xiao zhishifenzi sixiang gaizao yundong yanjiu* [Remoulding and Rethinking: A Study of the Movement to Transform the Thinking of Intellectuals in Colleges and Universities Around 1951] (Beijing: Zhonggong dangshi, 2005). For *Renmin Daxue*, see Douglas A. Stiffler, "Building Socialism at Chinese People's University: Chinese Cadres and Soviet Experts in the People's Republic of China, 1949–1957" (PhD dissertation, University of California–San Diego, 2002).

11. 蘇聯模式課程和教學方法的全面引進：Having observed first hand the same mixture at the (re)introduction of American curricula and teaching methods in China in the 1980s, I can only sympathize with the students on whom all of this was tested out. There was a fair share: Eddy U, "The Making of *zhishifenzi*: The Critical Impact of the Registration of Unemployed Intellectuals in the Early PRC," *The China Quarterly* 173 (2003): 100–121; and idem, "The Hiring of Rejects: Teacher Recruitment and Crises of Socialism in the Early PRC Years," *Modern China* 30, 1, (2004): 46–80.

12. 請參見毛澤東與蘇聯大使的談話記錄，1955 年 12 月 21 日，11–19, delo 9, papka 410, opis 49, fond 0100, Russian Foreign Ministry Archive, Moscow (AVPRF).

13. 請參見 Stiffler, "Building Socialism at Chinese People's University."

14. Pepper, *Radicalism and Education Reform in Twentieth-Century China*, 224.

15. Odd Arne Westad, *Decisive Encounters: The Chinese Civil War, 1946–1950* (Stanford: Stanford University Press, 2003), 274–276.

16. 例子請參見 James Gao, *The Communist Takeover of Hangzhou: The Transformation of City and Cadre, 1949–1954* (Honolulu: University of Hawaii Press, 2004); for CCP attitudes to Beijing, see Wang Jun's controversial *Cheng ji* [Records of the City] (Beijing: Sanlian shudian, 2003).

17. 這門學問在一九三〇年代發展：Barbara Kreis, *Moskau 1917–35: vom Wohnungsbau zum Städtebau* [Moscow 1917–35: From Living Quarters to City Buildings] (Düsseldorf: Edition Marzona, 1985); Alessandra Latur, ed., *Rozhdenie metropolii: Moskva, 1930–1955. Vospominaniia i obrazy* [Birth of a Metropolis: Moscow, 1930–1955. Recollections and Images] (Moscow: Iskusstvo-XXI vek, 2005); R. A. French, *Plans, Pragmatism and People: The Legacy of Soviet Planning for Today's Cities* (London: UCL Press, 1995). 需要有集中的計劃：For an excellent critical review of urban planning as a "modernist movement," see Peter Hall, *Cities of Tomorrow: An Intellectual History of Urban Planning and Design in the Twentieth Century*, third ed. (London: Blackwell, 2003).

18. Wu Hung, *Remaking Beijing: Tiananmen Square and the Creation of a Political Space* (Chicago: University of Chicago Press, 2005) provides an original and entertaining view of CCP attitudes to the city.

19. 關於蘇聯給早期中國共產黨的建議與原料討論的數分記錄，可以在此找到 *Jianguo yilai de Beijing chengshi jianshe ziliao. Di yi juan: Chengshi guihua* [Materials on Urban Construction of Beijing since the Founding of the PRC]. Book 1:

Collaboration with Japan, 1932–1945: The Limits of Accommodation, ed. David P. Barrett and Lawrence N. Shyu (Stanford: Stanford University Press, 2001), 135–155.

21. Peter J. Seybolt, "The War Within a War: A Case Study of a County on the North China Plain," in *Chinese Collaboration with Japan, 1932–1945: The Limits of Accommodation*, ed. David P. Barrett and Lawrence N. Shyu (Stanford: Stanford University Press, 2001).

22. 他們也可以伺機：Yung-fa Chen, *Making Revolution,* 116–117. 赫爾利也保證美國會支持中共：Michael Sheng, *Battling Western Imperialism: Mao, Stalin, and the United States* (Princeton: Princeton University Press, 1997), 89–93. See also Odd Arne Westad, *Cold War and Revolution: Soviet-American Rivalry and the Origins of the Chinese Civil War, 1944–1946* (New York: Columbia University Press, 1993).

23. 蔣介石的勝利電文，1945 年 8 月 15 日，在 IBiblio 網站，http://www.ibiblio.org/pha/policy/1945/450815c.html.

第八章｜共產主義　COMMUNISM

01. Sin-wai Chan and David E. Pollard, eds., *An Encyclopaedia of Translation: Chinese- English, English-Chinese* (Hong Kong: Chinese University Press, 2001).

02. 對此，請參見 David Apter and Tony Saich, *Revolutionary Discourse in Mao's Republic* (Cambridge, MA: Harvard University Press, 1994).

03. 引自 Westad, *Decisive Encounters,* 160.

04. *Selected Works of Mao Zedong,* Vol. 5.

05. 內戰英雄林彪："Ai Yingxu, Lin Biao ruhe duidai kangMei yuanChao: Bu tongyi chubing Chaoxian?" [What Attitude Did Lin Biao Have to the Campaign to Resist America and Assist Korea: Did He Not Agree with the Sending of Troops to Korea?], 9 September 2010, at http://dangshi.people.com.cn, accessed 5 October 2010.「我們一定得參戰。參戰，會有種種好處；不參戰，我們會受重傷害。」: Mao Zedong to Zhou Enlai, 13 October 1950, Mao Zedong, *Jianguo yilai Mao Zedong wengao* [Mao Zedong's Manuscripts Since the Founding of the People's Republic], ed. Zhonggong zhongyang wenxian yanjiushi (Beijing: Zhongyang wenxian, 1996), vol. 1, 556.

06. James Z. Gao, "War Culture, Nationalism, and Political Campaigns, 1950–1953," in *Chinese Nationalism in Perspective: Historical and Recent Cases*, ed. C. X. George Wei and Xiaoyuan Liu (New York: Praeger, 2001); Adam Cathcart, "Japanese Devils and American Wolves: Chinese Communist Songs from the War of Liberation and the Korean War," *Popular Music and Society* 33, no. 2 (2010): 203.

07. Lorenz Lüthi, *The Sino-Soviet Split: Cold War in the Communist World* (Princeton: Princeton University Press, 2008).

08. 不同的估算值，請參見 Shu Guang Zhang, *Economic* Cold War: America's Embargo Against China and the Sino-Soviet Alliance, 1949–1963 (Stanford: Stanford University Press, 2002) and Shen Zhihua, Sulian zhuanjia zai Zhongguo, 1948–1960

and Mass Murder Since 1900 (New York: Transaction Publishers, 1991) 是個非常可靠的來源。另請參見 Guo Rugui, *Zhongguo kangri zhanzheng zhengmian zhanchang zuozhan ji* (Nanjing: Jiangsu renmin, 2006) and Werner Gruhl, *Imperial Japan's World War Two, 1931–1945* (New Brunswick, NJ: Transaction Publishers, 2007).

03. Prasenjit Duara, *The Global and Regional in China's Nation-Formation* (Abingdon: Routledge, 2009), 51.

04. 七月三十日他宣布: James Crowley, *Japan's Quest for Autonomy: National Security and Foreign Policy, 1930–1958* (Princeton: Princeton University Press, 1966), 339. 蔣介石透過廣播向國人宣告: Statement on a war of self-defense and resistance by the National Government, 14 August 1937, at http://mil.news.sina.com.cn/2005-06-19/1841298670.html.

05. 一九三七年十月五日的一篇演講：http://www.vlib.us/amdocs/texts/fdrquarn.html. 戰爭爆發後頭一年：John W. Garver, *Chinese–Soviet Relations, 1937–1945: The Diplomacy of Chinese Nationalism (New York: Oxford University Press, 1988)*, 38. 蘇軍陣亡九千人：Alvin D. Coox, *Nomonhan: Japan Against Russia, 1939* (Stanford: Stanford University Press, 1990), 915.

06. Aaron William Moore, "The Chimera of Privacy: Reading Self-Discipline in Japanese Diaries from the Second World War (1937–1945)," *The Journal of Asian Studies* 68, no. 1 (2009): 187.

07. John Rabe, *The Good Man of Nanking: The Diaries of John Rabe*, ed. Erwin Wickert (New York: Knopf, 1998), 77.

08. Dreimächtepakt zwischen Deutschland, Italien und Japan vom 27- September 1940, in *Reichsgesetzblatt*, 2, 1940, p. 280.

09. Chiang, 13 April 1941, quoted in Jay Taylor, *The Generalissimo: Chiang Kai-shek and the Struggle for Modern China* (Cambridge, MA: Harvard University Press, 2009), 181–182.

10. 同前註，188.

11. 同前註，190.

12. Bevin Alexander, *The Strange Connection: US Intervention in China, 1944–1972* (Westport, CT: Greenwood, 1992), 16.

13. 小羅斯福與蔣的晚餐會議，1943 年 11 月 23 日，Foreign Relations of the United States, 1943, Conferences at Cairo and Teheran, 324.

14. Dong Wang, "The Discourse of Unequal Treaties in Modern China," *Pacific Affairs* 76, no. 3 (October 1, 2003): 399.

15. Theodore White and Annalee Jacoby, *Thunder out of China* (New York: William Sloane, 1946), 162.

16. Micah S. Muscolino, "Refugees, Land Reclamation, and Militarized Landscapes in Wartime China: Huanglongshan, Shaanxi, 1937–45," *The Journal of Asian Studies* 69, no. 2 (2010): 453–478.

17. 關於戰爭如何形塑現代中國的一本特別好的書是 Hans van de Ven, *War and Nationalism in China: 1925–1945* (London: Routledge Curzon, 2003).

18. Entry for 22 December 1943, *The Diary of Georgi Dimitrov*, intr. and ed. Ivo Banac (New Haven: Yale University Press, 2003), 290.

19. 亮出全民抗戰的旗幟：Ralph Thaxton, *Salt of the Earth: The Political Origins of Peasant Protest and Communist Revolution in China* (Berkeley: University of California Press, 1997), 256. 山東西部邊區：Yung-fa Chen, *Making Revolution: The Communist Movement in Eastern and Central China, 1937–1945* (Berkeley: University of California Press, 1986), 267–269.

20. Parks M. Coble, "Japan's New Order and the Shanghai Capitalists: Conflict and Collaboration, 1937–1945," in *Chinese*

11. Benton, *Chinese Migrants and Internationalism*, 67.

12. 引自 the PBS documentary *Becoming American: The Chinese Experience. Program Three: No Turning Back.* First broadcast in the United States in 2003.

13. *The Times*, 27 December 1917.

14. Xu, *China and the Great War*, 134.

15. Aleksandr Larin, "Krasnye i belye: krasnoarmyeitsy iz podnebesnoi" [Red and White: Red Army Soldiers from the Celestial Empire]," *Rodina*, 2000; Lewis H. Siegelbaum, "Another 'Yellow Peril'?: Chinese Migrants in the Russian Far East and the Russian Reaction Before 1917," *Modern Asian Studies* 12, no. 2 (1978): 307–330. See also Benton, *Chinese Migrants and Internationalism*, 20–29.

16. Linqing Yao, *The Chinese Overseas Students: An Overview of the Flows Change*, paper at the Australian Population Association's 12th biennial conference, September 2004, at http://www.apa.org.au/upload/2004-6C_Yao.pdf.

17. Weili Ye, *Seeking Modernity in China's Name: Chinese Students in the United States, 1900–1927* (Stanford: Stanford University Press, 2002), 19.

18. 中共告訴他們：Elizabeth McGuire, "Between Revolutions: Chinese Students in Soviet Institutes, 1948–1966," in *China Learns from the Soviet Union, 1949–Present*, ed. Thomas Bernstein and Hua-yu Li (Lanham, MA: Lexington Books, 2010), 366. 直到二〇〇二年：He Li, "Returned Students and Political Change in China," *Asian Perspective [S. Korea]* 30, no. 2 (2006): 5–30.

19. *Renmin ribao*, 27 January 2010.

20. Allen F. Damon, "Financing Revolution: Sun Yat-sen and the Overthrow of the Ch'ing Dynasty," *The Hawaiian Journal of History* 25 (1991): 166–167.

21. 李立三的俄國遺孀 Elizaveta Kishkina，96 歲仍住在北京，叫作李莎。她在文化大革命時曾坐過 8 年牢。她的自傳 *Wo de Zhongguo yuan fen: Li Lisan furen Li Sha huiyilu* [My Fateful En- counter with China: The Memoirs of Li Lisan's Wife Li Sha] (Beijing: Waiyu jiaoxue yu yan- jiu, 2009)，值得一讀，可以警告外國人不要涉入中國事務太深。

22. "The Man Who Saw It All," *Time*, 5 December 2005.

23. Nien Cheng, *Life and Death in Shanghai* (New York: Penguin, 1995), 105.

24. 華攬洪在 1981 年出版了他有點不太可信的回憶錄，Leon Hoa, *Reconstruire la Chine: trente ans d'urbanisme, 1949–1979* [Reconstructing China: Thirty Years of Urbanism] (Paris: Moniteur, 1981).

25. Cheng Li, "Foreign-Educated Returnees in the People's Republic of China: Increasing Political Influence with Limited Official Power," *Journal of International Migration and Integration* 7, no. 4 (September 1, 2006): 493–516.

第七章｜對外與對內的戰爭　WAR

01. 滿洲的土地，又稱滿洲國。

02. 雖然眾所周知，要估計出戰爭的所有死傷人數很難，Rudolph J. Rummel, *China's Bloody Century: Genocide*

29. Monlin Chiang, *Tides from the West, a Chinese Autobiography* (New Haven: Yale University Press, 1947).
30. Hu Shi, "Baihua wenyan zhi youlie bijiao [A Comparison of the Good and Bad in the Vernacular Language], *Hu Shi liuxue riji* [Hu Shih's Diary from Studying Abroad], *Minguo congshu*, 2nd series, vol. 2 (Shanghai: Shanghai shudian, 1990), p. 943; quoted from Elisabeth Kaske, *The Politics of Language in Chinese Education, 1895–1919* (Leiden: Brill, 2008), 424 (amended translation).
31. "The Question of Miss Zhao's Personality" (1919), *Mao's Road to Power: Revolutionary Writings 1912–1949*, ed. Stuart R. Schram, 7 vols. (Armonk, NY: M. E. Sharpe, 1992), vol. 1, p. 422.
32. Robert Bickers, "Shanghailanders: The Formation and Identity of the British Settler Community in Shanghai, 1843–1937," *Past & Present* 159, no. 1 (May 1, 1998): 161–211, 188.
33. Kate Bagnall, "Golden Shadows on a White Land: An Exploration of the Lives of White Women Who Partnered Chinese Men and Their Children in Southern Australia, 1855–1915" (PhD dissertation, University of Sydney, 2006), 245–297.
34. Esther Cheo Ying, *Black Country to Red China* (London: Cresset Women's Voices, 1987), 12.

第六章｜出走海外　ABROAD

01. Lee Kuan Yew, "A Tale of Two Cities: Twenty Years On," Li Ka Shing Lecture, Uni- versity of Hong Kong, 14 December 1992, in (Singapore) *Ministerial Speeches*, 16, no. 6 (November-December 1992), p. 55.
02. *The Labor Agitators, or, The Battle for Bread: The Party of the Future, the Workingmen's Party of California: Its Birth and Organization: Its Leaders and Its Purposes: Corruption in Our Local and State Governments: Venality of the Press* (San Francisco: Geo. W. Greene, 1879).
03. Bayard Taylor quoted in Committee of the Senate of California, ed., *Chinese Immi- gration: The Social, Moral and Political Effect of Chinese Immigration* (Sacramento, CA: State Printing Office, 1877). Taylor's book, which the quote is from, was published in 1855.
04. Chinese American Demographics, at http://www.ameredia.com/resources/demographics /chinese.html.
05. Vincent Peloso, "Racial Conflict and Identity Crisis in Wartime Peru: Revisiting the Cañete Massacre of 1881," *Social Identities* 11, no. 5 (September 2005): 467–488.
06. Lisa Yun, *The Coolie Speaks: Chinese Indentured Laborers and African Slaves in Cuba* (Philadelphia: Temple University Press, 2008).
07. Gregor Benton, *Chinese Migrants and Internationalism: Forgotten Histories, 1917–1945* (London: Routledge, 2007).
08. 同前註，p. 91.
09. Wieland Wagner, "Chinese Tourists Do Europe," *Der Spiegel*, 17 August 2007.
10. 引自 Adam McKeown, *Chinese Migrant Networks and Cultural Change: Peru, Chicago, Hawaii, 1900–1936* (Chicago: University of Chicago Press, 2001), 127.

Oxford University Press, 1998), 75. 法國籍洋顧問讓・莫涅 : Hungdah Su, "The Father of Europe in China: Jean Monnet and Creation of the C.D.F.C. (1933–1936)," *Journal of European Integration History* 13, no. 1 (2007): 9–24.

17. 史坦尼斯因此 : Stennes's chances of survival in Nazi Germany would have been low; he had testified against Hitler in a 1931 court case and Hitler had later sued Stennes for copyright infringement. In 2000 it was claimed that Stennes had been a Soviet agent through much of the 1940s; *Trud*, 14 March 2000, no. 46. 蔣介石的長子蔣經國 : Bernd Martin and Susanne Kuss, eds., *Deutsch-Chinesische Beziehungen 1928–1937: "gleiche" Partner Unter "ungleichen" Bedingungen: Eine Quellensammlung* (Berlin: Akademie Verlag, 2003).

18. Walter J. Boyne, *Air Warfare: An International Encyclopedia* (ABC-CLIO, 2002), 126–127.

19. Vasilii Chuikov, *Missiia v Kitae: zapiski voennogo sovetnika* (Moscow: Vostochnoilit-ry, 1981).

20. 幾乎所有共產國際的顧問下場都不好：馬林於 1842 年遭德國人槍殺；鮑羅定和史坦則死於史達林的大清洗行動中。

21. 她在一九三五年寫下：「莫斯科是否……」: Anna Louise Strong, *China's Millions: The Revolutionary Struggles from 1927 to 1935* (New York: Knight, 1935), 412–413. 史特朗嫁給俄國丈夫 : *The New Soviet Constitution, a Study in Socialist Democracy* (New York: H. Holt, 1937). 斯特朗還寫過一本蘇聯在 1945 年解放波蘭的書，*I Saw the New Poland* (Boston: Little Brown, 1946)；關於中國在 1959 年解放西藏的書，*When Serfs Stood Up in Tibet* (Beijing: New World Press, 1960). 然後，好像這還不夠，還有解釋為什麼毛的大躍進能拯救中國，*The Rise of the People's Communes in China* (New York: Marzani and Munsell, 1960).

22. Hyun Ok Park, *Two Dreams in One Bed: Empire, Social Life, and the Origins of the North Korean Revolution in Manchuria* (Durham, NC: Duke University Press, 2005).

23. 有關法學及社會理論的書 : See Zou Zhenhuan, Yingxiang Zhongguo jindai shehui de yibai zhong yizuo [The One Hundred Translations That Have Had the Strongest Influence on Modern Chinese Society] (Beijing: Zhongguo duiwai fanyi, 1996). 到了一九一〇年代 : Ishikawa Yoshihiro, "Chinese Marxism in the Early 20th Century and Japan," *Sino-Japanese Studies* 14 (n.d.): 24–34.

24. Zhang Ping, "Sherlock Holmes in China," *Perspectives: Studies in Translatology* 13, no. 2 (2005): 106; Xiaoqing Cheng and Timothy C. Wong, *Sherlock in Shanghai: Stories of Crime and Detection* (Honolulu: University of Hawaii Press, 2007).

25. Joys Cheung, "Chinese Music and Translated Modernity in Shanghai, 1918–1937" (PhD dissertation, University of Michigan, 2008); Andrew F. Jones, *Yellow Music: Media Culture and Colonial Modernity in the Chinese Jazz Age* (Durham, NC: Duke University Press, 2001).

26. He Libo, "1929 de Xihu bolanhui," *Jiangcha fengyun*, 6, 2010: 6–70; Ai Xianfeng, "1929 de Xihu bolanhui shulun [An Overview and Discussion of the 1929 West Lake Exposition]," *Huazhong shifan daxue xuebao, renwen shehuikexue ban*, 4, 2009: 84–89.

27. *Xin qingnian* 6, 1 (January 1919): 10–11.

28. Suzanne Pepper, *Radicalism and Education Reform in 20th-Century China: The Search for an Ideal Development Model* (Cambridge: Cambridge University Press, 2000).

第五章｜外國人　FOREIGNERS

01. *Renmin ribao*, 4 April 2006.

02. 台灣方面，年輕一代的中國人：In 2010 fifty-two percent of Taiwanese still saw Japan as their favorite country (the People's Republic of China scored five percent); "Japan Taiwan's Favorite Country, Survey Reveals," *Taipei Times*, 24 March 2010. 儘管有戰爭：Frank Dikötter, *The Age of Openness: China before Mao* (Berkeley: University of California Press, 2008).

03. Harry Alverson Franck, *Roving Through Southern China* (New York: The Century Co., 1925), 75–76.

04. Frederic E. Wakeman, *Policing Shanghai, 1927–1937* (Berkeley: University of California Press, 1996), 215–216.

05. 對面三十層高的大華飯店：The lavish structure is now known as the Peace Hotel—Heping fandian. 北京新蓋的公共建築：It is now the "internal information" office of the official Chinese news agency Xinhua (see Sang Ye and Geremie R. Barmé, "A Beijing That Isn't [Part I]," at http://www.chinaheritagenewsletter.anu.edu.au/features.php?searchterm=014_BeijingThatWasnt.inc&issue=014).

06. Valery Garrett, *Chinese Dress: From the Qing Dynasty to the Present* (North Clarendon, VT: Tuttle Publishing, 2008), 126–155 on the republican era.

07. 這個名字本身就有迷人的異國背景：在日本，孫開始使用日本的姓 Nakayama，中文念作中山。他回到中國後，繼續使用它的漢字，作為化名。

08. 當成舍我在 1949 年之後試圖在台灣回復他的報社時，國民黨政府立刻把它關閉。

09. Lu Hanchao, *Beyond the Neon Lights: Everyday Shanghai in the Early Twentieth Century* (Berkeley: University of California Press, 2004).

10. Qi Jianhong and Zhou Jieqiong, *French Direct Investment in China: A Survey Report*, East Asia Economic Research Group Discussion Paper (Brisbane: School of Economics, The University of Queensland, January 2006).

11. Osterhammel, *China und die Weltgesellschaft: Vom 18. Jahrhundert bis in unsere Zeit*, 255.

12. Norman P. Grubb, *C. T. Studd: Cricketer and Pioneer* (London: Religious Tract Society, 1933). Studd had played for England in the first test match against Australia (the origins of the Ashes series) and believed sports would help convert souls for Jesus.

13. 由於毛對美國駐華代表發表了措辭嚴厲的告別演說：「別了，司徒雷登」，他在 1949 年後，在中國成了被罵得最慘的外國人。1962 年，他臨死前告訴家人，等政治情況許可時，他希望能葬於他所創立的大學。但當中華人民共和國政府終於在 2008 年同意他的骨灰可以葬在中國時，最後還是蔑視他，政府堅持要葬在他的出生地杭州，而不是他所創立學校的校園裡。

14. 倪柝聲在共產黨掌政後，不久就遭監禁，於 1972 年死於獄中。他的小群教會及由此衍生的團體，目前在中國的會眾已超過十萬人，並快速增加中。Lian Xi, *Redeemed by Fire: The Rise of Popular Christianity in Modern China* (New Haven: Yale University Press, 2010).

15. Madeleine Chi, *China Diplomacy, 1914–1918* (Cambridge, MA: Harvard University Asia Center, 1970), 53–54.

16. 同樣重要的是：Julia C. Strauss, *Strong Institutions in Weak Polities: State Building in Republican China, 1927–1940* (Oxford:

31. 盛甚至在 1938 年加入蘇聯共產黨。自傳請參見 Cai Jin-song, *Sheng Shicai wai zhuan* [An Unofficial Biography of Sheng Shicai] (Beijing: Zhonggong dangshi, 2005).

32. Guoqi Xu, *China and the Great War* (Cambridge: Cambridge University Press, 2005), 245.

33. 引自，同前註，252.

34. 由於抗議的關係，中國成為唯一拒簽凡爾賽和約的主要國家。曹汝霖部長的家被燒毀，他逃過一劫，後來搬到底特律，在 91 歲高齡時終老於此。他的回憶錄：Cao Rulin, *Cao Rulin yisheng zhi huiyi* [Cao Rulin Remembers His Life] (Taibei: Zhuanji wenxue, 1970).

35. Quoted from Spence, *The Search for Modern China*, 303.

36. Lu Hsun, "A Happy Family," in Lu Hsun, *Selected Stories of Lu Hsun (Beijing:* Foreign Languages Press, 1960).

37. Liang Qichao, "Travel Impressions from Europe," in William Theodore De Bary and Richard Lufrano, eds., *Sources of East Asian Tradition Volume 2: The Modern Period*, 2nd ed.(New York: Columbia University Press, 2000).

38. Li Dazhao, quoted in Jerome Ch'en, "The Chinese Communist Movement to 1927," in *The Cambridge History of China*, ed. John K. Fairbank, vol. 12: Republican China 1912–1949, Part 1 (Cambridge: Cambridge University Press, 1983), 513.

39. Sun Yat-sen, *The International Development of China* (New York: GP Putnam's Sons, 1922), 237.

40. "Sun Yat-sen Appeals," *New York Times*, 16 May 1921, 14.

41. 外交部長與殖民事務部長的聯合備忘錄，June 1925, CAB/24/174, UK National Archives, London.

42. S. C. M. Paine, *Imperial Rivals: China, Russia, and Their Disputed Frontier* (Armonk, NY: M. E. Sharpe, 1996).

43. *Xiangdao*, 31 (July 1923).

44. Alexander Pantsov, *The Bolsheviks and the Chinese Revolution, 1919–1927* (Honolulu: University of Hawaii Press, 2000).

45. 林蔚教授（Arthur Waldron）在他的傑作《From War to Nationalism》中 (Cambridge: Cambridge University Press, 2003) 強調，北方內戰的影響，尤其在促使地面中樞防禦系統發展成功 ([illegible] 頁)。他無疑說對了。

46. Kuo Mo-Jo and Josiah W. Bennett, "A Poet with the Northern Expedition," *The Far Eastern Quarterly* 3, no. 1 (November 1943): 5–36.

47. Kuo Mo-Jo and Josiah W. Bennett, "A Poet with the Northern Expedition," *The Far Eastern Quarterly* 3, no. 4 (August 1944): 362–380.

48. Clarence Martin Wilbur and Julie Lien-ying How, *Missionaries of Revolution: Soviet Advisers and Nationalist China, 1920–1927* (Cambridge, MA: Harvard University Press, 1989), 250.

49. 引自 Christopher Andrew, *Her Majesty's Secret Service: The Making of the BritishIntelligence Community* (New York: Viking, 1986), 328.

50. British Foreign Secretary, CAB/23/54, UK National Archives.

51. Sir William Tyrrell to the Committee on Imperial Defense, 28 July 1926, CAB/24/181, UK National Archives.

12 年徒刑時，回過頭來救了他。他的關鍵辯護人之一是錢秀玲，她是一位中國化學家，戰前就已定居比利時，並擔任比利時地下組織與德國指揮官間的溝通橋樑。馮・法肯豪申只坐了 3 個月的牢。錢的生平在 2002 年由中國拍成 16 集的電視劇。（請參見北京青年報，2001 年 12 月 11 日）。對德國在中國共和中的角色介紹的最好的是 William C. Kirby, *Germany and Republican China* (Stanford: Stanford University Press, 1984).

13. *The Times*, 20 July 1909.
14. Issued 29 January 1901; quoted from Richard S. Horowitz, "Breaking the Bonds of Precedent: The 1905–6 Government Reform Commission and the Remaking of the Qing Central State," *Modern Asian Studies* 37, no. 4 (October 2003): 775–797.
15. E-Tu Zen Sun, "The Chinese Constitutional Missions of 1905–1906," *The Journal of Modern History* 24, no. 3 (September 1952): 251–268.
16. Edwin John Dingle, *China's Revolution, 1911–1912* (Shanghai: Commercial Press, 1912), pp. 49–50.
17. *Minbao*, April 1906, p. 8.
18. Tsou Jung [Zou Rong], *The Revolutionary Army: A Chinese Nationalist Tract of 1903*, introduction and translation with notes by John Lust, Matériaux pour l'étude de l'extréme-orient moderne et contemporain, textes; 6 (The Hague: Mouton, 1968).
19. Edward J. M. Rhoads, *Manchus & Han* (Seattle: University of Washington Press, 2001), 188–192.
20. Michael Gasster, "The Republican Revolutionary Movement," in *The Cambridge His-tory of China*, ed. John K. Fairbank and Kwang-ching Liu, vol. 11: Late Ch'ing, Part 2 (Cambridge: Cambridge University Press, 1980), 494.
21. Su Quanyou, "Yuan Shikai yu Zhili gongye [Yuan Shikai and Zhili Industry]," *Lishi Dang'an*, no. 1 (March 2005): 77–82.
22. Marie-Claire Bergère, *Sun Yat-sen*, trans. Janet Lloyd (Stanford: Stanford University Press, 2000).
23. B. L. Putnam Weale, *The Fight for the Republic in China* (New York: Dodd, Mead and Company, 1917), 229–230.
24. 例子請參見 Frank J. Goodnow, "The Adaptation of a Constitution to the Needs of a People," *Proceedings of the Academy of Political Science in the City of New York* 5, no. 1 (October 1914): 36–37.
25. K. S. Liew, *Struggle for Democracy* (Berkeley: University of California Press, 1971).
26. Angus W. McDonald, "Mao Tse-tung and the Hunan Self-Government Movement, 1920: An Introduction and Five Translations," *The China Quarterly*, no. 68 (December 1976): 751–777.
27. Urgunge Onon and D. Pritchatt, *Asia's First Modern Revolution: Mongolia Proclaims Its Independence in 1911*, illustrated edition (Leiden: Brill Academic Publishers, 1997). 爭對俄羅斯政策，請參見 Nakami Tatsuo, "Russian Diplomats and Mongol Independence, 1911–1915," in *Mongolia in the Twentieth Century: Landlocked Cosmopolitan*, ed. Stephen Kotkin and Bruce A. Elleman (New York: M. E. Sharpe, 1999), 69–78.
28. Russo-Chinese Agreement concerning Outer Mongolia, 5 November 1913, in Putnam Weale, *The Fight for the Republic in China*, 248.
29. Tsepon W. D. Shakabpa, *Tibet: A Political History* (New Haven: Yale University Press, 1967), 246–48.
30. Melvyn C. Goldstein, *The Snow Lion and the Dragon: China, Tibet, and the Dalai Lama* (Berkeley: University of California Press, 1999).

第四章｜共和　REPUBLIC

01. Loren Brandt, "Reflections on China's Late 19th and Early 20th-Century Economy," in *Reappraising Republican China*, ed. Frederic Wakeman and Richard Louis Edmonds (Ox- ford: Oxford University Press, 2000), 28–54.
02. Philip P. Pan, "'Saints' in Rome Are 'Henchmen' to Beijing," *Washington Post*, Sep- tember 30, 2000; *Christian Century*, 18 October 2000.
03. 我記得，小時候上挪威路德會主日學校時，看過基督徒被義和團砍死，令人毛骨悚然的照片。被殺死的傳教士中，有相當多是北歐人。
04. Philip W. Sergeant, *The Great Empress Dowager of China* (London: Hutchinson & Co., 1910), 241.
05. 北京附近一城鎮：Joan Judge, *The Precious Raft of History: The Past, the West, and the Woman Question in China* (Stanford: Stanford University Press, 2008), 180; see also Joan Judge, "The Politics of Female Virtue in Turn-of-the-Century China: The Case of Tong- zhou," paper delivered at the annual conference of the Association for Asian Studies, San Fran- cisco, April 2006. 「有些事我不能寫……」: George Lynch, *The War of the Civilisations, Being the Record of a "Foreign Devil's" Experiences with the Allies in China* (London: Longmans, Green, and Co., 1901), 142. 日本有家大報嘆息：Editorial, *Yorozu Choho*, December 1901; quoted from Robert A. Bickers and R. G. Tiedemann, eds., *The Boxers, China, and the World* (Rowman & Littlefield, 2007); see also Bickers, "Boxed Out: How the British Museum Sup- pressed Discussion of British Looting in China," *Times Literary Supplement*, 5129 (2001): 15.
06. Victor Purcell, *The Boxer Uprising: A Background Study* (Cambridge: Cambridge Uni- versity Press, 1963).
07. 《費城新聞報》宣稱：*Philadelphia Press*, 11 April 1898. 揭櫫：*Papers Relating to the Foreign Relations of the United States: With the Annual Message of the President Transmitted to Congress, December 5, 1899* (Washington, DC: Government Printing Office, 1901), 129–130.
08. 引自 Walter LaFeber, *The American Age: United States Foreign Policy at Home and Abroad Since 1750* (New York: W. W. Norton, 1989), 209.
09. Samuel Isaac Joseph Schereschewsky, the founder of St. John's University, was born in Lithuania in 1831, went to Germany to study for the rabbinate, there became a Christian, emigrated to America, trained for the priesthood, and in 1859 was sent by the Episcopal Church to China, where he began translating the Bible into Chinese. Schereschewsky later developed Parkinson's Disease, was largely paralyzed, resigned his position as Bishop of Shang- hai, and spent the rest of his life completing his Bible translation, the last two thousand pages of which he typed with the one finger that he could still move. He died in Tokyo in 1906.
10. Jacobson to Reichmarineamt, 27 January 2005, quoted in Klaus Mühlhahn, *Herrschaft und Widerstand in der "Musterkolonie" Kiautschou: Interaktionen zwischen China und Deutsch- land, 1897–1914* (Munich: Oldenbourg, 2000), 238.
11. Governor of Jiaozhou, Meyer-Waldeck, to Tirpitz, 14 October 1912, quoted in Mühlhahn, *Herrschaft und Widerstand in der "Musterkolonie" Kiautschou*.
12. 馮·法肯豪申與中國的關係，在他於 1951 年，因在第二次世界大戰時擔任比利時軍政府首長而被判

05. Peter Zarrow, "Anti-Despotism and 'Rights Talk': The Intellectual Origins of Modern Human Rights Thinking in the Late Qing," *Modern China* 34, no. 2 (January 2008): 186.

06. Han Fuqing, *Qingmo liu Ri xuesheng* [Chinese Students in Japan in the Late Qing Period] (Taibei: Zhongyang yanjiuyuan, Jindaishi yanjiusuo, 1975), 127–128.

07. Yi Manson et al., "Memorial Submitted by Ten Thousand Men," in Peter H. Lee, ed., *Sourcebook of Korean Civilization*, vol. 1 (New York: Columbia University Press, 1992), 335.

08. 「很顯然……」: Choe Ik-hyon,"Memorial against Peace,"1876, Peter H. Lee, ed., *Sourcebook of Korean Civilization*, vol. 2 (New York: Columbia University Press, 1992), 333. 暗殺政府要員的計劃：Seo Jae-pil, one of the young coup-makers who fled to Japan, later went to the United States, where he took the name Philip Jaisohn, trained as a medical doctor, and became a political mentor to Syngman Rhee and, after World War II, to the young Kim Dae-jung. Seo died at eighty-seven in 1951.

09. Ki-Baik Lee, *A New History of Korea* (Cambridge, MA: Harvard University Press, 1984), 284.

10. 中國至少有三萬五千名陸海軍士兵死傷，是日本的七倍以上，請參見 Zhang Mingjin, *Luori xia de longqi: 1894–1895 Zhong Ri zhanzheng jishi* [The Setting Sun of the Dragon Banner: A True Record of the 1894–95 Sino-Japanese War] (Beijing: Beijing Yanshan, 1998).

11. Wm. Theodore de Bary and Richard Lufrano, eds., *Sources of Chinese Tradition,* vol. 2, 2nd ed. (New York: Columbia University Press, 2001), 275.

12. 同前註，269–270.

13. Isaac Taylor Headland, *Court Life in China: The Capital, Its Officials and People* (New York: F. H. Revell Co., 1909), 357. All of Guangxu's edicts are in Zhongguo diyi lishi dang'anguan. *Guangxu Xuantong liang chao shangyu dang*, 37 vols. (Guilin: Guangxi shifan daxue chubanshe, 1996).

14. Bary and Lufrano, *Sources of Chinese Tradition,* vol. 2, 312.

15. 同前註，317–318.

16. Sushila Narsimhan, *Japanese Perceptions of China in the Nineteenth Century: Influence of Fukuzawa Yukichi* (New Delhi: Phoenix, 1999), 181.

17. Geoffrey Jukes, *The Russo-Japanese War 1904–1905* (Oxford: Osprey, 2002), 21.

18. Harry J. Lamley, "Taiwan under Japanese Rule," in *Taiwan: A New History*, ed. Murray A. Rubinstein (Armonk, NY: M.E. Sharpe, 2006), 223.

19. 同前註。

20. Herbert P. Bix, "Japanese Imperialism and the Manchurian Economy, 1900–31," *The China Quarterly*, no. 51 (July 1, 1972): 425–443.

21. Sun Yat-sen, *China and Japan: Natural Friends—Unnatural Enemies* (Shanghai: China United Press, 1941), 150–151.

位中文教授。

12. David Wright, *Translating Science: The Transmission of Western Chemistry into Late Imperial China, 1840–1900* (Leiden: Brill, 2000), 168; see also James Reardon-Anderson, *The Study of Change: Chemistry in China, 1840–1949* (Cambridge: Cambridge University Press, 1991).

13. 關於這個和其他在 19 世紀末與西方知識衝突的故事，請參見 Guo Moruo, *Quanji* [Complete Works] (Beijing: Renmin wenxue, 1985), vol. 11.

14. Wu Tingfang, *America, Through the Spectacles of an Oriental Diplomat* (London: An-them Press, 2007), p. 60.

15. Zhigang, *Chu shi taixi ji* [First Mission to the Far West] (Beijing: Shishutang, 1877) quoted from R. David Arkush and Leo O. Lee, eds., *Land Without Ghosts: Chinese Impressions of America from the Mid-Nineteenth Century to the Present* (Berkeley: University of California Press, 1989), p. 27.

16. Liu Xihong, Yingzhao siji [Private Notes on England], in Zhong Shuhe, ed., *Zouxiang shijie congshu* [A Collection of Books on Setting out into the World] (Changsha: Yuelu shushe, 1986), 48–49.

17. Suebsaeng Promboon, "Sino-Siamese Tributary Relations, 1282–1853" (PhD thesis, University of Wisconsin, Madison, 1971), 292.

18. Rune Svarverud, *International Law as World Order in Late Imperial China: Translation,Reception and Discourse, 1847–1911*, Sinica Leidensia 78 (Leiden: Brill, 2007), 90–91.

19. 同前註，136.

20. *Zhongguo jindai duiwai guanxi shi ziliao xuanji (1840–1949)* [Selection Materials from the History of Modern Chinese Foreign Relations (1840–1949)], book 1, vol. 1 (Shanghai: Shanghai renmin, 1977), 241–43.

21. Zeng Jize, *Chushi Ying Fa E guo riji* [Diary of Embassies in England, France, and Rus- sia], ed. Zhong Shehe (Changsha: Yuelu shushe, 1985), 178.

22. *Qingyibao*, 45 (May 1900).

第三章｜中國與日本　JAPAN

01. Harry Harootunian, "The Functions of China in Tokugawa Thought," in *The Chinese and the Japanese: Essays in Political and Cultural Interactions*, ed. Akira Iriye (Princeton: Prince- ton University Press, 1980), 12.

02. J. Mason Gentzler, *Changing China: Readings in the History of China from the Opium War to the Present* (New York: Praeger, 1977), 70–71.

03. Edwin Pak-Wah Leung, "The Quasi-War in East Asia: Japan's Expedition to Taiwan and the Ryûkyû Controversy," *Modern Asian Studies* 17, no. 2 (January 1, 1983): 260.

04. Norihito Mizuno, "Early Meiji Policies Towards the Ryukyus and the Taiwanese Abo-riginal Territories," *Modern Asian Studies* 43, no. 3 (May 1, 2009): 683–739.

乎所有的重大的戰事時，情況其實是相反的。

11. Ng Chin-keong, "Shooting the Eagles: Lin Changyi's Agony in the Wake of the Opium War," in *Maritime China in Transition, 1750–1850*, ed. Wang Gungwu and Ng Chin-keong (Wiesbaden: Harrassowitz, 2004).

12. 同前註。

13. 1847 年春天，當洪從他的第一次暴動中抽出兩個月的時間，與美國浸信會教士 Issachar Jacox Roberts（來自田納西州 Sumner 郡）一起讀聖經，整件事是個鬧劇。Roberts 以為他終於讓一個中國人改變信仰了，不料卻被告知，他其實面對的是上帝的兒子。

14. The battle is described in Supplement to The London Gazette, 27 November 1860, p. 4771.

15. Quoted from Bernard Brizay, Le Sac du Palais dÉté: LExpédition Anglo-Française de Chine en 1860 (Troisiéme Guerre de lOpium) (Monaco: Rocher, 2003), 268.

第二章｜帝國主義　IMPERIALISMS

01. Wen-hsin Yeh, *Shanghai Splendor: Economic Sentiments and the Making of Modern China, 1843–1949* (Berkeley: University of California Press, 2007).

02. Bryna Goodman, *Native Place, City and Nation: Regional Networks and Identities in Shanghai, 1853–1937* (Berkeley: University of California Press, 1995), 14–32.

03. Frank H. H. King, *The History of the Hongkong and Shanghai Banking Corporation* (Cambridge: Cambridge University Press, 1987), vol. 1, 504.

04. Madeline Zelin and Andrea McElderry, eds., "Business History in Modern China." Special issue, *Enterprise & Society* 6, no. 3 (2005).

05. Daniel H. Bays, ed., *Christianity in China: From the Eighteenth Century to the Present* (Stanford: Stanford University Press, 1996), 65.

06. See Evelyn Sakakida Rawski, *Education and Popular Literacy in Ch'ing China*, Michigan Studies on China (Ann Arbor: University of Michigan Press, 1979).

07. John K. Fairbank, ed., *Cambridge History of China*, vol. 10 (Cambridge: Cambridge University Press, 1978), 583.

08. John C. Ferguson, "The Abolition of the Competitive Examinations in China," *Journal of the American Oriental Society*, vol. 27 (1906), 79.

09. Benjamin A. Elman, *A Cultural History of Civil Examinations in Late Imperial China* (Berkeley: University of California Press, 2000), 596–597.

10. Ruth Rogaski, *Hygienic Modernity: Meanings of Health and Disease in Treaty-Port China* (Berkeley: University of California Press, 2004), 84–85.

11. 傅蘭雅於 1839 年出於英國，在中國住了超過 35 年，而後在 1895 年成為加州大學柏克萊分校的第一一提，俄羅斯方面，主要的中國顧問是克羅埃西亞人 Iurii Krizhanich (Juraj Križaniæ) 及德國的歷史學家 Gerhard Friedrich Müller; Michael B. 請參見 Petrovich, "Juraj Krizanic: A Precursor of Pan-Slavism (ca. 1618–83)," *Amer-ican Slavic and East European Review*, Vol. 6, No. 3/4. (Dec. 1947): 75–92; and L. Maier, "Gerhard Friedrich Müller's memoranda on Russian relations with China and the reconquest of the Amur," *Slavic and East European Review*, 59 (1981): 219–240.

12. 不是蓄意破壞；參觀位於倫敦大英博物館後棟的大維德爵士藝廊，那裡最近才因華裔英人何鴻卿爵士的捐助而進行整修，會發現英國人對中國的瓷器很了解，因此是把它們偷走而不是毀掉。

第一章｜蛻變　METAMORPHOSIS

01. 「漢人」是個很微妙的概念。一直到最近，中國人的主要身分都根據他們的所在的省分或家鄉，而「漢人」一詞，最常被用來區分住在中華人民共和國上的非中國民族與中國人。但既然「中國人」現在已用來指所有中華人民共和國的公民，「漢人」就被用來指人數最多的族群。新的 DNA 證據顯示，過去兩千年來，中國人口已遍布南北，並確立了相當大程度的華人基因融合。請參見 Jieming Chen et al., "Genetic Structure of the Han Chinese Population Revealed by Genome-wide SNP Variation," *The American Journal of Human Genetics* 85, no. 6 (December 11, 2009): 775–785.

02. Wang Kaixi, *Gemo, chongtu yu qutong: Qingdai Zhongwai liyi zhizheng touxi* [Lack of Understanding, Conflict and Convergence: Divergence of Rites During the Qing Dynasty] (Beijing: Beijing shifan daxue, 1999), 200.

03. 雖然自十二世紀以來，亞洲的地理已經繪成地圖 : Matteo Ricci, *Il mappamondo cinese del p. Matteo Ricci, S. I. (3. ed., Pechino, 1602) conservato presso la Biblioteca Vaticana* (Vatican City: Biblioteca apostolica Vaticana, 1938). This is Ricci's *Kunyu wan'guo quantu* [Complete Map of the Myriad Countries on the Earth] (Beijing, 1602), the most complete (and most beautiful) of these *mappae mundi*. 這是根據佛蘭芒語學者兼地理學家的 Abraham Ortelius's *Typus Orbis Terrarum* from 1570. The best overview of early Chinese mapmaking is *Zhongguo gudai dituji* [Chinese Ancient Maps], 3 vols. (Beijing: Wen wu, 1990). 精妙的文化折衷作品 : *Da Qing tongshu zhigong wanguo jingwei diqiu shi* [Model of the Myriad Tributary States of the Great Qing from Around the Globe].

04. See Jürgen Osterhammel's magnificent *China und die Weltgesellschaft: Vom 18. Jahrhun- dert bis in unsere Zeit* (Munich: C. H. Beck, 1989).

05. Governor of Guangdong to Imperial Court, 30 November 1814 in Lo-Shu Fu, ed., *Documentary Chronicle of Sino-Western Relations (1644–1820)*, 2 vols. (Tucson: University of Arizona Press, 1966), vol. 1, 394.

06. Jiaqing Emperor decree to Grand Council, 14 June 1818, in 同前註。 vol. 1, p. 413.

07. Zheng Yangwen, *The Social Life of Opium in China* (New York: Cambridge University Press, 2005), 58.

08. 回應 1792 年後禁止吸鴉片的命令——從來沒執行過。

09. *Chinese Repository*, Vol. 8 (February 1840), 497–503.

10. 後來的中國史料常將滿洲人形容成膽小的懦夫，當本地（中國）人挺身戰鬥時，他們已逃走。但幾

註釋

緒論｜帝國　EMPIRE

01. 經常有人預測 : See, for instance, Willem Buiter and Ebrahim Rahbari, *Global Growth Generators: Moving beyond "Emerging Markets" and "BRIC"* (New York: Citi- group Global Markets, 2011) or Karen Ward, *The World in 2050: Quantifying the Shift in the Global Economy* (London: HSBC Global Research, 2011). 中國社會科學院預估 : See, for instance, *China Modernization Report 2006*, at Zhongguo xiandai- hua wang [China Modernization Network]: http://www.modernization.com.cn/.
02. Benjamin I. Schwartz, *China and Other Matters* (Cambridge, MA: Harvard University Press, 1996), 114.
03. Jonathan Spence, *The Search for Modern China* (New York: Norton, 1990).
04. James Legge, *The Chinese Classics: With a Translation, Critical and Exegetical Notes,Prolegomena and Copious Indexes*, vol. 1 (London: Trubner & co., 1861), 9.
05. 如果你真的想研究它 , 此書的版本是在市面上最好的。Sun Tzu, *The Art of War*, 9th ed. (New York: Basic Books, 1994).
06. See Peter C. Perdue, "Strange Parallels across Eurasia," Social Science History 32, no. 2 (June 1, 2008): 263–279; and Victor Lieberman, "The Qing Dynasty and Its Neighbors: Early Modern China in World History," Social Science History 32, no. 2 (June 1, 2008): 281–304.
07. 在本書中，我會用他們的年號來分辨中國的各個皇帝：年號康熙的皇帝，出生時，滿洲名字為穆麟德（中文為玄燁），愛新覺羅氏。
08. 回顧這些過程，最好的作品是 Kenneth Pomeranz, The Great Divergence: China, Europe, and the Making of the Modern World Economy (Princeton: Princeton University Press, 2000).
09. 造成十八世紀種族屠殺的一樁標準事例 : 請參見 A. Dirk Moses, Empire,Colony, Genocide: Conquest, Occupation, and Subaltern Resistance in World History (Oxford: Berghahn Books, 2008), 188. 他把準噶爾東部大部分地區及其南方一些小汗國併入中國 : see Peter C. Perdue, China Marches West: The Qing Conquest of Central Eurasia (Cambridge, MA: Harvard University Press, 2005).
10. Marcia Yonemoto, *Mapping Early Modern Japan: Space, Place, and Culture in the Toku- gawa Period, 1603–1868* (Berkeley: University of California Press, 2003).
11. 法籍的張誠和葡籍的徐日升，大半輩子的工作都在中國，分別在 1707 年和 1708 年逝於中國。順帶

羅伯・穆加比（Robert Mugabe）

20

薩達姆・海珊（Saddam Hussein）
藍辛－石井協定（Lansing-Ishii agreement）

21

藤森謙也（Alberto Kenya Fujimori）

22

蘇卡諾（Sukarno）
饒伯森（Walter Robertson）
龔品梅（Ignatius Cardinal Gong Pinmei）

24

讓－巴蒂斯特・葛羅（Jean-Baptiste Gros）
讓・莫涅（Jean Monnet）

德富蘇峰（Tukutomi Soho）
德穆楚克棟魯普（Prince Demchugdongrub）

15

摩西・黃（Moises Sio Wong）
《實業計劃》（The International Development of China）
熱比婭（Rebiya Kadeer）
蔣方良（Faina Vakhreva, Jiang Fangliang）
衛理公會（Methodism）
鄧以明（Dominic Deng Yiming）

16

儒吉・狄・路嘉（Luigi de Luca）
錢德明（Jean Amiot）
鮑羅廷（Borodin）

17

濱口雄幸（Hamoguchi Osachi）
鍾亞瑟（Arthur Chung）

18

戴高樂（Charles de Gaulle）
醫學傳教會（Medical Missionary Society）
魏維爾元帥（Archibald Wavell）

19

龐德（Ezra Pound）
羅伯・馬禮遜（Robert Morrison）

13

———

匯中飯店（Palace Hotel）
塔信（Thaksin）
奧古斯特・佛爾默（August Vollmer）
奧馬・阿巴什爾（Omar al-Bashir）
奧圖・布勞恩（Otto Braun）
愛默立希・瓦德（Emerich Vattel）
新教（Protestantism）
會同四邑館（Common Residence of Tributary Envoys）
瑞士—德國巴塞爾教會（Swiss-German Basel Mission）
聖母無染原罪堂（The Cathedral of the Immmaculate Conception）
葉爾辛（Boris Yeltsin）
詹姆斯・馬迪生（James Matheson）
詹姆斯・華許（James E. Walsh）
路思義（Henry W. Luce）
道格拉斯・莫洛（Douglas Morrow）
奧薩瑪・賓拉登（Osama bin Laden）

14

———

對馬之役（Battle of Tsushima）
漢斯・馮・塞克特（Hans von Seeckt）
熊澤蕃山（Kumazawa Banzan）
福澤諭吉（Fukuzawa Yukichi）
維克多・沙遜爵士（Sir Victor Sassoon）
維克多・喬伊・魏（Victor Joy Way）
裨治文（Elijah Bridgeman）
赫伯特・史賓賽（Herbert Spencer）
赫德（Robert Hart）
赫魯雪夫（Nikita Khrushchev）
劍橋七賢（the Cambridge Seven）
德日進（Pierre Teilhard de Chardin）

莫洛托夫—李賓特洛甫條約（Molotov- Ribbentrop Pact）
荷西・安東尼奧・陳（Jose Antonio Chang）
荷馬李（Homer Lea）
陳友仁（Eugene Chen）
陳丕士（Percy Chen）
陳仲民（Sir Julius Chan）
陳香梅（Chen Xiangmei, Anna Chennault）
陳納德（Claire Chennault）
陳嘉庚（Tan Kah Kee ／ Chen Jiageng）
陳禎祿（Tan Cheng Lock ／ Chen Zhenlu）
麥金萊（William McKinley）
傅蘭雅（John Fryer）

12

勝家縫紉機（Singer Sewing Machine）
博克達汗（Bogd Khan）
喀什噶爾（Kashgar）
喬治・林區（George Lynch）
復仇女神號（Nemesis）
普丁（Vladimir Putin）
朝香宮鳩彥親王（Prince Asaka Yasuhiko）
欽納瓦（Shinawatra）
殼牌石油（Shell Oil）
湯安諾（Anote Tong）
華人平等權利同盟（Chinese Equal Rights League）
華美公民同盟（Chinese American Citizens' Alliance）
華新民（Hua Xinmin）
華德・司各特（Walter Scott）
華德・史坦尼斯（Walter Stennes）
華攬洪（Hua Lanhong ／ Leon Hoa）
開發財務公司（Development Finance Corporation）
雲陽號（Unyo）

徐匯公學（St. Ignatius School）
徐壽（Xu Shou）
恩克魯瑪（Kwame Nkrumah）
拳民之亂（Boxer Rebellion）
格致書院（Shanghai Polytechnic）
《格致匯編》（Chinese Scientific and Technical Magazine）
海約翰（John Hay）
烏蘭巴托（Ulaanbaatar）
班貝拉（Ahmed Ben Bella）
真耶穌教會（The True Jesus Church）
租借法案（Lend-Lease）
馬可仕（Ferdinand Marcos）
馬克斯・鮑爾（Max Bauer）
馬來西亞華人公會（Malaysian Chinese Association）
馬戛爾尼（George Macartney）
馬蒂族（Mahdi）
高陞號（Gaosheng）
高爾（Al Gore）

11

副島種臣（Soejima Taneomi）
勒・柯比意（Le Corbusier）
曼斐瑞德・斯坦因（Manfred Stern）
《國際公法》（Law of Nations）
《國際法要素》（Elements of International Law）
國際聯盟（League of Nations）
康克由（Kaing Khek Eav）
張誠（Jean Francois Gerbillon）
悉尼・巴東爵士（Sir Sidney Barton）
教宗克雷芒十一世（Pope Clement XI）
深化邊境地區軍事互信協定（Agreement on Deeping Military Trust in Border Regions）
理雅各（James Leggs）

威廉・馬丁（William Martin）
威廉・賈汀（William Jardine）
威爾遜（Woodrow Wilson）
恰克圖條約（Kiakhta Treaty）
施達德（C. T. Studd）
柯拉蓉（Maria Corazon Cojuangco）
柯林・鮑爾（Colin Powell）
柯特・羅士凱格爾（Curt Rothkegel）
柯錫金（Alexei Kosygin）
查爾斯・戈登（Charles Gordon）
柏西・艾希禮（Percy Ashley）
洛克斐勒基金會（Rockefeller Foundation）
盈拉（Yinglak）
約翰・佛斯特（John W. Foster）
約翰・佛斯特・杜勒斯（John Foster Dulles）
約翰・杜威（John Dewey）
約翰・周耶特（John Jouett）
約翰・孟德（Johan Munthe）
約翰・斯圖亞特・彌爾（John Stuart Mill）
美孚石油（Standard Oil）
美國公理宗海外傳道部（American Board of Commissioners for Foreign Mission）
美國公理會（American Congregationalist）
耶穌家庭（The Jesus Family）
英美香菸公司（British-American Tobacco）
郎世寧（Giuseppe Castiglione）

10

倫敦傳道會（London Missionary Society）
《倫敦蒙難記》（Kidnapped in London!）
唐聞生（Nancy Tang）
夏葛女子醫學院（Hackett Medical College for Women）
徐日升（Tomas Pereira）

亞歷山大·馮·法肯豪森（Alexander von Falkenhausen）
亞羅號（the Arrow）
使館區（the Legation Quarter）
和記洋行（Hutchison）
周成貴（Vivian Chow ／ Zhou Chenggui）
孟瑪麗（Marie Monsen）
孟德斯（Pierre Mendes-France）
季米特洛夫（Georgi Dimitriov）
季斯林（Quisling）
岳瑪麗（Mary Yue）
帕維爾·尤汀（Pavel Iudin）
帕維爾·李巴可（Pavel Rybalko）
帕維爾·齊格瑞夫（Pavel Zhigarev）
怡和洋行（Jardine Matheson）
拉匝祿會（Lazarist）
拉傑夫·甘地（Rajiv Gandhi）
拉奧（Narasimha Rao）
《明鏡週刊》（Der Spiegel）
武元甲（Vo Nguyen Giap）
法政大學（Hosei University）
社團主義（corporatism）
金玉均（Kim Ok-gyun）
門戶開放政策（Open Door Policy）
阿美士德勛爵（Lord Amherst）
阿曼多·蔡（Armando Choy）
阿魯納查爾邦（Arunachal Pradesh）

9

南京安全區國際委員會（International Committee for the Nanking Safety Zone）
哈洛德·布朗（Harold Brown）
威廉·皮克林（William Pickering）
威廉·泰瑞爾爵士（Sir William Tyrrell）

艾文・喀麥農（Ewen Cameron）
艾登（Anthony Eden）
西鄉隆盛（Saigo Takamori）
有賀長雄（Ariga Nagao）

7

亨利・麥克馬洪（Henry McMahon）
亨利・惠頓（Henry Wheaton）
亨利・魯斯（Henry R. Luce）
亨德利庫斯・斯內夫利特（Hendricus Sneevliet）
佛瑞德里克・湯生・華爾（Frederick Townsend Ward）
佛蘭克・古德諾（Frank Goodnow）
伯駕（Peter Parker）
余仁生（Yu Ren Sheng）
克林德（Baron Clemens von Ketteler）
宋旺相（Sir Song Ong Siang ／ Song Wangxiang）
希拉斯・哈同（Silas Hardoon）
李度（Lester Knox Little）
李敦白（Sidney Rittenberg）
李察・丹尼爵士（Sir Richard Dane）
李應（Yi Haeung）
杜布納（Dubna）
沙力・哈倫（Salih Harun）
狄托（Josip Broz Tito）
狄歐菲・派瑞（Theophile Piry）
貝雅德・泰勒（Bayard Taylor）
赤棉派（Khmer Rouge）

8

亞當・斯密（Adam Smith）
亞歷山大・索伏洛夫（Alexander Suvorov）

加拉罕（Lev Karakhan）
加斯通・唐桑（Gaston Tong Sang）
卡特爾（cartel）
古斯塔夫・邱（Gustavo Chui）
召會（The Little Flock）
司徒雷登（John Leighton Stuart）
史考克羅夫（Brent Scowcroft）
史華慈 （ Benjamin Schwartz ）
尼赫魯（Jawaharlal Nehru）
布魯轍（Vasilii Bliukher）
弘文學院（Kobun Gakuin）
瓦希里・崔可夫（Vasilii Chuikov）
瓦傑帕伊（Atal Bihari Vajpayee）
甘地夫人（Indira Gandhi）
白修德（Theodore White）

6

伊米里歐・柯列伯（Emilio Kleber）
伊敏里歐・阿奎納多（Emilio Aguinaldo）
伊斯雷爾・愛潑斯坦（Israel Epstein）
伊瑟・竺・殷（Esther Cheo Ying）
伍茲（A. S. Woods）
共產國際（Comintern, Communist International）
合信（Benjamin Hobson）
《字林西報》（North China Daily News）
宇努（U Nu）
安娜・路薏絲・史特朗（Anna Louise Strong）
朱可夫（Georgii Zhukov）
朱爾・費里（Jules Ferry）
朵甘思（Do Kham）
米洛塞維奇（Slobodan Milosevic）
米海爾・葛魯曾柏格（Mikhail Gruzenberg）

譯名對照表

2

卜蜂／正大集團（Chareon Pokphand）

3

上海合作組織（Shanghai Cooperation Organization）
《大美晚報》（Shanghai Evening Post and Mercury）
大華飯店（Cathay Hotel）
大衛・卡麥隆（David Cameron）
小班尼諾・艾奎諾（Benign Aquino Jr.）
山田三良（Yamada Saburo）

4

中國留美幼童計劃（Chinese Educational Mission）
中華基督教青年會（YMCA）
天主教北堂（Northern Cathedral）
太古洋行（Butterfield & Swire）
巴崔西歐・林區（Patricio Lynch）
巴麥尊勛爵（Lord Palmerston）
犬養毅（Inukai Tsuyoshi）

5

出雲號（Izumo）

躁動的帝國

Restless Empire: China and the World since 1750

從清帝國的普世主義，到中國的民族主義，一部250年的中國對外關係史

作者　文安立 Odd Arne Westad
譯者　林添貴

總編輯　富察
責任編輯　穆通安
企劃　蔡慧華
封面設計　莊謹銘
排版　宸遠彩藝

社長　郭重興
發行人兼出版總監　曾大福
出版發行　八旗文化／遠足文化事業股份有限公司
地址　新北市（二三一）新店區民權路一〇八－二號九樓
電話　（〇二）二二一八－一四一七
傳真　（〇二）八六六七－一〇六五
客服專線　〇八〇〇－二二一－〇二九
E-mail　gusa0601@gmail.com
Facebook　facebook.com/gusapublishing
Blog　gusapublishing.blogspot.com

法律顧問　華洋法律事務所 蘇文生律師
印刷　成陽印刷股份有限公司

二版一刷　二〇二〇年三月

定價　六〇〇元

國家圖書館出版品預行編目 (CIP) 資料

躁動的帝國
從清帝國的普世主義，到中國的民族主義，一部 250 年的中國對外關係史
文安立（Odd Arne Westad）著／林添貴譯／二版／新北市／八旗文化出版／遠足文化發行／ 2020.03
譯自：Restless empire : China and the world since 1750
ISBN 978-957-8654-91-4（平裝）

1. 外交史　2. 中國史

640　　108019859